U0942634

严昌洪／主编

武昌辛亥革命研究中心／组编

辛亥革命史事长编

本书为2008年度湖北省社科基金重大委托项目（立项号[2008]013）成果

XINHAI GEMING SHISHI CHANGBIAN

武漢出版社
WUHAN PUBLISHING HOUSE

（1894.1-1897.12）

第一册

严昌洪／编

(鄂)新登字 08 号

图书在版编目(CIP)数据

辛亥革命史事长编.第一册/武昌辛亥革命研究中心组编;严昌洪主编;严昌洪编.
—武汉:武汉出版社,2011.8

ISBN 978-7-5430-5280-2

Ⅰ.①辛… Ⅱ.①武…②严…③严… Ⅲ.①辛亥革命—史料

Ⅳ.①K257.06

中国版本图书馆 CIP 数据核字(2010)第 172456 号

组　　编:武昌辛亥革命研究中心

主　　编:严昌洪

编　　者:严昌洪

责任编辑:王远彦

装帧设计:刘福珊

出　　版:武汉出版社

社　　址:武汉市江汉区新华下路 103 号　　邮　　编:430015

电　　话:(027)85606403　85600625

http://www.whcbs.com　　E-mail:zbs@whcbs.com

印　　刷:武汉精一印刷有限公司　　经　　销:新华书店

开　　本:787mm×1092mm　1/16

印　　张:16.25　　字　　数:402 千字　　插　　页:5

版　　次:2011 年 8 月第 1 版　　2011 年 8 月第 1 次印刷

定　　价:1800.00 元(全十册)

序

期盼已久的《辛亥革命史事长编》即将出版，这是为辛亥百年大庆奉献的一份大礼。

排比史事，编年实录，是中国史学延续已久的优良传统。金毓黼先生早在抗战时期就曾说过："史官记注、官署档案、州郡计书、文士别录、金石之志、地下之藏，无一不为史料。如可葺录、保存、考订、编次，以至传世行远，吾国先哲，实优为之。又如撰史之初，广蒐史料，辑成长编，长编即为葺录之后，再加以考订、编次之功，例如唐宋以来，官修之实录、会要，悉属此类。近人于此一端，用力颇勤。"

对于中国近代史事研究来说，此项工作尤为重要。因为近代史时间跨度虽然较短，但其史料范围之广、种类之多、数量之大、语言文字之复杂，则远远超过古代与中世纪的任何断代史。加以又属新兴学科，史料的葺录、保存多半属于草创阶段，并且非常分散，而"考订、编次之功"更缺少足够的覆盖面。在这种情况下，严谨的学者每进行一项重大课题研究，都得从头来起，亲自从事史料排比与不同程度的史事长编制作。其中艰难困苦，多数年长学者皆曾亲历。就辛亥革命研究而言，因为学龄更幼，基础欠缺更多。随着这一领域近三十年的迅猛发展，人们愈来愈认识到编撰一套大型《辛亥革命史事长编》，作为辛亥革命研究者随时可以检阅并且足以信赖的工具书，已是事属必行的当务之急。

严昌洪教授急公好义，多年以来都是见难而上，善始善终，勤勤恳恳，踏踏实实，完成了好几项大型工具书的长期编纂工作。如《中国历史大辞典·清史（下）》，我虽然名义上是副主编，但由于中途忽然谬膺校职，自然难以兼顾此项繁重复杂的学术重任，而身负重望的荣孟源前辈，还未及审订全书词目便过早病故，最后便主要是靠陈振江、苑书义、林言椒、严昌洪四位"少壮派"一丝不苟定稿收尾，终于圆满完成任务。经过这段磨炼，并且能够近距离接触谭其骧等前辈学者，聆听教诲并接受其严谨学术风范的影响，昌洪已经初步具备此类大型编撰工作的领军能力。所以嗣后在《辛亥革命辞典》的编撰过程中，他已经在实际上代替我主持全盘工作。因为那几年是多事之秋，我代表学校进行对外学术交流又非常频繁，只有依靠他来具体料理整个工作流程。及至编撰卷帙浩繁的《辛亥革命大写真》，他已经卓然成家，驾轻就熟，与王兴科、吴剑杰亲密合作，自始至终、一丝不苟，出色完成了此项空前大型的图史编撰。我这个主编虽然并非完全挂名，但多半也能省心省力，忙于处理自己手头的其他紧迫任务。师生之间，固应尊师，但

更应爱生。学生每每让老师当主编，这是一种尊重，一种礼貌，甚至是一种早就该废除的陈旧学界“伦理”。作为先生，我从来没有把这些“潜规则”视为理所当然，因而也就从来不敢贪天之功，更不愿掠后生之美。以上是必须说明的真实情况，正如《平凡的神圣——陶行知》的撰著主要应归功于唐文权、《湖北通史》主编工作应归功于罗福惠，而《张謇与近代社会》的写作应归功于田彤。

列举以上所述事实，更为重要的还是在于说明，正是由于历经这些工作磨炼，昌洪不仅已经具备了独立主编更为大型学术工具书的必要资质，而且还大为增强了开设中国近代史史料学课程并且出版大学通用教材的底气。教学与科研，相得益彰，岂不美哉！

但是，并非很多人都认识到史料整理与编撰工具书的重要性。特别是由于相关管理部门的无知，评估科研完成的指标体系存在严重缺陷，更使许多年轻教师不愿花费较多精力从事此项重要基础工作。幸好碰上辛亥百年这样的大好时机，才有可能让辛亥革命史事长编这样特大型项目顺利通过，并且得到武汉出版社的大力支持，可以说是机不可失，时不再来！《长编》的主编及其团队，都是研究辛亥革命多年且有资料编辑丰富经验的历史学者。可以相信，《辛亥革命史事长编》将是继《辛亥革命辞典》以后，对辛亥革命研究的发展又一个重大贡献。

当然，辛亥革命研究毕竟仍是一个新兴史学领域，在学术研究与史料整理两方面都还缺乏坚实基础。因此，很难要求现今出版的《辛亥革命史事长编》完美无缺。特别是在辛亥百年大庆的有力感召下，新的史料和新的研究成果几乎每天都在不断涌现，《长编》由于出版时间限制，也没有可能吸收这些新的研究成果，涵盖这些新的史料发现。正如任何一部大型史料结集与史事长编出版一样，它也需要经历若干岁月，认真听取各方面的批评建议，在再版中认真加以增补、订正。

章开沅

2011年仲夏于桂子山

凡 例

一、本书依据辛亥革命发生、发展和结局的时间顺序，辑录、排比有关社会背景、革命组织、舆论宣传、武装斗争、政权更迭、清方应对、外国干预和社会变迁以及各种政治派别、各方面重要人物的活动和各地民变等内容之史料，以期反映辛亥革命的全过程及其引起中国社会巨变的历史作用，并为辛亥革命研究提供基本资料。

二、本书起迄时间为1894年11月兴中会成立至1913年9月“二次革命”失败，适当追溯孙中山等革命主要领导人早年事迹。大致根据时间段与资料多寡情况分为10册。

三、本书采用编年体与纲目体相结合的体例。纪事按时间先后系年系月系日，每日下以史事概述为纲，言简意赅；相关史料摘引为目，准确无误。史事无明确日期者，按旬、月、季、年系于当旬、当月、当季、当年之尾，如“上旬”系于当月10日之后，“夏初”系于农历四月之尾，“夏”系于农历六月之尾，“年”系于当年之尾，等。一日多事者，分条列举，首条标明时间，其余各条用△标示。一事之首尾系于首日之后。有下列情形之一者，可仅列纲文，目文从略：(1)与辛亥革命关系不甚密切如背景者；(2)纲文记述足以说明问题者；(3)仅知史事记载，缺乏详细资料者。

四、多种资料并存者，选录信史；所引史料需加考论或说明者，加编者按置于该条之后，文字较少者则直接在引文中加以括注。

五、本书纪年，统用阳历，后附农历。每年于篇首标明公元年代，加注清帝年号或中华民国纪年及岁次干支。如，1911年(宣统三年 · 辛亥年)或1913年(民国二年 · 癸丑年)。每日则在公历月日之后括注农历月日，如，10月9日(八月初十日)，但某年农历月日首次出现时，括注中加上干支纪年，如，1月5日(甲午年十二月初十日)，1月26日(乙未年正月初一日)。

六、所引史料，均注明出处。史料前注明作者(纲目已有交代者或从略)和篇名，史料后注明该篇出处，标明作者或编者、书名、出版单位、出版时间、卷号页码。引用报纸期刊标明报刊名称及出版时间或期数。如引用原文为新闻报道，一般采用在正文开头注明时间及出处，如：“1912年某月某日《某某报》报道(载)”，文后可省注出处。史料出处按现代规范统一表述，出处时间原署清帝年号者，保留原年号，加注公历，如“宣统二年(1910年)刻印”；原署民国纪年者，无论1949年以前或以后，均改为公元纪年，如“民国二十年出版”写作“1931年版”，“民国六十五年版”写作“1976年版”。原署卷数、页数等用汉字者，统一改为阿拉伯数字，如“卷二”，“页二十

五”，写作“第2卷”或“卷2”，“第25页”。

七、凡引用史料基本保持原貌，所署纪年和农历月日一仍其旧。原文文字除当时用语习惯如“计画”、“规画”、“豫算”等继续保留外，繁体字(含异体字)如“於”、“擔”等通常采用简体(正体)“于”“担”；人名、专有名词中的繁体字如陆徵祥的“徵”，谘议局的“谘”，通常不改作为“征”、“咨”；所据底本若已将“计画”、“豫算”等改为“计划”、“预算”等，则依底本不变。

八、对所引用史料中的错衍漏脱加以审慎校勘。文字错误改正尤为审慎，除明显的排版错误加以改正外，不以现代汉语之规范来改正，古汉语字义相通者，通假字者，人名、地名、译名等，一般不作改正。原文错字改正用［］，衍文删除用〈 〉，漏字补录用【 】，有疑问者用［？］，原文字迹模糊不清或脱落者用□，文内原有注释用( )。本书编者说明性文字较少者亦用( )表示，惟于语尾加上“编者”二字，以示与底本原有注释相区别。底本校勘符号，含义与此不同者，则改为一致，以免两歧。至于标点，通常不改，惟破句或改后不妨害文义者，则少量顺手改之，不另标识。

九、引用电文，如为去电，附录复电，如为复电，附录来电。一时查无复电或来电者，暂阙。

1894 年(光绪二十年 · 甲午年)以前

中国革命先行者、辛亥革命领导者孙中山反清革命思想的产生并非始于兴中会成立之日,早在 1879 年(光绪五年)至 1883 年(光绪九年)在檀香山求学期间,已萌改良社会,拯救同胞之志愿。

孙中山《在广州岭南学堂的演说》(1912 年 5 月 7 日):

忆吾幼年,从学村塾,仅识之无。不数年得至檀香山,就傅西校,见其教法之善,远胜吾乡。故每课暇,辄与同国同学诸人,相谈衷曲,而改良祖国,拯救同群之愿,于是乎生。当时所怀,一若必使我国人人皆免苦难,皆享福乐而后快者。

中国社会科学院近代史研究所中华民国史研究室、中山大学历史系孙中山研究室、广东省社会科学院历史研究室合编《孙中山全集》第2卷,中华书局1982年版,第359页

1885 年(光绪十一年 · 乙酉年)　清政府在中法战争中"不败而败",孙中山始决心倒清。

孙中山《建国方略 · 有志竟成》:

予自乙酉中法战败之年,始决倾覆清廷,创建民国之志。由是以学堂为鼓吹之地,借医术为入世之媒,十年如一日。

中山大学历史系孙中山研究室、广东省社会科学院历史研究所、中国社会科学院近代史研究所中华民国史研究室合编《孙中山全集》第6卷,中华书局1985年版,第229页

1886 年(光绪十二年 · 丙戌年)　孙中山入广州博济医院附设医校学医,其动机为"以学堂为鼓吹之地,借医术为入世之媒"。

冯自由《中国革命运动二十六年组织史》记孙中山在广州博济医院事:

孙总理名文,字日新,后改逸仙,广东香山县翠亨乡人,生于中华民国纪元前四十六年丙寅(一八六六年),幼读书乡塾,闻乡中父老闲谈太平天国遗事,义形于色,隐然有匡复之志。十三岁随侍母杨太夫人赴夏威夷之茂宜岛,就乃兄德彰公所设商肆习商业。越年肄业于檀香山英文学校,攻读五载,学冠侪辈,时夏威夷土人渐受美国自由空气所鼓荡,反对土王及西班牙统治之声四起,总理耳濡目染,民族民权之观念油然以生,十八岁后归国,从名宿区凤墀、陈仲尧补习国学,于历代兴亡掌故及全国山川形势,尤孜孜研究不辍。十九岁适逢中法甲申之役,清廷割地丧师,举国共愤,总理由是逐满救亡之企图,益为坚决。二十一岁以耶教洗礼牧师美人喜嘉利之介,由香港皇仁书院转学于广州美国传道会所创博济医院。课余,辄与同砚议论时政,人多忽视,独有郑士良号弼臣者,惠州归善县人,少入洪门三合会,豪侠尚义,颇负时望,闻总理谈吐,辄为倾倒,总理与之志同道合,遂与商谈救亡大计,士良极愿届时罗致东江一带会党以参加义举,总理由是获悉交结各地秘密会党之门径。其后乙未广州、庚子惠州之革命两役,即发端于是。又有顺德县人尤列号少纨者,为广东舆图局测绘生,与洪门会党素有往还,偶偕族人博济医院出身医师尤裕堂同至博济访友,与总理一见如故,自是常至博济访总理及士良畅谈国事,是为总理在粤交结革命同志之第一年。

冯自由《中国革命运动二十六年组织史》,商务印书馆 1948 年版,第 3 ~ 4 页

罗香林《国父之大学时代》:

在檀香山求学时,课余从杜南山先生习国学,某日见其架上有医科书籍,问何以需此?杜答:"范文正公有云:不为良相,当为良医。窃采此意耳。"而国父领之。异日再往见杜,曰:

"君为我奉范氏之言,窃以为未当,吾国人读书,非骤能从政,即从政矣,未必骤秉国钧,倘殚心力以求作相,久不可期,然后为医,无论良医不易为,即努力为之晚矣。吾意一方致力政治,一方致力医术,悬其鹄以求之,庶有获也。"

罗香林《国父之大学时代》,台湾商务印书馆1954年版,第28页

他在该校结识了郑士良。孙中山《建国方略·有志竟成》:

当予肄业于广州博济医学校也,于同学中物识有郑士良号弼臣者,其为人豪侠尚义,广交游,所接纳皆江湖之士,同学中无有类之者。予一见则奇之,稍与相习,则与之谈革命,士良一闻而悦服,并告以彼曾投入会党,如他日有事,彼可为我罗致会党以听指挥云。

中山大学历史系孙中山研究室、广东省社会科学院历史研究所、中国社会科学院近代史研究所中华民国史研究室合编《孙中山全集》第6卷,中华书局1985年版,第229页

孙中山曾对宫崎寅藏谈及郑士良的性格:

在许许多多的同志中,我没见过比他更奇怪的人。他是我广东医学院和香港医学院前后六年的同学,但他却从没来上过课,也不看书。在学业之余,如果有人谈政治论革命的话,他一定来旁听。他绝不自动发言,但他却要旁听到底。……迨至我医学院毕业,在澳门开设医院,他完全没有跟我商量,就退学并到我的医院来。……到广东的时候,他也跟我来,仍然无所事事。我长期地观察他的举动,知道他喜欢革命,所以我跟他商量过一切,但他只说是或不是,因此我无从知道他的底细。(广州第一次起义时,)必需有三合会的支援,只要跟三合会取得联络,便可成立近乎完整的革命军,因此大家便开始讨论此事。这时郑君笑眯眯地说"我就是三合会的头目",并微笑着。

陈仁鹏译《论中国革命与先烈》,黎明文化事业公司1979年印行,第163页

1887年(光绪十四年·丁亥年)　孙中山在香港雅丽氏医学院学习,与尤列、陈少白等订交,以洪秀全自许。

冯自由《中国革命运动二十六年组织史》记孙中山在香港雅丽氏(Alice,亦译作雅丽士)医院事:

是年何启博士为纪念其亡妻雅丽士,在香港荷理活道创办雅丽士医院,聘康德黎博士为院长。总理以雅丽士医科设备较博济完善,乃由广州转学该院。同学有关景良、江英华、黄康衢、陈少白、王泽民、郑汉淇诸人。总理在校恒喜谈太平天国洪秀全、杨秀清、石达开、陈玉成、李秀成等轶事,且以洪秀全自命,故同学多以洪秀全呼之。就中与总理最密切者为新会人陈少白,尝与订盟为兄弟。其人文学优长,多材多艺。总理时好投稿香港各报及上海《万国公报》,发表改良时局意见,辄与少白商榷行之。后数年总理所撰上直督李鸿章书,即肄业雅丽士时腹稿也。少白以性情不近医术,在校两年余而辍学。总理课余失此良友,后常引为憾事。

冯自由《中国革命运动二十六年组织史》,商务印书馆1948年版,第5页

冯自由《尤列事略补述一》:

丙戌(一八八六年)夏偶偕族人尤裕堂医生至博济医院访友,获识孙总理、郑士良等,是为孙、尤二人订交之始,然以友谊不深,均未敢披沥肝胆引为同志也。戊子(一八八八年)冬充广东沙田局丈算总目。翌年充广东舆图局测绘生,旋被派委中、法越南定界委员。因于政界有所感触,决然舍去。适闻香港华民政务司署有招考书记之举,以欲借此谙习外情,遂毅然至港投考。同考者四十余人,竟获入选。因忖香港乃言论自由之地,就此为排满鼓吹,计亦良得。一日至歌赋街杨耀记商号,访算学馆学友杨鹤龄。时孙总理方学医于雅丽士医院,

与鹤龄为同乡，亦常到杨耀记叙谈。二人相遇时，有友多人在座。总理方高谈时事，意气激昂。少纨曰："诸君未见洪秀全。"指总理云："此人之头脑即与洪秀全同样矣。"总理指答之曰："你是游智开。"盖尤、游同音，而当时游智开为广东巡抚也。满座皆粲然。次日总理遇少纨于道，乃邀至威灵顿街杏楼西菜馆小叙。总理曰："昨日之言，幸暂守秘密。我前在檀香山教人造反，因民智尚未开通，无从著手，今幸相遇，便是同志，彼此次第斟酌进行可也。"少纨曰："既如此，我只望成事，谁居其功不计也。"自是二人交谊有如胶漆，频往来于广州、香港、澳门间。

冯自由《革命逸史》初集，中华书局1981年版，第30～31页

陈少白在《兴中会革命史要》中回忆道：

孙先生在雅丽氏医学校读了两年。那时我在广州念书。有一天，我有事到香港去。在没有到香港去以前，在广州见到一位姓区的老朋友，这位老朋友，既是认识我，又是认识孙先生的。他说："你到香港我可以介绍给你一个人，这个人恐怕同你见解很相合的。"我说："很好。"他就写了一封介绍信给我，这是我第一次到香港。到了香港，就请王宠惠的父亲王煜初牧师，领我到雅丽氏医学校内见孙先生。王煜初介绍我们之后，就告辞去了。孙先生见了那封介绍信，就很高兴的同我谈话起来。大约过了十分钟，他就说："我们去逛逛公园吧！"我当时初次到香港，也不知道什么，就跟孙先生到了一个植物园，择了一个很静的地方，两个人坐下，谈谈时局，觉得很入港。谈到革命的事，也是很投机。最后他就问我："这次到香港要耽搁多少天？"我说："只有一天，马上要走的。"他就说："无论如何要想法常常谈谈。"这样分别以后，过了几个星期，我自己因为家境日就艰困，预备到香港去半工半读，减轻家里的负担。一到了香港，当然时常到医院里去，在孙先生的宿舍内谈天，天天谈革命的事，总是很高兴的。

柴德赓、荣孟源等编《中国近代史资料丛刊·辛亥革命》(1)，上海人民出版社、上海书店出版社2000年版，第24页

1890年(光绪十六年·庚寅年)　孙中山在香港与陈少白、尤列、杨鹤龄三人倡言革命，被时人目为"四大寇"。

《清稗类钞·方言类·广州方言》收录并解释了"四大寇"现成词语：

四大寇，犹言四大强盗也。外省人落魄者，结成团体，以乞食为事，如有喜事，必来送喜，其实乞赏钱也。

徐珂《清稗类钞》第5册，中华书局1984年版，第2226页

孙中山《建国方略·有志竟成》：

数年之间，每于学课余暇，皆致力于革命之鼓吹，常往来于香港、澳门之间，大放厥辞，无所忌讳。时闻而附和者，在香港只陈少白、尤少纨、杨鹤龄三人，而上海归客则陆皓东而已。若其他之交游，闻吾言者，不以为大逆不道而避之，则以为中风病狂相视也。予与陈、尤、杨三人常住香港，昕夕往还，所谈者莫不为革命之言论，所怀者莫不为革命之思想，所研究者莫不为革命之问题。四人相依甚密，非谈革命则无以为欢，数年如一日。故港澳间之戚友交游，皆呼予等为"四大寇"。此为予革命言论之时代也。

中山大学历史系孙中山研究室、广东省社会科学院历史研究所、中国社会科学院近代史研究所中华民国史研究室合编《孙中山全集》第6卷，中华书局1985年版，第229页

冯自由《兴中会四大寇订交始末》：

四大寇者，革命时代孙总理、陈少白、尤列、杨鹤龄四人之绰号也。杨为广东香山翠亨村人，生于澳门，家世豪富，性不羁，喜谐谑，与总理结识最早。有商店在香港歌赋街曰杨耀记，

尝在店内独辟一楼，为友朋聚集谈话之所。总理至港，恒下榻其间。尤列，字少纨，顺德人。自幼好与洪门会党游，久有兴汉逐满之志。当总理习医于广州博济医院时，有尤裕堂者，早年在博济医院毕业，悬壶于顺德乡间，偶因事偕其族人尤少纨至博济访旧，道经十三行，见有博济学生孙逸仙、郑弼臣、邓景晖等，因购荔枝事与水果店有所争执，裕堂遂向前劝解，相偕回博济叙谈，并介绍少纨与总理及弼臣相识，是为孙、尤二人纳交之始。陈少白原名夔石，后改名白，字少白，粤之新会人，广州格致书院（即今岭南大学）开创时为第一期学生。其父子桥之友区凤墀以其少负奇气，乃介绍之至香港雅丽士医学校访总理，少白从之。晤总理后，一见如故，总理劝其改入医校，以便晨夕切磋，少白于是迁港，同学二载，以天性不近辍学。在此期内，少纨亦在港任华民政务司署书记。故孙、陈、尤、杨四人每日在杨耀记高谈造反覆满，兴高采烈，时人咸以四大寇称之。乙未（一八九五年）九月广州失败之后，总理奔走海外，力谋举兵，百折不磨。少白在香港主持《中国日报》，宣扬革命，不遗余力。少纨创中和堂于南洋群岛，且发刊《图南报》，开南洋革命报纸之先河。独鹤龄蜷伏澳门，无所表见。民十，总理修治广州观音山文澜阁，特招少白、少纨、鹤龄三人居之，盖不忘兴中会前四大寇之旧谊云。壬辰（一八九二年）十月十五总理于医校毕业后数月，曾与少纨、少白、鹤龄、关心焉等合摄一照。关号景良，与总理同学医校，后总理一年毕业，至今尚在香港行医，即站立四人背后者是也。

冯自由《革命逸史》初集，中华书局 1981 年版，第 8～9 页

冯自由《中国革命运动二十六年组织史》：

总理邑人有杨鹤龄者，向热心兴汉逐满之说，有先代遗业商店在香港歌赋街，名杨耀记。总理课余，以乡谊关系常偕陈少白访鹤龄叙谈。顺德人尤列与鹤龄同为广州算学馆学生，时任华民政务司署文案，亦常到杨耀记访鹤龄话旧。于是四人时常会合，高谈造反倒满，旁若无人。鹤龄更特辟一室以为政谈之所。时人遂戏呼四人为四大寇。

冯自由《中国革命运动二十六年组织史》，商务印书馆 1948 年版，第 6 页

△ **是年，孙中山上书曾任津海关道及出使美国、日斯巴尼亚（西班牙）、秘鲁三国大臣而病休居乡的郑藻如，提出兴利、除害、培植人才的主张。**

《致郑藻如书》全文如下：

窃维立身当推己以及人，行道贵由近而致远。某留心经济之学十有余年矣，远至欧洲时局之变迁，上至历朝制度之沿革，大则两间之天道人事，小则泰西之格致语言，多有旁及。方今国家风气大开，此材当不沦落。某之翘首以期用世者非一日矣，每欲上书总署，以陈时势之得失。第以所学虽有师承，而见闻半资典籍；运筹纵悉于胸中，而决策未尝施诸实事：则坐而言者，未必可起而行。此其力学十余年，而犹踌躇审慎，未敢遽求知于当道者，恐躬之不逮也。

某今年二十有四矣，生而贫，既不能学八股以博科名，又无力纳粟以登仕版，而得之于赋畀者；又不敢自弃于盛世。今欲以平时所学，小以试之一邑，以验其无谬，然后仿贾生[山]之《至言》、杜牧之《罪言》，而别为孙某《策略》，质之交[当]世，未为迟也。伏以台驾为一邑物望所归，闻于乡间，无善不举，兴蚕桑之利，除鸦片之害，俱著成效。倘从此推而广之，直可风行天下，利百世，岂惟一乡一邑之沾其利而已哉?!

呜呼！今天下农桑之不振，鸦片之为害，亦已甚矣！远者无论矣，试观吾邑东南一带之山，秃然不毛，本可植果以收利，蓄木以为薪，而无人兴之。农民只知斩伐，而不知种植，此安得其不胜用耶？蚕桑则向无闻焉，询之老农，每谓土地薄，间见园中偶植一桑，未尝不滂勃而

生,想亦无人为之倡者,而遂因之不讲[广]耳。不然,地之生物岂有异哉?纵无彼土之盛,亦可以人事培之。道在鼓励农民,如泰西兴农之会,为之先导。此实事之欲试者一。

古者怪[圣]人为民驱其虫蛇禽兽而处之中土,而民乃得安熙于无事。今夫鸦片,物非虫蛇,而为祸尤烈,举天下皆被其灾,此而不除,民奚以生?然议焚议辟,既无补于时艰;言禁言种,亦何益于国计。事机一错,贻祸无穷,未尝不咎当时主持之失计也。今英都人士倡禁鸦片贸易于中国,时贤兴敌烟会于内,印度教士又有遏种、遏卖、遏吸,俱有其人,想烟害之灭当不越于斯时矣。然而懦夫劣士,惯恋烟霞,虽禁令已申,犹不能一时折枪碎斗。此吾邑立会以劝戒,设局以助戒,当不容缓;推贵乡已获之效,仿沪上戒烟之规。此实事之欲试者二。

远观历代,横览九洲,人才之盛衰,风俗之淳靡,实关教他[化]。教之有道,则人才济济,风俗丕丕,而国以强;否则返[反]此。呜呼!今天下之失教亦已久矣,古之庠序无闻焉,综人数而核之,不识丁者十有七八,妇女识字者百中无一。此人才【安得】不乏,风俗安得不颓,国家安得不弱?此所谓弃天生之材而自安于弱,虽多置铁甲、广购军装,亦莫能强也!必也多设学校,使天下无不学之人,无不学之地。则智者不致失学而嬉;而愚者亦赖学以知理,不致流于颓悍;妇儒〔孺〕亦皆晓诗书。如是,则人才安得不罢[盛],风俗安得不良,国家安得而不强哉!然则学校之设,遍周于一国则不易,而举之于一邑亦无难。先立一兴学之会,以总理共[其]事。每户百家,设男女蒙馆各一所,其费随地筹之,不给则总会捐助。又于邑城设大学馆【一】所,选蒙馆聪颖子弟入之,其费通邑合筹。以吾富庶之众,筹此二款,当无难事。此实事之欲试者三。

之斯三者,有关于天下国家甚大,倘能举而行之,必有他邑起而效者。将见一倡百和,利以此兴,害以此除,而人才亦以此辈出,未始非吾邑之大幸,而吾国之大幸也。某甚望于台驾有以提倡之,台驾其有意乎?兹谨拟创办节略,另缮呈览,恳为斧裁而督教之,幸甚。

广东省社会科学院历史研究室、中国社会科学院近代史研究所中华民国史研究室、中山大学历史系孙中山研究室合编《孙中山全集》第1卷,中华书局1981年版,第1～3页

1893年(光绪十九年·癸巳年)　孙中山等在广州抗风轩聚会,倡议组织团体,以"驱除鞑虏,恢复华夏"为宗旨。

冯自由《兴中会组织史》:

壬辰(民前二十年)广州行医时期,时得同志左斗山、魏友琴、程壁光、程奎光、王质甫、程耀宸诸人,遂假双门底圣教书楼后进礼拜堂及广雅书局内南园抗风轩为密谈时政之俱乐部,旧友尤列、陆皓东、区凤墀等与焉。

冯自由《革命逸史》第4集,中华书局1981年版,第1～2页

冯自由《兴中会首任会长杨衢云补述》:

翌年,总理先后设药局于澳门及广州二地。外观则以医学问世,而实则日聚同志,相与计划革命进行之方略。冬初,开会议于城南广雅书局内南园之抗风轩。盖尤列尝为附设书局内广东舆图局之测绘生,与局员习熟,因得借用之。时到会者,有总理及程耀宸、奎光、壁光、陆皓东、魏友琴、郑士良、尤列诸人。总理提议宜先成立团体,以驱除鞑虏,恢复华夏为宗旨。众赞成之,而不及制定会名。

冯自由《革命逸史》第5集,中华书局1981年版,第9页

冯自由《中国革命运动二十六年组织史》:

是年春,孙总理由澳门移药局于广州市冼基,易名东西药局,延尹文楷医生为助手,庞文

卿医生为司理，以医术高明，深得政绅商各界之信仰，且存心济世，对贫病者一概施医赠药，所业较澳门尤为繁荣，惟其目的在于联络同志以谋革命，业余之外，所交结者往还者有区凤墀、左斗山、程璧光、程奎光、刘学询、尤列、王质甫、陆皓东、魏友琴、程耀宸诸人。开业未及一载，以交游日广，所费浩大，药局资金多挪作别用，是冬遂有不支之势，寻赴香港，拟向亲友再集资补充，亦无所得，乃派陈少白至广州结束所业。

圣教书楼在广州双门底，系耶教徒左斗山所设，其司事人曰王质甫，专经售上海广学会及大同学会出版各新学书籍，粤人言新学者咸奉为东道主，店内后进为基督教礼拜堂，每星期讲道由王质甫牧师兼任之。孙总理与左、王二人均属同道至好，初假书楼一角设医务分所，以利便城内病者，继在后进礼拜堂密设会所，供同志政谈之需。除左、王二人外，郑士良、陆皓东、区凤墀、陈少白、尤列等常往来其间。乙未兴中会谋起义时，尝假书楼后进贮藏军械及秘密文件，及事泄，左、王等乃尽投入井中。王闻风逃脱，左被逮，赖美国领事保释得免。

尤列原出身于城南广雅书院内广东舆图局，以其介绍，假得局内南园抗风轩为同志聚谈所，孙总理及尤列、陆皓东、魏友琴、程璧光、程奎光、程耀宸诸人恒在轩内议论时政，总理曾提议组织革命团体，惟事未成。

冯自由《中国革命运动二十六年组织史》，商务印书馆1948年版，第11~12页

1894 年(光绪二十年·甲午年)

春　孙中山在家乡草拟上李鸿章书。春夏间,孙中山为求见李鸿章,通过已卸任澳门海防同知魏恒作书于盛宣怀堂弟盛宙怀,请盛宣怀设法介绍于李鸿章。

魏恒致盛宙怀函:

荔孙世丈大人赐览:久违桀训,驰系实深。侄卸前山篆回省,值台旌已先期遄发,未获面别,殊甚依仄。兹恳者,香山县医士孙生,名文,号逸仙,人极纯谨,精熟欧洲掌故,政治、语言、文字均皆精通,并善中西医术,知者甚多,妒者亦复不少。现拟远游京师,然后仍作欧洲之游。久仰令兄观察公德望,欲求一见。知侄与世丈处,既有年谊世好,又蒙青照有素,特属函恳赏赐书函于令兄观察公前先容,感激云[之]情,不啻身受矣。侄赋闲省寓,毫无善状,幸上下人口平安,堪以告慰。省中新政,谅已早有风闻,兹不多赘。匆匆泐布,敬请崇安,惟照不庄。

兴里侄恒顿首　廿八日

沈渭滨《一八九四年孙中山谒见李鸿章一事的新资料》,《辛亥革命史丛刊》第 1 辑,中华书局 1980 年版,第 89 页

盛宙怀致盛宣怀函:

敬禀者:顷有沪堂教习唐心存兄之同窗孙逸仙兄,系广东香山县人,精熟欧洲医理;并由广东前山同知魏直牧函托转求吾哥俯赐吹植。附呈原信,祈察阅,特此禀达。恭叩福安。

弟宙怀谨禀　初十日

沈渭滨《一八九四年孙中山谒见李鸿章一事的新资料》,《辛亥革命史丛刊》第 1 辑,中华书局 1980 年版,第 89 页

郑观应致盛宣怀函:

杏翁仁兄方伯大人阁下:敬肃者:敝邑有孙逸仙者,少年英俊,曩在香港考取英国医士,留心西学,有志农桑生植之要术,欲游历法国讲求养蚕之法,及游西北省履勘荒旷之区,招人开垦,免致华工受困于外洋。其志不可谓不高;其说亦颇切近,而非若狂士之大言欺世者比。兹欲北游津门,上书傅相,一白其胸中之素蕴。弟特敢以尺函为其介,俾叩谒台端,尚祈进而教之,则同深纫佩矣。专肃,敬请勋绥,惟祈钧鉴不备。

教小弟郑官应顿首

再肃者,孙逸仙医士拟自备资斧,先游泰西各国,学习农务,艺成而后返中国,与同志集资设书院教人;并拟游历新疆、琼州、台湾,招人开垦,嘱弟恳我公代求傅相,转请总署给予游历泰西各国护照一纸,俾到外国向该国外部发给游学执照,以利遄行。想我公有心世道,必俯如所请。肃此再叩,勋绥不备。

教小弟名心又肃

沈渭滨《一八九四年孙中山谒见李鸿章一事的新资料》,《辛亥革命史丛刊》第 1 辑,中华书局 1980 年版,第 90 页

编者按:此处所引沈渭滨文中史料有少量誊抄错误,根据戈止牺《对〈一八九四年孙中山谒见李鸿章一事的新资料〉之补正》(载《学术月刊》1982 年第 8 期)做了订正。

3 月 8 日(二月十二日)　康有为、梁启超联袂自粤至京,准备参加会试。旋因康有为伤脚返回。

《康南海自编年谱》:

光绪二十年(甲午)三十七岁　二月十二日与卓如同入京会试,寓盛祭酒伯熙邸。伯熙先生,肃王从弟也。藏书冠满洲,颇见其秘书、玉牒、金石之藏,园亭幽靓。既而移居三条胡同金顶庙,与梁小山同寓。五月六日下车伤足,遂南归。六月到粤。

翦伯赞、刘启戈等编《中国近代史资料丛刊·戊戌变法》(4),上海人民出版社、上海书店出版社 2000 年版,第 128 页

6月下旬(五月中下旬)　孙中山到天津求见李鸿章,呈递上书,未获接见。

冯自由《中国革命运动二十六年组织史》:

癸巳年十二月,孙总理因广州东西药局营业失败,遂回翠亨乡与家人团聚十余日,始赴香港。及晤陈少白,乃出其在乡所草上直隶李鸿章书稿,与少白斟酌字句,谓吾辈革命有二途径,一为中央革命,一为地方革命。如此项条陈得鸿章采纳,则借此进身,可以实行中央革命,较地方革命为事半功倍。少白亦以为然。至甲午春,遂偕陆皓东买舟北上。陆原名桂中,与总理同乡同学。总理幼时尝破毁翠亨乡神庙神像,即与皓东共同为之。后任上海电报局译电生。总理以其熟谙上海情形,邀之同行。既抵沪,暂寓三洋泾桥名利客栈,藉港友函介,分访王韬、邓[郑]观应诸人。韬号紫铨,曾中太平天国状元,洪秀全败后,隐于香港,任《循环日报》主笔,别号天南遁叟。总理出示上李鸿章书稿,韬深为赞许,为代修订数语,并函介于直督幕友罗丰禄、徐秋畦等。观应号陶斋,即《盛世危言》著者。总理在雅丽士医校时,尝去函研讨改革时政意见。郑著易版数次,政见颇与总理吻合。职是之由,总理复结识陈廷威、宋跃如(一般写作宋耀如,编者)二人。廷威为水师将弁,由官应绍介相识。乙未(民前十七年)曾应总理招,回粤参加义举。跃如字嘉树,粤之琼州人,为耶教传道士。

冯自由《中国革命运动二十六年组织史》,商务印书馆1948年版,第13~14页

陈少白《兴中会革命史要》:

有一天,我在香港,他在广州,忽然药房里有信来,说:"孙先生失踪了,药房中开销很难,收入不敷,只賸十几块钱了。"我接到信,就到广州去,替他维持店务。等了多天一点消息都没有,心里非常焦急。到十六那天他忽然跑来了,手里拿了很大一卷像文件的东西。他见了我就说:"对不起!对不起!"我问他:"你跑到什么地方去的?"他说:"这些事情不要去管他了。"就打开他手里的一卷纸给我,我拿起来一看,纸里面乃是一篇上李鸿章书。我方才知道他是跑到翠亨村的家里关起门来做文章去的。他叫我替他修改修改,我就随便稍为修改一下。以后,他对于药房也不管理了,就到上海去要把这封信上给李鸿章。我没有办法,就让他去。同时我就替他把两间药房收拾起来,交回那些出过股本的人。

孙先生到了上海,找着了一个香山人,就是著《盛世危言》的郑官应(字陶斋),托他想方法见李鸿章。有一天,在陶齐家里碰到一位太平天国的状元王韬(号紫诠,另号天南遁叟)。王韬曾到过香港,助英国牧师沥博士 Dr. Legge 翻译四书五经。沥博士回英国,也请王韬同去,在英国住了几年。后来,回到香港,为《循环日报》主笔。再回上海来,声名很盛,笔底下对于世界智识,也很充分。并且他是和太平天国有关系的人,所以孙先生在陶齐家里一见如故,就把他那篇大文章,同王韬商量起来,王韬也重新替他加以修正。

这时候,王韬有一个朋友在李鸿章幕下当文案。王韬就写了封信,介绍孙先生到天津,见这位李鸿章幕下的老夫子,同老夫子商量商量,或者可以见李鸿章。孙先生快乐极了,就到天津去见老夫子。那时候,刚刚中日大战,打得厉害。李鸿章至芦台督师,军书旁午,老夫子把孙先生的大文章送到李鸿章那边去,李鸿章是否看过,就不得而知了。不过后来李鸿章说:"打仗完了以后再见吧。"孙先生听了这句话,知道没有办法,闷闷不乐的回到上海。陶齐看见了,就替他想方法,到江海关去领了一张护照,请他出国去设法,孙先生也就乘轮到檀香山去了。

柴德赓、荣孟源等编《中国近代史资料丛刊·辛亥革命》(1),上海人民出版社、上海书店出版社2000年版,第27~28页

孙中山《上李鸿章书》全文如下：

宫太傅爵中堂钧座：

敬禀者：窃文籍隶粤东，世居香邑，曾于香港考授英国医士。幼尝游学外洋，于泰西之语言文字，政治礼俗，与夫天算地舆之学，格物化学之理，皆略有所窥；而尤留心于其富国强兵之道，化民成俗之规；至于时局变迁之故，睦邻交际之宜，辄能洞其阃奥。当今风气日开，四方毕集，正值国家励精图治之时，朝廷勤求政理之日，每欲以管见所知，指陈时事，上诸当道，以备刍荛之采。嗣以人微言轻，未敢遽达。比见国家奋筹富强之术，月异日新，不遗余力，骎骎乎将与欧洲并驾矣。快舰、飞车、电邮、火械，昔日西人之所恃以凌我者，我今亦已有之，其他新法亦接踵举行。则凡所以安内攘外之大经，富国强兵之远略，在当局诸公已筹之稔矣。又有轺车四出，则外国之一举一动，亦无不周知。草野小民，生逢盛世，惟有逖听欢呼、闻风鼓舞而已，夫复何所指陈？然而犹有所言者，正欲于乘可为之时，以竭其愚夫之千虑，仰赞高深于万一也。

窃尝深维欧洲富强之本，不尽在于船坚炮利，垒固兵强，而在于人能尽其才，地能尽其利，物能尽其用，货能畅其流——此四事者，富强之大经，治国之大本也。我国家欲恢扩宏图，勤求远略，仿行西法以筹自强，而不急于此四者，徒惟坚船利炮之是务，是舍本而图末也。

所谓人能尽其才者，在教养有道，鼓励有方，任使得法也。

夫人不能生而知，必待学而后知，人不能皆好学，必待教而后学，故作之君，作之师，所以教养之也。自古教养之道，莫备于中华，惜日久废弛，庠序亦仅存其名而已。泰西诸邦崛起近世，深得三代之遗风，庠序学校遍布国中，人无贵贱皆奋于学。凡天地万物之理，人生日用之事，皆列于学之中，使通国之人童而习之，各就性质之所近而肆力焉。又各设有专师，津津启导，虽理至幽微，事至奥妙，皆能有法以晓喻之，有器以窥测之。其所学由浅而深，自简及繁，故人之灵明日廓，智慧日积也。质有愚智，非学无以别其才，才有全偏，非学无以成其用，有学校以陶冶之，则智者进焉，愚者止焉，偏才者专焉，全才者普焉。盖贤才之生，或千百里而见一，或千万人而有一，若非随地随人而施教之，则贤才亦以无学而自废，以至于湮没而不彰。泰西人才之众多者，有此教养之道也。

且人之才志不一，其上焉者，有不徒苟生于世之心，则虽处布衣而以天下为己任，此其人必能发奋为雄，卓异自立，无待乎勉励也，所谓"豪杰之士不待文王而犹[后]兴也"。至中焉者，端赖乎鼓励以方，故泰西之士，虽一才一艺之微，而国家必宠以科名，自[是]故人能自奋，士不虚生。逮至学成名立之余，出而用世，则又有学会以资其博，学报以进其益，萃全国学者之能，日稽考于古人之所已知，推求乎今人之所不逮，翻陈出新，开世人无限之灵机，阐天地无穷之奥理，则士处其间，岂复有孤陋寡闻者哉？又学者倘能穷一新理，创一新器，必邀国家之上赏，则其国之士，岂有不专心致志者哉？此泰西各种学问所以日新月异而岁不同，几于夺造化而疑鬼神者，有此鼓励之方也。

今使人于所习非所用，所用非所长，则虽智者无以称其职，而巧者易以饰其非。如此用人，必致野有遗贤，朝多倖进。泰西治国之规，大有唐虞之用意。其用人也，务取所长而久其职。故为文官者，其途必由仕学院，为武官者，其途必由武学堂，若其他，文学渊博者为士师，农学熟悉者为农长，工程达练者为监工，商情谙习者为商董，皆就少年所学而任其职。总之，凡学堂课此一业，则国家有此一官，幼而学者即壮之所行，其学而优者则能仕。且恒守一途，有升迁而无更调。夫久任则阅历深，习惯则智巧出，加之厚其养廉，永其俸禄，则无瞻顾之心，而能专一其志。此泰西之官无苟且，吏尽勤劳者，有此任使之法也。

故教养有道，则天无枉生之才；鼓励以方，则野无郁抑之士；任使得法，则朝无倖进之徒。斯三者不失其序，则人能尽其才矣；人既尽其才，则百事俱举；百事举矣，则富强不足谋也。秉国钧者，盍于此留意哉！

所谓地能尽其利者，在农政有官，农务有学，耕耨有器也。

夫地利者，生民之命脉。自后稷教民稼穑，我中国之农政古有专官。乃后世之为民牧者，以为三代以上民间养生之事未备，故能生民能养民者为善政；三代以下民间养生之事已备，故听民自生自养而不再扰之，便为善政——此中国今日农政之所以日就废弛也。农民只知恒守古法，不思变通，垦荒不力，水利不修，遂致劳多而获少，民食日艰。水道河渠，昔之所以利农田者，今转而为农田之害矣。如北之黄河固无论矣，即如广东之东、西、北三江，于古未尝有患，今则为患年甚一年，推之他省，亦比比如是。此由于无专责之农官以理之，农民虽患之而无如何，欲修之而力不逮，不得不付之于茫茫之定数而已。年中失时伤稼，通国计之，其数不知几千亿兆，此其耗于水者固如此其多矣。其他荒地之不辟，山泽之不治，每年遗利又不知凡几。所谓地有遗利，民有余力，生谷之土未尽垦，山泽之利未尽出也，如此而欲致富不亦难乎！泰西国家深明致富之大源，在于无遗地利，无失农时，故特设专官经略其事，凡有利于农田者无不兴，有害于农田者无不除。如印度之恒河，美国之密士，其昔泛滥之患亦不亚于黄河，而卒能平治之者，人事未始不可以补天工也。有国家者，可不急设农官以劝其民哉！

水患平矣，水利兴矣，荒土辟矣，而犹不能谓之地无遗利而生民养民之事备也，盖人民则日有加多，而土地不能以日广也。倘不日求进益，日出新法，则荒土既垦之后，人民之溢于地者，不将又有饥馑之患乎？是在急兴农学，讲求树畜，速其长植，倍其繁衍，以弥此憾也。顾天生人为万物之灵，故备万物为之用，而万物固无穷也，在人之灵能取之用之而已。夫人不能以土养，而土可生五谷百果以养人；人不能以草食，而草可长六畜以为人食。夫土也，草也，固取不尽而用不竭者也，是在人能考土性之所宜，别土质之美劣而已。倘若明其理法，则能反硗土为沃壤，化瘠土为良田，此农家之地学、化学也。别种类之生机，分结实之厚薄，察草木之性质，明六畜之生理，则繁衍可期而人事得操其权，此农家之植物学、动物学也。日光能助物之生长，电力能速物之成熟，此农家之格物学也。蠹蚀宜防，疫疠宜避，此又农家之医学也。农学既明，则能使同等之田产数倍之物，是无异将一亩之田变为数亩之用，即无异将一国之地广为数国之大也。如此，则民虽增数倍，可无饥馑之忧矣。此农政学堂所宜亟设也。

农官既设，农学既兴，则非有巧机无以节其劳，非有灵器无以速其事，此农器宜讲求也。自古深耕易耨，皆借牛马之劳，乃近世制器日精，多以器代牛马之用，以其费力少而成功多也。如犁田，则一器能作数百牛马之工；起水，则一器能溉千顷之稻；收获，则一器能当数百人之刈。他如凿井浚河，非机无以济其事；垦荒伐木，有器易以收其功。机器之于农，其用亦大矣哉。故泰西创器之家，日竭灵思，孜孜不已，则异日农器之精，当又有过于此时者矣。我中国宜购其器而仿制之。

故农政有官则百姓劝[勤]，农务有学则树畜精，耕耨有器则人力省，此三者，我国所当仿行以收其地利者也。

所谓物能尽其用者，在穷理日精，机器日巧，不作无益以害有益也。

泰西之儒以格致为生民根本之务，舍此则无以兴物利民，由是孜孜然日以穷理致用为事。如化学精，则凡动植矿质之物，昔人已知其用者，固能广而用之，昔人未知其用者，今亦考出以为用。火油也,昔日弃置如遗,今为日用之要需,每年入口为洋货之一大宗。煤液也,昔日视为无用,今可炼为药品,炼为颜料。又煮沙以作玻器,化土以取矾精,煅石以为田料,诸如此类,不胜缕书。此皆从化学之理而得收物之用,年中不知裕几许财源,我国倘能推而仿之,亦致富之一大经也。格致之学明,则电风水火皆为我用。以风动轮而代人工,以水冲机而省煤力,压力相吸而升水,电性相感而生光,此犹其小焉者也。至于火作汽以运舟车,虽万马所不能及,风潮所不能当;电气传邮,顷刻万里,此其用为何如哉!然而物之用更有不止于此者,在人能穷求其理,理愈明而用愈广。如电,无形无质,似物非物,其气付于万物之中,运乎六合之内;其为用较万物为最广而又最灵,可以作烛,可以传邮,可以运机,可以毓物,可以开矿。顾作烛、传邮已大行于宇内,而运机之用近始知之,将来必尽弃其煤机而用电力也。毓物开矿之功,尚未大明,将来亦必有智者究其理,则生五谷,长万物,取五金,不待天工而由人事也。然而取电必资乎力,而发力必借乎煤,近又有人想出新法,用瀑布之水力以生电,以器蓄之,可待不时之用,可供随地之需,此又取之无禁,用之不竭者也。由此而推,物用愈求则人力愈省,将来必至人只用心,不事劳人力而全役物力矣。此理有固然,事所必至也。

机器巧,则百艺兴,制作盛,上而军国要需,下而民生日用,皆能日就精良而省财力,故作人力所不作之工,成人事所不成之物。如五金之矿,有机器以开,则碎坚石如齑粉,透深井以吸泉,得以辟天地之宝藏矣。织造有机,则千万人所作之工,半日可就;至缫废丝,织绒呢,则化无用为有用矣。机器之大用不能遍举。我中国地大物博,无所不具,倘能推广机器之用,则开矿治河,易收成效,纺纱织布,有以裕民。不然,则大地之宝藏,全国之材物,多有废弃于无用者,每年之耗不知凡几。如是,而国安得不贫,而民安得不瘠哉!谋富国者,可不讲求机器之用欤。

物理讲矣,机器精矣,若不节惜物力,亦无以固国本而裕民生也。故泰西之民,鲜作无益。我中国之民,俗尚鬼神,年中迎神赛会之举,化帛烧纸之资,全国计之每年当在数千万。此以有用之财作无益之事,以有用之物作无用之施,此冥冥一大漏卮,其数较鸦片为尤甚,亦有国者所当并禁也。

夫物也者,有天生之物,有地产之物,有人成之物。天生之物如光、热、电者,各国之所共,在穷理之浅深以为取用之多少。地产者如五金、百谷,各国所自有,在能善取而善用之也。人成之物,则系于机器之灵笨与人力之勤惰。故穷理日精则物用呈,机器日巧则成物多,不作无益则物力节,是亦开财源节财流之一大端也。

所谓货能畅其流者,在关卡之无阻难,保商之有善法,多轮船铁道之载运也。

夫百货者,成之农工而运于商旅,以此地之赢余济彼方之不足,其功亦不亚于生物成物也。故泰西各国体恤商情,只抽海口之税,只设入国之关,货之为民生日用所不急者重其税,货之为民生日用所必需者轻其敛。入口抽税之外,则全国运行,无所阻滞,无再纳之征,无再过之卡。此其百货畅流,商贾云集,财源日裕,国势日强也。中国则不然。过省有关,越境有卡,海口完纳,又有补抽,处处敛征,节节阻滞。是奚异遍地风波,满天荆棘。商贾为之裹足,负贩从而怨嗟。如此而欲百货畅流也,岂不难乎?夫贩运者亦百姓生财之一大道也,百姓足,君孰与不足;百姓不足,君孰与足?以今日关卡之滥征,吏胥之多弊,商贾之怨毒,诚不能以此终古也。徒削平民之脂膏,于国计民生初无所裨。谋富强者,宜急为留意于斯,则天下幸甚!

夫商贾逐什一之利,别父母,离乡井,多为饥寒所驱,经商异地,情至苦,事至艰也。若国家不为体恤,不为保护,则小者无以觅蝇头微利,大者无以展鸿业远图。故泰西之民出外经商，国家必设兵船、领事为之护卫，而商亦自设保局银行，与相倚恃。国政与商政并兴，兵饷与商财为表里。故英之能倾印度，扼南洋，夺非洲，并澳土者，商力为之也。盖兵无饷则不行，饷非商则不集。西人之虎视寰区，凭凌中夏者，亦商为之也。是故商者，亦一国富强之所关也。我中国自与西人互市以来，利权皆为所夺者，其故何哉？以彼能保商，我不能保商，而反剥损遏抑之也。商不见保则货物不流，货物不流则财源不聚，是虽地大物博，无益也。以其以天生之材为废材，人成之物为废物，则更何贵于多也。数百年前，美洲之地犹今日之地，何以今富而昔贫？是贵有商焉为之经营，为之转运也；商之能转运者，有国家为之维持保护也。谋富强者，可不急于保商哉！

夫商务之能兴，又全恃舟车之利便。故西人于水，则轮船无所不通，五洋四海恍若户庭，万国九洲俨同阛阓。辟穷荒之绝岛以立商廛，求上国之名都以为租界，集殊方之货宝，聚列国之商氓。此通商之埠所以贸易繁兴、财货山积者，有轮船为之运载也。于陆，则铁道纵横，四通八达，凡轮船所不至，有轮车以济之。其利较轮船为尤溥，以无波涛之险，无礁石之虞。数十年来，泰西各国虽山僻之区亦行铁轨，故其货物能转输利便，运接灵速；遇一方困乏，四境济之，虽有荒旱之灾，而无饥馑之患。故凡有铁路之邦，则全国四通八达，流行无滞；无铁路之国，动辄掣肘，比之瘫痪不仁。地球各邦今已视铁路为命脉矣，岂特便商贾之载运而已哉。今我国家亦恍然于轮船铁路之益矣，故沿海则设招商之轮船，于陆则兴官商之铁路。但轮船只行于沿海大江，虽足与西人颉颃而收我利权，然不多设于支河内港，亦不能畅我货流，便我商运也。铁路先通于关外，而不急于繁富之区，则无以收一时之利。而为后日推广之图，必也先设于繁富之区，如粤港、苏沪、津通等处，路一成而效立见，可以利转输，可以励富户，则继之以推广者，商股必多，而国家亦易为力。试观南洋英属诸埠，其筑路之资大半为华商集股，利之所在，人共趋之。华商何厚于英属而薄于宗邦？是在谋国者有以乘势而利导之而已。此招商兴路之扼要也。

故无关卡之阻难，则商贾愿出于其市；有保商之善法，则殷富亦乐于贸迁；多轮船铁路之载运，则货物之盘费轻。如此，而货有不畅其流者乎？货流既畅，则财源自足矣。筹富国者，当以商务收其效也。不然，徒以聚敛为工，捐纳为计，吾未见其能富也。

夫人能尽其才则百事兴，地能尽其利则民食足，物能尽其用则材力丰，货能畅其流则财源裕。故曰：此四者，富强之大经，治国之大本也。四者既得，然后修我政理，宏我规模，治我军实，保我藩邦，欧洲其能匹哉！

顾我中国仿效西法，于今已三十余年。育人才则有同文、方言各馆，水师、武备诸学堂；裕财源则辟煤金之矿，立纺织制造之局；兴商务则招商轮船、开平铁路，已后先辉映矣。而犹不能与欧洲颉颃者，其故何哉？以不能举此四大纲，而举国并行之也。间尝统筹全局，窃以中国之人民材力，而能步武泰西，参行新法，其时不过二十年，必能驾欧洲而上之，盖谓此也。试观日本一国，与西人通商后于我，仿效西方亦后于我，其维新之政为日几何，而今日成效已大有可观，以能举此四大纲而举国行之，而无一人阻之。夫天下之事，不患不能行，而患无行之之人。方今中国之不振，固患于能行之人少，而尤患于不知之人多。夫能行之人少，尚可借材异国以代为之行；不知之人多，则虽有人能代行，而不知之辈必竭力以阻挠。此昔日国家每举一事，非格于成例，辄阻于群议者。此中国之极大病源也。

窃尝闻之，昔我中堂经营乎海军、铁路也，尝唇为之焦，舌为之敝，苦心劳虑数十余年，然后成此北洋之一军、津关之一路。夫以中堂之勋名功业，任寄股肱，而又和易同众，行之尚如此其艰，其他可知矣。中国有此膏肓之病而不能除，则虽尧舜复生，禹皋佐治，无能为也，更何期其效于二十年哉？此志士之所以灰心，豪杰之所以扼腕，文昔日所以欲捐其学而匿迹于医术者，殆为此也。然而天道循环，无往不复，人事否泰，穷极则通，猛剂遽投，膏肓渐愈。逮乎法衅告平之后，士大夫多喜谈洋务矣，而拘迂自囿之辈亦颇欲驰域外之观，此风气之变革，亦强弱之转机。近年以来，一切新政次第施行，虽所谓四大之纲不能齐举，然而为之以渐，其发轫于斯乎？此文今日之所以望风而兴起也。

窃维我中堂自中兴而后，经略南北洋，孜孜然以培育人材为急务。建学堂，招俊秀，聘西师而督课之，费巨款而不惜。遇有一艺之成，一技之巧，则奖励倍加，如获异宝。诚以治国经邦，人才为急，心至苦而事至盛也。尝以无缘沾雨露之濡，叨桃李之植，深用为憾。顾文之生二十有八年矣，自成童就傅以至于今，未尝离学，虽未能为八股以博科名，工章句以邀时誉，然于圣贤六经之旨，国家治乱之源，生民根本之计，则无时不往复于胸中；于今之所谓西学者概已有所涉猎，而所谓专门之学亦已穷求其一矣。推中堂育才爱士之心，揆国家时势当务之急，如文者亦当在陶冶而收用之列，故不自知其驽下而敢求知于左右者，盖有慨乎大局，蒿目时艰，而不敢以岩穴自居也。所谓乘可为之时，以竭愚夫之千虑，用以仰赞高深，非欲徒撰空言以渎清听，自附于干谒者流，盖欲躬行而实践之，必求泽沛乎万民也。

窃维今日之急务，固无逾于此四大端，然而条目工夫不能造次，举措施布各有缓急。虽首在陶冶人才，而举国并兴学校非十年无以致其功，时势之危急恐不能少须。何也？盖今日之中国已大有人满之患矣，其势已岌岌不可终日。上则仕途壅塞，下则游手而嬉，嗷嗷之众，何以安此？明之闯贼，近之发匪，皆乘饥馑之余，因人满之势，遂至溃裂四出，为毒天下。方今伏莽时闻，灾荒频见，完善之地已形觅食之艰，凶祲之区难免流离之祸，是丰年不免于冻馁，而荒岁必至于死亡。由斯而往，其势必至日甚一日，不急挽救，岂能无忧？夫国以民为本，民以食为天，不足食胡以养民？不养民胡以立国？是在先养而后教，此农政之兴尤为今日之急务也。且农为我中国自古之大政，故天子有亲耕之典以劝万民，今欲振兴农务，亦不过广我故规，参行新法而已。民习于所知，虽有更革，必无倾骇，成效一见，争相乐从，虽举国遍行，为力尚易，为时亦速也。且令天下之人皆知新法之益，如此则踵行他政，必无挠格之虞，其益固不止一端也。

窃以我国家自欲行西法以来，惟农政一事未闻仿效，派往外洋肄业学生亦未闻有入农政学堂者，而所聘西儒亦未见有一农学之师，此亦筹富强之一憾事也。文游学之余，兼涉树艺，泰西农学之书间尝观览，于考地质、察物理之法略有所知。每与乡间老农谈论耕植，尝教之选种之理，粪溉之法，多有成效。文乡居香山之东，负山濒海，地多砂碛，土质硗劣，不宜于耕；故乡之人多游贾于四方，通商之后颇称富饶。近年以美洲逐客，檀岛禁工，各口茶商又多亏折，乡间景况大逊前时，觅食农民尤为不易。文思所以广其农利，欲去禾而树桑，通[迨]为考核地质，知其颇不宜于种桑，而甚宜于波毕。近以愤于英人禁烟之议难成，遂劝农人栽鸦片，旧岁于农隙试之，其浆果与印度公土无异，每亩可获利数十金。现已群相仿效，户户欲栽，今冬农隙所种必广。此无碍于农田而有补于漏卮，亦一时权宜之计也。他日盛行，必能尽夺印烟之利，盖其气味较公土为尤佳，迥非川滇各土之可比。去冬所产数斤，凡嗜阿芙蓉之癖者争相购吸，以此决其能夺印烟之利也必矣。印烟之利既夺，英人可不勉而自禁，英人既禁，我可不栽，此时而申禁吸之令，则百年大患可崇朝而灭矣。劝种罂粟，实禁鸦片之权舆也。由栽烟一事观之，则知农民之见利必趋，群相仿效，到处皆然，是则农政之兴，甚易措手。其法先设农师学堂一所，选好学博物之士课之，三年有成，然后派往各省分设学堂，以课农家聪颖子弟。又每省设立农艺博览会一所，与学堂相表里，广集各方之物产，时与老农互相考证。此办法之纲领也，至其详细节目，当另著他编，条分缕晰，可以坐言而起行，所谓非欲徒托空言者此也。

文之先人躬耕数代，文于树艺收[牧]畜诸端，耳濡目染，洞悉奥窔；泰西理法亦颇有心得。至各国土地之所宜，种类之佳劣，非遍历其境，未易周知。文今年拟有法国之行，从游其国之蚕学名家，考究蚕桑新法，医治蚕病，并拟顺道往游环球各邦，观其农事。如中堂有意以兴农政，则文于回华后可再行游历内地、新疆、关外等处，察看情形，何处宜耕，何处宜牧，何处宜蚕，详明利益，尽仿西法，招民开垦，集商举办，此于国计民生大有裨益。所谓欲躬行实践，必求泽之沾沛乎民人者此也。惟深望于我中堂有以玉成其志而已。

伏维我中堂佐治以来，无利不兴，无弊不革，艰巨险阻尤所不辞。如筹海军、铁路之难尚毅然而成之，况于农桑之大政，为生民命脉之所关，且无行之之难，又有行之之人，岂尚有不为者乎？用敢不辞冒昧，侃侃而谈，为生民请命，伏祈采择施行，天下幸甚。

肃此具禀，恭叩钧绥。伏维垂鉴。

文谨禀

广东省社会科学院历史研究室、中国社会科学院近代史研究所中华民国史研究室、中山大学历史系孙中山研究室合编《孙中山全集》第1卷，中华书局1981年版，第8～18页

△ 李鸿章因军务繁忙，未与孙中山接谈。孙中山在京津看见"满清政治之龌龊，更百倍于广州"，由是深知清廷腐败无可救药，遂由和平手段转而易以强迫。

冯自由《中国革命运动二十六年组织史》：

孙总理偕陆皓东于是年夏间行抵天津，寄寓法国租界佛满楼客栈，首持港沪友人介函访直督幕僚罗丰禄、徐秋畦等，道达上书意见。罗、徐均允相机协助。旋将上李鸿章书投递，洋洋五千余言，切中时弊，尤特重振兴农业。时中日二国因朝鲜东学党乱事，交涉紧张，鸿章藉辞军务匆忙，拒绝延见。仅由罗丰禄代领得农桑会出国筹款护照一纸。总理由是深知清廷腐败无可救药，且亦不能资以进行中央革命，遂决计乘中日交涉失败，举国人心愤恨之机会，自赴美洲，向华侨募款回国实行起兵计划。

冯自由《中国革命运动二十六年组织史》，商务印书馆1948年版，第14页

孙中山在《伦敦被难记》中称：

吾党于是怃然长叹，知和平之法无可复施。然望治之心愈坚，要求之念愈切，积渐而知和平之手段不得不稍易以强迫。

广东省社会科学院历史研究室、中国社会科学院近代史研究所中华民国史研究室、中山大学历史系孙中山研究室合编《孙中山全集》第1卷，中华书局1981年版，第52页

6月以后(五月以后)　孙中山与陆皓东游历京津、武汉等地，考察形势。

孙中山《建国方略·有志竟成》：

予乃与陆皓东北游京津，以窥清廷虚实；深入武汉，以观长江之形势。

中山大学历史系孙中山研究室、广东省社会科学院历史研究所、中国社会科学院近代史研究所中华民国史研究室合编《孙中山全集》第6卷，中华书局1985年版，第229页

7月25日(六月二十三日)　日本海军在朝鲜牙山湾口丰岛西南海域袭击中国海军舰船，中日甲午战争爆发。

8月1日(七月初一日)　中日双方正式宣战。

《德宗景皇帝实录(五)》载清政府宣战诏书:

谕内阁:朝鲜为我大清藩属二百余年,岁修职贡,为中外所共知。近十数年来,该国时多内乱,朝廷字小为怀,叠次派兵前往戡定,并派员驻扎该国都城,随时保护。本年四月间,朝鲜又有土匪变乱,该国王请兵援剿,情词迫切。当即谕令李鸿章拨兵赴援,甫抵牙山,匪徒星散。乃倭人无故派兵突入汉城,嗣又增兵万余,迫令朝鲜更改国政。种种要挟,难以理喻。我朝抚绥藩服,其国内政事向令自理。日本与朝鲜立约,系属与国,更无以重兵欺压,擅令革政之理。各国公论,皆以日本师出无名,不合情理,劝令撤兵,和平商办。乃竟悍然不顾,迄无成说,反更陆续添兵。朝鲜百姓及中国商民日加惊扰,是以添兵前往保护。讵行至中途,突有倭船多只,乘我不备,在牙山口外海面开炮轰击,伤我运船。变诈情形,殊非意料所及。该国不遵条约,不守公法,任意鸱张,专行诡计,衅开自彼,公论昭然。用特布告天下,俾晓然于朝廷办理此事,实已仁至义尽;而倭人渝盟肇衅,无理已极,势难再予姑容。著李鸿章严饬派出各军,迅速进剿,厚集雄师,陆续进发,以拯韩民于涂炭。并著沿江沿海各将军督抚及统兵大臣,整饬戎行,遇有倭人轮船驶入各口,即行迎头痛击,悉数歼除,毋得稍有退缩,致干罪戾。将此通谕知之。钦此。

《清实录》第56册,中华书局1987年版,第396页

日本明治天皇宣战诏书:

为保全天佑践万世一系之皇祚,大日本帝国皇帝示尔忠实勇武之有众:朕兹对清国宣战,望文武百官仰体朕意,于陆海从事对清交战,以期努力实现国家之目的。苟限于不违国际法,各应职能,尽一切手段,必期周全。惟朕即位以来,于兹二十有余年,坚信求文明之化,和平之治而不干涉外国。故使文武常努力于友邦之笃谊,幸与列国之交往逐年亲密。孰料清国之于朝鲜事件,对我有节节破坏邻交,丧失信义之举。朝鲜乃最初受帝国之启导与列国为伍,成为独立之国。然而,清国每每称朝鲜为其属邦,或明或暗干涉其内政。当其内乱之时,借口拯难余属邦,出兵朝鲜。朕依明治十五年之条约出兵防变,更为使朝鲜永免祸乱,保持将来治安,以维护东亚全局之和平,首先劝告清国协同从事,清国反设词相拒。于是帝国劝说朝鲜改革弊政,内固治安之基,外保独立之权,朝鲜遂允诺之。但清国始终暗施百计妨碍其目的,左右托词延缓时机以整其水陆兵备。一旦告成,即以其力达其欲望,以大军派往韩土,击我舰于韩海;明则转嫁于朝鲜国治安之责。如是,则帝国率先使之与诸独立国为伍之朝鲜地位,同为此表示之条约,均因之而蒙晦,帝国之权利将为之损伤,东亚和平将为之难保长久。就其所为,深揣其计谋之所在,实不得不谓自始以牺牲和平,而遂其奢望者。事已至此,朕与和平相始终,宣扬帝国之荣誉于中外,不得不公开宣战。赖尔忠实勇武之有众,迅速恢复永久和平,以全帝国之荣誉。

戚其章主编《中国近代史资料丛刊续编·中日战争》第9册,中华书局1994年版,第283～284页

8月4日(七月初四日)　清廷从御史安维峻奏,命两广总督李瀚章查禁康有为著《新学伪经考》。李瀚章以该书并非离经叛道,饬其自行销毁。

《德宗景皇帝实录(五)》:

谕军机大臣等:有人奏,广东南海县举人康祖诒刊有《新学伪经考》一书,诋毁前人,煽惑后进,于士习文教,大有关系,请饬严禁等语。著李瀚章查明,如果康祖诒所刊《新学伪经考》一书,实系离经叛道,即行销毁,以崇正学而端士习。原片著抄给阅看。将此谕令知之。寻

两广总督李瀚章奏，查明《新学伪经考》，乃辨刘歆之增窜圣经，以尊孔子，并非离经。既经奏参，即饬其自行抽毁。报闻。

《清实录》第56册，中华书局1987版，第399页

9月14—16日（八月十五至十七日）　中日平壤之战，日军占领平壤，清军叶志超、卫汝贵等部败走。

9月17日（八月十八日）　中日黄海大战，日舰大败清北洋海军，致远等四舰被击沉，管带邓世昌等殉国。

10月23日（九月二十五日）　日军渡鸭绿江，战场移至中国境内。

秋　孙中山赴檀香山在华侨中募款，准备回国革命，得到乃兄孙德彰支持。

冯自由《中国革命运动二十六年组织史》：

孙总理偕陆皓东于是岁夏秋间由津南下，即于是秋只身自上海买舟重赴檀香山。拟向旧日亲友集资，回国实行反清反[复]汉之义举。总理少在檀岛耶教学校肄业，同学及故旧至众。乃兄德彰（原名眉，字寿屏）为茂宜岛大畜牧家，其牧场广千数百亩，有茂宜王之称。总理莅檀后，先赴茂宜牧场就商于乃兄，德彰首赞成之，自愿划拨财产一部为助，更移书檀中各亲友，为总理先容。兴中会之成立，德彰之力为多焉。

冯自由《中国革命运动二十六年组织史》，商务印书馆1948年版，第14～15页

冯自由《兴中会组织史》：

总理莅檀后，先赴茂宜牧场就商于乃兄，德彰首赞成之，且愿划拨财产一部为助。更移书檀埠各亲友为总理先容。其时华侨风气尚极闭塞，闻总理有作乱谋反言论，咸谓足以破家灭族，虽亲戚故旧已多掩耳却走。经总理多方游说，奔走逾月，仅得同志数十人。

冯自由《革命逸史》第4集，中华书局1981年版，第3页

11月24日（十月二十七日）　孙中山在檀香山组建中国第一个革命小团体——兴中会。

冯自由《华侨革命开国史》：

冬十月间假卑涉银行华经理何宽宅开第一次成立会，列席者有何宽、李昌、刘祥、黄华恢、程蔚南、郑金、邓松盛（号荫南）、郑照、黄亮、钟木贤、许直臣、李多马、李禄、卓海、林鉴泉、钟宇、刘寿、曹彩、刘卓、宋居仁、夏百子、侯艾泉、李杞等二十余人，总理为主席，即由总理提议定名曰兴中会，规定以“振兴中华挽救危局”为宗旨，并宣布所起草章程九条，众无异议，遂依章程规定投票，选出永和泰商号司理刘祥及何宽二人为檀埠本部正副主席，永和泰商号司账黄华恢为司库，程蔚南、许直臣为正副文案，李昌、郑金、邓松盛、黄亮、李禄、李多马、钟宇、林鉴泉等为值理，章程内载每会员应纳会底银五元，另设银会，集股举办公家事业，每股科银十元，成功后收回本利百元。文中尚不便明言筹饷起兵字样，以免会员有所戒惧。盖其时华侨尚多不脱故乡庐墓思想，惴惴于满清所派公使领事之借辞构陷也。会毕，总理令各会员填写入会盟书，其辞曰：“联盟人某省某县人某某，驱除鞑虏，恢复中国，创立合众政府，倘有贰心，神明鉴察。”宣誓时由李昌朗诵誓辞，各以左手置耶教圣经上，举右手向天依次读之，如仪而散，自是陆续入会者尚有孙德彰、杨文纳、杨德初、卫积益、李光辉、陆灿、叶桂芳、尹煜传、

邹德明、容吉兆、简永照、张福如、许帝有、郑仲昭、伍云生、程祖安、刘森、陆望华、郑发、古义等九十余人,会员总数约一百三十人。

中国社会科学院近代史研究所近代史资料编辑组编《华侨与辛亥革命》,中国社会科学出版社1981年版,第21页

编者按:檀香山兴中会成立的具体日期并不确定。何宽保存了三十年的《兴中会会员及收入会银时日与进支数》(详下文)所记,1894年11月24日系檀香山兴中会开收会费之第一日。冯自由据此认为:"故檀埠兴中会成立之第一日虽不能确实证明为何日,然以总理当时筹款之迫切情形推断之,当不出开成立会后之十日以内,殆无疑义。"这就是说,兴中会成立的大致时间应为1894年11月14—24日之间的某一天。此处仍按一般说法,将檀香山兴中会成立一事系于1894年11月24日下。

《兴中会章程》(最初在檀香山议决原文):

中国积弱,非一日矣!上则因循苟且,粉饰虚张;下则蒙昧无知,鲜能远虑。近之辱国丧师,剪藩压境,堂堂华夏不齿于邻邦,文物冠裳被轻于异族。有志之士,能无抚膺!夫以四百兆苍生之众,数万里土地之饶,固可发奋为雄,无敌于天下。乃以庸奴误国,涂[荼]毒苍生,一蹶不兴,如斯之极。方今强邻环列,虎视鹰瞵,久垂涎于中华五金之富,物产之饶。蚕食鲸吞,已效尤于接踵;瓜分豆剖,实堪虑于目前。有心人不禁大声疾呼,亟拯斯民于水火,切扶大厦之将倾。用特集会众以兴中,协贤豪而共济,抒此时艰,奠我中夏。仰诸同志,盍自勉旃!谨订条规,胪列如左:

一、是会之设,专为振兴中华,维持国体起见。盖我中华受外国欺凌,已非一日。皆由内外隔绝,上下之情罔通,国体抑损而不知,子民受制而无告。苦厄日深,为害何极!兹特联络中外华人,创兴是会,以申民志而扶国宗。

一、凡入会之人,每名捐会底银五元。另有义捐以助经费,随人惟力是视,务宜踊跃赴义。

一、本会公举正副主席各一位,正副文案各一位,管库一位,值理八位,差委二位,以专司理会中事务。

一、每逢礼拜四晚,本会集议一次。正副主席必要一位赴会,方能开议。

一、凡会中所收会底各银,必要由管库存贮妥当,或贮银行以备有事调用。惟管库须有殷商二名担保,以昭郑重。

一、凡会中捐助各银,皆为帮助国家之用,在此不得动支,以省浮费。如或会中偶遇别事要用小费者,可由会友集议妥允,然后支给。

一、凡新入会者,须要会友一位引荐担保,方得准他入会。

一、凡会内所议各事,当照舍少从多之例而行,以昭公允。

一、凡以上所订规条,各友须要恪守。倘有善法,亦可随时当众议订加增,以臻完美。

广东省社会科学院历史研究室、中国社会科学院近代史研究所中华民国史研究室、中山大学历史系孙中山研究室合编《孙中山全集》第1卷,中华书局1981年版,第19~20页

△ **兴中会开收会费**。

冯自由《兴中会组织史》:

兴中会会员及收入会银时日与进支数列左:

一八九四年十一月二十四日何宽、李昌,二十八日卫积益,二十九日李光辉、黄锦凤、何早、宋居仁,十二月六日刘卓、林鉴泉、李多马、程恒心、曾胜、陈孟谦,七日叶桂芳,十日黄亮,十一日钟宇,十三日程蔚南,二十日尹煜传、许直臣、夏百子、黄庆培,一八九五年正月三日胡咏、李月、陆望华、杨纳、毛恩福,十日郑发、古义,十七日梁宾,廿一日郑仲昭、欧阳晃、许振、

黄二、谭弼、容天煦、杨德初、谭全、谭瑞、容吉兆、孙眉、陆檀生、刘登、黄卓山。

邓松盛介绍来支会友十五名列下：陈天养、冯明、邓显德、邓松盛、邓合、伍于洽、伍亚来、吴俊德、吴元德、黄保、刘宗、郑子见、林培、邓贵德、邓黄彩，二月二十八日杨伯贵、刘罗发，四月十七日赖养、邹德明、冯才明、李润贵、黄木、张丁、李六、钟木贤、刘祥、张福如、卓海、李照、许进、郑金、许帝有，二十日陈南，二十二日陈五和、黎显祥、黄纯、李超、吴桓、卓海、陈槛君、戴贵、李林、简永照、萧义胜，五月二日程祖安、刘森，五月八日梁泽袍、林辉、陈帝棠、程道、骆殭、曹彩、李霭云、林德珠、何义、黄后、陈炳阶、程雨亭，六月二日伍云生、邬秀、胡廷、张丁贵、伍珍、李纶、黄秋、曾维高、叶金、李杞、侯艾泉。上列各会员每名捐入会底银五元，独宋居仁则三元，共进会员银二百八十八元。又进邓松盛股份银三百元，进土人股份银二百元，古同股份银一百元，郑仲股份银一百元，容吉兆股份银一百元，孙眉股份银二百元，李多马股份银一百元。（孙自带）

进各友会底银二百八十八元，进各股份银一千一百元。

共进银一千三百八十八元。

支孙逸仙汇单通用银二千元（五二算）一千〇四元。

支孙逸仙自带一百元，支附电信回上海电资二十元〇八毛。

共支银一千一百六十元〇八毛，除支存银二百二十七元二毛。

一八九五年二月二十六日支宋居仁回唐水脚银二十五元。

冯自由《革命逸史》第4集，中华书局1981年版，第7～8页

编者按：兴中会由于收取会银，被唐德刚教授视为“银会”。他在《民国前十年》一书中说：“‘兴中会’最初在檀香山组织时，其形式和性质也只是个‘银会’。会员每人出‘底银’五元，‘股银’每股十元，购买愈多愈好。目的是‘举办公家事业’，事业成功，每股‘收回本利百元’。该会宗旨，除报国之外，‘兼为股友生财捷径……比之（向清朝政府）捐顶子买翎枝，有去无还，洵隔天壤。且十可报百，万可图亿，利莫大焉，机不可失也。’（见冯自由著《兴中会组织史》及《香港兴中会章程》第八条）所以在檀香山的‘兴中会’里孙逸仙是在暗中筹款造反，而绝大多数‘银会’会员，则是在买‘乐透奖’。而这个兴中银会的会长也不是孙逸仙而是股商刘祥。但是孙却是这银会首会的得利人——他筹到港币一万三千元，外加个‘兴中会’的组织名义。”见唐德刚《晚清七十年》，台北远流出版公司1998年版，第168～169页。

冬　兴中会在檀香山组织华侨兵操队，以为将来归国举行武装起义作准备。

冯自由《兴中会组织史》：

（孙中山）复假其师芙兰谛文牧师所设学校。延一丹麦国人前曾充当中国南洋练兵教习名柏者，教授各同志兵操，每星期操练二次，同志中受教者，有侯艾泉、李杞、郑金、郑照、许直琛、杜守传、程袅臣、陆灿等二十余人。

冯自由《革命逸史》第4集，中华书局1981年版，第4页

钟工宇《我的老友孙逸仙先生》：

这段时日，也正是我们集合了一群青年来接受军事训练，以使有一天，我们确能参加中国的革命运动。可是我们对军事训练的兴趣，维持并不很久，便告解体了。

尚明轩等编《孙中山生平事业追忆录》，人民出版社1986年版，第730页

冯自由《中华民国开国前革命史》

檀香山兴中会既成立，孙总理复提议组织华侨兵操队，使各会员同受军事训练，以便回国起义。各会员欣然赞成。即假总理前业师芙兰缔文牧师所设寻真书室之校外操场为兵操之用。各会员报名者有邓松盛、李杞、侯艾泉、郑金、郑照、许直臣、杜守传、程袅臣、宋居仁、陈南、夏百子、陆灿等二十余人。延一丹麦国人名柏者为教师，每星期操练二次。柏前曾到

中国充南洋练兵教习,饶有经验。总理归国后,各会员先后返香港参加举义者有邓松盛、宋居仁、李杞、侯艾泉、陈南、夏百子诸人。

冯自由《中国革命运动二十六年组织史》,商务印书馆1948年版,第17页

△ 孙眉加入兴中会,并担任兴中会茂宜分会主席。

马兖生《孙中山在夏威夷:活动和追随者》:

兴中会在火奴鲁鲁成立后,会员宋居仁和李昌秘密到茂宜岛的卡胡卢,说服孙眉参加兴中会。孙眉当时已倾向革命,欣然担任兴中会茂宜分会主席,还介绍好友邓荫南参加。……在兴中会进支数簿中,交会费的茂宜分会会员有十四人。

黄健敏编著《孙眉年谱》,文物出版社2006年版,第49页

年底　孙中山归国。

孙中山《建国方略·有志竟成》:

至甲午中东战起,以为时机可乘,乃赴檀岛、美洲,创立兴中会,欲纠合海外华侨以收臂助。不图风气未开,人心锢塞,在檀鼓吹数月,应者寥寥,仅得邓荫南与胞兄德彰二人愿倾家相助,及其他亲友数十人之赞同而已。时适清兵屡败,高丽既失,旅、威继陷,京津亦岌岌可危,清廷之腐败尽露,人心愤激。上海同志宋跃如乃函促归国,美洲之行因而中止。遂与邓荫南及三五同志返国,以策进行,欲袭取广州以为根据。

中山大学历史系孙中山研究室、广东省社会科学院历史研究所、中国社会科学院近代史研究所中华民国史研究室合编《孙中山全集》第6卷,中华书局1985年版,第229~230页

△ 孙中山回国途中经过日本横滨,向陈清等华侨发放兴中会章程,嘱在华侨中组织兴中会分会。

冯自由《兴中会组织史》:

横滨华侨在甲午年冬十二月,孙总理自檀岛返香港过境时已发生关系。盖总理于船泊横滨期间,曾在舟中向归国侨胞演讲逐满救国,为该埠售物行商陈清所闻,陈以报告侨商冯镜如、冯紫珊、谭有发(号奋初)等。镜如为横滨文经印刷店主人,生平行侠好义,热心爱国,愤清政不纲,毅然剪除辫发,国人皆以"无辫仔"称之。紫珊为其介弟,亦营印刷事业曰致生活版所。有发为均昌洋服店司理。三人皆以笃信新学见称,闻陈清言船上有高谈反清复汉之异人,奇之,亟派陈重登该轮邀请总理登陆商谈国事。总理谓此船开行在即,不便登陆,授陈以兴中会章程及讨满檄文一大束,令转交冯等照章设立分会,且谓广州不日起义,陈若有意参加,可到香港投效等语。镜如等得陈归报,遂召集少数同志为组织之预备,陈清于数月后赴香港谒总理投效,尝向镜如求助川资,镜如以三十元助之。

冯自由《革命逸史》第4集,中华书局1981年版,第14~15页

1895 年(光绪二十一年·乙未年)

1 月 5 日(甲午年十二月初十日)　孙中山在香港结识日本人梅屋庄吉,梅屋庄吉表示支持孙中山反清革命。两人一生之真挚友谊从此开始。

车田让治《孙中山与梅屋庄吉》:

当时是一八九五年一月五日下午在英国殖民地香港中环大马路二十八号庄吉所经营的梅屋照相馆。

两天前,在一个慈善团体举办的宴会上,孙文被介绍给庄吉。那一天,庄吉的友人詹姆斯·康德黎(宣教师,英国医院博士)引着一个姿容端正的人介绍给庄吉说:“这是我在香港医学校所教的最优秀的学生。卒业后,曾在澳门、厦门、广州等地开业,(孙中山并没有在厦门营医)是一个很有名声的外科医生,但是现在……”忽然康德黎向周围看了一看,并低声对庄吉说:“因为有重大的目的,所以停留在香港。”

…………

庄吉对孙文说:“清朝官员侵入我的住宅,并不是因为做生意的问题,我率直对你说,是因为我摄影了南中国重要的地方……后来为清朝官员所知道。”

…………

庄吉说完之后,孙文暂时也没有讲话,他向书斋四边看了一下,然后轻轻地说:“康德黎老师对我说过你是爱中国的,是关心亚洲人前途的人。这是真的,我明白。”“这是光荣的事,凡是有意关心亚洲前途的人,无论何人,都是如此。”

孙文又说:“但是,怎么办? 睡着的人太多了,你不感觉吗? 所以欧美各国人都称中国为睡狮。如果是狮子,要醒起来才有用,睡着的虽不是整个中国国民,但眼睛被蒙蔽,不管事的人实在太多了。”

“眼睛被蒙蔽?”

“是呀,这是为什么,大概你也明白,这就是清朝的腐败政治所致。在中国所谓清国只是一个名称,国家只是在形式上存在,实际上等于没有国家。不独这样,将来沦为白种人奴隶的命运,也是不可避免的。”

激烈的言论,不断从孙文的口中冲发出来。

在阴暗的书斋里,庄吉凝视着孙文的面孔,被他有魅力的言论感动了,把没有茶的杯子放到口边,忽然又放了下来。

关于孙文之为人,除了康德黎介绍所说之外,庄吉完全不知道。

现在,他知道孙文除了医生之外,还有另外一个面目,那是孙文真正的面目。

…………

当孙文对康德黎说明革命的计划并请求帮助之后,他们两人就在师生关系上结合起来成为知交。康德黎为了帮助孙文实现革命计划,所以介绍庄吉给他。购买革命所需要的武器,在庄吉是容易办到的,并且可以把它隐藏起来。对于这些事情,经过长期考虑之后,孙文乃以强有力的声音对庄吉说:

“如你所说那样,现在的情况,如果继续下去,中国就会被西欧列强殖民主义者所瓜分。不独是中国,所有亚洲各国都将成为西欧的奴隶。中日两国不幸发生战争,但我们非团结起来不可。使中国脱离殖民化的危机,是保卫亚洲的第一步,为了挽救中国,我与同志们正准备发动革命,打倒清朝;我发誓要建立一个真正汉民族的国家。”

庄吉与孙文忘记时间的消逝,当时送上来的饭菜,还没有吃,但已经冷了。

"梅屋先生,不打倒满清,中国是没有前途的!梅屋先生,能不能对我们革命进行帮助?"

孙文向着梅屋一句一句地继续讲:

"没有危险,不过如果落到清朝官员手中,不独要坐牢,而且会被处刑!"

庄吉说:"请等一下。"

"不必谈其他了,大事你已经讲清楚了,感谢你,我很高兴,我的志向也是和你一样的!"庄吉以凝视的眼睛,望了一下孙文,然后接着说:"你早日发动革命吧! 我以资金帮助你,虽然不够,但我愿意多方寻求办法,这是日本人的侠义精神。"

这时,庄吉与孙文,都默不作声,一煞那沉寂之间,互相凝视着,只有街外声音可听得到,不知不觉之间,两只手伸出来互相紧握着。

"我发誓,我要干,梅屋先生。"

"我从今天开始,我是属于你的。"

庄吉从这一瞬间开始,他的一生都作为孙文的真诚的盟友而生存。

政协广东省委员会文史资料研究委员会编《孙中山与辛亥革命史料专辑》,广东人民出版社1981年版,第260~270页

梅屋庄吉祭孙中山时致《悼词》(1929年3月10日在北平西山碧云寺):

三十有五年前,一日于香港之敝屋始迎先生,兴酣,谈天下事,中日之亲善、东洋之兴隆,以及人类之平等,所见全同,为求其实现,先行大中华之革命,先生雄图与热诚,甚激我之壮心,一午之谊,遂固将来之契。

俞辛焞、熊沛彪著《孙中山宋庆龄与梅屋庄吉夫妇》,中华书局1991年版,第17页

1月22日(十二月二十七日) 檀香山兴中会发行中国商务公会股单。

将第一号股单发给檀香山华侨商人、兴中会会员李多马(李·托马 Lee Toma),股单票面文字系英文,译文为:

中国商务公会 第一号。壹股。

兹证明李多马持有已付清的中国商务公会股款壹份。凭于此背书并转让此股券,可过户列入公司总账。

司库刘祥(签名)

总理孙逸仙(签名)

夏威夷岛火奴鲁鲁一八九五年一月二十二日

广东省社会科学院历史研究室、中国社会科学院近代史研究所中华民国史研究室、中山大学历史系孙中山研究室合编《孙中山全集》第1卷,中华书局1981年版,第20页

1月26日(乙未年正月初一日) 孙中山赴广州晤陈少白,并于当晚返回香港,准备设立机关。

陈少白《兴中会革命史要》:

到了十二月月底,孙先生就回到香港。当时我因为学校放年假,已回到广州,住在朋友家里。他找不到我,就打听到了我的住处,当晚趁了夜航船到广州来寻我。在元旦日早晨,就在我朋友家里找着我。当天(晚上)两个人又回到香港,找房子,设机关。

柴德赓、荣孟源等编《中国近代史资料丛刊·辛亥革命》(1),上海人民出版社、上海书店出版社2000年版,第29页

1月底(乙未年正月初旬) 孙中山在港联络辅仁文社杨衢云等,为成立香港兴中会作准备。

冯自由《华侨革命开国史》:

乙未正月初旬,孙总理自檀香山返抵香港,即召集旧友陆皓东、郑士良、陈少白、杨鹤龄、尤列诸人,拟联合各地同志扩大兴中会之组织,以利进行,且将在檀香山所订章程九条修改为十条,因素知辅仁文社社员杨衢云、谢赞[缵]泰等平日宗旨相同,遂与接洽组党事件,衢云等欣然赞成。港侨于初期陆续加入者,尚有黄咏襄、周昭仁、歌[区]凤墀、余育之、徐善亭、朱贵全、丘四等数十人。

中国社会科学院近代史研究所近代史资料编辑组编《华侨与辛亥革命》,中国社会科学出版社 1981 年版,第 3 页

早在 1891 年,孙中山已初识杨衢云。冯自由《兴中会组织史》:

总理于将毕业医校之前一年,更结交辅仁文社社员杨衢云、谢缵泰二人,相与志同道合,为他日扩大兴中会之张本。

冯自由《革命逸史》第 4 集,中华书局 1981 年版,第 1 页

冯自由《杨衢云事略》:

兴中会最初发起人为孙总理,人皆知之,而其第一任会长则为杨衢云。杨名飞鸿,原名合吉,字肇春,又号衢云,福建漳州府海澄县三都乡人。少在香港国家船厂学习机械,因失慎断右手中三指,乃改习英文。毕业后任香港湾仔国家书院教员,旋充招商局总书记,及新沙宣洋行副经理等职。其为人仁厚和蔼,任侠好义,尤富于国家思想。尝习拳勇,见国人之受外人欺凌者,辄抱不平。初与谢缵泰等创设辅仁文社于香港,以开通民智为务。

冯自由《革命逸史》初集,中华书局 1981 年版,第 4 页

冯自由《中华民国开国前革命史》:

杨衢云略历 兴中会首领杨飞鸿,原名合吉,字肇春,又号衢云,福建漳州府海澄县三都乡人也,生于辛酉年(清咸丰十一年十一月十八日)。幼从父清水读于乡,年十四,投香港国家船厂学习机械,因失慎,断右手中三指,于是转习英文。毕业后任香港湾仔国家书院教授,旋充招商局书记长及新沙宣洋行船务副经理等职。其为人仁厚和蔼,急公好义,尤富于爱国思想,以性好任侠,尝从拳师习技击术,雅有心得。自甲申中法战役之败,即有志于反清复汉,尝于粤中物色同志,无应之者。庚寅年(清光绪十六年)与友人谢赞[缵]泰、刘燕宾、陈芬、黄国瑜、罗文玉、周超岳、温宗尧、胡干之等十六人,发起辅仁文社于香港,以开通民智为宗旨。初假刘燕宾所办之炳记船务公司为会议所,至壬辰年二月十五日(清光绪十八年)始设机关于百子里第一号二楼,杨被选为会长。此会内容虽未含有政治上激烈之性质,然仍时不免香港警察之窥伺也。谢赞[缵]泰字圣安,粤之开平县人,其父日生为澳洲著名侨商,属洪门党籍,时以满虏吞灭华夏之历史训迪其子赞[缵]泰、赞[缵]叶二人,故赞[缵]泰幼承家训,恒以继承先志为务,闻杨有志反清,遂与订交,辅仁文社之成,端赖其力。及乙未春间,中山自檀岛返香港,欲联合各地同志,结合新团体,以经营粤事。知杨、谢等有辅仁文社之设,因与商议组党大计,杨、谢亦以势力薄弱,非辟新途径,无以伸张势力,遂欣然从之。于是两派合并,而有扩大兴中会组织。

冯自由《中华民国开国前革命史》上编,上海书店 1990 年版,第 5 ~ 6 页

编者按:根据唐德刚先生的《晚清七十年》一书所说,既然辅仁文社比兴中会成立要早,那么中国近代革命的起步之日就应该是辅仁文社成立之时:“一部中国近代革命史,是应该从杨衢云开始写的。”(见唐著《晚清七十年》,台北远流出版公司 1998 年版,第 167 页)故我们下面倒叙了辅仁文社成立的史实和杨衢云的略历。

1892年3月13日(光绪十八年二月十五日)杨衢云等成立辅仁文社于香港。冯自由《华侨革命开国史》:

辅仁文社者,香港侨商有志者所组织之小俱乐部也,成立于民前二十二年庚寅(一八九〇),其时去中法甲申(民国前二十八年)之役未远,国人渐知满清政府之不足恃,及研究新学之必要。港侨中遂有福建海澄县人杨飞鸿(字衢云)、广东开平县人谢赞[缵]泰(字康如)二人,联络有志者刘燕宾、陈芬、黄国瑜、罗文玉、胡干之、周昭岳等十六人,发起辅仁文社,以开通民智讨论时事为宗旨,是为港侨设立新学团体之先河。其开会地点,初假刘燕宾所开之炳记船务公司为之,至壬辰年(民国前二十年)二月十五日始开设会所于百子里第一号二楼。此社内容仅多购置新学书报,以开通民智,尚未含有政治上之激烈性质,然是时风气仍极闭塞,闻者佥以洋化二字讥之,且时不免香港警吏之窥伺也。

中国社会科学院近代史研究所近代史资料编辑组编《华侨与辛亥革命》,中国社会科学出版社1981年版,第2～3页

谢缵泰《中华民国革命秘史》:

我在皇仁书院念书时,我结识了一些校内外的有出息的爱国年青人。这使我开始醒觉到,计划组织一个中国亿万人的革新运动,一个驱逐满洲鞑靼篡夺者的运动正好是时候了。

在我的十六个朋友中,取得我信任并且知道我的秘密的主要是杨衢云、陈芬、周超岳、黄国瑜、罗文玉和刘燕宾。对其余的都仍保守秘密,因为,当时公开鼓吹革命是太危险了,而且在香港这块殖民地到处是广州清政府的谍探人员。

因此,我们时常偷偷在下述地点相合:中央大道(Prayacentral)平记船务行(刘燕宾在该行任船务主任秘书),华商轮船公司(杨衢云在该公司任船务主任秘书),胡干芝的干记船务行(他是新沙宣洋行的买办)和永胜街十一号我自己的家里。

一八九二年三月十三日,我们在香港百子里第一号二楼设立我们的革命总部,陆敬科和他的"陆佳"俱乐部的朋友住在三楼。

陆敬科现在是广州外交部的一位官员,但以前是香港皇仁书院的教师。

我们采用"热爱祖国"作为我们的格言,并把会议地方名为"辅仁文社",但这并没有能阻挡欧籍警探的不时到访,他们总是受欢迎的。

章开沅等主编《辛亥革命资料新编》第1册,湖北人民出版社2007年版,第159页

《辅仁文社序》:

六合以人为贵,而人之贵责[贵]明道也。道本无影无形,循乎道而事事悉归于正者曰理。是则理之不可须臾离也明矣。人欲明道达理,必先内修心性,外尽伦常,而朋友乃五伦中之一;审是,友道其容缓乎?友道求则相与以成道者,友助其切切也。一曰扶危济困,异姓何殊同脉。二曰劝善规过,益不啻严师。三曰切磋琢磨,学识均能增益。能尽乎此则声应气求,自当行乎道而应乎理焉。兹我同志七人,以为此社曰辅仁文社。但愿同心同德,有始有终,恪守社义,历久不渝其载,是为至要。

其社纲有六条:

1、磨砺人格,臻于至善;2、不得沉溺于当世之恶习;3、为未来中国青年做表率;4、以多途增进中外文、武两种学识;5、精通西学;6、以爱国者自励,努力扫除吾国所遭之屈辱。

陈锡祺主编《孙中山年谱长编》上册,中华书局1991年版,第57～58页

冯自由《中国革命运动二十六年组织史》:

辅仁文社为香港侨商有志者所组织之小俱乐部,成立于庚寅年。其时距中法甲申(民前

二十八年)之役未远。国人渐知满清政府之不足恃,及研究新学之必要。港侨中遂有福建海澄县人杨飞鸿(字衢云)、广东开平县人谢缵泰(字康如)二人,联络有志者刘燕宾、陈芬、黄国瑜、罗文玉、胡干之、周昭岳等十六人,发起辅仁文社,以开通民智,讨论时事为宗旨。是为港侨设立新学团体之先河。其开会地点,初假刘燕宾所开之炳记船务公司为之。至壬辰年(民前二十年)二月十五日始开设会所于百子里第一号二楼。此社内容仅在多购置新学书报,以开通民智,尚未含有政治上之激烈性质。然是时风气仍极闭塞,闻者佥以洋化二字讥之。且时不免香港警吏之窥视也。衢云为人仁厚和蔼,行侠好义,尤富爱国思想。时充任沙宣洋行副经理,于辛卯年(民前二十一年)始渐与孙总理相识,一见如故。时为总理在雅丽士医学校最后修学之前一年,故该校时有衢云之足迹。及乙未年正月,总理自檀岛归抵香港,谋扩大兴中会之组织,亲访衢云,约其合作,衢云欣然从之。辅仁文社社员加入兴中会者,衢云以外尚有谢缵泰、周昭岳等数人。

冯自由《中国革命运动二十六年组织史》,商务印书馆 1948 年版,第 7 ~ 8 页

1 月 30 日(正月初五日)　日军开始进攻威海卫。

2 月 2 日(正月初七日)　清议和大臣张荫桓、邵友濂与日相伊藤博文会于广岛,日方以无全权,拒绝与之议和。

2 月 4 日(正月初十日)　以威海失守,提督孙万林、总兵李楹救援不力被革职,李秉衡降二级留任。

《德宗景皇帝实录(五)》:

谕军机大臣等:李秉衡电奏,威海失守,请将带兵各员严议,并自请严议等语。提督孙万林、总兵李楹救援不力,均著交部严加议处。李秉衡调度失宜,究因兵单所致。著加恩改为交部议处。寻吏部奏,李秉衡议降二级留任,不准抵销。兵部奏,提督孙万林、总兵李楹均议革职。从之。

《清实录》第 56 册,中华书局 1987 版,第 667 ~ 668 页

《德宗景皇帝实录(五)》:

又谕:电寄李鸿章。据电奏威海失守情形,阅之殊深愤懑。戴宗骞誓死守台,今又与丁汝昌同往定远。究竟海军各舰,能否力战冲出?现泊何处?刘公岛孤悬海滨,势亦不保。日内情形,著即探明速报。沿海各口,瞬届开冻,威海一失,处处吃紧。李鸿章前奏不能兼顾奉天,而以专保直隶海口自任。昨电称恐倭登岸包抄后路,请添游击之师。已准其调回聂士成一军应用。著由该督再行严札飞催。各海口可以上岸之处,皆该督辖境,责无旁贷。先期预防,固宜严密。至一闻警信,应如何呼应灵捷,合力堵击,使敌不得乘闲登岸,尤关紧要。著李鸿章迅筹复奏。闻吴宏洛一军,尚称得力;曹克忠新募成军,数亦不少。应如何布置,以期策应便捷。并著酌度办理。

《清实录》第 56 册,中华书局 1987 版,第 668 页

2 月 5 日(正月十一日)　署理两江总督张之洞会见李提摩太,就中国危急局势和解救方案听取李提摩太意见。

《亲历晚清四十五年——李提摩太在华回忆录》:

2 月 5 日,在张之洞的衙门里,我拜会了他。梁敦彦(Liang Tung-ye)先生——留美归国学生,当时是总督下面的外事局的首脑——是除我和总督外,惟一参加会见的人。那一天不仅是中国的新年(正月一日)(误,应为正月十一日,编者),而且也是衙门的节日,因而有一些进进出出的仆人没有戴帽子。院子里很静,就像我们英国的礼拜天。

在督署的会客室里等了半个小时之后,梁先生身着便装走了进来,告诉我总督正忙,问我要跟总督说些什么。我回答说,我想跟总督当面交流,以免由别人转达造成任何误解。于是我们两个就战争问题谈了起来。他告诉我威海卫失守了,消息是在我动身来南京后到达上海的。他还使我确认了以前在武昌和天津时得到的一个印象,就是大多数派往国外的中国学生在回国后又转向中国方式,因为他们看到的只是西方文明失败的方面,并且拿中国文明的优越性相比较,像辜鸿铭,非常挑剔,处在一种经验上很不成熟的状态中。他告诉我,中国人认为欧洲人是在嘲笑他们的无助,不会帮助他们的。

大约过了半个小时,梁先生被总督叫进去了。不一会儿,他戴着他的官帽走了出来,请我去见总督。此时已是一点半多了。我一到内院,总督便走到门外来迎接。他穿着长袍,还戴着御寒的兜帽。按照中国的礼仪,我先向他鞠躬,然后走进屋内,为他在前一年向广学会捐赠三千两银子的义举再次表示感谢。

然后开始谈话,我讲了以下几点:除非立即达成和谈,任何改革都无从谈起;彻底的改革以教育为基础(对此,总督毫不迟疑地表示赞同,打断我的话发表他的看法);对任何政府来说,它的功效之高低的最好证明,就是它使人生存下去,并摆脱贫困和苦难的能力(对此,总督表现得很严肃,仿佛对他来说,这是一种新理念);上帝命令中国变法维新,倘若中国对此无所用心,上帝将让其他民族改革中国,就像在印度、埃及等国所发生的那样。

在回答我的过程中,他一直在思考日本何以非理性地打破原来的和平,并说:中国永远不会屈服,日本将耗尽国力,就像拿破仑统治下的法国那样。他一直在重复我在谈话中提到的一个论点:生存就像博弈,不掌握一定的技巧是无法同掌握了技巧的对手竞争的,看来这在他身上发挥了作用。最后,他以一种似乎已无计可施的表情问如何实现和平,因为中国无论如何不能满足日本的要求,西方各国也坐视不管。我回答说,如果他主持和谈,并且像在其他事情上那样努力为之,他就能够使北京的大臣们统一意见,在他所控制的南方八省贯彻他的主张,并利用他的影响取得其他省份的支持。听了这些,他面露微笑,显然对他的恭维使他感到惬意。于是我把话题进一步引到原打算讲的道理上。我说,既然上天使他身居显要,就为他赋予了从未有过的崇高使命;他应当起来倡导和谈,为下一步的改革开辟道路。

他对我为中国做的工作表示感谢,并说,如果可能的话,应当通过我的书,在五十个左右的高级官员中间达成一致意见,然后其他各级官员会跟上来的。他承认,任何国家要繁荣昌盛都必须进行改革,但他又加上一句,说任何民族都有自己的基本原则,不容改变。即将告辞的时候,他问我为什么急着回上海,什么时候再来看他。然后他请我喝茶,戴上镶红宝石的顶戴和兜帽。见状,我赶紧请他不要出去了,因为外面很冷。于是他让梁先生送我上轿。

前一天晚上,由于寒冷——实际上等于睡在露天里,我睡得很少。这天晚上,发现总督的头脑已受到震动之后,我同样没睡好,部分是因为冷,部分是因为我在反复思考拯救可怜的千千万万中国人的方案。凌晨时候,我把心里形成的方案写了下来:

(1)在一定年限之内,给予某一外国处理中国对外关系的绝对权力;

(2)这个外国政府必须在中国实施各种形式的改革;

(3)由该国的代表控制中国的铁路、矿山、工业等各个部门;

(4)中国皇帝应同过去一样,授予外国代表各种官职爵位;

(5)期限结束之时,外国政府把属于中国的一切资产和负债转交中国政府。

李宪堂、侯林莉译《亲历晚清四十五年——李提摩太在华回忆录》,天津人民出版社2005年版,第214~218页

2月8日(正月十四日)　以刘公岛失守,战船覆没,命查明失守情形和带兵各员下落。

《德宗景皇帝实录(五)》:

又谕:电寄李鸿章等,电均悉。刘公岛失守,水师战船不能冲击出险,竟至覆没,殊堪愤闷。所有失守情形,及带兵各员下落,著即查明具奏。现在敌船游弋,无所顾忌,烟台之西通伸仑,已有倭船开炮。无非声东击西,乘闲肆扰,情殊叵测。东省沿海防剿事宜,著李秉衡妥筹办理。丁槐一军准其留于山东,以资调遣,饬令毋庸赴津。

《清实录》第56册,中华书局1987版,第673~674页

2月9日(正月十五日)　因北洋海军覆没,命李鸿章力图补救。

《德宗景皇帝实录(五)》:

谕军机大臣等:电寄李鸿章。据电奏,海军各舰被击覆没情形,览奏曷胜愤懑。北洋创办海军,殚尽十年财力,一旦悉毁于敌。骤防纵寇,震动畿疆。李鸿章专任此事,自问当得何罪?惟现值海防益急,若立予罢黜,转得置身事外。兹特剀切申谕,李鸿章当自念获咎之重,朝廷曲宥之恩,激发天良,力图补救。瞬届各海口冰泮,敌船猛扑,处处可危。设彼乘闲登岸,必须齐力合剿。此时游击策应之师,较之专防一口,尤为吃重。李鸿章既称徐邦道不可独当一面,著仍遵前旨,速调聂士成统带所部,星夜进关。现在畿辅之防,更急于关外。北路诸军不得再行请留。即著李鸿章分电关外各统帅一体知悉。

《清实录》第56册,中华书局1987版,第674~675页

2月12日(正月十八日)　命拿获临敌辄逃者即行正法。著李秉衡速饬以雕剿之法扼剿窥伺烟台敌军。

《德宗景皇帝实录(五)》:

又谕:电寄李鸿章等。三电俱悉。据奏,丁汝昌等所报威海失事情形。现在止存数舰,仍在刘公岛株守,势难久持,殊深焦愤。雷艇管驾,临敌辄逃,如有由浅沙登岸者,著饬令该地方官拏获,即行正法。倭骑已入宁海州城,龙门岛及崆峒岛等处,又有贼船,恐将窥伺烟台。著李秉衡速饬孙金彪等,设法扼剿。应令探明贼踪来路,乘其分起行走之时,半途击之。此即雕剿之法,应通饬各营相机办理。若待大队齐至,剿办转难得手。丁槐所部兵力较单,应与何军合力分布之处,著李秉衡妥筹办理。

《清实录》第56册,中华书局1987版,第679页

2月13日(正月十九日)　以李鸿章为全权大臣,与日本商定和约。

《德宗景皇帝实录(五)》:

谕军机大臣等:李鸿章著赏还翎顶,开复革留处分,并赏还黄马褂。作为全权大臣,与日本商定和约。直隶总督北洋大臣,著王文韶署理。李鸿章著迅速来京请训。

《清实录》第56册,中华书局1987版,第680页

2月16日(正月二十二日)　张荫桓等前一日到上海。命李鸿章即日布置成行。

《德宗景皇帝实录(五)》:

又谕:电寄李鸿章。本日据张荫桓等电奏,已于二十一日到沪。将往来问答、倭敕底稿,抄录呈览。并云再派重臣,可不必到广岛,伊藤等可来旅顺,就近商办。至停战之议,初次派使时,美使即向倭言。及倭复电须俟两国大臣聚会时,方能将如何议和停战言明。昨接李鸿章电奏,复饬总署与田贝商酌。田谓倭必不改前说,碍难再商,惟盼李鸿章速与面定议。此时事机至迫,连日电询李鸿章启程日期,殊深焦盼。该大臣务须即日布置成行。所有随带人员,并著拣派妥协,迅速具奏。

《清实录》第56册,中华书局1987版,第688页

2月17日(正月二十三日)　命张荫桓回京,邵友濂著即赴署任。

《德宗景皇帝实录(五)》:

又谕:电寄张荫桓等。连日电奏均悉。张荫桓著即回京,邵友濂著即赴署任。此次日本不允开议,非该侍郎等之咎,其自请罢斥之处,著毋庸议。

《清实录》第56册,中华书局1987版,第689页

△ **张之洞再次会见李提摩太,表示不同意李提摩太提出的由某大国监管中国的方案。**

回到上海不及一个礼拜,我正在煞费苦心地细化自己的方案,收到了张之洞发来的电报,要我立即动身前往南京,再交流一次,旅行费用由他支付。2月16日,我又回到了南京。梁先生告诉我,总督将在第二天上午8:30接见我。趁此机会,我把关于延请外国监管中国的方案的大纲送给了梁先生,好让他先跟总督提一下,以便总督有充裕的时间思考这个问题,会见时能有的放矢地进行批评。第二天,按约定的时间到达总督衙门时,我不得不同其他官员一起等候。在那儿,我见到了一位戴蓝宝石顶官帽的官员,姓于,他说他老家是荣城,在山东待过,现在扬州,在洋务局任职已多年了。接着一个红宝石顶戴的官员走了进来。他是前驻英公使郭嵩焘(Kwoth Sung-tao)的侄子。他说,中国正处在极度艰难的困境之中,不知道何去何从。后来我了解到他是南京水师学堂的。他提到新疆专员是他的朋友。还问到傅兰雅博士。随后来了一个水晶顶戴的,说他认识天津的麦肯西博士,并问我是否相识。接着又进来一位红宝石顶戴的。他一进门,所有人都站起来行礼;我跟着照做了。见过礼后,他在一把最高的椅子上坐下,招呼大家就座。他姓屈,是总督府的财务总管,负责总督所辖各行政区长官的选任。

11点,梁先生进来了,并且拿过我的表看了看。我问梁先生,我是不是正好在约定的8:30到达的。他回答说,总督本来希望我早点来,但现在他正在花园里,心情不好,不愿被打搅,于是利用这段时间,我和他又谈起了中国生死攸关的局势和我提出的治疗方案,以便他更清楚地理解我来南京将要向总督提出的建议。我们的谈话持续了将近一个小时。这时梁告诉我说,总督最得意的方案是派遣年轻的皇室成员赴国外留学。我问是不是他建议派遣20~30岁之间的,他回答说总督希望派遣更年轻一些的到国外接受教育。我说,那将使改革耽误得太久。第一批派往国外的留学生应当是那些几年后掌握高层权力的人,否则将错过改革的机会。

这当口,有人进来传话,说总督召见。总督不像我第一次拜访时那样友好,看起来似乎脸上有一团阴云。见面的寒暄过后,他问我要提供的"妙法"是什么。我马上讲了三点。

在答复我的建议时,总督声明,他不主张将中国变成某个国家的暂时的保护国,但赞成在不超过十年的某个时期内,与某个国家结成互惠互利的盟友关系,为此可以给予某些商业

上的优惠条件，如增开通商口岸、修筑铁路、开采矿山和引进工业的收益权等，但必须采取措施避免其他国家的嫉妒。

李宪堂、侯林莉译《亲历晚清四十五年——李提摩太在华回忆录》，天津人民出版社 2005 年版，第 218～219 页

2 月 21 日（正月二十七日） 香港兴中会成立，以“乾亨行”名义作掩护，制订章程十条。

冯自由《中国革命运动二十六年组织史》：

乙未正月初旬，孙总理自檀香山归抵香港，即召集旧友陆皓东、郑士良、陈少白、杨鹤龄、区凤墀等创设兴中会总部，并拟联合各地同志扩大檀香山兴中会之组织，以利进行。因素知辅仁文社社员杨衢云、谢赞［缵］泰等平日宗旨相同，遂与接洽组党事件，衢云等欣然赞成，港侨于是陆续缔盟者，更有谢赞［缵］泰、黄咏襄、周昭岳、余育之、徐善亭、朱贵全、丘四等数十人，筹备既竣，即于是月下旬租定中环士丹顿街门牌十三号为总会所，榜其名曰乾亨行，藉避警探耳目。二十七日开成立会，会名仍称兴中会。凡入会者须一律高举右手向天宣誓，其誓辞曰：“驱除鞑虏，恢复中华，创立合众政府，倘有二心，神明鉴察。”更将檀香山所定章程修正为十条，并规定总会支会之权限，以资遵守。

冯自由《中国革命运动二十六年组织史》，商务印书馆 1948 年版，第 18 页

《香港兴中会章程》：

中国积弱，至今极矣！上则因循苟且，粉饰虚张；下则蒙昧无知，鲜能远虑。堂堂华国，不齿于列邦；济济衣冠，被轻于异族。有志之士，能不痛心！夫以四百兆人民之众，数万里土地之饶，本可发奋为雄，无敌于天下。乃以政治不修，纲维败坏，朝廷则鬻爵卖官，公行贿赂；官府则剥民刮地，暴过虎狼。盗贼横行，饥馑交集，哀鸿遍野，民不聊生，呜呼惨哉！方今强邻环列，虎视鹰瞵，久垂涎我中华五金之富，物产之繁，蚕食鲸吞，已效【尤】于踵接；瓜分豆剖，实堪虑于目前。呜呼危哉！有心者不禁大声疾呼，亟拯斯民于水火，切扶大厦之将倾，庶我子子孙孙，或免奴隶【于】他族。用特集志士以兴中，协贤豪而共济。仰诸同志，盍自勉旃！谨订章程，胪列如左：

一、会名宜正也　本会名曰兴中会，总会设在中国，分会散设各地。

二、本旨宜明也　本会之设，专为联络中外有志华人，讲求富强之学，以振兴中华、维持国体起见。盖中国今日政治日非，纲维日坏，强邻轻侮百姓，其原皆由众心不一，只图目前之私，不顾长久大局。不思中国一旦为人分裂，则子子孙孙世为奴隶，身家性命且不保乎！急莫急于此，私莫私于此，而举国愦愦，无人悟之，无人挽之，此祸岂能幸免？倘不及早维持，乘时发奋，则数千年声名文物之邦，累世代冠裳礼义之族，从此沦亡，由兹泯灭，是谁之咎？识时贤者，能无责乎？故特联络四方贤才志士，切实讲求当今富国强兵之学，化民成俗之经，力为推广，晓谕愚蒙，务使举国之人皆能通晓，联智愚为一心，合遐迩为一德，群策群力，投大遗艰，则中国虽危，无难挽救。所谓“民为邦本，本固邦宁”也。

三、志向宜定也　本会拟办之事，务须利国益民者方能行之。如设报馆以开风气，立学校以育人材，兴大利以厚民生，除积弊以培国脉等事，皆当惟力是视，逐渐举行，以期上匡国家以臻隆治，下维黎庶以绝苛残，必使吾中国四百兆生民各得其所，方为满志。倘有藉端舞弊，结党行私，或畛域互分，彼此歧视，皆非本会志向，宜痛绝之，以昭大公而杜流弊。

四、人员宜得也　本会按年公举办理人员一次，务择品学兼优、才能通达者。推一人为总办，一人为帮办，一人为管库，一人为华文之案，一人为洋文之案，十人为董事，以司会中事务。凡举办一事，必齐集会员五人，董事十人，公议妥善，然后施行。

五、交友宜择也　本会收接会友,务要由旧会员二人荐引,经董事察其心地光明,确具忠义,有心爱戴中国,肯为其父母邦竭力,维持中国以臻强盛之地,然后由董事带之入会。必要当众自承其甘愿入会,一心一德,矢信矢忠,共挽中国危局;亲填名册,并即缴会底银五元,由总会发给凭照收执,以昭信守,是为会友。若各处支会,则由该处会员暂发收条,俟将会底银缴报总会,取到凭照,然后交换。

六、支会宜广也　四方有志之士,皆可仿照章程,随处自行立会。惟不能在一处地方分立两会,无论会友多至几何,皆须合而为一。又凡每处新立一会,至少须有会友十五人方算成会。其成会之初,所有缴底、领照各事,必须托附近老会代为转达总会,待总会给照认妥,然后该支会方能与总会互通消息。

七、人才宜集也　本会需才孔亟,会友散处四方,自当随时随地,物色贤材。无论中外各国人士,倘有心益世,肯为中国尽力,皆得收入会中。待将来用人,各会可修书荐至总会,以资臂助。故今日广为搜集,乃为各会之职司也。

八、款项宜筹也　本会所办各事,事体重大,需款浩繁,故特设银会以集巨资,用济公家之急,兼为股友生财捷径,一举两得,诚善举也。各会友好义急公,自能惟力是视,集腋成裘,以助一臂。兹将办法节略于后:每股科银十元,认一股至万股,皆随各便。所科股银,由各处总办、管库代收,发给收条为据。将银暂存银行,待总会收股时,即汇寄至总会收入,给发收银会股票,由各处总办换交各友收存。开会之日,每股可收回本利百元。此于公私皆有裨益,各友咸具爱国之诚,当踊跃从事,比之捐顶子、买翎枝,有去无还,洵隔天壤。且十可报百,万可图亿,利莫大焉,机不可失也。

九、公所宜设也　各处支会当设一公所,为会员办公之处,及便各友时到叙谈,讲求兴中良法,讨论当今时事,考究各国政治,各抒己见,互勉进益。不得在此博弈游戏,暨行一切无益之事。其经费由会友按数捐支。

十、变通宜善也　以上各款为本会开办之大纲,各处支会自当仿为办理。至于详细节目,各有所宜,各处支会可随地变通,别立规条,务臻妥善。

广东社会科学院历史研究室、中国社会科学院近代史研究所中华民国史研究室、中山大学历史系孙中山研究室合编《孙中山全集》第1卷,中华书局1981年版,第21～24页

冯自由《中华民国开国前革命史》:

因避清、英二国官吏干涉,文中只言救亡,仍未敢公然排满及明示合众政府之宗旨也。

冯自由《中华民国开国前革命史》上编,上海书店1990年版,第8页

2月28日(二月初四日)　署两江总督张之洞致电总理各国事务衙门,请代奏遵旨询问英国传教士李提摩太救急之法情形。

张之洞《李提摩太来谈救急之法语多闪烁致总署、天津李中堂电》(光绪二十一年二月初四日午刻发):

前接北洋电云,英教士李提摩太自言有救急之法,已电总署奏明,奉旨不妨一试等因。查该教士屡向洞言,亦与致北洋电同。既奉旨一试,当即再约该教士来宁详问,语多闪烁。除最谬之语驳斥不论外,大意言此时惟有设法恳英助中国,方能支持。问如何方肯助,李云须多与英国商务利益,如准英商在中国开铁路,开矿,兴各项化学工作制造等事。此皆中国大有利益可致富强之事,无如中国拘于积习旧法,惮于变法大举。工商拙钝贫窘,不解兴利,又无赀本,官亦无大力筹此巨款,以致坐弃大利。若与英国议定,准其在中国办二十年,每年

所出之利酌量分与中国,二十年限满后仍交还中国自办,风气已开,始基已立,中国官民工商皆晓其作法,知其好处,自能扩充接办,从此中华为强国矣。当诘以二十年太久,答云或十数年。又诘以设不交还奈何,答云外国此等办法,条约多有,从无不还者。又诘以英以何法助中国,答云极力劝和,不使倭人妄为。诘以能助水师、陆军帮我攻倭乎,答云不能助兵,只能胁和。并云此系该教士为好之意,自出己见,至如何办法,如何立约,英廷所重者何事,究愿如何帮助,须总署与英公使,中国星使与外部自行商办等语。税务司穆和德来言,大意相似,惟增入添口岸一条。诘以许英利益,设各国欲均沾将如何,答云英商务最大,不患他国分其利等语。查两人所言皆系悬揣之词,总归于以利与英,则英可助中国胁和。以洞管见论之,无论英、俄、法、德、美何国,此时能助我水师攻战,则我必胜,倭必蹙,中国自可重许以利益,如以上诸条皆无不可。国威能振,寇雠能歼,尚复何所吝惜。若能允以势力胁倭,使其和平罢兵,不索地,不索重费,则我酌量许以利益,亦无不可,若仅空言劝和,则何必徒以利益与他国乎。惟帮助胁利,必须及早,趁此时和局尚未开议之时,方易为力。若待大局糜烂,倭欲逾奢,又加各国乘机要求,则虽助亦无益矣。应否令总署与英使、外部商酌之处,恭候圣裁。遵旨询问覆陈。请代奏。豪一。

国家清史编纂委员会·文献丛刊《张之洞全集》(4),武汉出版社2008年版,第426~427页

张之洞《以台湾作押借英款或许英在台开矿藉资保卫致总署》(光绪二十一年二月初四日亥刻发):

传闻倭有索台湾之说,或云借台湾开矿十年等语,未知确否。即使倭真有此意,朝廷权衡至当,知亦必断然不允。查台湾极关紧要,逼近闽、浙,若为敌踞,南洋永远事事掣肘,且虽在海外,实为精华,地广物蕃,公家进款每年二百余万,商民所入数十倍于此,未开之利更不待言,去腊洞托寓居美国之道员容闳借洋款,容复电云,若肯以台湾作押,可借美国银元十万万元等语。查美银元每元合中国银一两余,十万万元是值银一千余兆。又上海英律师丹文来言,若中国需银,可以台湾押与英人,可借巨款等语。洞以其语不得体,当即峻词斥之。即此两说,可见外洋各国艳羡重视台湾之至。既知洋情如此,不敢不以上陈。

再,近日倭有数轮游弋澎湖,显系意在台湾。甚属孤危可虑。窃谓此时正可就外洋艳羡之意,另设一权宜救急之法。似可与英公使、外部商之,即向英借款二三千万,以台湾作保。台湾既以保借款,英必不肯任倭人盗踞,英必自以兵轮保卫台湾,台防可纾。借款还清,英自无从觊觎台湾,其权在我。如照此办法,英尚不肯为我保台湾,则更有一策。除借巨款外,并许英在台湾开矿一二十年。此乃于英国家有大益之事,必肯保台湾矣。台湾内山瘴毒深邃,历年开辟无效,是中国人力断然不能深入。若英人代我开山通道,廓清瘴疠,畅开地产,彼虽获目前之利,至年限满以后,我坐享其利矣。我有巨款,即可速购各小国现成兵轮,于战事必有大益。而既许英以矿利,则保台必所乐从。中英之交既深,即可与英外部密商,遇事从中暗助。总之,英远倭近,英缓倭急。英乃强邻,尚存大体。倭乃凶盗,毫无天理。古人所谓远交近攻,此理确然不易。惟外间耳食之人,恐误以为将台湾押与英国,横生訾议。不知历年借洋款皆写海关作保,我借款已清,英国何尝有据我海关而收税之事乎。大局十分紧急,谨陈管见,上备采择,不胜惶悚。是否可行,伏候圣裁。请代奏。豪二。

国家清史编纂委员会·文献丛刊《张之洞全集》(4),武汉出版社2008年版,第427页

△ 李提摩太在上海会见赴日议和被拒代表张荫桓,就大局之危急,改革之途径以及与强国结盟事交换意见。

《亲历晚清四十五年——李提摩太在华回忆录》:

回到上海不久,正碰上张荫桓(Chang Yin-huan)于赴日途中在上海暂住。他是作为首席和谈公使去探询日本政府的和谈条件的。感到有必要同他见个面,我把自己翻译的麦肯西的《泰西新史揽要》连同我为此书写的绪言,派人送给了他,表示希望他能读一读,并问他我是否可以登门拜访。他给了答复,约定2月28日见面。谈话过程中,我首先强调了中国面临的危险:

(1)来于外国的危险:来于法国,来于俄国的西伯利亚铁路;

(2)来于她的官员和民众的无知。无知导致了迷信、腐败和贫困;

(3)来于她的人口无法增多这种现状。这将招致列强的瓜分,就像他们在非洲所做的那样。

接着我提出了中国扭转颓势的办法:

(1)派出两位亲王担任对日议和全权代表,有限考虑金钱补偿而不是其他方面的要求;

(2)与一个强大的国家结盟,以推进有益的改革;

(3)大清皇帝应每日召见总税务司赫德爵士,每一位督抚都以同样的方式聘用外国专家;

(4)中国应联络列强,成立世界仲裁法庭,以消弭国际间的冲突和战争。

随后我详细表述了自己关于与某个大国结盟的方案(前固已提到)。对此,他的回应是:"俄国是一个让其他国家都害怕的国家。"但谈到英国时,他认为英国是最可信赖的。我指出,与所有强势国家结盟是致命的错误。

这位和谈公使是这样回答我的问题的:

(1)中国官员的腐败是可怕的、无可救药的;

(2)把任何改革方案摆在朝廷面前都毫无用处;

(3)本人曾提出派皇室成员出国考察的方案,但却被劝告不要把建议提交朝廷,因为那只会削弱我的影响力;

(4)官员之间以各种罪名相互攻击,但上边从来不调查一下谁是谁非;

(5)铁路会使中国受益匪浅,战争期间可以轻松地把兵力运送到任何地方;

(6)恭亲王不敢去日本,但日本人会因此感到高兴的;

(7)日本只是表面上强盛,实际并非如此;

(8)中国派往国外的使臣,极少合格的观察者;

(9)如果李提摩太先生有什么方案,我很高兴见识见识(于是我把拟定的方案呈给他,见下文);

(10)对于你提到的改革方案,十有八九我赞同。为你提出的这些改革措施表示衷心感谢,但现在采取什么措施都晚了。

当我说还有十多天的时间可供转圜时,他回答:

(11)中国已同列强建立了盟约,但现在全都袖手旁观;

(12)在国外,本人受到了各国政府优厚的接待,想到外国公使在北京得到的待遇,感到惭愧得很。

当我提到应大力诱导改革时,他说:

(13)不经过巨大的、激烈的变动,在北京什么事也干不成。

看来,对当今朝廷的失望深深地扎根在他的心里。前一天晚上,他已经读了我送的书,看到了我提到的以下两点:

(1)我把日本进步的原因归于她接受了基督教文明的基本原则;

(2)我指出了中国由贫穷转富强的途径。

但对于立即实施我所提到的任何措施,他都不抱有什么希望,因为在同日本达成和平之前,一切都无从谈起。会见持续了近两个小时,讨论涉及的主题非常广泛。

李宪堂、侯林莉译《亲历晚清四十五年——李提摩太在华回忆录》,天津人民出版社2005年版,第219~221页

3月1日(二月初五日) 孙中山接触日本驻香港领事中川恒次郎,请日方为之筹措枪械,予以声援。

日本放送出版协会1984年出版之《原敬关系文书》第二卷书翰篇载中川恒次郎致原敬两函谈及此事。3月4日函:

本月1日,经朋友介绍,清国人孙文(西医)来馆。该人如前日所报,正是欲倾覆现政府,他与晚大致同龄,懂英语,可能是耶稣教徒。据称他打算于去年北洋舰队大演习后,立即举事,不慎失去机会。然而时至今日,特别是在广东省,徒党受到严重注视,不易举事。而更重要的是当前缺乏武器,需要步枪二万五千枝,手枪一千枝,欲求为之筹措。

晚答以本人职务只注意通商贸易之事,与政治之事完全无关,故甚困难。然足下等人的意图可嘉,衷心襄赞。首先想知道足下等人的目的方法。该人答曰:其党称为兴中会,即振兴中国之会。其中有哥老会员,党员人数难以明言。原因是一有行动立刻就要被发觉,而当最后决定起事时则不能彼此来往通信。然而一旦发难,必定四方响应。统领为广东省海南岛人康祖诒(儒者,其著作被禁止印行),原任神户领事吴(名逸,号汉涛),曾纪泽之子某等四人。然而,当问道[到]成功时谁为总统时,答曰尚未及考虑。如允诺给与前述武器,当即往各处招募党员。

今日清国民间人士稍受教育,并了解国外事情者,对现政府施政,尤其是官吏腐败必然十分不满。但该人主张尚可怀疑。假设该人所说属实,然而,其统领的才干、经历和人望等,皆很不够,而且各派间的联络也不通畅,因此即使举事的步骤和手段已经定下,其举事能否成功,尚有怀疑。尤其是在清国,自古农民起义,渐渐酿成革命,一旦爆发,前途为何,亦难审知。考虑到像孙文这样壮年人,毫无经历,难以令人放心。然而他们对满清政府确实非常不满,对汉人李瀚章总督等的腐败也很愤慨。另外,以前提到的立法会议议员何启虽不很赞成我国进行干涉,但其他人则希望我国予以声援帮助。……总之,今日之势,我国并无到处扩张势力之余地,如果说该人等举事使内地开放,我国人也不能充分扩大通商,享其权益……若使清国兵力多聚于北方抵抗我,他们在南方举事,可使之有后顾之忧,是为削弱其势力之一策也。

4月17日函:

其后,孙文仍时时来馆,提出务欲我国予以声援,但从来与我方并无关系,且不说内部事宜,亦不谈党员人数,又无勃兴之准备。孙文说已制定由码头附近运入武器的计划,只要我国给予一些声援,即可充分行事。又近日广东三合会党有所活动,常有我国军队进攻广东之传说,动摇民心。风闻两广总督李瀚章已将其眷属送回家乡安徽,巡抚知县等也不断发出镇抚布告。该港之广东人也对官吏不满,由于孙文等一伙暗中宣传打倒得到我国支持的官吏,故现在中国人对我国人怀有敌意。该港三合会党众多,据说该会以福建省为基地,试图推翻清朝。该地会党原来的目的是秘密共济结社,而现在他们煽动此事则可干出大事。中国百姓本来就无知,而他们信仰的有力者又起来,不管他们提出的善恶不平的原因是否存在,也

必然跟随这些有力者一齐起义,从而成为一种反常的状态。总之,称为某会的秘密结社之事,官吏与人民的关系,尊强盗为英雄豪杰等事,皆恰有阅读《水浒传》时的感觉。总之,孙文等所说的要在两广独立成立共和国,只不过是空中楼阁而已。但广东、广西、云南、贵州等地,自古就与中央政府不通气脉,土民性格又不羁,有可能发生分离。由于外国互相嫉妒,反而使土民得不到谋反机会。

陈锡祺主编《孙中山年谱长编》上册,中华书局1991年版,第81~83页

3月12日(二月十六日)　命裁撤总理海军衙门及海军内外学堂。

3月13日(二月十七日)　香港兴中会开会策划攻取广州的行动。

谢缵泰《中华民国革命秘史》:

一八九五年三月十三日——杨衢云、孙逸仙博士、黄咏商和谢缵泰共同商量重新组织攻取广州的行动。黄咏商是已故黄胜爵士次子,香港立法局议员。

我同孙逸仙博士和其他一些人的第一次见面是在一八九五年三月十三日,那时我们两党早经联合,孙氏的言貌,当时对我并未构成良好的印象,我有过一种奇怪的感觉,觉得对他还是以躲开一点为妙,我对孙氏的初次印象,在我的日记中曾有如下的记述。

章开沅等主编《辛亥革命资料新编》第1册,湖北人民出版社2007年版,第160、155页

编者按:谢缵泰在他的两则日记中记述了对孙中山的初次印象:一八九五年五月五日(星期日),"孙逸仙看来是一个轻率的莽汉……'大炮'!"一八九五年六月二十三日(星期日),"孙念念不忘'革命',……是会要冒风险的。"(谢缵泰《中华民国革命秘史》,见章开沅等主编《辛亥革命资料新编》第1册,湖北人民出版社2007年版,第155页)

3月14日(二月十八日)　梁启超致函汪康年评论孙中山。

梁启超《致汪康年函》:

我辈今日无一事可为,只有广联人才,创开风气,此事尚可半主。在都言之已熟,不知足下在彼所得若何耳?孙某非哥中人,度略通西学,愤嫉时变之流,其徒皆粤人之商于南洋、亚美及前之出洋学生,他省甚少。闻香帅幕中,有一梁姓者,亦其徒也。盍访之,然弟度其人之无能为也。

上海图书馆编《汪康年师友书札》(2),上海古籍出版社1986年版,第1830~1831页

△ 李鸿章离京赴日,随行有美国人福世德、李鸿章之子李经方以及罗丰禄、伍廷芳、马建忠、徐寿朋、于式枚等。

3月16日(二月二十日)　香港兴中会复议广州起事之策略。

冯自由《华侨革命开国史》:

二月二十日复议决挑选健儿三千人由港乘船至广州起事之策略。陆皓东提议用青天白日旗以代满清之黄龙旗,亦于是日通过。

中国社会科学院近代史研究所近代史资料编辑组编《华侨与辛亥革命》,中国社会科学出版社1981年版,第4页

谢缵泰《中华民国革命秘史》:

一八九五年三月十六日——杨衢云、孙逸仙博士、黄咏商和谢缵泰讨论试图用三千精选的人马攻占广州的计划。

我们通过日本领事得到日本政府的暗中支持。

我们采用青天白日旗作为标帜。

何启爵士负责起草宣言等工作。

会见《德臣西报》编辑托马斯·哈·黎德。他答应支持我们。

章开沅等主编《辛亥革命资料新编》第1册，湖北人民出版社2007年版，第160页

邓慕韩《乙未广州革命始末记》：

初，孙先生之谋克复广州也，其计划以发难之人贵精不贵多，人多则倚赖而莫敢先，且易泄漏，事败多由于此。当太平天国时，刘丽川以七人取上海，今广州防兵之众，城垣之大，虽不可与上海同日而语，然以只有敢死者百人奋勇首义，则事便可济。盖是时广州之重要衙署不外将军、都统、总督、巡抚、水提等六七处，虽为军事机关，第承平日久，兵驻左右，有名无实，绝不防卫，只有衙役数人把守而已。孙先生拟以五人为一队，佩足长短枪械及炸弹，进攻一署，直入署后官眷之房，将其长官或诛或执，如是全城已无发号施令之人，尚恐有城外兵队闻变入援，则择最重要之街道，如双门底、惠爱街二处，伏于店铺两旁，以宝笼掩护，伺其来突发枪掷弹击之，援兵不知虚实，突遭迎头痛击，必不敢前。犹虑其由横街小巷经过，则预先将此等道路轰炸，则两旁铺屋倾塌，粤垣街道阔仅数尺，铺砌白石，投以炸弹即易爆炸，砖瓦堆塞，援兵必不能过，担任握守重要街道之敢死队须二三十人便足，西门、归德门二处城楼则以二三十人占领，以延城外响应者入，围攻旗界又以一二十人，与进攻衙署任务已完之队分头放火为号，且壮声势，如此则大事成矣。

丘权政、杜春和选编《辛亥革命史料选辑》上册，湖南人民出版社1981年版，第12～13页

3月18日(二月二十二日)　香港《德臣西报》发表社论支持兴中会的起事。

谢缵泰《中华民国革命秘史》：

一八九五年三月十八日——《德臣西报》发表长文支持我们。

章开沅等主编《辛亥革命资料新编》第1册，湖北人民出版社2007年版，第160页

3月21日(二月二十五日)　香港兴中会主要成员在总部会见《士蔑西报》编辑邓肯。

谢缵泰《中华民国革命秘史》：

一八九五年三月二十一日——杨衢云、孙逸仙博士、黄咏商和谢缵泰跟香港《士蔑西报》编辑切斯尼·邓肯在士丹顿街十三号会商，他保证支持我们。

香港《士蔑西报》支持我们的运动。

该书又称：

《德臣西报》编辑托马斯·哈·黎德，香港《士蔑西报》编辑切斯尼·邓肯都是首先在他们的报纸上公开地和不怕危险地支持这个伟大事业的，而那时几乎所有的人都在嘲笑这个运动。

有一次，切斯尼·邓肯被殖民地大臣传见，大臣谴责他发表等于煽动中国人反抗一个与英国有友好关系的政府的主张。可是，虽然有过这样的警告，我却以能将他们的忠贞不渝记录下来而深感骄傲。

章开沅等主编《辛亥革命资料新编》第1册，湖北人民出版社2007年版，第160页

编者按：据霍启昌《几种有关孙中山先生在港策进革命的香港史料试析》称，根据林敏森的调查，发觉《士篾西报》在乙未首义之前并无登刊过任何报导或评论去支持革命运动。林敏森的调查见其所著《四种香港英文报纸报导有关香港和中国改良与革命运动之关系的研究》第三章。参见《回顾与展望——国内外孙中山研究述评》，中华书局1986年版，第453页。

3月24日(二月二十八日)　李鸿章与日本伊藤博文第三次会谈后被日本刺客小山六之助刺伤左颊。

3月下旬(二月末至三月初)　孙中山等在广州创设兴中会分会,以农学会名义掩护,随即联络各方,以为起事之准备。

冯自由《中华民国开国前革命史》:

兴中会总部决议在粤大举,孙总理即偕郑士良、陆皓东、陈少白、邓荫南等赴广州设立分会,租得双门底王家祠云冈别墅为会所,外假农学会名义,以掩饰外界耳目,由总理手订农学会章程若干条,极言中国非研究农学振兴农业决不足以致富强之理,语极动听,粤中官绅潘宝璜、潘宝琳、刘学询等署名赞助者数十人,无有疑为挟有危险性质者。盖总理前于壬辰、癸巳两年在羊城开设东西药局时,已藉医术纳交于官绅士商各界,大吏巨绅等以其学术优越,咸器重之,此次总理得以措置裕如,经营顺利,实为两载以前播种所致。在粤机关成立之后,同志加入兴中会者,较香港尤为踊跃,先后填写誓约者,有左斗山、魏友琴、程奎光、程壁光、程耀宸、陈廷威、王质甫、朱琪、朱浩、汤才、陈焕洲、吴子材、梁大炮、李芝、刘秉祥、黄丽彬、莫亨、程怀、程次、梁荣、苏复初等数百人。复添设分机关多处,以容纳往来同志及贮藏秘密文件。筹备半载,城内防营及水师与附城各处绿林泰半联络就范。

冯自由《中国革命运动二十六年组织史》,商务印书馆1948年版,第19~20页

孙文《建国方略·有志竟成》:

开乾亨行于香港为干部,设农学会于羊城为机关。当时赞襄干部事务者,有邓荫南、杨衢云、黄咏商、陈少白等;而助运筹于羊城机关者,则陆皓东、郑士良,并欧美技师及将校数人也。予则常往来广州、香港之间,惨淡经营,已过半载,筹备甚周,声势颇众。

中山大学历史系孙中山研究室、广东省社会科学院历史研究所、中国社会科学院近代史研究所中华民国史研究室合编《孙中山全集》第6卷,中华书局1985年版,第230页

△ 兴中会谋与康有为等合作,遭康有为拒绝。

冯自由《戊戌前孙康二派之关系》:

康(有为)初讲学于长兴里,号长兴学舍,好浏览西学译本,凡上海广学会出版之书报,莫不尽量购取。长兴学舍旋移于广府学宫,改名万木草堂,与双门底圣教书楼相距甚迩。时总理初假圣教书楼悬牌行医,因康常在该书楼购书,知其有志西学,欲与结交,爰托友人转达。康谓孙某如欲订交,宜先具门生帖拜师乃可。总理以康妄自尊大,卒不往见。乙未总理倡设农学会于广州,尝请康及其徒陈千秋等加入,陈颇有意,以格于师命而止。

冯自由《革命逸史》初集,中华书局1981年版,第47页

4月16日(三月二十二日)　两广总督李瀚章被开缺,调四川总督谭钟麟为两广总督。

邹鲁《中国国民党史稿》认为孙中山策划在广州发动武装起义,与李瀚章在广东的贪黩乱政有密切关系:

时正巡防队肇事,弃其军服,四出劫掠,百姓愤极,起而合捕之,囚其为首若干人于某会馆。不料巡防局员,率众而出,扑攻某会馆,既将被囚诸人一律释放,并将某会馆劫掠一空。于是居民特开会议,议决以代表一千人赴诉于巡抚衙门。当事者斥为犯上作乱,下领袖代表于狱,余人悉被驱散。从此民怨日深,而投身于兴中会者日众。时两广总督李瀚章在粤桂两

省内,创行一种新例,凡官场之在任或新补缺者,均须纳费若干于督署,官吏既多此额外之费,势不得不取偿于百姓,是又一剥夺民脂民膏之事。且中国官场,每逢诞辰,其僚属必集资以献。时两广官场,以值李督生日,醵金一百万两以充寿礼,此一百万两者,无非以诱吓兼施,笑啼并作之法,取于人民之较富者,而同时督署中,又有出卖科第,私通关节等事,每名定费二千两,因此而富者怨、贫者愤、学者尤不能平。凡此诸种,皆足以增进兴中会势力,而促吾党之起事者矣。兴中会于广州突举义旗,占据省城之计划,由是而决定。

柴德赓、荣孟源等编《中国近代史资料丛刊·辛亥革命》(1),上海人民出版社、上海书店出版社2000年版,第226页

4月17日(三月二十三日)　中日甲午战争以中国失败告终,清政府与日本政府签订《马关条约》。

《德宗景皇帝实录(五)》:

总理各国事务衙门代奏:李鸿章电称,与日本全权大臣伊藤博文等,在马关议定和约十一款。一、中国认朝鲜为独立自主国,废除贡献典礼。二、中国将辽南地方及台湾全岛、澎湖列岛让与日本。三、两国各派官员二名,公同划界,限一年竣事。四、中国偿日本军费二万万两,分八次于七年内交清。五、中国所让地方,二年之内准人民变卖产业,迁居境外。但台湾一省须各派大员,于两个月内交接清楚。六、准添开沙市、重庆、苏州、杭州为商埠,由日本添设领事官驻扎,及日本轮船从湖北宜昌至四川重庆,又从上海吴淞江至苏州、杭州,载客运货;并日本臣民在中国购买货物,或将商货运往内地,得暂租栈房存储;又得在中国通商口岸从事工艺制造。七、日本现驻中国之军队,限三个月内撤回。八、其暂驻威海卫之军队,俟第一第二两次偿款交清,通商行船约章批准,暨确定抵押办法后撤回。九、两国各将俘虏交还,并予免罪。十、本约批准后,按兵息战。十一、本约批准后,定于四月十四日在烟台互换。从之。

《清实录》第56册,中华书局1987版,第759～760页

《马关条约》全文如下:

大清帝国大皇帝陛下及大日本帝国大皇帝陛下为订定和约,俾两国及其臣民重修平和,共享幸福,且杜绝将来纷纭之端。

大清帝国大皇帝陛下特简大清帝国钦差头等全权大臣太子太傅文华殿大学士北洋通商大臣直隶总督一等肃毅伯爵李鸿章、大清帝国钦差全权大臣二品顶戴前出使大臣李经方

大日本帝国大皇帝陛下特简大日本帝国全权办理大臣内阁总理大臣从二位勋一等伯爵伊藤博文、大日本帝国全权办理大臣外务大臣从二位勋一等子爵陆奥宗光为全权大臣

彼此校阅所奉谕旨,认明均属妥善无阙,会同议定各条款,开列于左:

第一款　中国认明朝鲜国确为完全无缺之独立自主国。故凡有亏损其独立自主体制,即如该国向中国所修贡献典礼等,嗣后全行废绝。

第二款　中国将管理下开地方之权并将该地方所有堡垒、军器、工厂及一切属公物件,永远让与日本:

一、下开划界以内之奉天省南边地方:从鸭绿江口溯该江抵安平河口,又从该河口划至凤凰城、海城及营口而止,划成折线以南地方;所有前开各城市邑,皆包括在划界线内。该线抵营口之辽河后,即顺流至海口止,彼此以河中心为分界。

辽东湾东岸及黄海北岸在奉天所属诸岛屿,亦一并在所让境内。

二、台湾全岛及所有附属各岛屿。

三、澎湖列岛,即英国格林尼次东经百十九度起至百二十度止及北纬二十三度起至二十

四度之间诸岛屿。

第三款　前款所载及粘附本约之地图所划疆界,俟本约批准互换之后,两国应各选派官员二名以上为公同划定疆界委员,就地踏勘,确定划界。若遇本约所订疆界于地形或地理所关有碍难不便等情,各该委员等当妥为参酌更定。

各该委员等当从速办理界务,以期奉委之后限一年竣事。但遇各该委员等有所更定划界,两国政府未经认准以前,应据本约所定划界为正。

第四款　中国约将库平银二万万两交与日本,作为赔偿军费。该款分作八次交完。第一次五千万两,应在本约批准互换后六个月内交清,第二次五千万两,应在本约批准互换后十二个月内交清。余款平分六次递年交纳;其法列下:第一次平分递年之款于两年内交清,第二次于三年内交清,第三次于四年内交清,第四次于五年内交清,第五次于六年内交清,第六次于七年内交清。其年分均以本约批准互换之后起算。又第一次赔款交清后,未经交完之款应按年加每百抽五之息。但无论何时将应赔之款或全数或几分先期交清,均听中国之便。如从条约批准互换之日起三年之内能全数清还,除将已付利息或两年半或不及两年半于应付本银扣还外,余仍全数免息。

第五款　本约批准互换之后限二年之内,日本准中国让与地方人民愿迁居让与地方之外者,任便变卖所有产业,退去界外。但限满之后尚未迁徙者,酌宜视为日本臣民。

又,台湾一省应于本约批准互换后,两国立即各派大员至台湾,限于本约批准后两个月内交接清楚。

第六款　中日两国所有约章,因此次失和自属废绝。中国约俟本约批准互换之后,速派全权大臣与日本所派全权大臣会同订立通商行船条约及陆路通商章程。其两国新订约章,应以中国与泰西各国现行约章为本。又,本约批准互换之日起,新订约章未经实行之前,所有日本政府官吏、臣民及商业工艺、行船船只、陆路通商等,与中国最为优待之国,礼遇护视,一律无异。中国约将下开让与各款,从两国全权大臣画押盖印日起,六个月后方可照办。

第一、现今中国已开通商口岸以外,应准添设下开各处,立为通商口岸,以便日本臣民往来侨寓,从事商业、工艺、制作。所有添设口岸,均照向开通商海口或向开内地镇市章程一体办理,应得优例及利益等,亦当一律享受:

一、湖北省荆州府沙市。

二、四川省重庆府。

三、江苏省苏州府。

四、浙江省杭州府。

日本政府得派遣领事官于前开各口驻扎。

第二、日本轮船得驶入下开各口附搭行客,装运货物:

一、从湖北省宜昌溯长江以至四川省重庆府。

二、从上海驶进吴淞江及运河以至苏州府、杭州府。

中日两国未经商定行船章程以前,上开各口行船,务依外国船只驶入中国内地水路现行章程照行。

第三、日本臣民在中国内地购买经工货件若自生之物,或将进口商货运往内地之时欲暂行存栈,除勿庸输纳税钞派征一切诸费外,得暂租栈房存货。

第四、日本臣民得在中国通商口岸、城邑任便从事各项工艺制造,又得将各项机器任便装运进口,只交所订进口税。

日本臣民在中国制造一切货物，其于内地运送税、内地税、钞课、杂派以及中国内地沾及寄存栈房之益，即照日本臣民运入中国之货物一体办理；至应享优例豁除，亦莫不相同。

嗣后如有因以上加让之事应增章程、条规，即载入本款所称之行船通商条约内。

第七款　日本军队现驻中国境内者，应于本约批准互换之后三个月内撤回，但须照次款所定办理。

第八款　中国为保明认真实行约内所订各款，听允日本军队暂占守山东省威海卫。又，于中国将本约所订第一、第二两次赔款交清、通商行船约章亦经批准互换之后，中国政府与日本政府确定周全妥善办法，将通商口岸关税作为剩款并息之抵押，日本可允撤回军队。倘中国政府不即确定抵押办法，则未经交清末次赔款之前，日本应不允撤回军队；但通商行船约章未经批准互换以前，虽交清赔款，日本仍不撤回军队。

第九款　本约批准互换之后，两国应将是时所有俘虏尽数交还。中国约将由日本所还俘虏并不加以虐待若或置于罪戾；中国约将认为军事间谍或被嫌逮系之日本臣民，即行释放。并约此次交仗之所有关涉日本军队之中国臣民概予宽贷，且饬有司不得擅为逮系。

第十款　本约批准互换日起，应按兵息战。

第十一款　本约奉大清帝国大皇帝陛下及大日本帝国大皇帝陛下批准之后，定于光绪二十一年四月十四日，即明治二十八年五月初八日在烟台互换。

为此，两国全权大臣署名盖印，以昭信守。

大清帝国钦差头等全权大臣太子太傅文华殿大学士北洋通商大臣直隶总督一等肃毅伯爵李鸿章

大清帝国钦差全权大臣二品顶戴前出使大臣李经方

大日本帝国全权办理大臣内阁总理大臣从二位勋一等伯爵伊藤博文

大日本帝国全权办理大臣外务大臣从二位勋一等子爵陆奥宗光

光绪二十一年三月二十三日

明治二十八年四月十七日

订于下之关，缮写两份

另约

第一款　遵和约第八款所订暂为驻守威海卫之日本国军队，应不越一旅团之多，所有暂行驻守需费，中国自本约批准互换之日起，每一周年届满，贴交四分之一，库平银五十万两。

第二款　在威海卫应将刘公岛及威海卫口湾沿岸，照日本国里法五里以内地方，约合中国四十里以内，为日本国军队驻守之区。

在距上开划界，照日本国里法五里以内地方，无论其为何处，中国军队不宜逼近或驻扎，以杜生衅之端。

第三款　日本国军队所驻地方治理之务，仍归中国官员管理。但遇有日本国军队司令官为军队卫养、安宁、军纪及分布、管理等事必须施行之处，一经出示颁行，则于中国官员亦当责守。

在日本国军队驻守之地，凡有犯关涉军务之罪，均归日本国军务官审断办理。

此另约所定条款，与载入和约其效悉为相同。为此两国全权大臣署名盖印，以昭信守。

光绪二十一年三月二十三日

明治二十八年四月十七日

订于下之关，缮写两份

王铁崖《中外旧约章汇编》第1册，三联书店1957年版，第614~618页

4月22日(三月二十八日) 李鸿章奏请早日批准合约,以便停战撤兵。诏以俄德法三国与日商改条约,将来仍须修改。

《德宗景皇帝实录(五)》:

钦差大臣大学士李鸿章奏:中日会议,和约已成,照抄画押条约进呈,请早批准,派员互换,以便停战撤兵。得旨:闻俄、德、法三国,现与日本商改中日新约,将来如有与此约情形不同之处,仍须随时修改。

《清实录》第56册,中华书局1987版,第763页

△ 广东、湖南举人梁启超等受康有为策动上书都察院请拒和约。

4月25日(四月初一日) 命许景澄探明俄国政府对于展缓中日和约批准互换的切实态度。

《德宗景皇帝实录(五)》:

又谕:电寄许景澄。二十九日电谕许景澄向俄廷致谢,商由三国告倭,展缓停战互换之期。并饬总署王大臣赴三国使馆,嘱将展期一节各电本国,该使皆允即日发电。不审日内俄廷已得日本复信否,殊深悬盼。俄称倭果坚拒,只好用力。询之喀希呢,语涉含糊。究竟俄外部之言,有无实际。此事至急,若有布置此时必已定议,并著密探以闻。傥至限期迫近,尚无复音,可否由中国径达日本,直告以三国不允新约,嘱中国暂缓批准之处,著许景澄往见外部,与之预筹此节,先期电复。再巴兰德向德廷陈说劝阻新约,系为中国出力,深堪嘉许,著该大臣传旨奖励。

《清实录》第56册,中华书局1987版,第765~766页

△ 以和战不定,命刘坤一、王文韶体察现在大局安危所系,及各路军情战事,究竟是否可靠。

《德宗景皇帝实录(五)》:

又谕:电寄刘坤一等。新定和约条款,刘坤一、王文韶谅皆知悉。让地两处,赔款二万万两,本皆万难允行之事,而倭人恃其屡胜,坚执非此不能罢兵。设竟决裂,则北犯辽沈,西犯京畿,皆在意中。连日廷臣章奏甚多,皆以和约为必不可准,持论颇正。而于沈阳、京师两地,重大所关,皆未计及。如果悔约,即将决战。如战不可恃,其患立见,更将不可收拾。刘坤一电奏有云战而不胜,尚可设法撑持。王文韶亦有聂士成等军颇有把握,必可一战之语。惟目前事机至迫,和战两事,利害攸关,即应立断。著刘坤一、王文韶体察现在大局安危所系,及各路军情战事,究竟是否可靠,各抒所见,据实直陈,不得以游移两可之词,敷衍塞责。

《清实录》第56册,中华书局1987版,第766页

4月29日(四月初五日) 以连日奏章谓台不可弃,台湾绅民亦反对割台,命李鸿章再行熟察情形,于三国阻缓之时,与日方交涉,详筹挽回万一之法。次日李鸿章复称:改约适速决裂,候换约时详切与商。

《德宗景皇帝实录(五)》:

又谕:电寄李鸿章。连日纷纷章奏,谓台不可弃,几于万口交腾。本日又据唐景崧电称,绅民呈递血书,内云公法会通第二百八十六章,有云割地须商居民能顺从与否。又云民必乐

从，方得视为易主等语。台民誓不从倭，百方呼吁。将来交接，万难措手。著李鸿章再行熟察情形，能否于三国阻缓之时，与伊藤通此一信，或预为交接地步。务须体朕苦衷，详筹挽回万一之法。迅速电复。

《清实录》第56册，中华书局1987版，第769页

5月2日（四月初八日） 康有为在京发动“公车上书”，本日投递察院。

《康南海自编年谱》：

正月还粤，二月初一至，而二十四日礼吉死矣。哭之恸，欲为立墓碑，至今未果也。礼吉聪明绝人，而气魄刚毅，大道完成，为负荷第一人，竟夭年，仅二十六，痛哉。十二日偕卓如、梁小山入京，将至大沽，日人来搜船，当颇愤，以早用吾言，必无此辱也。时内廷预备车辆五百，以备迁都，朝士纷纷，多虑国亡出京师者，吾谓此举仅如土耳其者，必不亡，故决入京，与梁小山寓金顶庙。时旅顺已失，朝廷震动，命户部左侍郎张荫桓及前巡抚邵友濂往日本请和，日本以非全权不受。再命大学士李鸿章求和，议定割辽、台，并偿款二万万两。

三月二十一日电到北京，吾先知消息，即令卓如鼓动各省，并先鼓动粤中公车，上折拒和议，湖南人和之，于二十八日粤楚同递，粤士八十余人，楚则全省矣。与卓如分托朝士鼓（动），各直省莫不发愤，连日并递章都察院，衣冠塞途，围其长官之车。台湾举人，垂涕而请命，莫不哀之。时以士气可用，乃合十八省举人于松筠庵会议，与名者千二百余人，以一昼二夜草万言书，请拒和、迁都、变法三者，卓如、孺博书之，并日缮写，（京师无点石者，无自传观，否则尚不止一千二百人也。）遍传都下，士气愤涌，联轨察院前里许，至四月八日投递，则察院以既已用宝，无法挽回，却不收。

先是公车联章，孙毓汶已忌之，至此千余人之大举，万为国朝所无。闽人编修黄□曾者，孙之心腹也，初六七连日大集，初七夕，夜遍投各会馆，阻挠此举，妄造飞言恐吓，诸士多有震动者。至八日，则街上遍贴飞书，诬攻无所不至，诸孝廉遂多退缩，甚且有请除名者。孙毓汶犹虑挠其谋，即先迫皇上用宝，令北洋大臣王文韶诬奏海啸，垒械弃毁，北洋无以为备，孙毓汶与李联英内外恐吓，是日翁常熟入朝房，犹力持勿用宝，电日相伊藤博文请展期五日。孙谓：“若尔，日人必破京师，吾辈皆有身家，实不敢也。”常熟厉声责之曰：“我亦岂不知爱身家，其如国事何？”孙知不能强，乃使李联英请之太后，迫令皇上画押，于是大事去矣。是时降朱谕，告廷臣，皆哀痛不得已之言。皇上之苦衷，迫逼之故，有难言之隐矣。

李联英为宦寺，不识地图，乃至徐用仪亦然，皆曰中国甚大，台湾乃一点地，去之何妨？太后闻之，故轻于割弃也。

翦伯赞、刘启戈等编《中国近代史资料丛刊·戊戌变法》(4)，
上海人民出版社、上海书店出版社2000年版，第129～131页

梁启超《戊戌政变记》：

唤起吾国四千年之大梦，实自甲午一役始也。吾国之大患，由国家视其民为奴隶，积之既久，民之自视，亦如奴隶焉。彼奴隶者，苟抗颜而干预主人之家事，主人必艴然而怒，非摈斥则谴责耳。故奴隶于主人之事，罕有关心者，非其性然也，势使之然也。吾国之人视国事若于己无与焉，虽经国耻历国难，而漠然不以动其心者，非其性然也，势使然也，且其地太辽阔，而道路不通，彼此隔绝，异省之民，罕有交通之事。其相视若异国焉，各不相知，各不相关。诚有如小说家所记巨鲸之体，广袤数里，渔人断其背而穴焉，寝处于是，炊爨于是，而巨鲸渺然不之知也。故非受巨创负深痛，固不足以震动之。昔日本当安政间，受浦贺米舰一言

之挫辱,而国民蜂起,遂成维新,吾国则一经庚申圆明园之变,再经甲申马江之变,而十八行省之民,犹不知痛痒,未尝稍改其顽固嚣张之习。直待台湾既割,二百兆之偿款既输,而鼾睡之声,乃渐惊起,此亦事之无如何者也。

乙未二三月间,和议将定,时适会试之年,各省举人集于北京者以万数千计。康有为创议上书拒之,梁启超乃日夜奔走号召联署上书论国事,广东、湖南同日先上,各省从之。各自联署麇集于都察院者,无日不有,虽其言或通或塞,或新或旧,驳杂不一,而士气之稍申实自此始,既而合十八省之举人聚议于北京之松筠庵(庵者明代烈士杨继盛氏之故宅也),为大联署以上书,与斯会者凡千三百余人,时康有为尚未通籍,实领袖之,其书之大意凡三事:一曰拒和,二曰迁都,三曰变法,而其宗旨则以变法为归。盖谓使前此而能变法,则可以无今日之祸,使今日而能变法,犹可以免将来之祸。若今犹不变,则他日之患更有甚于今者。言甚激切,大臣恶之,不为代奏。然自是执政者渐渐引病去,公车之人散而归乡里者,亦渐知天下大局之事,各省蒙昧启辟,实起点于斯举。此事始末,上海刻有《公车上书记》以纪之,实为清朝二百余年未有之大举也。

梁启超《饮冰室合集·专集之一》,中华书局1988年版,第113~114页

《公车上书记序》:

中日和约十一款,全权大臣既画押,电至京师,举国哗然,内之郎曹,外之疆吏,咸有争论,而声势最盛、言论最激者,莫如公车上书一事。初则广东举人梁启超联名百馀,湖南举人任锡纯、文俊铎、谭绍裳各联名数十,首诣察院,呈请代奏。既而福建、四川、江西、贵州诸省继之,又既而江苏、湖北、陕甘、广西诸省继之,又既而直隶、山东、山西、河南、云南诸省继之。盖自三月二十八、三十,四月初二、初四、初六等日(都察院双日堂期),察院门外车马阗溢,冠衽杂遝,言论滂积者,殆无虚晷焉。

书上数日不报,各公车再联十八省同上一书。广东举人康长素者,素有时名,尝以著书被谤议于时,主其事,草疏万八千余字,集众千三百余人,力言目前战守之方,他日自强之道。文既脱稿,乃在宣武城松筠庵之谏草堂传观会议,庵者前明杨椒山先生故宅也。和款本定于四月十四日在烟台换约,故公呈亦拟定于初十日在察院投递。而七、八、九三日为会议之期。乃一时订和之使,主和之臣,恐人心汹涌,局将有变,遽于初八日请将和款盖用御宝,发使赍行。

是日天本晴丽,风日晴爽;忽于晌午后大雨震电,风雹交作,逾刻而止,即其时也。是时松筠庵坐中议者尚数十百人,咸未谂用宝之举,但觉气象愁惨,相对欷歔,愤悒不得语,盖气机之感召然耶?是夕议者既散归,则闻局已大定,不复可救,于是群议涣散,有谓仍当力争以图万一者,亦有谓成事不说无为蛇足者;盖各省坐是取回知单者又数百人,而初九日松筠之足音已跫然矣,议遂中寝,惜哉惜哉!此事若先数日为之,则必能上达圣听,虽未必见用,亦庶几以见我中国人心之固,士气之昌。其主持和局者不过数人,而攘臂扼腕、望阙感愤、怀郁国耻如报私仇者,尚千数百辈,未始非国家数百年养士之报也。

试事既毕,计偕者南下及沪,为述此事甚悉,且有录得副本并姓名单见示者,为读一过,虽不免有言之过激,及陈义太高、骤难施行者,然煌煌之文,惊天地泣鬼神矣。因为记其始末,刻其文及其姓氏以告天下。其各省分上之稿,尚当汇蒐续刻,以存一朝未有之公案焉。

光绪二十一年五月朔,沪上哀时老人未还氏记。

翦伯赞、刘启戈等编《中国近代史资料丛刊·戊戌变法》(2),
上海人民出版社、上海书店出版社2000年版,第154~155页

康有为所拟《公车上书》全文如下:

具呈举人康祖诒等，为安危大计，乞下明诏，行大赏罚，迁都练兵，变通新法，以塞和款而拒外夷，保疆土而延国命，呈请代奏事：

窃闻与日本议和，有割奉天沿边及台湾一省，补兵饷二万万两，及通商苏、杭，听机器、洋货流行内地，免其厘税等款，此外尚有缴械、献俘、迁民之说。阅《上海新报》，天下震动。闻举国廷诤，都人惶骇。又闻台湾臣民不敢奉诏，思戴本朝。人心之固，斯诚列祖列宗及我皇上深仁厚泽，涵濡煦覆，数百年而得此。然伏下风数日，换约期迫矣，犹未闻明诏赫然峻拒日夷之求，严正议臣之罪。甘忍大辱，委弃其民，以列圣艰难缔构而得之，一旦从容误听而弃之，如列祖列宗何？如天下臣民何？然推皇上孝治天下之心，岂忍上负宗庙，下弃其民哉！良由误于议臣之言，以谓京师为重，边省为轻，割地则都畿能保，不割则都畿震惊，故苟从权宜，忍于割弃也。又以群议纷纭，虽力摈和议，而保全大局，终无把握，不若隐忍求和，犹苟延旦夕也。又以为和议成后，可十数年无事，如庚申以后也。左右贵近，论率如此。故盈廷之言，虽切而不入，议臣之说，虽辱而易行，所以甘于割地弃民而不顾也。

窃以为弃台民之事小，散天下民之事大，割地之事小，亡国之事大，社稷安危，在此一举，举人等栋折榱坏，同受倾压，故不避斧钺之诛，犯冒越之罪，统筹大局，为我皇上陈之。

何以谓弃台民即散天下也？天下以为吾戴朝廷，而朝廷可弃台民，即可弃我，一旦有事，次第割弃，终难保为大清国之民矣。民心先离，将有土崩瓦解之患。《春秋》书梁亡者，梁未亡也，谓自弃其民，同于亡也。故谓弃台民之事小，散天下民之事大。日本之于台湾，未加一矢，大言恫喝，全岛已割。诸夷以中国之易欺也，法人将问滇、桂，英人将问藏、粤，俄人将问新疆，德、奥、意、日、葡、荷皆狡焉思启。有一不与，皆日本也，都畿必惊；若皆应所求，则自啖其肉，手足腹心，应时尽矣，仅存元首，岂能生存？且行省已尽，何以为都畿也？故谓割地之事小，亡国之事大。此理至浅，童愚可知，而以议臣老成，乃谓割地以保都畿，此敢于欺皇上、愚天下也。此中国所痛哭，日本所阴喜，而诸夷所窃笑者也。

诸夷知吾专以保都畿为事，皆将阳为恐吓都畿而阴窥边省，其来必速。日本所为日日扬言攻都城，而卒无一炮震于大沽者，盖深得吾情也。恐诸国之速以日本为师也，是我以割地而鼓舞其来也。皇上试召主割地议和之臣，以此诘之，度诸臣必不敢保他夷之不来，而都畿之不震也。则今之议割地弃民何为乎？皇上亦可以翻然独断矣。或以为庚申和后二十年，乃有甲申之役，二十年中可图自强，今虽割弃，徐图补救。此又敢以美言欺皇上、卖天下者也。

夫治天下者势也，可静而不可动，如箭之在栝，如马之在埒，如决堰陂之水，如运高山之石，稍有发动，不可禁压。当其无事，相视莫敢发难，当其更变，朽株尽可为患。昔者辛巳以前，吾属国无恙也，自日本灭琉球，吾不敢问，于是，法取越南，英灭缅甸，朝鲜通商，而暹罗半翦，不过三四年间，而吾属国尽矣。甲午以前，吾内地无恙也，今东边及台湾一割，法规滇、桂，英规滇、粤及西藏，俄规新疆及吉林、黑龙江，必接踵而来，岂肯迟迟以礼让为国哉？况数十国之逐逐于后乎？譬大病后，元气既弱，外邪易侵，变症百作，岂与同治之时，吾国势犹盛，外夷窥伺情形未洽比哉！且民心既解，散勇无归，外患内讧，祸在旦夕。而欲苟借和款求安目前，亡无日矣，今乃始基耳。症脉俱见，不待卢扁，此举人等所为日夜忧惧，不惮僭越，而谋及大计也。

夫言战者，固结民心，力筹大局，可以图存；言和者，解散民体，鼓舞夷心，更速其亡。以皇上圣明，反复讲辩，孰利孰害，孰得孰失，必当独断圣衷，翻然变计者。不揣狂愚，统筹大计，近之为可和可战，而必不致割地弃民之策，远之为可富可强，而必无敌国外患之来。伏乞皇上下诏鼓天下之气，迁都定天下之本，练兵强天下之势，变法成天下之治而已。

何谓鼓天下之气也？天下之为物，譬犹器也，用其新而弃其陈，病乃不存。水积为淤，流则不腐;户闭必坏,枢则不蠹;炮烧则晶莹,久置则生锈;体动则强健,久卧则委弱。况天下大器,日摩洗振刮,犹恐尘垢,置而不用,坏废放失,日趋于弊而已。今中国人民咸怀忠义之心,非不可用也。而将吏贪懦,兵士怯弱,乃至闻风哗溃,驯至辱国请和者,得无皇上未有以鼓其气耶?是有四万万之民,而不善用之也。伏念世祖章皇帝手定天下,开创之圣人也,而顺治十八年中,责躬之诏屡下。穆宗毅皇帝手定艰难,中兴之盛功也,而同治元二年间罪己之诏至切。天下臣民,伏读感泣,踊跃愤发,然后知列圣创定之功所由来也。《传》谓:"禹、汤罪己,兴也勃焉。"唐臣陆贽谓:"以言感人,所感已浅,言犹不善,人谁肯怀?"今日本内犯,震我盛京,执事不力,丧师失地,几惊陵寝,列圣怨恫,皇上为人子孙,岂无有震动厥心者乎?然于今经年,未闻有罪己之诏,责躬咎厉,此枢臣辅导之罪,宜天下之有望于皇上也。

伏乞皇上近法列圣,远法禹、汤,时下明诏,责躬罪己,深痛切至,激厉天下,同雪国耻。使忠臣义士读之而流涕愤发,骄将懦卒读之而感愧忸怩。士气耸动,慷慨效死。人怀怒心,如报私仇,然后皇上用其方新之气,奔走驰驱,可使赴汤蹈火,而岂有闻风哗溃者哉?此列圣善用其民之成效也,故罪己之诏宜下也。皇上既赫然罪己,则凡辅佐不职、养成溃痈、蔽惑圣聪、主和辱国之枢臣,战阵不力、闻风逃溃、克扣军饷、丧师失地之将帅,与夫擅许割地、辱国通款之使臣,调度非人、守御无备之疆吏,或明正典刑,以寒其胆,或轻予褫革,以蔽其辜,诏告天下,暴扬罪状。其余大僚尸位、无补时艰者,咸令自陈,无妨贤路。庶几朝廷肃然,海内吐气,忭颂圣明,愿报国耻,此明罚之诏宜下也。

大奸既黜,典刑既正,然后悬赏功之格,为不次之擢。将帅若宋庆、依克唐阿,疆吏若张之洞、李秉衡,谅山旧功若冯子材,皆有天下之望,宜有以旌之。或内综枢柄,或外典畿疆,以鼓舞天下。夫循资格者可以得庸谨,不可以得异材;用耆老者可以为守常,不可以为济变。不敢言远者,请以近事言之。当同治初年,沈葆桢、李鸿章、韩超皆以道员擢为巡抚,阎敬铭则由臬司擢抚山东,左宗棠则以举人部员赏三品卿督办军务,刘蓉且以诸生擢四川藩司,逾月授陕西巡抚,用能各展材力,克佐中兴。若汉武帝之用才,明太祖之任吏,皆用不次之拔擢,不测之刑威,用能奔走人才,克成功业。伏读《世祖章皇帝圣训》,屡诏举天下之才,下至山林隐逸,举贡生监,佐贰杂职,皆引见擢用,此诚圣主鼓舞天下之盛心也。

今日变甚急,天下未为乏才,而未闻明诏有求才之举,似非所以应非常之变也。夫有非常之事变,即有非常之才应之,同治中兴之臣,率多草泽之士。宋臣苏轼谓:"智名勇功之人,必有以养之。"伏乞诏下九卿、翰詹、科道、督抚、两司,各举所知,不论已仕未仕,引见擢用,随才器使。昔汉高之于樊哙,每胜增其爵级,其于韩信,一见即拜大将。凡有高材,不次拔擢。天下之士,既怀国耻,又感知遇,必咸致死力,以报皇上,故求才之诏宜下也。夫人主所以驾驭天下者,爵赏、刑罚也。赏罚不行,则无以作士气;赏罚颠倒,则必至离民心。今闻日本要我以释丧师之将,是欲以散众志而激民变也。苟三诏既下,赏罚得当,士气咸伸,天下必距跃鼓舞,奔走动容,以赴国家之急,所谓下诏鼓天下之气者,此也。

何谓定天下之本也?自古都畿皆凭险阻。自非周公盛德,不敢以洛邑为都,故娄敬挽辂,汉祖移驾,宋汴梁无险,致敌长驱,徽、钦之辱,非独失德使然也。方今旅顺已失,威海既隳,海险无有,京师孤立。近自北塘、芦台、神堂、涧河,远自山海、抚宁、昌黎、乐亭、清河、蚕沙,处处可入,无以为防守之计。此次和议即成,而诸夷窥伺,皆可扬帆而达津、沽。《易》曰:"王公设险,以守其国。"险既失矣,国何可守?故今日大计,必在迁都。请以前事言之。我朝当道光之时,天下全盛,林则徐督粤,邓廷桢督闽,叠败英酋朴鼎查、额尔金之兵。而移师天津,即开五口,而偿二千万矣。其后道光二十九年,咸丰六年,咸丰八年,皆始战终和,借京师以为要挟，诸口益开，巨款累偿。暨庚申之变，我文宗显皇帝至为热河之狩，焚烧御园，震惊宗庙。至今万寿山营缮虽新，余烬尚在。由是洋人捭臂都畿，知吾虚实。此事非远，皆诸臣所目击，前车易鉴者也。寻五十年来，吾大臣用事及清流进议者，不深维终始，高谈战事。及震动津、沽、宫廷惶骇，则必以战无把握，输款求和。于是尸位无耻之流累藉和议以容身。朝廷虽深知主战之直，必不见从，亦明知议和之非，俯徇所请。盖实患既至，非复空言所能抵塞。故外夷所累藉以胁制者，皆以吾京师近海之故。彼虽小丑，无求不得，吾虽大胜，终必请和，亦既彰明较著矣。用事者既不早为自强之谋，又不预作迁都之计，衅既开，虚骄空谈，相与言战，乃稍败衄，震动畏缩，苟幸得和，乃至割根本之地、弃千万之民而亦为之，其不智而失计亦甚矣。以今事言之，吾所以忍割地弃民者，为保都畿、安乘舆也，微论将来外夷继轨，都畿终不能保，乘舆终必致惊，而以区区十里之城，弃千里之地、十兆之民以易之，甚非策也。以后事料之，诸夷知我之专保都畿也，咸借端开衅，阳攻都畿以索边省，我必将尽割沿边十余省，以保都畿，是弃天下万里之地、数万万之民，以易区区之都城也。

夫王者有都以治天下耳，岂有割天下以保都城而恃为至计哉？以五十年来前后今事考之，吾之款和输割，皆为都畿边海之故，其事易征，其理易明。昔者苟能自强，虽不迁都，犹可立国；今日虽欲自强，而外夷连轨，计不及待。故非迁都，智者无所骋其谋，勇者无所竭其力，必将坐困胁割尽而后已。夫以一都城之故而亡其国，岂不痛哉！故今日犹言不迁都者，非至愚病狂，则甘心鬻国。大臣既不能预鉴于前，而至辱国，又不补救于后，必至丧邦。皇上圣明，试以诘难诸臣，当无从置喙，或下群臣集议，当亦从同。而后宸衷独断，定议迁都，以安宗庙而保疆土，无逾于此。或谓我能往寇亦能往，我迁都以避，寇深入以争，自古迁都之谋，皆遂为偏安之计，此明臣于谦所以力争，而庚申所以止议也。不知古今异形，今昔殊势，外夷政由议院，爱惜民命，用兵甚慎，不敢深入，与古不同，今日本用兵已可概见。我即迁都，可以力战，虽沿边糜烂，而朝廷深固，不为震慑，即无所胁制，主和者无所容其身，主战者得以激其气。岂不鉴于五十年事，而尚以为孤注哉！独不畏徽、钦之辱乎？

或谓国君有死社稷之义，此尤不达经义之瞽言也。夫国君者，诸侯之谓，以社稷受之天子，当死守之，犹今地方有司，有城池之责比耳。若天子以天下为家，四方皆可建都立社，何一城之为？明庄烈帝既为迂儒所误，明社遂屋，岂可复以此误我国家哉！且一朝而有数都，自古为然，商七迁，周营三邑，汉室二京，唐世两都。及明祖定鼎金陵，永乐乃迁燕蓟，以太子留守南京，宫殿官僚，悉仍旧制，择有司扈从、行在、庙社、官署，随时增修，永分两京，可以为法。若夫建都之地，北出热河、辽沈，则更迫强敌；南入汴梁、金陵，则非控天险；入蜀则太深；都晋则太近。天府之腴，崤、函之固，莫如秦中。近虽水利不开，漕运难至，然都畿既建，百货自归，若藉机器、督散军，亦何水利之不开哉？

夫京都建自辽、金，大于元、明，迄今千年，精华殆尽。近岁西山崩裂，屡年大水，城垣隳圮，闾阎房屋，倾坏无数。甚者太和正门、祈年法殿无故而灾，疑其地气当已泄尽。王者顺天，革故鼎新，当应天命，谓宜舍燕蓟之旧京，宅长安为行在。然人情乐于守常，难于移动，以盘庚迁殷，诫谕至烦"三诰"，以魏文迁洛，世臣犹有违言。盖世臣大家，辎重繁多，迁徙不易，听其恋旧，庶免阻挠，自非大有为之君，不易破寻常之论。魏文南征，永乐北伐，皆借巡幸留而作都。皇上既讲明利害，远之防诸夷之联镳，近之拒日本之挟制，急断乃成，亟法汉高，即日移驾，奉皇太后巡于陕西，六龙西幸，万人欢庆。幸当讲和之时，民心稍静，择亲藩之望重者留守旧京，车驾从容西狩，择百司扈从，以重兵拥卫，必不虑宵小生心。日人虽欲轻兵相袭，数日乃抵津、沽，而我大兵云集都畿，犹可一战，彼岂敢深入内地，飞越四天门、潼关之险哉?然后扼守函、潼,奠定丰、镐,建为行在,权宜营置,激厉天下,妙选将才,总屯重兵,以二万万之费改充军饷,示之以虽百战百败,沿海糜烂,必不为和。日本既失胁制之术,即破旧京,不足轻重,必不来攻,都城可保。或俯就驾驭,不必割地,和议亦成。即使不成,可以言战矣。故谓迁都以定天下之本者此也。

何谓强天下之势也?凡两物相交,必有外患,兽有爪牙之卫,人有甲胄之蔽,列国并立,兵者,国之甲胄也。昔战国之世,魏有武卒,齐有轻骑,秦有武士。楚庄投袂,屦及剑及,即日伐宋。盖诸国并骋,无日不训讨军实,国乃可立。今环地球五十余国,而泰西争雄,皆以民为兵,大国练兵至百余万。选兵先以医生视其强弱,乃入学堂学习布阵、骑击、测量、绘图。其阵法、营垒、器械、枪炮,日夕讲求,确有程度。操练如真战,平居如临敌,所由雄视海内也。日本步武其后,遂来侮我。而我犹守大一统之旧制以待之,不训兵备,至有割地款和之事。今日氛未已,不及精练,然能将卒相知,共其甘苦,器械精利,壮其胆气,亦可自用,选将购械,犹可成军。

夫用兵者,用其气也。老将富贵已足,无所愿望,或声色销铄,精气竭衰,暮气已深,万不能战。即或效忠,一死而已,丧师辱国,不可救矣。近者杨芳失律于粤城,鲍超骄蹇于西蜀,令彼再如为兵时跳身坐炮眼上,岂可得哉?此赵惠王所以致疑于廉颇,光武所以不用马援也。伏读《圣祖仁皇帝圣训》,亦以老将气衰不能用,此真圣人之远谟也。惟少年强力,贱卒怀赏,故敢轻万死以求一生。故选将之道,贵新不贵陈,用贱不用贵。且外夷战备日新,老将多恃旧效,昧于改图,故致无功。今请更练重兵,以待敌变。都畿根本至重,必有忠勇谋略下士爱民之督抚如李秉衡之流者,专督畿辅之军,假令便宜,令其密选将才十人,不拘资格,各练十营,日夜训练,厉以忠义,激以国耻,择其精悍,优其饷糈,以为选锋。既有李克用之义儿,李成梁之家丁,缓急可恃,得此五万,都畿可守,再有将才,可以续练。前敌之宋庆、魏光焘、李光久,宿将之冯子材,并一时人望,可咨以将才,假以便宜,悉用选锋,厉以仇耻。沿边疆臣,亦宜选振作有为之人,不宜用衰老资格之旧,各选将才,各练精兵万人。并饬绅士各自团练,遇有警迫,坚壁清野。并请敕下群臣,外至守令,传谕绅士,有忠义沈毅慷慨知兵之士,不拘资格,悉令荐举,引见拔用,或交关内外军差遣。各县草泽中,皆有魁梧任气忠义谋略之士,责令州县各荐一人,拔十得一,才不可胜用,必有干城之选,足应国家之急者。是谓选将。

《管子》谓:"器械不精,以卒予敌。"外夷讲求枪炮,制作日新。枪则德有得来斯枪、毛瑟枪,法有沙士钵枪,英有亨利马梯尼枪,美有哈乞开司枪、林明敦枪、秘薄马地尼枪,俄有俾尔达奴枪,而近者英之黎姆斯枪为尤精。炮自克虏伯炮、嘉立炮外,近有毒烟开花炮、空气黄药大炮,以及暗炮台、水底自行船、机器飞车、御弹戎衣、测量炮子表,巧制日新。日本步武泰西,亦能自制新器,曰苗也理枪。而我中国未能创制,只购旧式,经办委员不解制造,于坚、轻、远、准、速无所谙晓,或以旧枪改充毛瑟,贪其价廉,乃不可用,其中饱者益无论。闻近来所购者,多暹罗废枪,香港以二两八钱购得,而中国以十二两购之。查同治十三年,德之攻法,每分时枪十余响。光绪三年,俄之攻土,枪三十余响。至日之犯我,枪乃六十余响。我师溃败,虽将士不力,亦器械不精,故胆气不壮,有以致之。故吾非悬重赏,以厉新制,不足取胜。今不及办,宜选精于制造、操守廉洁之士,专购英黎姆斯枪十数万,以备前敌,并广购毒烟空气之炮、御弹之衣,庶器械精利,有恃无恐,是谓购械。又我南洋诸岛民四百万,虽久商异域,咸戴本朝。以丧师割地为诸外夷姗笑,其怀愤怒过于内地之民,其人富实,巨万之资以数千计,通达夷情,咸思内归中国,团成一军,以雪国耻。特去天万里,无路自通。若派般商,密令举办,派公忠智略通达商情之大臣领之,或防都畿,或攻前敌,并令联通外国,助攻日本,或有奇功。所谓练兵以强天下之本[势]者,此也。

然凡上所陈，皆权宜应敌之谋，非立国自强之策也。伏念国朝法度，因沿明制，数百年矣。物久则废，器久则坏，法久则弊。官制则冗散万[漫]数，甚且鬻及监司，教之无本，选之无择，故营私交赂，欺饰成风，而少忠信之吏。学校则教及词章诗字，寡能讲求圣道，用非所学，学非所用，故空疏愚陋，谬种相传，而少才智之人。兵则绿营老弱，而募勇皆乌合之徒。农则地利未开，而工商无制造之业。其他凡百积弊，难以遍举。而外国奇技淫巧，流行内地，民日穷匮，乞丐遍地，群盗满山，即无外衅，精华已竭，将有他变。方今当数十国之觊觎，值四千年之变局，盛暑已至而不释重裘，病症已变而犹用旧方，未有不暍死而重危者也。

窃以为今之为治，当以开创之势治天下，不当以守成之势治天下；当以列国并立之势治天下，不当以一统垂裳之势治天下。盖开创则更新百度，守成则率由旧章。列国并立则争雄角智，一统垂裳则拱手无为。言率由则外变相迫，必至不守不成；言无为而诸国交争，必至四分五裂。《易》曰："穷则变，变则通。"董仲舒曰："为政不调，甚者更张，乃可谓理。"若谓祖宗之法不可变，则我世祖章皇帝何尝不变太宗文皇帝之法哉？若使仍以八贝勒旧法为治，则我圣清岂能久安长治乎？不变法而割祖宗之疆土，驯至于亡，与变法而光宗庙之威灵，可以大强，孰轻孰重，孰得孰失，必能辨之者。不揣狂愚，窃为皇上筹自强之策，计万世之安，非变通旧法，无以为治。变之之法，富国为先。户部岁入银七千万，常岁亦已患贫，大农仰屋，罗掘无术，鬻官税赌，亦忍耻为之，而所得无几。然且旱潦河灾，船炮巨帑，皆不能举。闻日本索偿二万万，是使我臣民上下三岁不食乃能给之。若借洋债，合以利息扣折，百年亦无偿理，是自毙之道也。与其以二万万偿日本，何如以二万万外修战备，内变法度哉？

夫富国之法有六：曰钞法，曰铁路，曰机器轮舟，曰开矿，曰铸银，曰邮政。今奇穷之余，急筹巨款，而可以聚举国之财，收举国之利，莫如钞法。今天下银号报明资本，皆存现银于户部及各省藩库，户部用精工制钞，自一至百，量其多少，皆给现银之数，而加其半，许供赋税禄饷。其大者户部皆助赀本，其亏者户部皆代摊偿，助其流通，昭彰大信。巨商乐借国力，富户不患倒亏。以十八行省计之，可得万万。既有官银行，上下相通，若有铁路、船厂大工，可以代筹，军务、赈务要需，可以立办。国家借款，不须重息中饱，外国汇款，无须关票作押。公票寄存，可有入息，钞票通行，可扩商务。今各省皆有银票钱票，而作伪万种，利不归公，何如官中为之，骤可富国哉？此钞票宜行一。

可缩万里为咫尺，合旬月于昼夜，便于运兵，便于运械，便于赈荒，便于漕运，便于百司走集，便于庶士通学，便于商贾运货，便于负担谋生，便于通言语，一风俗，有此数便，不费国帑而可更得数千万者，莫如铁路。夫铁路之利，天下皆知，山海关外，久已兴筑，今方运兵，其效已见，所未推行直省者，以费巨难筹耳。若一付于民，出费给牌，听其分筑，官选通于铁路工程者，划定行省郡县官路，明定章程，为之弹压保护，凡军务、运兵、运械、赈荒，皆归官用，酌道里远近，人数繁寡，收其牌费。吾民集款力自能举，无使外国收我利权。天下铁路牌费，西人计之，以为可得七千万，且可移民出于边塞，而荒地辟为腴壤，商货溢于境外，而穷闾化为富民。俄人珲春铁路将成，边患更迫，但为防边已当亟筑，况可得巨款哉？且可裁漕运而省千万之需，去驿铺而溢三百万之项。此铁路宜行二。

机器厂可兴作业，小轮舟可便通达。今各省皆为厉禁，致吾技艺不能日新，制作不能日富，机器不能日精，用器兵器，皆多窳败，徒使洋货流行，而禁吾民制造，是自蹙其国也。官中作厂，率多偷减，敷衍欺饰，难望致精，则吾军械安有起色。德之克虏伯，英之黎姆斯，著于海内，为国大用，皆民厂也。宜纵民为之，并加保护。凡作机器厂者，出费领牌，听其创造。轮舟之利，与铁路同，官民商贾，交收其益，亦宜纵民行之，出费领牌，听其拖驶，可得巨款。此机器轮舟宜行三。

《周官》矿人,汉代铁官,开矿之法久矣。美人以开金银之矿富甲四海,英人以开煤铁之矿雄视五洲。其余各国开矿,均富十倍。而藏富于地,中国为最,如云南铜、锡,山西、贵州煤、铁,湖广、江西铜、铁、铅、锡、煤,山东、湖北铅,四川铜、铅、煤、铁,其最著者,亘古封禁,留待今日。方今国计日蹙,虽极节俭,岂能济此艰难哉?家有重宝,而仰屋嗟贫,无策甚矣。山西煤、铁尤甚,星罗棋布,有百三十万方里,苗皆平衍,品亦上上,德人以为甲于五洲,地球用之千年不尽。又外蒙古,阿尔泰山即金山也,长袤数千里,金产最盛,苗亦平衍,有整块数斤者,俄人并为察验绘图。至滇、粤之矿,尤为英、法所窥伺,我若不开,他人入室。今云南已专设矿务大臣,热河、开平亦设官局,并著成效。而未见大利者,皆由矿学之未开,采办之非人也。矿学以比国为最,自山色、石纹、草木、苗脉、子色,皆有专书。宜开矿学,专延比人教之,且为踏勘。购机器以省人工,筑铁路以省转运,二十取一而无定额税,选才督办而无滥私人,则吾金、银、煤、铁之富,可甲地球。此矿务宜开四。

钱币三品以通有无,其制最古。自濠镜通商,洋银流入中国,渐遍内地,及于京师。观其正朔,则耶稣之年号,而非吾之纪元也,是谓无正朔。考其漏卮,则每岁运入约数百万,进口无税,八成夹铅,而换我足银,市价涨落七钱二分之重,或有涨至八钱者,多方折耗,是谓大漏卮。名实俱亡,吾政之失,孰大于是。而吾元宝及锭,形体既难握携,分两又无一定,有加耗、减水、折色、贴费之殊,有库平、规平、湘平、漕平之异,轻重难定,亏耗滋多。而彼重率有定,体圆易握,人情所便,其易流通,固也。查泰西皆用本国之银,如俄用卢布,德用马克,奥用福禄林,英用喜林,外国银钱不许通用。我宜自铸银钱,以收利权。

今广东已开局铸银,但患经费不敷,未能扩充以铸大圆耳。夫金银质软,只用九成。查美国铸银,每刻可成大圆一千二百,而每圆之利,三分移作制造之费,犹有余饶,利亦厚矣。请饬下户部,预筹巨款,并令行省皆开铸银局,其花纹年号,式样成色,皆照广东铸造,增置大圆。由督抚选廉吏精明专司此局,厚其薪水,严其刑罚,督抚以时月抽提,户部以化学核验。他日矿产既盛,增铸金钱,抵禁洋圆,改铸钱两,令严而民信,可以塞漏卮,而存正朔矣。此铸银宜行者五。

我朝公牍文移,谕旨奏折,皆由塘驿汛铺传递,而军务加紧,又有驿马遍布天下。设官数百,养夫数万,岁费帑三百万两,而民间书札不得过问。赀费厚重,犹复远寄艰难,消息浮沉,不便甚矣!查英国有邮政局寄带公私文书,境内之信费钱二十,马车急递,应时无失,民咸便之,而岁入一千六百余万。我中国人四万万,书信更多,若设邮政局以官领之,递及私书,给以凭样,与铁路相辅而行,消息易通,见闻易广,而进坐收千余万之款,退可省三百万之驿,上之利国,下之便民。此邮政宜行六。

行此六者,国不患贫矣。然百姓匮乏,国无以为富也。中国生齿,自道光时已四万万,今经数十年休养生息,不止此数。而工商不兴,生计困蹙,或散之他国,为人奴隶,或啸聚草泽,蠹害乡邑,虽无外患,内忧已亟。夫国以民为本,不思养之,是自拔其本也。

养民之法:一曰务农,二曰劝工,三曰惠商,四曰恤穷。天下百物皆出于农,我皇上躬耕,皇后亲蚕,董劝至矣。而田畯之官未立,土化之学不进,北方则苦水利不辟,物产无多,南方则患生齿日繁,地势有限。遇水旱不时,流离沟壑,尤可哀痛,亟宜思良法以救之。外国讲求树畜,城邑聚落皆有农学会,察土质,辨物宜。入会则自百谷、花木、果蔬、牛羊牧畜,皆比其优劣,而旌其异等。田样各等,机车各式,农夫人人可以讲求。鸟粪可以肥培壅,电气可以速长成,沸汤可以暖地脉,玻罩可以御寒气,刈禾则一人可兼数百工,播种则一日可以三百亩。

择种一粒，可收一万八百粒，千粒可食人一岁，二亩可养人一家。瘠壤可变为腴壤，小种变为大种，一熟可为数熟。吾地大物博，但讲之未至，宜命使者译其农书，遍于城镇，设为农会，督以农官。农人力薄，国家助之。比较则弃楛而从良，鼓舞则用新而去旧，农业自盛。若丝、茶为中国独擅，恃为大利，而近年意大利、法兰西、日本皆讲蚕桑，印度、锡兰茶叶与吾敌，夺我之利，致吾衰减至千余万。而吾养蚕未善，种茶未广，再不讲求，中国之利源塞矣。宜设丝茶局，开丝茶学会，力求振兴，推行各省。其余东南种棉、蔗，西北讲牧畜。棉以纺织，蔗以为糖，牛毛之毳，可以织呢绒毡毯，以及沙漠可以开河种树，海滨可以渔网取鱼。种树之利，俄在西伯利部岁入数百万。渔人之计，美之沿海可得千余万。今材木之运，罐头之鱼，中国销流甚盛，宜有以抵拒之。又美国养蜂，西人以为能尽其利，所入等于旧金山之金矿，宜有以鼓励之。此务农宜行一也。

《周官》考工，《中庸》劝工。诸葛治蜀，工械技巧，物究其极；管仲治齐，三服女工，衣被天下。木牛之制，指南之车，富强之效也。尝考欧洲所以骤强之由，自嘉庆十二年英人始制轮船，道光十二年即犯我广州，遂辟诸洲属地四万里。自道光二十五年后铁路创成，俄人以光绪二年筑铁路于黑海、里海，开辟基洼、阿尔霸等国六千里。其余电线、显微镜、德律风、传声筒、留声筒、轻气球、电气灯、农务机器，虽小技奇器，而皆与民生国计相关。若铁舰、炮械之精，更有国者所不能乏。前大学士曾国藩手定大难，考知西人自强之由，创议开机器之局。近者各直省渐为增设，而只守旧式，绝无精思，创为新制，盖国家未尝教之也。宜令各州县咸设考工院，译外国制造之书，选通测算学童，分门肄习，入制造厂阅历数年。工院既多，图器渐广，见闻日辟，制造日精。凡有新制绘图贴说，呈之有司，验其有用，给以执照，旌以功牌，许其专利。工人自为身名，必殚精竭虑，以求新制。枪炮之利，器用之精，必有以应国家之用者。彼克虏伯炮、毛瑟枪，为万国所必需，皆民造也。查美国岁给新器功牌一万三千余，英国三千余，法国千余，德国八百，奥国六百，意国四百，比利时、嗹国、瑞士皆二百余，俄国仅百余，故美之富，冠绝五洲，劝工之法，莫善于此。此劝工宜行二也。

凡一统之世，必以农立国，可靖民心；并争之世，必以商立国，可侔敌利，易之则困敝矣。故管仲以轻重强齐国，马希范以工商立湖南。且夫古之灭国以兵，人皆知之；今之灭国以商，人皆忽之。以兵灭人，国亡而民犹存，以商贾灭人，民亡而国随之。中国之受弊，盖在此也。今外国鸦片之耗我，岁凡三千三百万，此则人尽痛恨之，岂知洋纱、洋布岁耗凡五千三百万。洋布之外，用物如洋绸、洋缎、洋呢、漳绒、羽纱、毡毯、毛巾、花边、钮扣、针、线、伞、灯、颜料、箱箧、磁器、牙刷、牙粉、胰皂、火油，食物若咖啡、吕宋烟、夏湾拿烟、纸卷烟、鼻烟、洋酒、火腿、洋肉脯、洋饼、洋糖、洋盐、药水、丸粉、洋干果、洋水果，及煤、铁、铅、铜、马口铁、材料、木器、钟表、日规、寒暑针、风雨针、电气灯、自来水、玻璃镜、照相片，玩好淫巧之具，家置户有，人多好之，乃至新疆、西藏亦皆销流，耗我以万万计。而我自丝、茶减色，不敌鸦片，其余自草帽辫、驼毛、羊皮、大黄、麝香、药料、绸缎、磁器、杂货不值三千万，仅得其洋布之半数。而吾民内地则有厘捐，出口则有重税，彼皆无之。吾物产虽盛，而岁出万万，合五十年计之，已耗万兆，吾商安得不穷。今日本且欲通及苏、杭、重庆、梧州，又加二万万之偿款。吾民精华已竭，膏血俱尽，坐而垂毙，弱者转于沟壑，强者流为盗贼，即无外患，必有不可言者。似宜特设通商院，派廉洁大臣长于理财者，经营其事。今各直省设立商会、商学、比较厂，而以商务大臣统之，上下通气，通同商办，庶几振兴。商学者何？地球各国贸易条理繁多，商人愚陋，不能周识，宜译外国商学之书，选人学习，遍教直省，知识乃开，然后可收外国之利。商会者何？一人之识未周，不若合众议，一人之力有限，不若合公股，故有大会、大公司，国家助之，力量易厚，商务乃可远及四洲。明时葡萄牙之通澳门，荷兰之收南洋，英人乾隆时之取印度，道光时之犯广州，非其政府之力，乃其公司之权。盖民力既合，有国助之，不独可以富强，且可以辟地，商会所关，亦不少矣。比较厂者何？泰西赛会，非骋游乐，所以广见闻，发心思，辨良楛。凡物有比较，优劣易见，则劣者滞消，而优者必行，彼之货物流行中土，良由此法。今我并宜设立此厂，于是广纺织以敌洋布，造用物以敌洋货。上海造纸，关东卷烟，景德制窑，苏、杭织造，北地开葡萄园以酿酒，山东制野蚕茧以成丝，江北改土棉而纺纱，南方广蔗园而制糖，皆与洋货比较，精妙华彩，务溢其上。又令吾领事探其所好，投其所欲，更出新制，且以夺其利，非止敌其货而已。然后蠲厘金之害以慰民心，减出口之税以扩商务。此外发金、银、煤、铁之利，足以夺五洲，制台、舰、枪、炮之精，可以横四海。故惠商宜行三也。

我生齿既繁，铁路未开，运货为难。即以北口之皮，京师之煤，天津之货，作货者人四百，而运货者人六百，生之者少，食之者多。其余穷困无业，游散无赖，所在皆是。京师四方观望，而乞丐遍地，其他孤老残疾，无人收恤，废死道路，日日而有。公卿士夫，车声隆隆，接轸不问，直省亦然。此皆皇上赤子也，皇上不忍匹夫之失所，但九重深居，清道乃出，不知之耳。若亲见其呼号无诉，胅疡卧道，岂忍目睹乎！以一人而养天下，势所不给，宜设法收恤之。恤之之法：一曰移民垦荒。西北诸省，土旷人稀，东三省、蒙古、新疆疏旷益甚，人迹既少，地利益以不开，早谋移徙，可以辟利源，可以实边防，非止养贫民而已。移有三：曰罪遣，今俄国徙希利尼党于西伯利部，而西北[伯]利部以开。曰认耕，英之喀拿大新疆、般鸟各岛，美之密士失必河东南各省，巴西全国是也。曰贸迁，荷兰南洋诸岛，皆商留者也。英自移民之后，辟地过本国七十倍，民益繁盛，岂有苦其生齿之繁而弃之。今我民穷困，游散最多，为美人佣奴，然犹不许，且以见逐，澳洲、南洋各岛效之，数百万之民失业来归，何以安置？不及早图，或为盗贼，或为间谍，不可收拾。今铁路未成，迁民未易，若铁路成后，专派大臣以任此事，予以谋生之路，共有乐土之安。百姓乐生，边境丰实，一举数善，莫美于是。二曰教工。《周礼》有里布以罚不毛，圜土以警游惰。游民无赖，小之作奸，大之为盗，宜令州县设立警惰院，选善堂绅董司之。凡无业游民，皆入其中，择其所能，教以艺业。绅董以其工业鬻给其食，十一取之，以充经费，限禁出入，皆有程度。其有大工大役，以军法部署，俾充役作。其能改过，取保乃放，再犯不赦。其小过犯人，皆附入之，等其轻重，以为岁月。其乞丐之非老弱残疾者，咸收于外院，工作如之。穷民得食，而良民赖安，仁政之施，似难缓此。三曰养穷。鳏寡孤独，疲癃残疾，盲聋喑哑，断者侏儒，民之无告，先王最矜，皆常饩焉。宜令各州县市镇聚落，并设诸院，咸为收养，皆令有司会同善堂，劝筹巨款，妥为经理，其司事经理有效，穷民乐之，联名请奖，许照军功劳绩奖励，则无一夫之失所，其于皇仁岂为小补！民心固结，国势系于苞桑矣。故恤穷宜行四也。

然富而不教，非为善经；愚而不学，无以广才，是在教民。学校之设，选举之科，先王之法盛矣。然汉、魏以经学举孝廉，唐、宋以词赋重进士，明以八股取士，我朝因之，诵法朱子，讲明义理，亦可谓法良意美矣。然功令禁用后世书，则空疏可以成俗；选举皆限之名额，则高才多老名场。况得之则词馆而躐公卿，偕于旦夕；失之则耆硕不闻征聘，终老茅菅。题难，故少困于搭截，知作法而忘义理；额隘，故老逐于科第，求富贵而废学业。标之甚高，束之甚窄。甚至鉴于明末，因噎废食，上以讲学为禁，下以道学为笑，故任道之儒既少，才智之士无多，乃至嗜利无耻，荡成风俗，而国家缓急无以为用。法弊至此，亦不得不少变矣。若夫小民识字已寡，或有一省而无礼律之书，一县而无童蒙之馆，其为不教甚矣。

夫天下民多而士少，小民不学，则农工商贾无才。产物成器，利用厚生，既不能精；化民成俗，迁善改过，亦难为治，非覆帱群生之意也。故教育及于士，有逮于民，有明其理，有广其智。能教民，则士愈美；能广志，则理愈明。今地球既辟，轮路四通，外侮交侵，闭关未得，则万国所学，皆宜讲求。宋臣姚燮谓："我之所为，彼皆知之；彼之所为，我独不闻，安得不为所制乎？"尝考泰西之所富强，不在炮械军兵，而在穷理劝学。彼自七八岁人皆入学，有不学者责其父母，故乡塾甚多。其各国读书识字者，百人中率有七十人。其学塾经费，美国乃至八千万。其太学生徒，英国乃至一万余。其每岁著书，美国乃至万余种。其属郡县，各有书藏，英国乃至百余万册。所以开民之智者亦广矣。而我中国文物之邦，读书识字仅百之二十，学塾经费少于兵饷数十倍，士人能通古今达中外者，郡县乃或无人焉。

夫才智之民多则国强，才智之士少则国弱。土耳其天下陆师第一而见削，印度崇道无为而见亡，此其明效也。故今日之教，宜先开其智。武科弓刀步石无用甚矣。《王制》谓："赢股肱，决射御，……出乡不与士齿。"此武后之谬制，岂可仍用哉？同治元年，前督臣沈葆桢请废武科，近年词臣潘衍桐请开艺学。今宜改武科为艺科，令各省州县遍开艺学书院，凡天文、地矿、医、律、光、重、化、电、机器、武备、驾驶，分立学堂，而测量、图绘、语言、文字皆学之。选学童十五岁以上入堂学习，仍专一经，以为根本；延师教习，各有专门。学政、有司会同院师，试之以经题一论及专门之业，通半中选，不限命额，得荐于省学，谓之秀才，比之诸生。五年不成者出学。省学书器益多，见闻益广，学政、督抚会同其院师，每岁试其专门之业，增以经一，论史一，考掌故一策，通半中选，不限名额，贡于京师，谓之举人。五年不成者出学。京师广延各学教习，图器尤盛，每岁总裁，礼部会同大教习试之，其法与省学同，不限名次，及半中选，谓之进士。三年不成者出学。其进士得还为州、县艺学总教习，其举人得为分教习，并听人聘用。其诸生得还教其乡学塾及充作各厂。其文科童试，即以经古场为正场，自占经解一，专门之学一。二场试四书文一，中外策一，诗一，亦及格即取，不限名额。每场考试，人数不得过三百。增设学政，每道一人，可从容尽力矣。其乡会试，头场四书义一，五经解一，诗一，纵其才力，不限格法，听其引用，但在讲明义理，宗尚孔子；二场掌故策五道；三场问外国考五道，及格者中，不限名额。殿试策问，不论楷法，但取直言极谏、条对剀切者入翰林。其文科、艺科愿互应者听。其有创著一书，发明新义，确实有用者，皆入翰林，进士授以检讨，举人授以庶吉士，诸生授以待诏。如是则天下之士，才智大开，奔走鼓舞，以待皇上之用。其余州县、乡镇，皆设书藏，以广见闻。若能厚筹经费，广加劝募，令乡落咸设学塾，小民童子，人人皆得入学，通训诂名物，习绘图算法，识中外地理、古今史事，则人才不可胜用矣。

《周官》诵方、训方，皆考四方之慝，《诗》之《国风》、《小雅》，欲知民俗之情。近开报馆，名曰新闻，政俗备存，文学兼存，小之可观物价，琐之可见土风。清议时存，等于乡校，见闻日辟，可通时务。外国农业、商学、天文、地质、教会、政律、格致、武备，各有专门，以为新报，尤足以开拓心思，发越聪明，与铁路开通，实相表里，宜纵民开设，并加奖励，庶裨政教。

然近日风俗人心之坏，更宜讲求挽救之方。盖风俗弊坏，由于无教。士人不励廉耻，而欺诈巧滑之风成；大臣托于畏谨，而苟且废弛之弊作。而六经为有用之书，孔子为经世之学，鲜有负荷宣扬，于是外夷邪教，得起而煽惑吾民。直省之间，拜堂棋布，而吾每县仅有孔子一庙，岂不可痛哉！今宜亟立道学一科，其有讲学大儒，发明孔子之道者，不论资格，并加征礼，量授国子之官，或备学政之选。其举人愿入道学科者，得为州、县教官。其诸生愿入道学科者，为讲学生，皆分到乡落，讲明孔子之道，厚筹经费，且令各善堂助之。并令乡落淫祠，悉改为孔子庙，其各善堂、会馆俱令独祀孔子，庶以化导愚民，扶圣教而塞异端。其道学科有高才硕学，欲传孔子之道于外国者，明诏奖励，赏给国子监、翰林院官衔，助以经费，令所在使臣领事保护,予以凭照,令资游历。若在外国建有学堂,聚徒千人,确有明效,给以世爵。余皆投牒学政,以通语言、文字、测绘、算法为及格,悉给前例。若南洋一带,吾民数百万,久隔圣化,徒为异教诱惑,将沦左衽,皆宜每岛派设教官,立孔子庙,多领讲学生分为教化。将来圣教施于蛮貊,用夏变夷,在此一举。且藉传教为游历,可诇夷情,可扬国声,莫不尊亲,尤为大义矣。

夫教养之事,皆由国政。而今官制太冗,俸禄太薄,外之则使才未养,内之则民情不达,若不变通,则无以为养之本也。天下之治,必由乡始。而今知县选之既不择人望,任之兼责以六曹,下则巡检、典史一二人,皆出杂流,岂任民牧?上则藩臬、道府,徒增冗员,何关吏治?若京官则自枢垣、台谏以外,皆为闲散。各部则自掌印主稿以外,徒糜廪禄。堂官则每署数四,而兼差反多;文书则每日数尺,而例案繁琐。至于鬻及监司,而吏治坏滥极矣。今请首停捐纳,乃改官制,因汉世太守领令长之制,唐代节度兼观察之条,每道设一巡抚,上通章奏,下领知县,以四五品京堂及藩臬之才望者充之。其知县升为四品,以给御、编检、郎员及道府之爱民者授之。其巡抚之下,增置参议、参军、支判,凡道府同通改授此官。其知县之下,分设功曹、决曹、贼曹、金曹,以州县进士分补其缺。其余诸吏皆听诸生考充,渐拔曹长,行取郎官。其上总督,皆由巡抚兼管,各因都会,以为重镇。使吏胥之积弊,化为士人;三老之乡官,各由民举。整顿疏通,乃可为治。其京官则太常、光禄、鸿胪可统于礼部,大理可并于刑部,太仆可并于兵部,通政可并于察院,其余额外冗官,皆可裁汰,各营一职,不得兼官。章京领天下之事,宜分以诸曹,翰林为近侍之臣,宜轮班顾问。部吏皆听举贡学习,以升郎曹;通政准百僚奏事,以开言路。骈枝既去,宦途甚清,以彼冗糜,增此廪禄。令其达官有以为舆马仆从之费,而后可望以任事;其小吏有以为仰事俯畜之用,而后可责以守廉。若用魏、隋之制,予以世禄之田,既体群臣,庶多廉吏。

内弊既除,则外交宜讲。春秋子羽能知四国之为,汉武下诏,求通绝域之使,苏武不辱,富弼能争。列国交争,其任重矣。而今使才未养,不谙外务,重辱国体,为夷姗笑。今宜立使才馆,选举贡、生监之明敏辩才者,入馆学习,其翰林部曹愿入者听。各国语言、文字、政教、律法、风俗、约章,皆令学习。学成或为游历,或充随员,出为领事,擢为公使,庶几通晓外务,可以折冲。考俄、日之强也,由遣宗室、大臣游历各国,又遣英俊子弟诣彼读书。俄主彼得,乃至易作工人,躬习其业,归而变政,故能骤强。我亲藩世爵大臣,与国休戚,启沃圣聪者,而不出都城,寡能学问,非特不通外国之故,抑且未知直省之为,一旦执政,岂能有补。大臣固守旧法,习为因循。虽利国便民,力阻罢议,一误再误,国日以替。宜选令游历三年,讲求诸学,归能著书,始授政事。其余分遣品官,激厉士庶,出洋学习,或资游历,并给凭照,能著新书,皆为优奖,归授教习,庶开新学。则上之可以赞圣聪,下之可以开风气矣。

夫中国大病,首在壅塞,气郁生疾,咽塞致死。欲进补剂,宜除噎疾,使血通脉畅,体气自强。今天下事皆文具而无实,吏皆奸诈而营私,上有德意而不宣,下有呼号而莫达。同此兴作,并为至法,外夷行之而致效,中国行之而益弊者,皆上下隔塞,民情不通所致也。夫以一省千里之地,而惟督抚一二人仅通章奏,以百僚、士庶之众,而惟枢轴三五人日见天颜。然且堂廉迥隔,大臣畏谨而不敢尽言;州县专城,小民冤抑而末由呼吁。故君与臣隔绝,官与民隔绝,大臣、小臣又相隔绝,如浮屠百级,级级难通,广厦千间,重重并隔。夫天下万物之繁,封圻千里之广,使督抚、枢轴皆是大贤,然是数人者,心思耳目所及,必有未周,才力精神之运,必有不逮,以之运骤四海,措置百务,已狭隘不广矣。况知人之哲,自古为难,唐帝失之于共、兜,诸葛失之于马谡,任用偶误,一切乖方,而欲倚之以扶危定倾,经营八表,岂不难乎!天下人民四万万,庶士亿万,情伪百端,才智甚广,皇上仅寄耳目于数人,而数人者又畏懦保禄,不敢竭尽，甚且炀灶蔽贤，壅塞圣聪，皇上虽欲通中外之故，达小民之厄，其道无由。名虽尊矣，实则独立于上，遂致有割地弃民之举。皇上亦何乐此独尊为哉？

夫先王之治天下，与民共之，《洪范》之大疑大事，谋及庶人为大同。《孟子》称进贤、杀人，待于国人之皆可。盘庚则命众至庭，文王则与国人交。《尚书》之四目四聪，皆由辟门。《周礼》之询谋询迁，皆合大众。尝推先王之意，非徒集思广益，通达民情，实以通忧共患，结合民志。昔汉有征辟有道之制，宋有给事封驳之条。伏乞特诏颁行海内，令士民公举博古今、通中外、明政体、方正直言之士，略分府县，约十万户而举一人，不论已仕未仕，皆得充选，因用汉制，名曰议郎。皇上开武英殿，广悬图书，俾轮班入直，以备顾问。并准其随时请对，上驳诏书，下达民词。凡内外兴革大政，筹饷事宜，皆令会议于太和门，三占从二，下施部行。所有人员，岁一更换，若民心推服，留者领班，著为定制，宣示天下。上广皇上之圣聪，可坐一室而知四海；下合天下之心志，可同忧乐而忘公私。皇上举此经义，行此旷典，天下奔走鼓舞，能者竭力，富者纾财，共赞富强，君民同体，情谊交孚，中国一家，休戚与共。以之筹饷，何饷不筹？以之练兵，何兵不练？合四万万人之心以为心，天下莫强焉！然后用府兵之法，而民皆可兵，讲铁舰之精，而海可以战。于以恢复琉球，扫荡日本，大雪国耻，耀我威棱。

昔德国相臣毕士麻克，尝以中国之大冠绝四洲，他日恐为欧罗之患，思与诸国分之，后以中国因循不足畏，议遂中止。今若百度更新，以二万里之地，四万万之人，二十六万种之物产，力图自强，此真日本之所大患，毕士麻克之所深忌，而欧罗巴洲诸国所窃忧也。以之西挞俄、英，南收海岛而有余，何至含垢忍耻，割地请款于小夷哉？及今为之，犹可补牢。苟徘徊迟疑，苟且度日，因循守旧，坐失事机，则诸夷环伺，间不容发，迟之期月，事变必来。后欲悔而改作，大势既坏，不可收拾，虽有圣者，无以善其后矣。

且夫天下大器也，难成而易毁；兆民大众也，难静而易动。故先王懔朽索之驭马，虑天命之无常，战战业业，若履渊冰。楚庄王之立国也，无日不训讨军实，虑祸至之无日，戒惧之不可怠；诸葛亮之佐蜀也，工械究极，用兵不戢，屡耀其武。率皆君臣上下，振刮摩厉，乃能自立。稍有因循，即怀、愍蒙尘，徽、钦见虏矣。近者土耳其为回教大国，不变旧法，遂为六大国割地、废君而柄其政。日本一小岛夷耳，能变旧法，乃敢灭我琉球，侵我大国。前车之辙，可以为鉴。

自古非常之事，必待大有为之君。自强为天行之健，志刚为大君之德。《洪范》以弱为六极，大《易》以顺为阴德。《诗》曰："天之方懠，无为夸毗。"说者谓夸毗，体柔之人也。伏惟皇上英明天亶，下武膺运，历鉴覆辙，独奋乾纲，勿摇于左右之言，勿惑于流俗之说，破除旧习，更新大政，宗庙幸甚！天下幸甚！夫无事之时，虽勋旧之言不能入；有事之时，虽匹夫之言或可采。举人等草茅疏逖，何敢妄陈大计，自取罪戾，但同处一家，深虞胥溺。譬犹父有重病，庶孽知医，虽不得汤药亲尝，亦欲将验方抄进。《公羊》之义，臣子一例，用敢竭尽其愚，惟皇上采择焉，不胜冒昧陨越之至。伏惟代奏皇上圣鉴。谨呈。

康有为《公车上书记》，光绪二十一年文升阁木刻本

5月3日(四月初九日)　康有为考中进士，旋受工部主事。

《康南海自编年谱》：

越日榜发，中进士第八名，本拟会元，总裁徐桐以次篇"优优大哉，礼仪三百，威仪三千"题文分天地人鬼四比，恶其太奇，降第五云。殿试朝考皆直言时事，读卷大臣李文田与先中丞公宿嫌，又以吾不认座主，力相排。殿试徐寿蘅侍郎树铭本置第一，各阅卷大臣皆圈矣，惟

李文田不圈,并加黄签焉,降至二甲四十八名。……十一日引见,授工部主事。

翦伯赞、刘启戈等编《中国近代史资料丛刊·戊戌变法》(4),上海人民出版社、上海书店出版社2000年版,第131页

5月7日(四月十三日)　以展缓换约之期,恐日本进兵,诏刘坤一等严为戒备。

《德宗景皇帝实录(五)》:

谕军机大臣等:电寄刘坤一等。前与日本议定换约停战之期均以四月十四夜子时为止,换约日起,按兵息战。现拟电令日本展缓换约之期,回信迟早,尚未可定。傥换约因此逾期,而停战之日已满,傥彼遽尔进兵,不可不虑。著刘坤一、王文韶、宋庆、裕禄、依克唐阿、长顺,通饬各军,严为戒备,不可稍涉疏懈。

《清实录》第56册,中华书局1987版,第774~775页

5月10日(四月十六日)　朱谕向全国臣民宣示中日订约前后办理缘由以及批准苦衷,表示嗣后惟当坚苦一心,痛除积弊,详筹兴革,以收自强之效。

《德宗景皇帝实录(五)》:

硃谕大学士六部九卿翰詹科道等:近自和约定议以后,廷臣交章论奏,谓地不可弃,费不可偿,仍应废约决战,以期维系人心,支撑危局。其言固皆发于忠愤,而于朕办理此事,兼权审处,万不获已之苦衷,有未能深悉者。自去岁仓猝开衅,征兵调饷,不遗余力。而将少宿选,兵非素练,纷纷召集,不殊乌合,以致水陆交绥,战无一胜。至今日而关内外情势更迫,北则竟逼辽沈,南则直犯京畿,皆现前意中之事。陪都为陵寝重地,京师则宗社攸关。况廿年来慈闱颐养,备极尊崇,设一朝徒御有惊,则藐躬何堪自问。加以天心示警,海啸成灾,沿海防营,多被冲没,战守更难措手。用是宵旰彷徨,临朝痛哭,将一和一战两害熟权,而后幡然定计。此中万分为难情事,乃言者章奏所未详,而天下臣民皆应共谅者也。兹当批准定约,特将前后办理缘由,明白宣示。嗣后我君臣上下,惟当坚苦一心,痛除积弊,于练兵筹饷两大端,尽力研求,详筹兴革,勿存懈志,勿骛空名,勿忽远图,勿沿故习,务期事事核实,以收自强之效。朕于中外臣工有厚望焉。

《清实录》第56册,中华书局1987版,第780~781页

5月17日(四月二十三日)　以台民不服割台,准备死守,命李鸿章熟筹办法,以期补救万一。

《德宗景皇帝实录(五)》:

又谕:电寄李鸿章。廿一日电奏已悉。兹据张之洞电奏,接全台绅民电禀云,台湾属倭,万姓不服。既为朝廷弃地,惟有死守,据为岛国。并据唐景崧称,台民坚留该署抚与刘永福,不听开导,求死不得等语。是台湾难交情形,已可概见。该大臣仍当熟筹办法,以期补救万一。伊藤回电如何,即行电复。张之洞、唐景崧原电并由总理衙门照录电知。

《清实录》第56册,中华书局1987版,第788页

5月19日(四月二十五日)　命李鸿章饬令李经方迅速往台,与日本使节妥为商办割台事宜,并将台民不服情形电告日本,免致怀疑借口构兵。

《德宗景皇帝实录(五)》:

谕军机大臣等:电寄李鸿章。两电俱悉。据称伊藤复电,词意决绝;德国又疑中国阴令

台民叛拒,恐致构兵等语。台湾一事,朝廷深为焦虑,昨派李经方前往商办,可见中国并无不愿交割之意。现在倭使将到,著李鸿章饬令李经方迅速往台,与倭使妥为商办,毋稍耽延贻误。一面仍将台民不服开导,竟欲据为岛国情形,再行电告伊藤,免致怀疑藉口。

《清实录》第56册,中华书局1987版,第789页

5月20日(四月二十六日)　命李经方迅速前往办理交割台湾事宜,并命署台湾巡抚布政使唐景崧解职来京并令台省大小文武各员内渡。

《德宗景皇帝实录(五)》:

又谕:电寄李鸿章。电奏已悉。李经方随同李鸿章赴倭,派为全权大臣,同订条约。回津后尚未复命,何以遽行回南。昨派令前往台湾商办事件,又复藉病推诿,殊堪诧异。李鸿章身膺重任,当将此事妥筹全局,岂得置身事外,转为李经方饰词卸责。本日已有旨将唐景崧开缺,令其来京陛见并令文武各员陆续内渡。现在倭使将次到台,仍著李经方迅速前往,毋得畏难辞避。傥因迁延贻误,惟李经方是问,李鸿章亦不能辞其咎也。

《清实录》第56册,中华书局1987版,第790页

5月21日(四月二十七日)　台湾绅民拟通告各国,准备建立独立民主国,建元"永清"。

5月25日(五月初二日)　台湾民主国宣布成立,唐景崧任总统,刘永福为民主将军,丘逢甲为义勇统领,陈季同为外务大臣,俞明震为内务大臣,李秉瑞为军务大臣,林维源为议院议长。

5月30日(五月初七日)　谢缵泰在海外报纸上发表致清光绪帝"公开信"。

谢缵泰《中华民国革命秘史》:

一八九五年五月三十日——谢缵泰致满清光绪皇帝的"公开信"在《德臣西报》香港《士蔑西报》以及新加坡和远东其他报纸发表。这个宣言通过英国和其他外国报纸广为传播,以测探海内外国人的意向。

章开沅等主编《辛亥革命资料新编》(1),湖北人民出版社2007年版,第161页

5月(四月)　檀香山兴中会会员宋居仁等百人陆续回国参加广州起义的筹备工作。

黄大汉《兴中会各同志革命工作史略》:

光绪二十一年二月,中山先回唐,居仁与何早、陈南等至四月亦相继回国,随后由该埠陆续回者约有百人,乃分发往各县,每组数人分任工作,并在香港租赁威灵顿街十三号全间,预备党人往来。此时香港有孙文、黄云湘、陈少白、郑安、杨衢云、尤列等,乃推举黄云湘为会长,杨衢云理财政。由香港而及省城,各人回各县运动。

丘权政、杜春和选编《辛亥革命史料选辑》上册,湖南人民出版社1981年版,第69页

谢缵泰《中华民国革命秘史》:

一八九五年五月五日(星期日),孙逸仙看来是一个轻率的莽汉,他会为建立"个人"的声望而不惜冒生命的危险。他提出的都是易招物议的事情,他以为自己没有什么干不了的——事事一帆风顺——"大炮"!

一八九五年六月二十三日(星期日),孙念念不忘"革命",而且有时全神贯注,以致一言

一行都显得奇奇怪怪！他早晚会发疯的。我也是一个认为不能将领导运动这个重大责任信托给他的人，一个人固然可以置生死于度外，但在行动上，却必须认识到领导人的生命不能作无谓的牺牲。我相信，孙是希望每一个人都听从他，但这是不可能的，因为他的经验一直都表明，光靠他，是会要冒风险的。

章开沅等主编《辛亥革命资料新编》(1)，湖北人民出版社2007年版，第155页

6月3日(五月十一日)　康有为上书请变法，并附请修京城街道片。

《康南海自编年谱》：

五月迁出海南馆，再草一书，言变法次第曲折之故，凡万余言，尤详尽矣。至察院递之，都御史徐郙使人告以吾已有衔门，例不得收，令还本衔门代递。时孙家鼐长工部，颇相慕，友人多劝到工部递，乃于五月十一日到工部递之，孙家鼐面为称道之词，许为代递，五堂皆画押矣，李文田适署工部，不肯画押。孙家鼐碍于情面，累书并面责之，卒不递。再与卓如、孺博联名递察院，不肯收，又交袁世凯递督办处，荣禄亦不收，遂决意归。

以京城街道芜秽，请修街道，附片上焉，既不达，交王幼霞觅人上之，奉旨允行，交工部会同八旗及顺天府街道厅会议，卒以具文复奏，惟御史陈壁后行之，仅修宣武门一段焉。

翦伯赞、刘启戈等编《中国近代史资料丛刊·戊戌变法》(1)，
上海人民出版社、上海书店出版社2000年版，第132页

6月7日(五月十五日)　日军占领台北。台湾从此进入日本殖民统治时代，直至1945年日本战败，才回到祖国怀抱。

6月27日(闰五月初五日)　命请假回籍之温处道袁世凯来京陛见。

《德宗景皇帝实录(五)》：

又谕：电寄刘树堂。浙江温处道袁世凯现在请假回籍。著刘树堂饬令来京交吏部带领引见。

《清实录》第56册，中华书局1987版，第824页

7月5日(闰五月十三日)　以日本约内有改造土货一节，命署理南洋通商大臣张之洞等招商多设织布织绸等局。

《德宗景皇帝实录(五)》：

又谕：电寄张之洞等，日本约内改造土货一节，关系最重，江浙等省如丝斤、花布可否于出产处先抽厘金方准运出，并招商多设织布织绸等局，广为制造。又筹款购买小轮船十余只，专在内河运货，以收利权。著张之洞、奎俊、廖寿丰妥速筹商复奏。

《清实录》第56册，中华书局1987版，第830页

7月14日(闰五月二十二日)　以兴修铁路为方今切要之图，亟应举办，命张之洞奏保人员以备简用，并熟筹由京至清江铁路。

《德宗景皇帝实录(五)》：

谕军机大臣等：电寄张之洞，兴修铁路为方今切要之图，亟应举办，惟责任至重，必操守廉洁、明干有为、熟谙情形之员方能胜任。著张之洞悉心遴选，奏保数员以备简用。铁路支干前据张之洞条奏，颇为明晰，著将由京至清江一路，作何修造之处，再行熟筹具奏。

《清实录》第56册，中华书局1987版，第835页

7月15日(闰五月二十三日)　以京报折内指称“岛夷”,日本公使要求更正饬禁,命京外各衙门,嗣后一切公文禁止使用“夷”字称呼外国人。

《光绪朝东华录》:

(闰五月)癸亥……总理各国事务衙门奏:臣衙门查咸丰八年英约第五十一款内载,嗣后格式公文,无论京外不得提书夷字,早经通行在案,各国事同一律。现据日本使臣林董函称,近阅京报,折内指称岛夷,速请更正,请旨饬禁等语。臣等以中外既敦睦谊,文字之间,理宜慎重。英约通行已久,岂可视为具文,相应请旨饬下京外各衙门,嗣后一切公文仍不得提书夷字,以符成约。恭候命下。臣等钦遵通行各衙门一体照办。得旨:如所议行。

朱寿朋《光绪朝东华录》第4册,中华书局1958年版,总3630~3631页

7月19日(闰五月二十七日)　以国事艰难之际,蠲除痼习,力行实政为先,命各省将军督抚就本省情形将筹饷、练兵、恤商、惠工等方面具体应办之事妥筹办法复奏。

《德宗景皇帝实录(五)》:

谕军机大臣等:自来求治之道,必当因时制宜,况当国事艰难,尤应上下一心,图自强而弭隐患。朕宵旰忧勤,惩前毖后,惟以蠲除痼习,力行实政为先。叠据中外臣工条陈时务,详加披览,采择施行,如修铁路、铸钞币、造机器、开矿产、折南漕、减兵额、创邮政、练陆军、整海军、立学堂,大抵以筹饷、练兵为急务,以恤商、惠工为本源,皆应及时举办。至整顿厘金,严核关税,稽查荒田,汰除冗员各节,但能破除情面,实力讲求,必于国计民生两有裨益。著各直省将军督抚将以上诸条各就本省情形,与藩臬两司暨各地方官悉心筹划,酌度办法。限文到一月内,分晰复奏。当此创巨痛深之日,正我君臣卧薪尝胆之时。各将军督抚受恩深重,具有天良,谅不至畏难苟安,空言塞责。原折片均著抄给阅看,将此由四百里各谕令知之。

《清实录》第56册,中华书局1987版,第837~838页

△ 张之洞上《吁请修备储才折》,就练陆军、治海军、造铁路、设枪炮厂、广开学堂、速讲商务、讲求工政、多派游历、预备巡幸之所九条奏陈建议。

张之洞《吁请修备储才折》(光绪二十一年闰五月二十七日):

窃查此次和议未经换约以前,臣屡次电奏,沥陈倭约凶狠,种种贻害,万不可允,恐从此中国不能自立,并请购兵船、募洋将等事,电奏在案。只以言轻术浅,不能仰动宸听,挽回万一,惶悚痛愤,寝食难安。此次和约,其割地、驻兵之害,如猛虎在门,动思吞噬。赔款之害,如人受重伤,气血大损。通商之害,如鸩酒止渴,毒在脏腑。及今力图补救,夜以继日,犹恐失之,若再因循游移,以后大局何堪设想:此臣之所以痛心疾首,不能不披沥迫切上陈于圣主之前者也。

或谓和约已成,中国若安于积弱,目前尚可息肩。不知此次日本之和,与西洋各国迥异。台湾资敌矣,威海驻兵矣,南洋之寇在肘腋,北洋之寇在门庭,狡谋一动,朝发夕至,有意之挑衅,无理之决裂,无从豫防,无从亿料,试思去年之事,曷尝真有启衅之端。日本必欲代朝鲜改政,则胁朝鲜以必从可矣。我为东学党发兵,而日本不愿,则催我撤回可矣。何至不下战书而遽然击我兵船,又何至从此尽占朝鲜,又何至犯我辽东内地,又何至必欲攻我京师。不过兵力已强,窥我无备,欲借端称兵,以偿其欲耳。此尚有何理之可论,何约之可言哉。以前例后,则此次之和,犹未和也。赔款二万万,目前必系借洋款以应之。折扣之外加以东、西洋两层息银,至镑价亏累,尚难豫计。即分数十年归还,每年本息亦须二千万两。势必尽以海

关洋税作抵,而又提厘金、丁赋以足之。且洋人制造之土货,概免厘金,则进款益绌,此后国用更何从出。虽以白圭、墨翟之省啬,亦断不能省出此数。虽以桑、孔、王、杨之搜括,亦断不能括此巨款。百方掊克,以资雠敌,民穷且怨,土匪、奸民借口倡乱,而国家以饷绌、兵弱,威力又不足以慑之。是赔款之害,必由民贫而生内乱。向来洋商不准于内地开设机器,制造土货,设立行栈,此小民一线生机,历年总署及各省疆臣所力争弗予者。今通商新约一旦尽撤藩篱,喧宾夺主,西洋各国援例均沾。外洋之工作巧于华人,外洋之商本厚于华人,生计夺尽,民何以生。小民积愤断不能保相安无事,今日毁机器,明日焚栈房,一有他变,立启兵端。是通商之害,必由民怒而启外衅。久闻倭人扬言,此次和约,意在使中国五十年内不能自振,断不能再图报复。又闻倭人以中国舆图用五色画界,指示西洋各国,拟与各国瓜分。宣言十年之外,必可立见此局。其封豕长蛇之谋,令人发指。今更以我剥肤之痛,益彼富强之资,逐渐吞噬,计日可待。朝廷虽有守约之信,窃料倭人断无永好之心。且西洋各大国,从此尽窥中国虚实,更将肆意要挟。事事曲从,则无以立国,稍一枝梧,则立见决裂。是日本之和不可恃,各国之和亦不可恃矣。故今日事势,徼幸无事者或以为可以偷旦夕之安,而愚臣独以为不久即将有眉睫之患。夙夜忧惧,不知所出。谨条陈九事,愿圣明决而行之。

一曰宜亟练陆军也。中国自剿平发捻以来,军威颇振。何以此次军务竟不支。查发、捻虽甚猛悍,然究系流寇,与敌国不同。日本用兵皆效西法,简练有素,饷厚械精,攻取皆有成算,弁兵皆有地图,以及登山涉水之具、餱粮御寒之物,无不周备,而又不惜重利,广购间谍。故今日之敌,迥非发、捻可比。我军则仓卒召募以应之,心既不齐,械亦不足,技又不习,以致动辄溃挫。且十年以来,宿将上选所存无多。其次者暮气已及,积习已深,将领以克扣为故常,以应酬为能事。其自爱者,亦仅能约束不扰而已,至于忠义奋发,训练精强,锐意灭贼者,则实罕见其人。故非一变旧法,必不能尽除旧习。今外洋各国,无一国不汲汲于兵事,日夜讲求淬厉,以相角相伺。我若狃于和局,从此罢兵节饷,而不复为振作之计,是中国永无战胜之日矣。一思及此,可为短气寒心。英将戈登常言,中国之民耐劳而易使,果能教练陆兵,可使为极强之兵。窃谓中国此时必宜趁一年之内,于海疆各省急练得力陆军三万人,乃能支拄。目前陆军以德国为最强,自宜取法于德。至练兵事宜,他省督抚统兵大臣自有良谋硕画,非臣所敢妄谈。臣谨就江南情形酌量筹议。拟练万人为一军,其教练之法,大率有三:一则募洋将管带操练。练兵之道,无权不行,若仍以华官为管带,发饷仍归营官,则缺额摊扣之弊如故,成见自是之习如故,事事掣洋将之肘,教练必无实际。故用洋人为教习,而不使之管带,无益也,其法必宜即派德国将弁为统领、营官,令其悉照洋法操练,并其行军、应用军火、器具、营垒、工程、转运、医药之法,亦俱仿之。中华员弁,仅令充哨官以下职事。而洋将,上则统属于该省督抚将帅,次则所立合同约定会商该省营务处司道,下则弁勇皆系华人。一军之中洋弁不过数十人,断不至有尾大不掉之虞。练成数年以后,即可用该营练成华弁升补营官、统领,将洋将逐渐辞退,或令转教他营,尤无他虑。一年之外,当可用以战矣。且于洋弁操练之时,使中国将弁从旁观看,令其习见习闻,自能捐弃故技。如有杰出之才,更可触类引伸,本其精熟之法,参以运用之妙。是数年之后,华将多解洋操,即可择其廉洁切实者,以接统此洋操之军矣。一则遣员弁出洋学习。无论文武官阶大小,遴选年力精壮、明敏有志者百余人,令赴外洋,附入学堂营局,将武备、营垒、炮台等事分途肄习。观摩既便,领悟必速,较之在中国学堂所练必更切实。学成回华,视其阶资才艺,分别充补营官、哨官等职。查日本武弁皆向德国学习,德国特留兵官六十缺,专备倭人充补,中国若派往学习,令出使大臣与之切商,多留数十名之额,必无不允。一则各直省各设陆军学堂,延西人为师,择强壮朴实之少年子弟入学。学成亦发各营,量加委用。三途之中,以用洋将管带教练为最速,以出洋学习功夫为最实,益处为最广,而中国自设学堂亦可相辅而行,以扩各营之耳目心思,另为一条奏陈。数年之后,则三途所出人才又可展转教练各防营,驯至中国练成能战精兵十万人,不特永无内患,必可不忧外侮矣。

一曰宜亟治海军也。今日御敌大端,惟以海军为第一要务,沿海七八千里,防不胜防,守不胜守。彼避坚而攻瑕,避实而攻虚。我劳彼逸,我钝彼灵。彼横行海面,而我不能断其接济。彼空国出师,而我不能攻其巢穴。虽竭天下之力,费无穷之饷,终无完固之策,而国已困而不可振。故今日无论如何艰难,总宜复设海军。查近日海战,洋人皆以快船、快炮为要著,与从前专恃船坚炮巨者稍异。大约每一军,必有大铁舰二三艘为老营,而以穹甲快船为战兵,以鱼雷炮船为奇兵。每军约配穹甲快船四五艘,鱼雷炮船七八艘。穹甲雷船所配皆系大小快炮。中等穹甲一艘,长三十余丈,每一点钟行二十二海里,连雷炮在内,约需银一百五十万两。鱼雷炮船长二十余丈,与鱼雷艇之轻小者有别,每一点钟行二十八海里,最为捷速,连雷炮在内,约需银六十万两。中国海军尤以断敌船接济为要策,加以防内海、护长江,则鱼雷炮船之轻速尤为合用。每厂,穹甲八个月可成一艘,一年可成五艘。鱼雷炮船五个月可成一艘,一年可成十艘;铁舰一年余可成一艘。大约海军一枝,船炮鱼雷各费共需银约一千数百万两至二千万两以内。若分向英、德各大厂订造,则一年内外,海军数枝之船皆可齐备应用,庶免悠忽延误。去冬曾与德国伏尔铿船厂、克虏伯炮厂询商,允为垫办。该价分二十年归还,计息六厘。经臣于上年十二月十九日电奏在案,各厂情形办法必可相同。此时和局既成,利息必可减省。论今日大势,自以南洋、北洋、闽洋、粤洋各设海军一枝为正办。若限于物力大巨,则南、北洋两枝断不可少。此攻彼战,此出彼归,或分或合,变动不居,方不致困守一隅,坐受敌人之牵缀。至水师尤难于陆路,将领必用洋将为之,中国未经战阵之学生、粗疏不谙之武弁,断不能用。且非用洋将,则积弊必不能除,操练必不能精,考核拔擢必不能公。俟洋将于各船弁勇中考有出色可信者,再以派充各船管带。至各船应如何配用布置,应请旨敕调琅威理迅速来华,并带精熟水师将弁数人同来,以便通筹全局,及早举办订购。至于船上所用弁勇,则仍须多派精壮员弁及有志子弟赴英国学之。此举尤宜从速。我有筹巨款购多船之举,先声所播,足见中国志气未衰,已足以隐折各国吞噬之志矣。至如福州船政局,每宜速筹整顿展拓,令其每年可成两三船。惟既设海军,必宜多筹船坞。而可造坞之地甚不易得,除旅顺、福州原有船坞外,山东胶州澳、广东虎门以内,宜分设大兵舰船坞。长江以内,尤宜分设中等船坞。除铁舰外,若穹甲及雷船皆能入口修理。盖兵船攻敌,无论胜负,必有伤损。海军交战,不能定在何处,船坞若不多设数处,设一坞为敌所据,或海道为敌所截,我船不能归坞修理,数战之后,多船均废矣。此则今日固围卫民之先务,无论如何艰难负累而必当竭蹶以成之者也。

一曰宜亟造铁路也。方今地球各国,无一国不有铁路千条百道交错纵横,军、民、农、商事事称便。至各国专设有铁路学堂,并设有各国铁路公会,每两年大会一次,互相讲求。即以日本论之,该国变法才二十年,而国势日强,几与各大国抗衡,寻其收效之著,实莫如铁路一端。盖版图既广,其利不能兴、弊不能去者,皆由地势阻隔不能相通故也。铁路成,则万里之外旦夕可至。小民生业靡不流通,朝廷耳目靡不洞达,山川之产靡不尽出,风俗之陋靡不尽除。使中国各省铁路全通,则国家气象大变,商民货物之蕃息当增十倍,国家岁入之数亦增十倍。至于调兵捷速,可省多营,转漕无阻,可备海梗,民间省差徭科派之困,官吏无驿站办差之累。种种利便,臣于光绪十五年冬间两奏已详言之。臣原议由汉口至芦沟桥,先成干路分达各省。醇贤亲王极以为然,决意修造。嗣以议造山海关铁路,遂将此项经费改归北洋。军事之兴,一切隔阂,兵饷军火转运艰辛,劳费百倍,而仍有缓不济急之患。使铁路早成,何至如此。中国应开铁路之地甚多,当以卢汉一路为先务。此路南北东西皆处适中,便于通引分布,实为诸路纲领。较之他路之地处一偏、利止一事者,轻重缓急大有区别。若巨款大举,而不先造此路,以后物力愈绌,恐难再举。伏愿圣明深维时局,锐意创造,此事需款虽巨,可使洋商垫款包办卢汉一路,限以三年必成,成后准其分利几成,年限满后,悉归中国。如此则费不另筹,而成功可速,弊端浮费亦少。至干路成后,枝路尤宜多造。前曾与比国柯克里大铁厂议及此事,该厂极愿承办,此外尚有奥国、美国商人亦请承办,若定议修造,不患无人。惟此事断不宜英、法诸大国商人包办,恐获利以后收回或费唇舌。惟小国、远国商人,则无此虑。若中国自办,则委员视为利薮,旷时糜费,十年亦难成矣。

一省[曰]宜分设枪炮厂也。此次军事不振,固由将士之不练,亦坐器械之不精。外洋新出火器,所及愈远,施放愈速,大凡连珠数响者,谓之快枪。药弹相连、炮弹与枪炮同式者,谓之快炮。旧日快枪系大口铅弹,今之快枪系小口钢弹。旧日快炮系四管、五管,今之快炮系单管小口径。快枪可及三里,能于大半里内击穿二分厚钢板。陆路快炮、过山快炮能于一分钟放十余出至三十出。不特前膛枪炮已成士[土]苴,即单响之毛瑟枪、大口径之哈乞开斯、黎意等快枪,犹嫌其所击不远,弹力不猛。旧式药、弹分装之过山炮,旧式之罗登飞、哈乞开斯等快炮,犹嫌其迟缓不速。而船台快炮竟有至百镑弹之大者。中国不为远计,临时购买,式样既杂,价值亦贵,而且不可必得。若与外洋开战,相持日久,实属可危。虽有良将精兵,亦同徒手。总之,无论水军、陆军,若不购求精利枪炮,而欲战胜洋人,无论如何勇猛,皆属欺人妄谈。故枪炮子弹,均非多设局厂速行自造不可。凡要冲之地,根本之区,均宜设局,尤宜设于内地,有事时方能接济沿海、沿边,若设于海口,既嫌浅露,且海道梗阻,转运亦难。其湖北枪炮厂,臣数年以来竭力经营,目前甫经就绪。只以经费有限,力量未充,拟由江南筹款,再加开拓。经费既可较省,其地据腹省上游,尤为稳固,即江南及上下游各省需用,一水可达,肆应不穷。此外如天津、江南、广东、山东、四川原有制造局,或制造军需水陆应用各件颇多而所成枪炮甚少,或仅能造枪炮弹而不能造枪炮,或能造枪而汽机局厂尚小,似应各就本省情形,量加扩充。如福建船政局,现有大锅炉机器及打铁各厂,并多谙悉机器员司工匠,若添枪炮机,似乎费可较省,工亦易集。其余如奉天根本而道远,难于接济,宜专设一厂。陕西奥区,且可以接济西路,亦宜专设一厂。至各厂制造,大率皆宜以小口径快枪及行营快炮为主。或枪炮兼造,或枪炮分造一项。总之,必宜择定一式,各厂统归一律,以免诸事参差。臣历加考验,快枪以西班牙小口径五响毛瑟快枪为最。以其式样最新,乃光绪十九年所造,其机器仍与比国、奥国、德国小口径快枪大致相同,而益加灵捷。其机器仍系德国力拂厂所造,故与德国快枪同一精工。查外洋风气,本国兵枪口径总与他国兵枪口径微有参差,不肯一律,以防为敌所用。中国新造快枪,似亦宜将口径略加增减。所改或一密里或半密里,即中尺三四厘,便与各国枪弹有别矣。快炮以德国格鲁森厂为最,一分钟能放三十余出。该厂向系专造快炮,现已为克鲁伯厂归并合办,其工作之精巧可知。腹地之局,只须陆路过山小快炮即足供陆战之用,若沿海、沿江数局,并宜造船台大快炮。盖取其身轻而及远放速。中国兵勇手法既迟,炮准又疏,今日守台及兵船若仅用旧式之后膛炮,尚不能久与敌人相持。大约每一厂每年须实出快枪五六千枝,陆路过山两种小快炮百余尊,方能济用。一面雇用洋匠,一面商之洋厂,派工匠赴外洋该厂学习。如多设为难,亦宜迅速添设扩充两三处。一旦有事,乃无束手之虞、糜费之患矣。

一曰宜广开学堂也。人皆知外洋各国之强由于兵，而不知外洋之强由于学。夫立国由于人才，人才出于立学，此古今中外不易之理。不蓄而求，岂可幸致。惟敌国愈强，则人才愈不易言。泰西诸大国之用人，皆取之专门学校，故无所用非所习之弊。今外洋各国与我交涉日深，机局日逼，若我仍持此因循之习、固陋之才，浮游之技艺，断不足以御之，应请各省悉设学堂，自各国语言文字以及种植、制造、商务、水师、陆军、开矿、修路、律例各项专门名家之学，博延外洋名师教习，三年小成，乃择其才识较胜者，遣令出洋肄业。如陆师则肄业于德，水师则肄业于英，其他工艺各徒皆就最精之国从而取法。惟待此项学生三年以后再令出洋，收效过迟。当今时势，断不能待。惟有一面选募粗通洋语、洋文者，即令分赴各国学之。此时洋文不必甚深，到彼以后，众咻慚染，自然能通，庶免旷时失机。此臣历访之出洋学生而深知之者。惟出洋者，须择其理路较为明白，志气尚不鄙琐者，学成方为有益。查日本之制，出洋归国后，分归各部署，考列其高下，即任以实官。入仕以后，再由积劳升擢，是以各途需人取之不缺。日本赴德国学兵事之学生，回国即充本国兵官。前此船政水师制造学生亦曾办有成案，今宜令各出使大臣重与商办，外洋无不乐从。大抵向来各省所设学堂及出洋学习之学生，视之皆不甚重，国家糜无数经费，教育累年，迨学成返国，更未尝予以出身，收其实用，听其去就，实为可惜。盖培之于先，必思所以用之于后。如能预定章程，则人心鼓舞，必有人才出于其中矣。

一曰宜速讲商务也。自中外通商以来，论者或言通商便，或言通商不便，此皆一偏之论也。大约土货出口者多，又能自运货赴外洋销售，不受外洋挟持，则通商之国愈多而愈富。土货出口者少，又不能自运出洋，坐待外人收买操纵，则通商愈久而愈贫。考日本与西人通商，专讲精造土货、自运外洋两端，商本亏累，则官助之不以赔折而沮。今该国商利岁入至八千余万元，其取于美利坚者约四千万元，商务盛则交涉得手，国势自振，其明效若此。中国上下之势太隔，士大夫于商务尤不考究，但有征商之政，而少护商之法。西人常论中国商人最工贸易，惜国家不为保护，任其群起逐利，私作奸伪，不顾全局，以致百业皆衰。至护商之要，不外合众商之力以厚其本，合国与民之力以济其穷。今宜于各省设商务局，令就各项商务悉举董事随时会议，专取便商利民之举，酌剂轻重，而官为疏通之，勿使倾轧坏业，勿使作伪败名。凡能集巨资多股设一大公司者，奏请朝廷奖之。借招股坑骗者，重治其罪，勿以瞻徇而宽之。并准其各派董事出洋学习，由使馆代为照料。现有之招商局尤宜选任董事，速加整顿，总以公正均平为主。为总董者不可稍存自私自利之心，而后商务可兴矣。尤须令出使大臣，将各国商务情形随时考究，知照总署及各省督抚，以便随时悉心筹画。查各国公使皆以觇国为密谋，护商为专责。而中国使臣，事简心闲，此似亦使职之最要者也。

一曰宜讲求工政也。世人皆言外洋以商务立国，此皮毛之论也。不知外洋富民强国之本实在于工，讲格致，通化学，用机器，精制造，化粗为精，化贱为贵，而后商贾有懋迁之资，有倍蓰之利。周官考工记以百工列六职之一。舜命九官责以时亮天工之事，而共工之官居其一。孔子论为天下之九经以来，百工为足财用之本。可见唐虞三代之圣人，其开物前民未有不加意于此者。后世迂儒俗吏，视为末务贱业，不复深求，于是外洋技巧遂驾中华而上。查西洋入中国之货皆由机器捷速，工作精巧，较原来物料本质，价贵至三四倍、十余倍不等。甚至毡羽、煤油、洋红、水泥之类，则尤属贱质弃物，一加制造，便成大利。即如日本，尤重工政。该国于各通商都会，遍设劝工场，聚民间所造器用百货，第其最精者，亦仿西洋之例，国家予以赏牌，使专其利。是以百工竞劝，制造日精，销流日广。今日本土货，其实在物产不过海菜、铜、煤数端，此外凡所以图中国西洋之大利者，大率皆资之于人力，而非仅取之于地产。中国生齿繁而遗利少，若仅恃农业一端，断难养赡，以后日困日蹙，何所底止。故尤宜专意为之,非此不能养九州数百万之游民,非此不能收每年数千万之漏卮。今宜于各省设工政局,加意讲求。查各关贸易册中,每年出口易销之土货,则加工精造之,扩充之,以广其出。进口多销之洋货,则加工仿为之,以敌其入。如开煤、炼铁、制器、缫丝、种棉、种茶、种蔗、造糖、磨面、造瓷器、织呢羽、造洋绸、洋铖、洋钉、洋酒、火柴等事。或广土货之销,或敌洋货之入,责成各省督抚招商设局,各就本地土宜销路筹办。总以每省必办成数件为主,即以此为各省督抚藩司之殿最,并分遣多员,率领工匠,赴西洋各大厂学习,一切种植、制器、纺织、炼冶、造船、造炮、修路、开矿、化学等事,皆肄习之,回华日即以充办理工政之官。委员以求其法通其精者,工匠以习其艺得其粗者。中国人数之多,甲于五洲,但能于工艺一端蒸蒸日上,何至有忧贫之事哉。此则养民之大经,富国之妙术,不仅为御侮计,而御侮自在其中矣。

一曰宜多派游历人员也。汉赵充国之言曰,百闻不如一见,明王守仁之言曰,真知自能力行。夫洋务之兴已数十年,而中外文武臣工罕有洞悉中外形势,刻意讲求者。不知与不见之故也。不知外洋各国之所长,遂不知外洋各国之可患。拘执者狃于成见,昏庸者乐于因循,以致国事阽危,几难补救。延误至此,实可痛心。今欲破此沈迷,挽此积习,惟有多派文武员弁出洋游历一策。查外洋各国开疆、拓土、行教、通商,皆以游历为先导。前此中国虽有派员游历之举,旋抑停罢。而派出各员,不谙外国语言文字,仅观粗浅,莫探精微,或限于资斧,无从游览。今宜多选才俊之士,分派游历各国,丰其经费,宽其岁月,随带翻译,纵令深加考究。举凡工作、商务、水陆兵事、炮台、战舰、学校、律例,随其性之所近,用心考求。归国之日,由总理衙门课其能否,察其优劣,将此项人员发交有洋务交涉省分分别委用,或派往各省商务、工政等局差委,或令先补总理衙门章京,或再派充出使参赞、随员等官之选。劳绩期满,即行迁擢,内外互用。必广其出身之途,方能鼓舞,则不惟使才即出其中,而中外文武人才之出,正未有艾。或谓从前游历各员,出色者少,庸陋者多,徒糜经费。此乃因噎废食之说,最为误事。不知拔十得五即不为少,岁费不过十万金,但能得十数有益大局之人,所获不已多乎。至于亲贵大臣及满汉世家子弟,尤宜选其贤者,遣出游历,优予褒奖。风气自上开之,视在下者事半功倍,知己知彼,乃可谋国。转移鼓舞之机,无捷于此者矣。抑臣尤有进者,国家取士用人,首重科目,公卿大吏皆出其中,而科目出身者,毕生困于考试,见闻狭隘,精力销磨,以致未能尽娴经济。若洋务军务,更难语此,故议者多欲变通科目取士之法。然事体甚大,未易更张。窃谓游历人员,可多取诸翰林部属,及各项正途出身之京外官。回华后,优予升途。盖以科目进者,平日诵法圣贤,讲明义理,本源固已清明,不过见闻未广,世事未练。若令遍游海外,加以阅历,自能增长才识。将来任以洋务等事,必远胜于洋行驵侩、江湖杂流。且较之词曹但考文字,外吏但习簿书者,切于实用多矣。

一曰宜豫备巡幸之所也。近年凡与外洋有构兵之事,各国洋人之议,多谓京城距海口太近,必宜迁都腹地,于战事始能操纵自如。昨当东事紧急之时,建言者亦多持此说。窃惟立国形势历朝不同。我朝以辽沈为肇基之所,陵寝在焉,若都会偏西,则相距太远,不能控引援应。至京师,乃天下根本,人心所系,岂宜轻议迁移。况秦晋贫狭,亦不足以容万乘而供六师。若一一缔造经营,今日物力岂能办此。且方今大势,重在交涉,兵势之强弱全在海防,商务财源之盈绌,多在海口。若建都关中,则距海辽远,南北洋皆鞭长莫及,耳目难周,都下士大夫更不考求沿海防务商务等事,海防海军必致敷衍粉饰,从此断无筹巨款、养重兵、造炮台之事,各海口战守之备皆不可恃矣。惟天津、榆关距京太近,外人专恃此为要挟,正以朝廷久不修巡狩之典,重于举足。彼族窥我所难,动辄以此恫喝。以后各国纷纷要求,正不仅一日本,又将何以应之。为今之计,似宜择腹省远水之地如山西、陕西等处,建设行宫。遇有外警，则暂时巡行，道路素治，行殿素备，则临时不至劳扰。夫然后滨海及边关诸将，可以放手攻战，毫无牵制顾忌。彼若舍舟深入至三四百里之远，则四面环击，截其归路，必可大加歼除。彼知我进退自如，控制有策，则要挟恫喝皆无所施。京城从此安于磐石，必如此而后可以不必迁都。且我既备有巡行之地，将来敌人即不注意京城，且可并无巡行之事矣。此兵法所谓伐敌之谋者也。

以上九条非特远虑，实为近忧。惟需款浩大，猝不易筹，窃恐廷议必难于举办。而臣区区之愚，窃谓此数事，乃中国安身立命之端，万难缓图。若必待筹有巨款始议施行，则必致一切废沮自误而后已。今日赔款所借洋债已多，不若再多借十分之一二，及此创巨痛深之际，一举行之。负累虽深，而国势仍有蒸蒸日上之象。此举所借之款，尚可从容分年筹补。果从此有自强之机，自不患无还债之法。且铁路可令洋商包办，兵轮可令洋厂垫办，此两大宗目前尚可不需现款。如畏难惜费，隐忍图存，将益为各国所轻侮，动辄借端生事，侵占索赔，一再相寻，则天下之事，有非臣子所忍言者矣。譬如病亟而求医药，虽赤贫告贷，犹不能已，何则，身命能保，何优于贫。当今之势何以异此。惟是以上所陈诸事犹其迹也。若夫自强之本，实在朝廷。圣心时时以大局为可危，则天下之人心警动，而偷惰之习变。圣心时时以此约为可耻，则天下之士气奋发，而智勇之才生。伏望我皇上存坚强不屈之心，励卧薪尝胆之志，广求忠直之言，博采救时之策，将向来因循废弛、罔利营私、膜视君国之习，严惩切戒，先令天下现有之人才激励奋发，洗心涤虑。庶几所欲措施之要务可以实力奉行，所欲造就之人才可以接踵而起，夫然后有成效之可睹矣。仰恳宸衷裁断，早赐施行，天下幸甚。

国家清史编纂委员会·文献丛刊《张之洞全集》(3)，武汉出版社2008年版，第256～262页

△ **张之洞奏筹办江南善后事宜，请筹款办理裁减防营、仿西法练兵、增设枪炮厂、增修炮台等事宜。**

张之洞《筹办江南善后事宜摺》(光绪二十一年闰五月二十七日)：

窃惟江苏一省，实为南洋要冲，长江门户，江海兼防，南北绾毂，财赋所萃，运道所关，一省之安危，实关东南之大局，必宜战守兼备，乃可固此藩篱。当去年海防吃紧之时，臣奉命摄篆，仓卒经营。兵则新募于各省，械则赶购于外洋，炮台补救而未遑，兵轮整饬而非易。不过以忠义激励将士，相机战守，惟力是视，实无万全之策。今防务解严，若蹈事过辄忘之习，再不及此为绸缪牖户之计，设或海疆有事，何以待之。查江南奏准息借瑞记洋款，现已陆续交收，适值镑价低减，每镑卖价仅合银六两六钱内外，此款一百万镑，九六扣，除拨台湾三十万两及未付外洋枪炮价一百余万两外，实银不及五百万两。此款系遵照户部来电，奏明由江苏省盐课、厘金、筹捐等项归还。是名为借款，何异将本省自有之财提前应用。必须为江省地方筹有备之谋，方不致徒为江省库款留无穷之累。是以五月十八日电奏请旨敕部免予提拨。奉五月二十日旨：张之洞电奏已悉，据称瑞记借款已提用十二万镑，余拟留为裁撤勇营及练兵开厂筑台之需，请饬部勿拨他用等语。现在善后诸事皆应次第办理，惟筹款艰难，亦须通筹全局，方能举办。张之洞所拟用洋将练兵万人，开设枪炮全厂，修改各处炮台，需款甚巨，著将一切办法及需用款项详细声叙具摺再奏，请旨办理。其湖北制造快枪，现已造成若干，是否合用，著一并奏闻。钦此。值此时艰财匮，宵旰焦劳，且此款称贷而得，其间几经周折，备极艰难，臣何敢不撙节动支稍涉挥霍，兹谨就款筹维将江南善后紧要各事宜，分条胪陈，敬为我皇上陈之：

一、各防营应裁应留，均应立发巨款也。去年海防紧急，江省南北两岸及中路各冲要，或

并无防营,或已有之营奉调北援,必须增营填扎。计前后添募百余营,均经奏明在案。此时防务既定,自应亟行裁撤以节饷需。惟须次第办理,未便骤然全裁,以致滋扰生事。现已先撤三十余营,查照向章,分别道路远近,酌给一月、两月饷银,分派官轮、租轮送回原籍。其余除择其将、卒尚属精整者暂行酌留外,亦拟次第裁撤。通核此项用数,约需一百余万两。

一、急练洋操,应预行划出全年费用也。各省勇营习气甚重,亟须改换面目,以求实际。向来各省所习洋操不过学其口号、步伐,于一切阵法变化、应敌攻击之方、绘图测量之学,全无考究,是买椟而还珠也。查陆军以德国为第一,德国营制每一军必兼有步队、炮队、马队、工程队,数种合之,始成一军。臣拟急练陆兵万人,营制、饷项略仿德国。即以德国将弁为营哨官,因北洋原有订妥之德弁十六人,当经电商署北洋大臣王文韶调来南洋教习。臣又电商出使德国大臣许景澄,添募二三十人,计七月杪可以陆续来华。臣令现到洋弁,先将护军营、卫队营勇丁教习操练,臣亲加阅视,号令甚严,功课甚勤。兵勇则教以枪炮取准并拆卸修理之法,绘图、测量、开沟、筑垒之事。操演时,每勇丁随带枪弹及饮食衣装一切具备,与出战时无异。其操亦无定式,大率皆分为两军,一为官兵,一为敌人,教以两军相遇攻战守御之法。如此操演,当有实用。拨令洋弁先就江省现有各营中陆续挑选精壮朴实之勇,另编营制,上紧练习,并不另招添新勇。前半年,先练四五千人,半年后扩充添练至万人。期于尽除旧习,精练能战。惟洋操法令森严,奔驰勤苦,勇丁必须气体十分强壮者为之。臣亲见各勇操练旬日后,即多告假辞退,故饷项必须优厚,令其饮食丰足,每日肉食,方能耐此劳苦。据洋弁言,洋兵皆系如此,且终日驰逐、登山、伏地,衣靴动辄穿敝,西法皆系官为制备。此外尚有应备工作行装等件,故一切费用较中国向章为多。计洋弁川资安家等费,约需数万两,每月薪水约需万余两,练兵口粮约月需六七万两,其余营房、军装、马匹、器具各项约需十数万两,共计一年约需银一百余万两。惟此项饷需甚巨,俟一年以后察其所练是否确有实用,胜于旧日营勇,再当设法筹款,奏明请旨办理,

一、内地增设枪炮、新式洋药各厂,宜指款筹办也。快枪快炮最为行军要需,若仰给外洋,必致糜费而误事,断以自造为宜。惟上海、金陵虽各有制造局,金陵局规模颇小,机器未备,所出枪炮无多。其设局之处,四面皆限于地势,不能展拓,仅能择要需者酌添机器,惟所出究不能多。上海局虽较大,惟所造枪弹、炮弹、水雷、水[火]药及修理轮船,门类颇多而不专壹,并无专造快枪之机器,故每一月出枪不过一百余枝。亦无造陆路过山快炮之机器,至大炮则一年或出一尊、两尊不等。且该局军火须运出吴淞江后再行转入长江,若有战事,敌人以战舰封口,一切转运立即束手,南北各省皆难运济,实未尽善。此次日本以长江为各国商务之故,约明保崇明以南之江口,不保崇明以北,故扬子江南洪得以转运无阻。若他国战事,则未必顾忌也。且日本若有[由]崇明以北之新洪阑入,径趋狼山、通州一带,则江路仍然梗阻。前此开局沪上,只图取材便利,未遑计及于此,实属可危。臣以为必宜于沿江内地添设枪炮厂,则与外洋开战时方能济用。湖北枪炮厂因去年枪厂被火后,改造铁料厂屋,修补伤损机器,甚费经营。快炮所添新机,洋厂因候样炮,屡经电催出使大臣,尚未运到,现就原机设法制造。此两项工作极为精密,目前机器初试,工匠未熟,线路猝难较准。现甫造成快枪式样数十枝,快炮式样一尊,车炮二尊,均属合用。以后所出,自可日多。惟枪机曾经火灼,其敏速之力稍减。一年以后,人器相习,每年可造成枪七八千枝,每年可造陆路、过山两种快炮百尊。其地据长江上游,堂奥深邃,最为稳固;且上游可接济川、湘、陕、豫,下游可接济江、皖等省,旁通四达,转运甚便。如江南另行择地建造,所费更巨,于接济上游各省已不甚便。拟即先附鄂厂添购机器,广为充拓。钢铁即用鄂省铁厂所炼,除鄂厂原造之数外,令每年能加出快枪一万

枝,无烟药枪弹一千万颗,陆路、过山两种快炮二百尊、炮弹二十万颗。湖北向无新式药厂,拟并造无烟药、棕色药、黑药,令足敷枪炮之用。既与鄂厂相连,切绘图、储料、督工、修机,合力相资,诸可节省便易。与出使大臣及洋厂互相考较,合计枪炮架、弹药八项机器价值、运保并造厂工料,约需银二百万两。该厂可垫办一百余万两,分十年给息归还,现银约需一百万两。

一、增修各要隘炮台。应指款备用也。长江口之吴淞、狮子林,江阴之南北岸,镇江之南北岸、圌山之南北岸,旧有炮台。惟炮既不精,台尤无法,每一点钟,一台之上各大炮通计止能放数十出。以此御敌,十分可危。臣业经叠次奏陈。臣于去冬今春,督饬各该将领量为补救修改。至江阴之黄山、小角山,镇江之焦山、汝山,另择形势,酌添大炮、快炮。金陵为省会重地,岂可无守御之具。向无得力炮台,现于城北临江之狮子山,城外临江之幕府山,兼顾城内外之钟山等处,择要修造。此数处所费尚不甚多,另行分起奏咨立案。其江南之金山卫,为苏松门户,江北之海州各口,为清淮屏藩,最关紧要。通州狼山以下滨江之龚家墟,正扼白茅沙、大沙之间,沙洲迂回,轮船过此,动辄搁浅沉没,最称天险。敌船夜间不能潜过,船路距江岸最近不及二里,此处扼守尤胜江阴,向来设防,均未议及此并无炮台。清江浦南北咽喉,素称重镇,亦应有陆路炮台。此数处万不可少。臣拟令洋弁测绘,各就地势修造,以固江海之防。至长江门户,尤以崇宝沙一处最为扼要。该沙正当海口,可以兼顾南北两洪,实为长江锁钥。西人论长江形势,皆谓宜于此处作大炮台扼守,方为完固得要。惟地势平衍,沙性松浮,必须有铁炮台数座,布置得宜,辅以兵轮、鱼雷艇,则可北护崇明,南扼吴淞。且狮子林炮台苦于江阔船远,炮击难到,到亦无力、无准。若崇宝沙有台,则以崇宝之炮护江路,而以狮林之炮护崇宝沙。崇宝之炮台既有援,而狮林之炮台亦有用。海口既固,则长江以内水陆防务均松,不致有备多力分之患。臣现向外洋访延熟谙炮台之将弁数人,来江履勘筹议,并拟自行赴各处,详度形势,与洋弁商酌定议。即令该洋弁酌拟办法,绘图定式,估工监造。约计以上各路购炮、筑台,极力节省,非二百万两不可。款已不敷,如力实不及,拟由外以及内,先尽崇宝沙炮台建造,次则通州之龚家墟,其余需款较少,或可俟从容筹办。

通计以上诸大端,就现借之款,竭力筹办,能否敷用,尚须随时、随事撙节为之。设有不敷,当另行设法筹措。如再事提拨,必至贻误要需。至海军一事,尤为海防要义。南洋向止有木壳兵轮,质脆行迟,炮械亦旧,难御大敌。必应速设铁舰、快舰、雷船,以为战具,庶免束手受攻之患。南洋必宜专设一军,不能与北洋共之。海军有两三枝,方有奇正互用,攻战兼行之妙。惟需款过巨,应请朝廷通筹全局,另行筹款,大举速办,业已另摺奏陈。窃惟江省关系重要,朝野皆知,而炮台之不足恃,上海制造局之不便转运,则人多未计及。至于必须急练精兵,方能制御强敌,则各省所同。今借此巨款,自应急为惩前毖后之谋,臣若不据实陈明,力筹长策,何以上对君父,下对军民。方今筹款如此艰苦,臣身当其难,必当省啬筹办,断不敢稍有虚糜。合无仰恳天恩饬部免予提拨,俾为地方绸缪御侮之计。不特江南之幸,实于全局不无裨益。(砯批)户部议奏。(钦此)

国家清史编纂委员会·文献丛刊《张之洞全集》(3),武汉出版社2008年版,第263~266页

7月21日(闰五月二十九日) 温处道袁世凯谒见总理衙门大臣翁同龢,翁谓其"欠诚实"。

《翁同龢日记》:

(闰五月) 晴,雾气阴阴。午后晴,热。……温处道袁世凯(慰亭)来见,此人开展而欠诚实。

陈义杰整理《翁同龢日记》第5册,中华书局1997年版,2819页

是月　广西按察使胡燏棻上《条陈变法自强疏》,就修铁路、开矿产、创邮政、练陆军、设学堂等十个问题,全面地提出了变法主张。

广西按察使胡燏棻《条陈变法自强疏》:

奏为因时变法,力图自强,谨条陈善后事宜,恭折仰祈圣鉴事:臣闻五帝殊时,不相沿乐,三王异世,不相袭礼,盖穷变通久,因时制宜之道不同也。上年倭人肇衅,陆师屡挫,海军继失,寇焰猖狂,神人共愤。我皇上不忍两国生灵久罹锋镝,以大事小,舍战言和。虽两害从轻,计不能不出于此,然自古驭外之策,断无一意主和,可以久安之理。唐于吐番,宋于金人,是其明鉴。今辽河以东,失地千里,虽由俄、德、法三国合起而争,许还故土,但倭人仍有从容商议之语,恐不免枝节横生。台湾交地,近复激成变端,倭人能否不起责言,固难预料。然此风一开,事变一日亟一日。及今而不思改计,窃恐数年之后,大局更不堪设想。

目前之急,首在筹饷,次在练兵。而筹饷、练兵之本源,尤在敦劝工商,广兴学校。伏查国家赋税所入,岁有常经,今忽添此二万万两之兵费,非借洋债,从何措置?以最轻利息六厘计算,每年需息银一千二百万两,而陆续偿还本银,尚不在此数。且自上年用兵以来,关内外各路添兵购械,所借华洋商款,应偿本息,已属不少。此外奉、直两省善后事宜,仍须节节增修,次第兴举。北洋海军,亦不能不重新创办,以图补苴,约计购船置械,非数千万金不能成军。此后水陆所需,每岁又不下千余万金。入者只有此数,出者骤然加增,虽日责司农以筹划度支,亦恐无从应付。窃观泰西各国,无论军饷、工程,千万之需,咄嗟立办。何者?藏富于民,多取之而不为虐,而民亦乐输以奉其公。彼其器械日制而日精,商务日开而日盛,水陆之兵日练而日强。盖董劝之始,国家设各项学校以培植之,艺术既成,分各项官守以任使之,故民有人人自奋之思,治有蒸蒸日上之势。今中国土地之广,人民之众,物产之饶,为泰西各国所未有。办理洋务以来,于今五十年矣,如同文方言馆、船政制造局、水师武学堂,凡富强之基,何尝不一一仿行。而迁地弗良,每有淮橘为枳之叹。固由仅袭绪余,未窥精奥,亦因朝廷所以号召人才者,首在科目,天下豪杰所注重者,仍不外乎制艺、试帖、楷法之属,而于西学不过视作别途。虽其所造已深,学有成就,亦第等诸保举、议叙之流,不得厕于正途出身之列。操术疏斯[而]收效寡也。

日本一弹丸岛国耳,自明治维新以来,力行西法,亦仅三十余年。而其工作之巧,出产之多,矿政、邮政、商政之兴旺,国家岁入租赋共约八千余万元。此以西法致富之明效也。其征兵、宪兵,预备、后备之军,尽计不过十数万人,快船、雷艇,总计不过二十余号,而水陆各军,皆能同心齐力,晓畅戎机。此又以西法致强之明效也。反镜以观,得失利钝之故,亦可知矣。今士大夫莫不以割地、赔费,种种要挟为可耻,然今时势所逼,无可如何,则惟有急谋雪耻之方,以坐致自强之效耳。昔普法之战,法之名城残破几尽,电线铁路,处处毁裂,赔偿兵费计五千兆佛兰克,其数且十倍今日之二万万两。然法人自定约后,上下一心,孜孜求治,从前弊政,一体蠲除,乃不及十年,又致富强,仍为欧洲雄大之国,论者谓较胜于拿破仑之时。今中国以二十二行省之地,四百余兆之民,所有失陷者不过六七州县,而谓不能复仇洗耻,建我声威,必无是理。但求皇上一心振作,破除成例,改弦更张,咸与维新。事苟有益,虽朝野之所惊疑,臣工之所执难,亦毅然而行之;事苟无益,虽成法之所在,耳目之所习,亦决然而更之。实心实力,行之十年,将见雄长海上,方驾欧洲。旧邦新命之基,自此而益巩,岂徒一雪割地赔费之耻而已。

臣之愚昧,何敢挟其刍荛之见,轻言变法。但纵观世运,抚念时艰,痛定思痛。诚恐朝野上下高谈理学者,狃于清议,鄙功利为不足言;习于便安者,又以为和局已定,泄沓相仍。设或敌国外患,猝然再举,更虑抵御无方。然则卧薪尝胆,求医疗疴,其尚可稍缓须臾耶?微臣早夜焦思,今日即孔孟复生,舍富强亦无立国之道,而舍仿行西法一途,更无致富强之术。用敢不揣冒昧,就管见所及,举筹饷、练兵、重工商、兴学校数大事,敬为我皇上缕晰陈之。

一、开铁路以利转输也。中国铁路之议,屡举屡废,自经此次军事利钝之故,昭然共见。应请援照前两广督臣张之洞原议,自汉口至京开办干路。顾办法次第,必当先定大纲。第一在劝立公司,准民间自招股本,而一切窒碍之处,如买地、勘界等类,必须官为保护。第二在勘明道里,从前原议,北自芦沟桥至正定,南自汉口至信阳州分头举办。查汉口至信阳,山路崎岖,工费较巨,不若取道襄阳,地势平坦。其铁轨渡河之路,尤宜在郑州以西,荥阳以东,以出山险,经流不改之处;既渡河则东循淇卫,西倚太行,北行而达保定,地高路平,较为稳固。第三在多开支路。自汉口至京,迤长三千里,若仅有干无支,则贸易必不旺,商旅必不多,其事亦难持久。窃谓支路宜分三段,南路由光山、固始出六安以载茶叶;由应城、京山、安陆出荆门、当阳以运煤铁;西路由怀庆出轵开,经蒲、解以达关陇;东路由开封、归德过宿、泗以抵清江。如此则天下大局,若网在纲,商务、工务,漕务、军务,莫不四通八达。第四在议定规制,自高脚铁轨之制出,而火车一变,自电气传力之机出,而火车又一变。今俄人自加斯滨海达珲春一路,即系用高脚轨、电气车之法。今创办之初,宜择其至便至捷者为之,以免他日纷纷改造,又有我钝彼利之叹。迨办成后,每年除公司费用、修理经费以外,所余利银,官收其什一之税。诚能各省一律举行,则公家岁可得数百万金,而且东西南北,节节流通,则土物日出,商务日旺,厘金、关税亦日饶。是每岁所增入者,又不下数百万金。一旦疆场有事,运饷运兵,朝呼夕至。今日寓强于富之道,计无有切于此者矣。

一、铸钞币银币以裕财源也。昔元明以钞票为虐政者,则以一纸空券,欲抵巨万现银,情同诳骗耳。西国以钞币便民者,则以有一万之银,始发一万之票,无丝毫虚浮也。中国不自设银行,自印钞票,自铸银币,遂使西人以数寸花纹之券,抵盈千累万之金,如汇丰、德华、有利等洋行钞票是也。以低潮九成之银,易库纹十成之价,如墨西哥、吕宋、日本等国之洋钱是也。今诚能与各省通商口岸一律设局自铸金银铜三品之钱,颁定相准之价,垂为令甲,一面于京城设立官家银行,归户部督理,省会分行归藩司经理,通商码头则归关道总核。购极精之器,造极细之纸,印行钞票,而存其现银于银行。妥定章程,明颁谕旨,俾民得以钞币两项,完纳租赋税厘。至各省旗兵、绿营、防营之饷,京外文武百官之廉俸,亦即以钞币两项,分搭匀拨,而尤必各处银行于出入授受之间,随时查核,不至钞滥于银,并绝无毫厘短折,方能取信于人,持之久远。惟用人必须按照西法,用商务之章程,杜官场之习气,慎选精明廉洁之人,综计出入。其余亦须屏绝情面,皆由公举,不得私荐,方免弊窦。至于放息,责成殷实保人,一有亏折,惟保人代偿。押款则值十押七,一经逾期,拍卖偿抵,不足仍向欠户追还。果能照此认真办理,实力奉行,其收回利权,孳生息款,计每岁盈余之数,至少当在千万以上。此诚今日至要之务不可忽视者也。

一、开民厂以造机器也。中国各省设立制造、船政、枪炮、子药等局,不下十余处,向外洋购置机器物件不下千百万金,而于制造本原,并未领略。不闻某厂新创一枪,自造一炮,能突过泰西;不闻某局自制一机器,能创垂民用。一旦有事,件件仍须购自外洋,岂真华人之智不及西人哉?推其病源,厥有三故:各厂之设也,类依洋人成事,而中国所延洋匠,未必通材,往往仅晓粗工,不知精诣,袭迹象而遗神明,其病一。厂系官办,一切工料资本,每岁均有定额,即有自出心裁,思创一器者,而所需成本,苦无从报销。且外洋一器之成,如别色麻之钢,克鹿卜之炮,或法经数易,或事更数手,成本费数十万金,然后享无穷之利,垂久大之业。今中国之工匠,既无此坚忍之力,国家又别无鼓舞之途,遂事事依样葫芦,一成不变,其病二。外洋各厂之工匠头目,均系学堂出身,学有本源,而其监督总理之人,无不晓畅工艺,深明化、重、光、电、算数之学,故能守法创法,精益求精。今中国各局总办、提调人员,或且九九之数未谙,授以矿质而不能辨,叩以机栝而不能名,但求不至偷工减料,已属难得,器械利钝,悉听工匠指挥,茫无分晓,其病三。窃谓中国欲藉官厂制器,虽百年亦终无起色,必须准各省广开民厂,令民间自为讲求。如国家欲购枪炮、船械、机器,均托民厂包办包用,其试不如式者,虽定造亦必剔退。则人人有争利之心,亏本之惧,自然专心致意,实力讲求,以期驾乎西制之上。如此漏卮既塞,而一有兵事,取求易给,不至为洋商垄断居奇,受重价之累,且不至为敌人阻港揽舟,冒行海之险矣。

一、开矿产以资利用也。中国煤铁五金,遍处皆是,从前业经各处招商开办,乃卒至股本耗折,成效毫无者,则非矿之不可开,实办之不得法耳。夫办矿之法,又有四:第一在重聘矿师。西洋实有学问之矿师,其国中且延致不及,故往往不愿来华,其愿来者,不过外托行家,阴图渔利,迨一悟其欺妄,而全局已隳。故欲开矿,当先求师,欲求师,当先重聘。第二在慎选矿地。夫贵州铁质非不佳也,乃转运至千里以外,则成本重而其价昂矣。漠河金苗非不旺也,乃地处极边,百货腾贵,则工作难而出数少矣。故开矿之地,必须择其水陆交通转运利便之处,则工人往来,易于招集,物件辐辏,易于取求。第三在细考矿质。同一矿也,而质有良楛,即价分贵贱。故往往集本同而获利不等。假使当日者以开平矿务之规模、资本,而开齐鲁淄、潍之佳矿,则今日获利当倍蓰于此矣。第四在厚集矿本。夫资本出于富家,则原有置产业贻子孙之心,资本出于市侩,则无非借股票低昂,为买办空盘之计,收效稍迟,即弃如敝屣。从前公司为股票牵掣,一倾百倒,皆由于此。故招散股不如招大股,招商股不如招官股。而其大要尤在办理之得人,必须正大光明,赤心为国,绝无一毫私见,否则矿不成则害在公家,矿既成则利归私室。初次选择,断不可瞻徇情面。果能于此四者,讲求尽善,而谓矿务不能办,矿利不可求,必无是理。况将来欲广造铁路,则处处需铁需煤,欲自铸钱币,则各局需金需银需铜。欲自开民厂铸枪炮、机器,则各需五金及硝磺、铅汞等质。是招股开矿,实今日之最大利源也。

一、折南漕以节经费也。查京师支用,以甲米为大宗,官俸仅十之一。八旗兵丁,不惯食米,往往由牛录章京领米易钱,折给兵丁买食杂粮,约南米一石,仅合银一两有奇。官俸亦然。四品以上尚多亲领,其余领米票以转卖米铺,每石亦一两有奇。夫南漕自催科征调,督运验收,经时五六月,行路数千里,竭百姓无数之脂膏,聚吏胥无数之蠹贼,耗国家无数之开销,运至京仓,至每石之值,通扯或十两或五六两不等,而及其归宿,乃为易银一两之用,此实绝大漏卮。徒以冗官蠹吏,中饱所在,积习不改,此真可为长太息者也。推原其故,朝廷深思远虑,以为岁无南漕二百万石流通市中,则一切杂粮必牵掣而骤贵,兵民有受其饥者,故不惜繁费而为此。然自轮船畅行以后,商米北来源源不绝,利之所在,人争趋之。市中有米,与官中有米同,则少米之患,在今时可以无虑。谓宜通行[应请通饬]各省改征折色,其耗费一概带征,并归藩库起解。至旗丁、京官应领俸米,或援照成案,则每石折银一两四钱,或按照市价,则每石折银亦不过二两有奇。而一切漕河之工程,海运之经费,漕督粮道以下之员弁兵丁,仓场侍郎、监督粮厅以下之胥吏差役,皆可一律裁汰蠲除。是国家岁省数百万开销,反多数百万盈羡。而官、兵两项所领实银,且较增于从前领票转卖之值,公私两途,一举而均得大利。有益于国,无损于民,亦何惮而不为哉?即使虑及岁饥乏食,则每年所提出余银数十万两,在津兑买南米,存储通仓,新陈互易,以为有备无患之计,其事亦轻而易举。如虑海疆有事，运道或至梗阻，恐将来商、官两病，则更不然。盖名为官米，则敌船可以捕拿，名为商米，虽仇国亦不能阻截。公法俱在，有例可援，是可不必顾虑也。

一、减兵额以归实际也。粤、捻事平以后，绿营之无功效，已可显见，而老成持重动以不裁为言，于是有减兵增饷之议，各省或变绿营而为练军。今倭事敉平，则练军之有无功效，又可显见。乃犹坐养此数十万无用之民，耗此数千万有用之饷，一旦有事，各省仍纷纷募勇，是兵外加兵，饷外加饷，国用安得而不绌？夫绿营之所以不能遽裁者，徒以水有汛，陆有铺，缉捕、防守有专责耳。殊不知近年绿营兵饷，藩库入不敷出，往往饷有按照七八成或五成核放者。每兵每月仅领银数钱，平日不敷养赡，多以小买营生，巡缉俱属虚文。况各省水陆聚会之区，如闽浙之渔商，则雇船出洋自护矣，是汛兵亦无用。直省之会城，则另设保甲、守望等局以巡缉矣，是铺兵亦无用。为今之计，莫如酌地方之繁简，裁其老弱，按年先裁二成，五年裁竣，国家岁可省千余万金，即以此款责成直省皆按照西法先挑老兵子弟，择其年力精壮，粗识之无者，另行创立新军。现任实缺提、镇、参、游，如尚可造就者，即充统领营官之位，否则一概裁去。如此一转移间，化无用为有用，国无坐食之费，兵有精练之实。倘虑水陆各汛铺务一无专责，或将保甲、守望等局依照西国巡捕之制，城乡市镇，人物辐辏之区，【改设巡捕。款项不足，亦如西法收巡捕捐。】所设巡捕，由官督率，而分稽查之职于绅董，事更可得实际。但求朝廷排斥群疑，破除成例，毅然行之，未有不立见功效者也。

一、创邮政以删驿递也。中国各省皆设驿站铺递，每年支销钱粮计三百余万金。其实各省之奏牍公文，所递有限，而仕宦往来之所扰滋多，至督抚则更有提塘职差。每一职差抵京，费以百十两计。民间所开信馆，索资既巨，又多遗失，此公私两困也。查泰西各国，莫不由国家设立邮政局，往来函牍，公私一体，权其分量之轻重，定给递费之多寡，由邮政部刊刻信票印花出售。凡寄信预先购买，用时取黏信角，投入信箱按时收取。此法不但省驿站之费，而且岁获盈余，为泰西各国进项之一大宗，应亟仿照办理。

其第一办法：则先借招商局为发轫之始，每船各派专司文报一人，通商十九口岸，均设分局，管理公私信件，则纠合民间各信局而为之。内地各码头、各市镇，令信局一家承包。其第二办法：则借电报局为推广之路。凡有电报分局地方，亦派一人在局专司文报，代为递送。至未设电报各处，亦照前法，令信局一家承包。其第三办法则俟火车畅行，再借铁路公司为往来之总汇，凡干路、支路火车停卸之处，以派一人在局专司其事。至将来欲遍行内地，各镇各埠，尽可广设分局，派人经理。如此则若网在纲，无远弗届。

现在地球各国，其邮政章程，通为一例，到处流行，公私递费，并无多寡之殊，即日本亦在其列。就英国而论，每年邮部除用费外，计赢英金一百数十万镑。独吾中国未尝仿行。急宜参考西制，从速举办，庶每岁可省驿站三百万之耗费，而收邮部数百万之盈余。如以为京外各官，因公来往京师，例须乘驿，恐一旦删去驿站，致多窒碍，则更为掩耳盗铃之谈。今东南十余省，凡官员来往无不雇坐轮船，独山东、山西、河南、陕、甘五省，尚有官站耳。若计其道里远近，人数多寡，由户、兵二部酌给路费，沿途听其自雇车马，在应差各官，实所深愿，更无庸多虑。

一、创练新兵以资控驭也。此次东征，兵非不多，而一无足恃，则非兵之不任战，实由统将太多，每遇战事，往往心志不齐，互相掣肘，动如唐朝九节度之师。夫东召宿将，西起老臣，此募十营，彼募万人，譬之治疾，一人有病，延医满室，寒热杂投，断无不毙之理。而尤有积习应行痛改者，厥有四端：昔年淮楚诸将，起自田间，志在杀贼，人皆朴诚，弊端尚少。承平以后，统兵大将，骄奢淫佚，濡染已深，军需日增，勇额日缺，上浮开，下克扣，百弊丛生。兵之口粮尚未能养赡一身,谁肯效命疆场,以致万众离心,遇贼纷纷溃散。此一病也。

从前粤捻之乱,军火未精,将领只须勇气百倍,易于取胜。今则泰西官兵之选,必先由各学馆出身,其所考各学有本国文、腊丁文、法文、地理学、几何学、代数学、古今史学、三角法、信手绘图法。国家平日重此选,民间亦以得选为荣。其千把总之职,略如中国词林之清望,故能学余于事,人余于学。而今中国先事一无培植,一闻招募,各营员皆以钻谋为能事,不以韬钤为实政。是兵官先不知战,安望教兵以战。此又一病也。

西国之讲求武备者,凡枪炮新器一出,试之而佳,即通饬各营改用一律。今中国本地无著名之厂,件件购自外洋。承平之日,部臣以款绌为难,先事未能预备,及变起仓猝,疆臣各办乃事,但以购得军火为贵[责],未能详求,以致同属一军,而此营与彼营之器不同,前膛后膛,但期备数,德制奥制,并作一家。所由一旦临阵,号令不能划一,施放不能取准。此又一病也。

考西国每经一战,则列阵之体一改,每创一器,则行阵之式一更。今中国一切攻守之法,又沿旧习,湘楚各军,尚有大旗刀矛为战具者,并有持新器而茫然不知用法者。犹得师心自用,以为昔年曾经战阵,即无不能御之敌,承讹袭谬,沿而不改。此又一病也。

今欲创练新军,宜通饬各省,一律改练近年新出之西法。而其大要,先在直省设立武备学堂,行取各州县武生、武举,考其汉文通顺,年力精壮者,选令入塾,给以养赡,即聘洋员为之教习。三年后,由洋教习考给文凭,然后分派入营,充当哨官。其学问尤杰出者,充当营官。从此或将武科乡试,亦以枪炮命中为去取,则将才辈出,不患有兵而无官。现在都、守以下候补各员,其有汉文通顺,情愿投入学堂充当学生者,亦一体办理。则此训官之法也。至募兵不可太杂。今各处所招之勇,急于成军,不暇选择,乞丐无赖,混杂其中,艺未练成,驱以赴敌,一经阵临,望风而遁,反以利器资敌,沿途更肆焚劫,日后又投别军,仍蹈前辙,以致屡战屡败。欲救其弊,必先由本籍地方官,查取住址亲族,年在十六以上二十以下者,方许入营当勇,以杜将吏逃亡之弊。到营时先验身材,不入格者当即剔退。既成阵伍,先练步法、手法,次练打准,并练行军操法。年满四十,给以一年饷银,令归乡里。在营之年,三年给假,准其回籍。但一闻征调,虽在假内,即须立至。此练兵之法也。

其统领营哨各官之薪水,欲杜其克扣之弊,必须从丰。兵勇之饷项,亦宜分别加增,由各省督抚设立粮台,按月由粮台点名给发。设粮台短发,准统领官申详告诉,以杜侵扣。成军之始,应发号褂、棉袄、皮衣等件,均不扣钱,恤其饥寒,方能得其死力。此放饷之法也。新练各军,取用机器,宜因时制宜,改归一律。就近年新制而论,步枪以曼里夏毛瑟小口径为佳,马枪以可尔脱为佳,轻炮以克虏伯格鲁森为佳,快炮以拿登飞尔哈乞开司为佳。此简器之法也。至兵数多寡,统计北洋宜练兵五万人为一大枝,南洋宜练兵三万人,广东、湖北宜练兵二万人。其余各省每省有万人,已敷调遣。务须扫除积弊,习练操法,统归一律,庶征调乃能得力也。

一、重整海军以图恢复也。中国创设海军之初,原议沿海七省后先举办,只以经费不充,故以北洋为发轫之始。春间威海继陷,舟师全没,虽由诸军之不力,抑亦援军之莫继也。夫泰西各国,皆以铁甲快船之坚利,雄长五洲。故就今日之情事以观,凡地球近海之邦,苟非海军强盛,万无立国之理。查中国从前办法与西制多有不同,其受病亦即在此。西国之制,海军可以节制陆路,而陆路不能节制海军。盖洋面辽阔,军情瞬息百变,必非陆路所能知也。今中国则海军提督须听疆臣之指挥矣。其不同者一。

西国海军提督,必由水师学堂出身,积累而升,其余重、汽、算、天文、地理各学无一不通,无项不熟,为各船兵官所服,故志趋合而号令行。今就北洋而论,如已革提督丁汝昌,本系淮军陆将，水师学问毫无根底。平素各兵官本轻视之，一旦临阵，无论其不知水战之法，即曰知之，亦安能号令各船。其不同者二。

各国兵船，岁岁考求新理，精益求精。凡旧械之不合式者，必更易之，新器之致用者，必训练之。今中国如橹雷之裙网，甫经购置，尚不知法。上年大东沟之战，以攻铁甲所用之尖弹，击倭人钢皮之快船，故倭船虽受创，而无大损，是用器简器之不审也。其不同者三。

今欲重整海军，宜于购械而外，改定章程，选求将帅，仿照泰西成规，海军提督但听枢府之号令，不受疆臣之节制。两国既下战书，即许便宜行事。尤应沿海各省一律举办，无事则分道巡游，有事则联为一气，不得稍分畛域。今春威海告急，南洋兵轮坐视而不之救，重为泰西诸邦所姗笑。急宜统筹全局，俟办理稍有端绪，应合沿海七省，特简总统大员，庶使筋节灵通，声气联络，一方告警，全军立至矣。目前办法，应先向英国延聘水师宿将，如昔年琅威理其人者。并多设水师学堂以储人才。然后派学成各生，或出洋游历，或代备资斧，分寄各国兵船，以资习练。天下无不可办之事，但在实心实力以求之耳。

一、设立学堂以储人材也。泰西各邦，人才辈出，其大本大源，全在广设学堂。商有学堂，则操奇计赢之术日娴；工有学堂，则创造利用之智日辟；农商有学堂，则树艺饲畜之利日溥；矿务有学堂，则宝藏之富日兴；医有学堂，则生养之道日进；声光化电各项格致有学堂，则新理新物日出而不穷；水师陆师各项武备有学堂，则战守攻取日习而益熟。乃至女子亦有塾政，聋哑亦有教法。以故国无弃民，地无弃材，富强之基，由斯而立。至其学堂之制，不必尽由官设，民间绅富，亦共集资举办。但国家设大书院以考取之。今中国各书院、义塾，制亦大备，乃于八股、试帖、词赋、经义而外，一无讲求。又明知其无用，而徒以法令所在，相沿不改，人材消耗，实由于此。

拟请特旨通饬各直省督抚，务必破除成见，设法变更，弃章句小儒之习，求经济匡世之材。应先举省会书院归并裁改，创立各项学堂。将现在京师总署、上海制造局已译各种西学之书，分印颁发；一面仍广译格致新闻，及近年新出西史，延积学之西士及中国久于西学有成之人，为之教习。尤必朝廷妥定考取章程，垂为令典，务使民间有一种之学，国家即有一途之用。数年以后，民智渐开，然后由省而府而县，递为推广，将大小各书院，一律裁改，开设各项学堂。即民间亦必有自行集资设立者，将见海内人士，喁喁向风。而谓一切工商制造之法，货财之利，水陆之军，不能媲美欧洲，臣不信也。

日本自维新以来，不过一二十年，而国富民强，为泰西所推服，是广兴学校，力行西法之明验。今日中国关键全系乎此。益[盖]人才为国家根本，盛衰之机，互相倚伏，正不得谓功效之迂远也。以上各条，或变通旧制，或创行新法，臣愚亦何敢谓所言尽属可行，第变通尽利，力求富强之道，舍此不图，更无长策。自来殷忧起圣，多难兴邦，时局转移之基，正在今日。伏愿皇上法五帝三王制作之遗意，敕下部臣疆臣，通筹合议，断自宸衷，俯采而施行之。上以固亿万年有道之基，下以慰薄海臣民之望。臣不胜战栗迫切之至。谨恭折具陈，伏乞皇上圣鉴，训示施行。谨奏。

翦伯赞、刘启戈等编《中国近代史资料丛刊·戊戌变法》(2)，
上海人民出版社、上海书店出版社2000年版，第277～290页

8月2日(六月十二日)　光绪帝召见浙江温处道袁世凯。得旨，著交督办军务王大臣差委。

8月5日(六月十五日)　以将与日本开议和约具体事项(中日行船通商事),与国计民生关系甚巨,命李鸿章等坚执以中西现行约章为本,悉心筹划,商定办法,慎毋含混迁就,致贻后患。

《德宗景皇帝实录(五)》:

谕军机大臣等:中日新约第六款,现将开议。此事于国家税厘,华民生计,大有妨碍。惟藉约款详明,尚足以资补救。前经特简李鸿章、王文韶为全权大臣,专司议约。该大臣等必须先持定见,开议时方能力与磋磨。新约内有"订定行船条约及陆路通商章程,应以中国与泰西各国现行约章为本"之语,即当坚执此语为凭。凡此次所许利益,皆不使溢出泰西各国之外,庶可保我利权。谅该大臣等已将应议各条,熟思审处。李鸿章为原定新约之人,尤当毖后惩前,力图挽救。总期争得一分即有一分之益。其应如何设法力杜狡谋,著即先行妥议复奏。前谕川、鄂、江、浙各督抚,预筹善策。叠据廖寿丰、谭继洵、鹿传霖先后电奏,又据总理各国事务衙门代递各章京条陈,均属剀切详明,深中窾要。著李鸿章等按照所指各条,悉心筹划,商定办法,以为辨论地步。总之此次议约,国计民生,关系甚巨,该大臣等受国厚恩,身膺重任,慎毋含混迁就,致贻后患。各电奏及原呈均著抄给阅看。将此由四百里密谕知之。寻复奏,第六条内地行船装货、各口机器制造两端,系此次声明加让之事,彼之注意在此,亟须设法限制,增立规条,随时缄商总署妥办。

《清实录》第56册,中华书局1987版,第583页

8月8日(六月十八日)　张之洞上荐举人才折,荐袁世凯等。

张之洞《荐举人才折并清单》(光绪二十一年六月十八日):

窃准部咨,光绪二十一年闰五月十三日奉上谕:当兹时事多艰,尤应遴拔真才,藉资干济。著各部院堂官,各直省将军、督抚等,于平日真知灼见,器识闳通,才猷卓越,究心时务,体用兼备者,胪列事实,专摺保奏。等因。钦此。臣伏惟方今世变日亟,需才孔殷,国家安攘兼筹,则用人难拘一格。窃谓朝廷奖拔所及,似尤以志节清刚不染习俗者为先,自足以挽回风气,激励群才。兹谨就平日确有所知者,胪举上陈,以备圣明裁择器使。其间或系隐退、闲居,或系曾结吏议,或系现为属吏,或系他省人员。论其才性,不尽相同,然要皆志操皎然,不随流俗,办事切实,不涉浮滑。如朝廷任使各尽其长,皆可以裨益时局。仅缮具清单,恭呈御览。

…………

本任浙江温处道袁世凯　该员志气英锐,任事果敢,于兵事最为相宜。虽其任气稍近于伉,办事稍偏于猛,然较之世俗因循怯懦之流固远胜之。今日武备方亟,储才为先,文员知兵者尤少,若使该员专意练习兵事,他日有所成就,必能裨益时局。

国家清史编纂委员会·文献丛刊《张之洞全集》(3),武汉出版社2008年版,第269~270页

8月9日(六月十九日)　以四川、福建发生教案,命各直省将军督抚等通饬所属实力保护教堂,并晓谕各居民,勿听浮言,妄生疑衅。

《德宗景皇帝实录(五)》:

谕内阁:自泰西各国通商以后,洋人侨居内地,中外相安,朝廷一视同仁,叠谕疆臣时加保护。乃近日四川省城有焚毁教堂之案,同时煽动、蔓延数州县。顷又据福建报称,古田县匪徒杀伤洋人多名,甚至戕及妇孺,凶暴情形,殊堪痛恨。四川一案,业经获犯讯办。福建一案,首要各犯,尚在缉拏。著庆裕、边宝泉督饬营县,速即兜擒,毋任漏网。此等不逞之徒,造

言惑众，所在多有，要在地方官随时防范，销患未萌，何得相率因循，以致酿成巨案。著各直省将军督抚等，通饬所属，凡有教堂处所，务须实力保护，并晓谕各居民，勿听浮言，妄生疑衅。傥敢藉端滋事，定当执法严惩。该地方官办理乖方，亦当从重惩处，决不宽贷。将此通谕知之。

《清实录》第56册，中华书局1987版，第857页

8月17日（六月二十七日） 康有为、陈炽等在北京创办《万国公报》，因为与上海外国传教士所办《万国公报》同名，自四十六期始改名《中外纪闻》。梁启超、孟麦华任编辑，英国人李提摩太亦参与其事。

《康南海自编年谱》：

变法本原非自京师始，非自王公大臣始不可，乃与送京报人商，每日刊送千份于朝士大夫，纸墨银二两，自捐此款，令卓如、孺博日属文，分学校军政各类，日腾于朝，分送朝士，不收报费。朝士乃日闻所不闻，识议一变焉。

翦伯赞、刘启戈等编《中国近代史资料丛刊・戊戌变法》(4)，
上海人民出版社、上海书店出版社2000年版，第132页

梁启超《鄙人对于言论界之过去及将来》（亦名《莅报界欢迎会演说辞》）：

鄙人今日得列席于此报界欢迎会，而群贤济济至百数十人之盛，其特别之感想，殆难罄言。去秋武汉起义，不数月而国体丕变，成功之速，殆为中外古今所未有。南方尚稍烦战事，若北方则更不劳一兵，不折一矢矣，问其何以能如是，则报馆鼓吹之功最高，此天下公言也。世人或以吾国之大，革数千年之帝政，而流血至少，所出代价至薄，诧以为奇。岂知当军兴前、军兴中，哲人畸士之心血沁于报纸中者，云胡可量。然则谓我中华民国之成立，乃以黑血革命代红血革命焉可也。鄙人越在海外，曾未能一分诸君子之劳，言之滋愧。虽然，鄙人二十年来，固以报馆为生涯，且自今以往，尤愿终身不离报馆之生涯者也。今幸得与同业诸英握手一堂，窃愿举鄙人过去对于报馆事业之关系及今后所怀抱，为诸君一言之。鄙人之投身报界，托始于上海《时务报》，同人多知之。然前此尚有一段小历史，恐今日能言之者少矣。当甲午丧师以后，国人敌忾心颇盛，而全懵于世界大势。乙未夏秋间，诸先辈乃发起一政社名强学会者，今大总统袁公，即当时发起之一人也。彼时同人固不知各国有所谓政党，但知欲改良国政，不可无此种团体耳。而最初着手之事业，则欲办图书馆与报馆。袁公首捐金五百，加以各处募集，得千余金，遂在后孙公园设立会所，向上海购得译书数十种，而以办报事委诸鄙人。当时固无自购机器之力，且都中亦从不闻有此物，乃向售京报处托用粗木版雕印，日出一张，名曰《中外公报》，只有论说一篇，别无记事。鄙人则日日执笔为一数百字之短文，其言之肤浅无用，由今思之，只有汗颜。当时安敢望有人购阅者，乃托售京报人随宫门抄分送诸官宅，酬以薪金，乃肯代送。办理月余，居然每日发出三千张内外。然谣诼蜂起，送至各家门者，辄怒以目，驯至送报人惧祸，及悬重赏，亦不肯代送矣。其年十一月，强学会遂被封禁，鄙人服器书籍皆没收，流浪于萧寺中者数月，益感慨时局，自审舍言论外，末由致力，办报之心益切。

梁启超《饮冰室合集・文集之二十九》，中华书局1988年版，第1～2页

编者按：《中外公报》系梁启超记忆有误，将《万国公报》与《中外纪闻》两刊名混为一谈。

8月27日（七月初八日） 兴中会攻占广州计划完成，香港乾亨行机关撤销。

谢缵泰《中华民国革命秘史》：

一八九五年八月二十七日——攻占广州的计划已完成。设在士丹顿街十三号的“乾亨”

俱乐部奉命封闭。

章开沅等主编《辛亥革命资料新编》(1),湖北人民出版社 2007 年版,第 161 页

冯自由《华侨革命开国史》:

是秋七月,各方面运动将次成熟,众以乾亨行渐有暗探窥视,遂于是月初八日撤销之。

中国社会科学院近代史研究所近代史资料编辑组编《华侨与辛亥革命》,中国社会科学出版社 1981 年版,第 4 页

8 月 29 日(七月初十日) 兴中会领导成员会议,商议攻取广州方略。

冯自由《兴中会初期主要史料之检讨》:

初九日(误,编者)总理等假西营盘杏花楼开会,何启及西报记者黎德亦在座,众推何启主席,是日议决攻取方略甚详。黎德允担任运动英国承认中国反清政府,不加干涉。

冯自由《革命逸史》第 4 册,中华书局 1981 年版,第 66 页

谢缵泰《中华民国革命秘史》:

一八九五年八月二十九日——杨衢云、孙逸仙博士、黄咏商、陈少白、何启爵士、托马斯·哈·黎德和谢缵泰会于杏花楼酒店。何启爵士担任发言人。我们略述临时政府的政策。托马斯·哈·黎德同意尽力设法争取英政府和英国人民的同情和支持。

章开沅等主编《辛亥革命资料新编》(1),湖北人民出版社 2007 年版,第 161 页

9 月 1 日(七月十三日) 受康有为、梁启超影响,陈炽等议创强学书局(强学会)于北京。

梁启超《莅北京大学校欢迎会演说辞》:

时在乙未之岁,鄙人与诸先辈,感国事之危殆,非兴学不足以救亡,乃共谋设立学校,以输入欧、美之学术于国中。惟当时社会嫉新学如仇,一言办学,即视同叛逆,迫害无所不至。是以诸先辈不能公然设立正式之学校,而组织一强学会,备置图书仪器,邀人来观,冀输入世界之智识于我国民,且于讲学之外,谋政治之改革,盖强学会之性质,实兼学校与政党而一焉。在今日固视为幼稚之团体,然在当时风气未开之际,有闻强学会之名者,莫不惊骇而疑有非常之举。此幼稚之强学会,遂能战胜数千年旧习惯,而一新当时耳目,具革新中国社会之功,实亦不可轻视也。

梁启超《饮冰室合集·文集之二十九》,中华书局 1988 年版,第 38 页

《吴樵致汪康年书》(光绪二十二年二月二十一日):

一、强学会南中虽败衄,然恢复是图者为公,故苦心孤诣,皆为四百兆黄种立命起见。此间自初立以及败亡复振,皆意不在兹,樵前屡函陈之而未详。来书谆谆,欲其相辅,顷与家君、钝丈熟商,知其决无所济也。请缕述京会始末:京会之初,发始于杨钝丈、张君立丈、康长素、沈子封丈、沈子培丈、陈次亮诸人,后稍集有赀,于是丁叔衡、张巽之、熊余波相继入,又恐无路或中之,乃援张次山、王幼霞、诸伯约三侍御以为重,于是局中意见各不相下。樵至京,曾侍家君一往,后局中诸人并不见招,遂不欲往。是时丁、熊、张诸人为政,有欲开书坊者,有云宜专卖国朝掌故书者,有云宜卖局板经书者。间数日一聚,聚辄议论纷纭而罢,然已为彼党侧目。合肥以三千金入股屏之(次亮之意),已含怒矣。又函索刘岘庄五千金。杨崇伊者,揣政府之意(卓如有《学会末议》三纸,甚切实,会以示樵,他人未见也,不知其党何人告于政府,内有易相之意,与公见同),迎合李、孙,欲借此以兴大狱,遽以聚党入奏。朝旨并不交查,遽封禁。维时三御史匿迹,馆臣震恐(皆平日持会中事者),有泣下者(丁),有欲叩杨门求免者(熊),有欲将书籍、仪器缴还同文馆者(丁),有往合肥献好者(张),余人纷纷匿遁,此十二

月望日以前事也。当事之发也,倡言恢复者,仅二沈、杨、汪、梁数君。初欲于北城具呈,樾堂首应命往。继樾堂家人沮之,同乡沮之。于【是】伯唐毅然,而北城不肯收。是时高阳已归,上访于孙寿州,政府意已解。于是诸人又稍稍出,乃谋胡公度奏之,子培丈奔走于总署,张侍郎力斡之,张巽之力陈于高阳。总署复奏请直省设学堂、报馆上之。迟数日,乃允行,而命孙燮翁管理。诸人议还百金以内之股票。同文馆月拨千金已准。于是前所隐匿者稍稍出。稍出则稍稍营求,近则已复前权利矣。当诸人之匿,卓如、伯唐相号于人曰:"若属不言,听此澌灭,吾二人具呈,将悉言诸君所为,诸君不得阻我也。"于是诸人衔之甚,遂倡用京官之说,而署伯唐于报馆,屏卓如焉。尤可笑者,局(现名官书局)分四门:曰学务(二字不通,如何?),曰选书(二字不通,内有芸阁、叔□丈),曰局务(管银钱事,熊、张巽之主之),报务(伯唐、子封主之)。局中以前旧有司事一人,韩樾堂住焉。熊曰:"局中原要请人,一样用钱,不如我住局,且我实无车马以从事。"其陋如此。张巽之有眷属在京,孙司空曰:"住局宜择京员无眷属者。"巽之遂命其属归而自住局,办事之勇如此。总之,此处除数人外,余皆以此局为升官发财之捷径,趋之若羶,而明者反置于闲,或引去,或屏迹于门,此京局之实情也。

上海图书馆编《汪康年师友书札》第1册,上海古籍出版社1986年版,第471~473页

康有为《强学会叙》:

俄北瞰,英西睒,法南瞵,日东眈,处四强邻之中而为中国,岌岌哉!况磨牙涎舌思分其余者尚十余国,辽台茫茫,回变扰扰,人心皇皇,事势儳儳,不可终日。昔印度,亚洲之名国也,而守旧不变,乾隆时英人以十二万金之公司通商而墟五印矣。昔土耳其,回部之大国也,疆土跨亚、欧、非三洲,而守旧不变,为六国执其政,剖其地,废其君矣。其余若安南,若缅甸,若高丽,若琉球,若暹罗,若波斯,若阿富汗,若俾路芝,及国于太平洋群岛、非洲者,凡千数百计,今或削或亡。举地球守旧之国,盖已无一瓦全者矣。我中国孱卧于群雄之间,鼾寝于火薪之上,政务防弊而不务兴利,吏知奉法而不知审时,士主考古而不主通今,民能守近而不能行远。孟子曰:"国必自伐而后人伐之。"蒙盟、奉吉、青海、新疆、卫藏土司圉徼之守,咸为异墟;燕、齐、闽、浙、江、淮、楚、粤、川、黔、滇、桂膏腴之地,悉成盗粮。吾为突厥(黑人)不远矣。

西人最严种族,仇视非类。法之得越南也,绝越人科举富贵之路,昔之达官,今作贸丝也。英之得印度百年矣,而英民所得自由之权利,印人无一能得,芸芸土著,畜若牛马。若吾不早图,倏忽分裂,则桀黠之辈,王、谢沦为左衽;忠愤之徒,原、郤夷为皂隶。伊川之发,骈阗于万方;钟仪之冠,萧条于千里;三州父子,分为异域之奴;杜陵弟妹,各衔乡关之戚。哭秦庭而无路,餐周粟而匪甘,矢成梁之家丁,则螳臂易成沙虫,觅泉明之桃源,则寸埃更无净土。肝脑原野,衣冠涂炭,嗟吾神明之种族,岂可言哉!

夫中国之在大地也,神圣绳绳,国最有名。义理、制度、文物,驾于四溟。其地之广于万国等在三,其人之众等在一,其纬度处温带,其民聪而秀,其地腴而厚,盖大地万国未有能比者也。徒以风气未开,人才乏绝,坐受凌侮。昔曾文正与倭文端诸贤,讲学于京师,与江忠烈、罗忠节诸公,讲练于湖湘,卒定拨乱之功。普鲁士有强国之会,遂报法仇;日本有尊攘之徒,用成维新。盖学业以讲求而成,人才以磨厉而出,合众人之才力,则图书易庀;合众人之心思,则闻见易通。《易》曰:"君子以朋友讲习。"《论语》曰:"百工居肆以成其事,君子学以致其道。"海水沸腾,耳中梦中,炮声隆隆。凡百君子,岂能无沦胥非类之悲乎!图避谤乎闭户之士哉,有能来言尊攘乎?岂惟圣清,二帝、三王、孔子之教,四万万之人将有托耶!

翦伯赞、刘启戈等编《中国近代史资料丛刊·戊戌变法》(4),
上海人民出版社、上海书店出版社2000年版,第384~385页

9月8日(七月二十日)　津海关道盛宣怀在天津开办中西学堂。10月2日从王文韶奏,准中西学堂立案。

9月17日(七月二十九日)　英国传教士李提摩太在京会见李鸿章,讨论变法,并请介绍往见恭亲王奕䜣。

与此同时,我们决定做一些铺垫性的工作,以接近总理衙门的官员们。总理衙门有八位成员,首席大臣为恭亲王。于是,我拜访了李鸿章,请他写封信,把我引荐给恭亲王。由于在对日战争中的失败,李鸿章很不光彩地赋闲在家。去李鸿章家的那天是9月17日,下面是当时所做的记录的摘要:

"总督异乎寻常地热情,坚持要我留下来同他共进晚餐。吃饭过程中,他一再对我大加赞美之辞。谈到国家事务,他说:

(1)皇上毫无主见,完全依赖少数几个拥有最终决定权的顾问;

(2)掌权的高级官僚对国外事务一无所知,他们当中很少有人读过像我翻译的麦肯西的《泰西新史揽要》这样的书。而他,不仅亲自反复读过,而且还要求他的幕僚们读;

(3)包括张之洞在内,都反对他同日本议和,鼓吹战斗到底;

(4)朝廷各部门的大臣称西方教育为"鬼子学"(意为魔鬼的学问),他们只把时间花费在中国的传统学问上;

(5)占据着学子们心灵的八股文没有任何实际效用;

(6)对那些在西学上有造诣的人,政府是不会授予官职的;

(7)《新闻报》(出版于上海的一份报纸,人们都认为它受张之洞资助)对他的攻击是不光彩的;

(8)那些能够阅读最高级的中国经典的人非常之少。

在同李鸿章的英文秘书、美国人毕德格(Pethick)谈话时,我得到了以下信息:

(1)实际上,翁同龢(总理大臣)才是中华帝国的皇帝;

(2)中国政府应该明白,同外国政府签订的所有协议都应当像遵守法律一样严格遵守,不论什么时候,如果忽略或违背了协议,就会导致战争;

(3)中国政府的态度,已经有了一些改变。证据是,强学会的《京报》转载广学会的杂志《万国公报》发表的文章;

(4)总理衙门的大臣们对各国政府心怀怨恨,原因是驻北京的各国公使就最近发生的暴乱对他们施加了压力。

谈到我代表教会面见总理衙门的官员并向中国政府上书的事情,他建议我请总理大臣翁同龢引见,拜会恭亲王;并且见到翁同龢后,要把我以前跟督抚们交往的历史向他讲一讲。"

李宪堂、侯林莉译《亲历晚清四十五年——李提摩太在华回忆录》,天津人民出版社2005年版,第224~225页

9月23日(八月初五日)　李提摩太再次会见李鸿章。

《亲历晚清四十五年——李提摩太在华回忆录》:

9月23日的下午三点,我再次拜访了前总督,就像毕德格先前对我说的那样,这对李鸿章是个安慰。李鸿章说:

(1)首席内阁大臣徐桐(Hu Tung)在路上碰见他拜访外国公使回来,竟然上奏皇帝弹劾

他,说他私下里与外国人相勾结;

(2)翰林院掌院学士不允许翰林们研究西方书籍,并且一直在诅咒西方的学术和宗教;

(3)只要权力还掌握在排外的老臣手里,所有的翰林和维新之士都将无所作为;

(4)满族人无足轻重;

(5)我应当把我的书送给恭亲王;

(6)我建议让毕德格先生进入恭亲王幕僚集团,以便让恭亲王了解他的想法和处理问题的方式,而不必仰仗那些蒙昧无知的反对派;他听了后未置可否,只是对我说:"你应该给翁同龢写一封信,说明你已经在中国待了多年,曾经参加过赈济灾荒和启蒙民众的工作,因而对中国的情况非常熟悉;并且表示,你有一件非常重要、非常紧急的事情必须当面向他汇报,如果在他有空时定个时间,前去拜访他,你将感到非常荣幸。"

这是在一个小时的谈话即将结束时他对我讲的。同时,我提出了以下建议:

(1)派遣一百名翰林、十名皇室亲贵去国外考察学习;

(2)对所有秀才实施外国式教育;

(3)定期在北京举办讲座,讲解当今世界的主题和重大事件;

(4)由于反战派的错误,中国被迫赔付日本两亿两白银;而我规划了一个方案,可以使总理大臣每年有四亿两白银入账。

谈话期间,李鸿章表示希望我在北京定居,给翰林们讲讲课。他还指出,翁同龢生性多疑,简直可以说没有脑子,只有一颗半信半疑的心。

9月26日,毕德格先生邀请我在塔利饭店用餐,席间我碰到了十位翰林。第二天,我拿着写给翁同龢的信的草稿,又拜访了李鸿章,请他改正一下。李又给我提建议说,在跟这位总理大臣会面时,先要拍拍马屁,恭维他一番,然后"把问题一股脑地提出来,请他切实回答";结束时要强调,整个国家的成败利钝的伟大责任都在他一个人肩上。他大约花了半个小时的时间向我表明,要使翁同龢确实相信局势的危急性,有必要畅所欲言,并利用有说服力的图表和实例。在对恭亲王与翁同龢进行比较时,他说,他们之间的区别,就如同石头和印度橡胶。

李宪堂、侯林莉译《亲历晚清四十五年——李提摩太在华回忆录》,天津人民出版社2005年版,第225~226页

9月29日(八月十一日)　袁世凯向翁同龢辞行,谈洋队事,翁认为袁不滑,可任用。

《翁同龢日记》:

(八月)十一日　晴。(晨微雨)入时早。……归后袁慰亭来辞,谈洋队事,点心去,此人不滑,可任也。

陈义杰整理《翁同龢日记》第5册,中华书局1997年版,2836页

秋　孙中山之兄孙眉,在经济上大力支持广州起义的筹备工作。

孙中山《致吴稚晖函》:

当日图广州之革命以资财资助者,固无几人也。所得助者,香港一二人出资数千,檀香山人出资数千,合共不过万余耳。而数年之经营,数省之联络,及于羊城失事时所发现之实迹,已非万余金所能办者,则人人皆知也。其余之财何自来乎?皆我兄及我所出也。

广东省社会科学院历史研究室、中国社会科学院近代史研究所中华民国史研究室、中山大学历史系孙中山研究室合编《孙中山全集》第1卷,中华书局1981年版,第420页

10月6日(八月十八日)　孙中山所拟《拟创立农学会书》在广州《中西日报》发表。指出民族危机深重,号召人民发奋图强,“首重农桑”。旋成立农学会为掩护起义之机关。

孙中山《拟创立农学会书》:

闻尝综览古今,旷观世宙,国家得臻隆盛、人民克享雍熙者,无非上赖君相之经纶,下藉师儒之学术,有以陶熔鼓舞之而已。是一国之兴衰,系乎上下之责任,师儒不以独善自诿,君相不以威福自雄,然后朝野交孚,君民一体,国于是始得长治久安。我中国衰败至今,亦已甚矣！用兵未及经年,全军几致覆没,丧师赔款,蒙耻启羞,割地求和,损威失体,外洋传播,编成谈笑之资,虽欲讳之而无可讳也。追求积弱之故,不得尽归咎于廊庙之上,即举国之士农工商亦当自任其过当[焉]。

盍观泰西士庶,忠君爱国,好义急公,无论一技之能,皆献于朝,而公于众,以立民生富强之基。故民间讲求学问之会,无地不有,智者出其才能,愚者遵其指授,群策群力,精益求精,物产于以丰盈,国脉因之巩固。说者徒美其国多善政,吾则谓其国多士人,盖中华以士为四民之首,此外则不列于儒林矣。而泰西诸国则不然,以士类而贯四民。农夫也,有讲求耕植之会;工匠也,有讲求制器之会;商贾也,有讲求贸易之会。皆能阐明新法,著书立说,各擅专门,则称之曰农士、工士、商士,亦非溢美之词。以视我国之农仅为农,工仅为工,商仅为商者,相去奚啻霄壤哉？故欲我国转弱为强,反弱[衰]为盛,必俟学校振兴,家弦户诵,无民非士,无士非民,而后可与泰西诸国并驾齐驱,驰骋于地球之上。若沾沾焉以练兵制械为自强计,是徒袭人之皮毛,而未顾己之命脉也,恶乎可？意者当国诸公,以为君子惟大者远者之是务,一意整军经武,不屑问及细事耶？果尔,则我侪小民,正宜筹更[及]小者近者,以称小人之分量矣。

某也,农家子也,生于畎亩,早知稼穑之艰难。弱冠负笈外洋,洞悉西欧政教,近世新学靡不博览研求。至于耕植一门,更为致方[力]。诚以中华自古养民之政,首重农桑,非如边外以游牧及西欧以商贾强国可比。且国中户口甲于五洲,倘不于农务大加整顿,举行新法,必至民食日艰,哀鸿遍野,其弊可预决也。故于去春,孑身数万里,重历各国,亲察治田垦地新法,以增识见,定意出己所学,以提倡斯民。伏念我粤东一省,于泰西各种新学闻之最先,缙绅先生不少留心当世之务,同志者定不乏人,今特创立农学会于省城,以收集思广益之实效。首以翻译为本,搜罗各国农桑新书,译成汉文,俾开风气之先。即于会中设立学堂,以教授俊秀,造就其为农学之师。且以化学详核各处土产物质,阐明相生相克之理,著成专书,以教农民,照法耕植。再开设博览会,出重赏以励农民。又劝纠集资本,以开垦荒地。此皆本会之要举也。至于上恳国家立局设官,以维持农务,是在当道者。“先天下之忧而忧,后天下之乐而乐”,范文正抱此志于未达之时,千载下犹令人神往。今值国家多难,受侮强邻,有志之士正当惟力是视,以分君上之忧,安可自外生成,无关痛痒,为西欧士民所耻笑哉！古有童子,能执干戈以卫社稷,曾见许于圣门。某窃师此义,将躬操耒耜,以农桑新法启吾民矣。世之同情者,谅不以狂妄见摈,而将有以匡其不逮也欤！

如有同志,请以芳名住址开列,函寄双门底圣教书楼或府学宫步蟾书屋代收,以便届期恭请会议开办事宜。是为言。

香山孙文上言

广东省社会科学院历史研究室、中国社会科学院近代史研究所中华民国史研究室、中山大学历史系孙中山研究室合编《孙中山全集》第1卷,中华书局1981年版,第24~26页

10月9日(八月二十一日)　兴中会会员朱淇起草讨满檄文,黎德和高文起草对外宣言。

冯自由《兴中会之讨满檄文》:

乙未兴中会曾预印讨满檄文及英文对外宣言,准备于发难时颁布中外。檄文由朱淇起草,对外宣言则由何启及英人邓勤(Chesney Duncan)、黎德(Thomas H. Reid)等任之。此项印刷品,于此役事泄时,已为党人毁弃无余。檄文底稿藏于双门底王家祠云岗别墅之石壁内,后竟失之。尚有党人名册及他种文告,储双门底圣教书楼后之福音堂,亦为耶稣教徒左斗山等投诸井中。朱淇字菉孙,粤之南海人,长于文学,故总理以草檄事属之。朱之兄湜生向任西关清平局书记,知乃弟名列党籍,虑覆其家,乃使其所属勇目向粤吏告密,期将功赎罪,是为此役事泄原因之一。事后党人咸集矢于朱,指为变节卖友。独区凤墀力代申辩,谓于失败之日,曾与朱父子同舟赴香港避难,足证其冤云。朱后于光宣间,至青岛创办胶州报,党人避难青岛者,多倚为东道主。辛亥复移至北京,改名北京日报,因持论不务新颖,殆无人知其为革命先觉也。邓勤时任香港士蔑英文报记者,黎德则任德臣英文报记者,当日两报均抨击满清政府,不遗余力,兴中会于外交事件颇得其助。

冯自由《革命逸史》初集,中华书局1981年版,第11~12页

谢缵泰《中华民国革命秘史》:

一八九五年十月九日——我们致列强的宣言是托马斯·哈·黎德和特·高文(J. Cowen)起草的,由何启爵士和谢缵泰修正。

章开沅等主编《辛亥革命资料新编》(1),湖北人民出版社2007年版,第161页

10月10日(八月二十二日)　兴中会选举孙中山为会长。

陈少白《兴中会革命史要》:

九月初(实系八月下旬,编者),我们在香港开一次会议,人数很少,只有七八人。这是最后一次会议。为什么开这次会议呢?当时广州和香港两方面的事情完全预备好了,孙先生意思开这次会议,就是要公举一个总统出来,可以由他发号施令。一开会议,当然一致通过举孙逸仙当总统。通过之后,大家就同孙先生拉手,恭贺道喜。这件事情办好,孙先生就想先到广州,预备不再到香港来了。所有在香港的财政军队等等交杨衢云负责处理。我们也就预备都离开香港,到广州去。当时,杨衢云胆很小,不肯到省城来冒险。最后他也答应在九月初八晚上,由他带了三点会三千人,搭夜船到省城,天亮到岸,我们就马上动手。这样当然算是很妥贴了。孙先生就把银行里的存款,在香港的所有军械统交给杨衢云,预备他最后到省城带来,他到了省城,就可以举事了。

柴德赓、荣孟源等编《中国近代史资料丛刊·辛亥革命》(1),上海人民出版社、上海书店出版社2000年版,第30页

10月11日(八月二十三日)　杨衢云争当兴中会会长,孙中山让之。

陈少白《兴中会革命史要》:

隔了一天,杨衢云对孙先生说,可否把总统的地位让给他,以后到省城,事情办好了,再还给孙先生。孙先生听到这几句话,觉得事情还没有开始,同志间就发生地位之争,非常痛心,精神上也就受了一个很大的打击。所以,就约了我同郑士良三个人,开一个会议。郑士良听到孙先生说明上面的事情,他就说:“这是不能答应的,我一个人去对付他,我去杀他,非杀他不可。”当时我就说:“这是不对的。杀了他,在香港就出了人命案件,我们还能起事吗?

照我的意思,我们先去省城办事。办成功那就没有问题了,办不成功,随便什么人做总统是没有关系的。”孙先生就依照我的意思,在当天晚上,再开一次联席会议,出席的人中,还有一个英国人和一个美国人(系化学师),是孙先生由檀香山约来的。在会议席上,孙先生就自己提出来,把总统的名义让给杨衢云。在事前我们既然说妥了,会议表决,也是无理由的让给杨衢云做总统。

柴德赓、荣孟源等编《中国近代史资料丛刊·辛亥革命》(1),上海人民出版社、上海书店出版社2000年版,第30~31页

冯自由《兴中会组织史》:

八月二十二日众以发难在即,始投票选举会长,名之曰伯理玺天德,此职即起事后之合众政府大总统也。时会中分孙杨两派,衢云要求此席甚力,郑士良、陈少白力反对之。总理不欲因此惹起党内纠纷,表示谦退,力诫士良少白勿与竞争,结果此席为杨衢云所得。

冯自由《革命逸史》第4集,中华书局1981年版,第9页

编者按:唐德刚先生在《民国前十年》中对此说法表示异议:“据说他们合并之后,选举新会长(他们叫‘总办’或‘伯理玺天德’)时,曾发生孙、杨之争。据后来国民党的官书所载,在同年十月他们预备搞广州暴动时,孙曾当选‘伯理玺天德’或‘总办’。后来‘杨既获大权,遂借端要挟,而请[孙]先生以‘伯理玺天德’相让。郑士良、陈少白等闻而大愤,极力反对,士良且欲除之。先生以大事未成,首戒内讧,力表谦让,即以此席让衢云……’云云(见‘国父年谱’页六八一六九)。这段官书颇难说服任何公正的读者和历史家。如所叙属实,那可能不是杨的‘借端要挟’,而是孙的党羽为拥孙而暗中想搞杀杨的‘苦挞打’(coupd’état),为孙所阻。”见唐德刚《晚清七十年》第五部,台北远流出版公司2003年版,第162页。

冯自由《中华民国开国前革命史》:

孙杨之会长问题　兴中会自乙未败后数年,会长一职仍由杨衢云肩任,并未改选。惟杨南游期间,与各省会党及日本志士之交际,概由中山任之,故中山不啻事实上之会长。及己亥冬,毕永年与哥老会龙头李云彪、杨鸿钧、张尧卿、辜天祐等有联合各秘密会党奉中山为首领之议,遂有人讽杨辞职让孙,期免党内纠纷。适杨于是年十二月二十四日乘日轮镰仓丸至香港,遂以此征求谢缵泰同意,谢亦赞同。杨于是提出辞职,并荐中山自代。未几兴中、三合、哥老三会代表在香港开会,同举中山为总会长,并特制总长印章,由日人宫崎寅藏赍往横滨,上诸中山。其所以特称总会长者,即明示中山之被举,由于三会之公意,与普通会长不同也。

冯自由《中华民国开国前革命史》上编,上海书店1990年版,第15~16页

10月13日(八月二十五日)　孙中山赴广州,主持起义事宜。

陈少白《兴中会革命史要》:

总统选举事办妥后,第二天,孙先生就到广州去,我们几个人过了两天也去了,只留杨衢云一个人在香港。

柴德赓、荣孟源等编《中国近代史资料丛刊·辛亥革命》(1),上海人民出版社、上海书店出版社2000年版,第31页

编者按:据孙中山与宫崎寅藏笔谈资料,孙中山入广州日期为10月17日。参见《孙中山全集》第1卷,第185页。

10月17日(八月二十九日)　康有为以大学士徐桐等欲劾之而离京南下。

张伯桢《南海康先生传》:

先师自倡行新政后,渐为大臣所侧目,于时大学士徐桐、御史褚成博皆欲奏劾。陈炽、沈曾植至是又劝先师行,先师从之,于八月二十九日出都,九月二日到天津,十二日到上海。

张伯桢《南海康先生传》,北京沧海丛书社1932年版,第20页

△ **英国传教士李提摩太会见康有为。**

《亲历晚清四十五年——李提摩太在华回忆录》：

这时，有一些翰林，因为受了在中日战争中遭受的耻辱的刺激，也因为认识到除了变法维新，没有什么能拯救中国，于是组织起来，讨论实现中国独立富强的手段。一位聪明的广东学者——康有为(Kang Yu-wei)，对他们产生了很大影响。康有为是一位进士，即文学博士。

由于不满意朱熹这位近一千年来的权威对中国古代经典的唯物主义的解释，康有为有意根据上帝的精神特质重新注解古代经典。这在中国学者之间造成了一种强烈震动，许多人把他视为现代中国的圣人。但北京保守的检察官们要求政府颁布法令，宣布康有为对经典的新解释为离经叛道，并下令把他的大量著作毁掉。于是，他起草了一份请愿书，有一万名学生签名，其中包括一千三百名举人，要求皇帝立即采取措施，变法维新。他们所倡导的改革的步骤、方式与广学会的出版物中所提出的非常相似。与日本合约签订不久，受康有为作品的影响，一群聪明的年轻人在上海组织了"少年改革学会"(Junior Reform Society)，并在杭州、南京、武汉、天津等地成立了分会。他们把协会的章程拿给我看，征求我的意见，并跟我讨论怎样才能启蒙他们的国家。他们的一位成员还拜访了李鸿章，建议中国政府把我们广学会的报纸《万国公报》(《时代评论》)辟为政府的机关报，按期发行，发行量为一万份。

1895年10月17日，我和康有为第一次见面。那时，在伦敦教会驻北京的办事处里，我正在给远在巴黎的妻子写信，他的名片被送到了我的面前。在会客室里，我见到了这位身穿黄色丝绸马褂的、蜚声遐迩的学者。第二天，在离京南下之前，他又送来了自己的一部书作为礼物。他告诉我，他信仰在我们出版物中所启示的上帝那父亲般的爱，以及不同民族间兄弟一样的情意。他希望在追求中国复兴的工作中与我们相互协作。

李宪堂、侯林莉译《亲历晚清四十五年——李提摩太在华回忆录》，天津人民出版社2005年版，第234页

10月中旬(八月下旬至九月初)　兴中会积极在广州筹备起义。

冯自由《兴中会组织史》：

在粤机关成立后，同志加入兴中会者较香港尤为踊跃，先后填写誓约者，有左斗山、魏友琴、程奎光、程璧光、程耀宸、陈廷威、王质甫、朱淇、朱浩、汤才、陈焕洲、吴子材、梁大炮、李芝、刘秉祥、黄丽彬、莫亨、程怀、程次、梁荣、苏复初等数百人。其后复添设分机关于东门外咸虾栏张公馆及双门底圣教书楼后礼拜堂，以容纳往来同志及贮藏秘密文件。此外省河南北尚有小机关数十处。筹备半载，城内防营及水师与附城各处绿林泰斗联络就范，北江会党由著盗梁大炮负责号召。香山隆都方面，则由侯艾泉、李杞二人担任发动，并购小火轮二艘为往来运输用。至八月间，各方运动渐臻成熟，香港总部遂定期于九月重阳日举事。预定由主要党员率领香港会党三千人，于是月初八晚乘夜轮进省，并木桶装载短枪，充作胶坭，瞒报税关。初九晨抵省垣时，齐用刀斧劈开木桶取出枪械，首先向各重要衙署进攻；同时埋伏水上及附城之会党，则分为北江顺德、香山、潮州、惠州数大队分路响应。更由陈清带领炸弹队在各要区施放炸弹，以壮声势。各以红带为号，口号为"除暴安良"四字。

冯自由《革命逸史》第4集，中华书局1981年版，第10~11页

邓慕韩《乙未广州革命始末记》：

孙先生以此计划与同志商，多以为人少力薄，偶有蹉跎，同归于尽，冒险太甚，赞成者只得三数人。孙先生以同意者少，乃将内起外应之计改为分道攻城之策焉。计定，分头前往民团、会党接洽，其慕义而起者有顺德一路、香山一路、北江一路，届时会齐于羊城。然人数既

众,驻地难觅,可虑者一;埋城之后,其有以举事告知亲友戒备者,则顷刻全城遍知,消息既漏,事败随之,可虑者二;且城市骤增数千新面之人,令人惊骇,当时虽未有警察之设,然防营亦有缉捕之权,倘被其先行发手,则事全败,可虑者三。孙先生为策万全计,以粤俗崇敬祖先,重阳之日举行省墓,各乡大族,其子孙千数百人,不惜远道结队雇船,大书某族省墓灯笼,齐赴广州而拜祭祖坟焉。是日新来之人虽众,而兵役无疑及之者。爰利用是日,命各路队伍限九月八日乔作省墓,用船运至珠江,停泊河面,固可省觅地驻扎,又免军士上岸泄露消息。但河流湍漫,风雨骤至,则舟行迟滞,延误师期,故特调常传之轮船数艘前往拖带,犹恐轮机损坏,有一二路及期未至,则兵力单薄,难以制胜。然粤城附近有一龙眼洞,其乡民勇猛善战,派人运动即允响应,此路遵陆而行,俄顷可至,不虞迟滞。但虑广州富甲华夏,街道繁华,触目皆是,干戈既逞,队伍中保无有黠者,谂知巨肆大厦情形,乘机抢掠,如是不独妨害军机,惊扰闾阎,抑见轻外人,实为革命军前途一大障碍。孙先生计虑及此,拟将省内所部各路担任占领各重要机关及旗界,省垣底定则调守要隘及徇未克各地,另在香港招募不谙广州语言及情形之潮人三千,来省保护各街道,定期初八晚分乘各夜船入粤,兵力既厚,益以义愤,理无不克。然是时粤垣统计八旗绿营及各种营勇尚有数千,万一出而抗拒,兵刃既接,死伤自然不少,乃运动军纪素严而善战之安勇一部,督辕亲军什长胡凤璋(原名广顺)等亦有通,届时反正。省河兵舰中之最巨者为镇涛、安澜二舰,镇涛管带(现称舰长,孙文学说有志【竟】成章误作统领)为党人程奎光(香山人程璧光之胞弟)自然响应,其余小舰不成问题,海陆军既有附从,即有反抗亦无能为。至于军械,除各路自携赴战外,另在香港购买长短枪支混作货物,先行附寄广州双门底圣教书楼,转交各处,又在河南洲头嘴组织一制造炸弹处,制成不少,由美国化学师奇列所制。革命军旗则照陆皓东所拟青天白日旗制成多面。发难时以红带为标识,口号定为"除暴安民[良]",至咸虾栏一机关则专为接洽各部及贮藏军械之所。布置已定,乃派刘裕统率北江一路,陈锦胜统率顺德一路,李杞、侯艾泉统率香山一路,麦某(佚其名)统率龙眼洞一路,杨衢云统率香港一路,吴子才则担任潮汕方面响应,以牵制岭东清兵。各路依期会齐,集中粤垣候命。北江一路刘裕在英德出发时为安勇管带刘居德所害,所部数百人亦散,届时只有琶江一小部到省。

丘权政、杜春和选编《辛亥革命史料选辑》上册,湖南人民出版社 1981 年版,第 13 ~ 15 页

10 月 21 日(九月初四日)　日军攻陷台南,台湾民主国失败。

10 月 25 日(九月初八日)　杨衢云在港布置尚未完备,电告广州机关须延期二日。

冯自由《兴中会组织史》:

及初八日,杨衢云在港以布置尚未完备,遽电告粤机关须延期二日。

冯自由《革命逸史》第 4 集,中华书局 1981 年版,第 22 页

邓慕韩《乙未广州革命始末记》披露了杨衢云要求延期的原因:

衢云既以要挟得总统名义,乃在港先编一小队,名为总统卫队。是时定章凡领队之人,除先发饷项,另给以时表一枚,藉知时刻;手枪一支,以资护卫。衢云对于卫队各人与领队同一待遇,各人领得手枪后在僻静之铜锣湾一带将其试验,领队所领有良有窳,而卫队所领,则尽精良。领队各人以衢云立心太偏,要求更换,否则初八晚不带兵士落船上省。讵届时衢云不能将枪改换,故各领队竟不允许。

丘权政、杜春和选编《辛亥革命史料选辑》上册,湖南人民出版社 1981 年版,第 16 页

冯自由《兴中会组织史》称重阳节起义计划已经泄露：

一切计划颇为周密，讵于发动前一二日，此事竟为朱淇之兄飏生所知，以其弟名列党籍，恐为所累，竟用朱淇名义向缉捕委员李家焯自首，以期将功赎罪。李得报，一面派兵士监视总理行动，一面亲赴督署禀报。是日总理方赴省河南王宅婚礼宴会，见有兵警侦伺左右，知事不妙，乃笑语座客曰："此辈其来捕余者乎?"放言惊座，旁若无人。宴后返寓，兵警若熟视无睹。粤督谭钟麟闻李家焯报告有人造反，急问何人，李以孙某对，谭大笑曰：孙乃狂士，好作大言，焉敢造反。坚不肯信，李失意而退。

冯自由《革命逸史》第4集，中华书局1981年版，第11～12页

邓慕韩《乙未广州革命始末记》：

先是香港总督以吴子才等运动队伍入粤起事，微有所闻，恐于英国商务有不利，而议政局议员韦玉(号宝山，香山人)承办闱姓赌博，亦恐战事发生大受损失，将所谓[闻]电知粤督谭钟麟，请其戒备，谭以电文未有指明何人所为，无从办理，李家焯亦得诸道路所传孙文起事，以职责所关，禀知谭钟麟。谭以孙文时为教会中人，无举义凭据，万一办理错误，被其反噬，着李家焯不可卤莽从事，故李家焯于初九日只派人监视孙先生行动，不敢逮捕。

丘权政、杜春和选编《辛亥革命史料选辑》上册，湖南人民出版社1981年版，第17页

10月26日(九月初九日)　孙中山在广州接杨衢云要求延期电报后，决定停止本日发动起义计划。

陈少白《兴中会革命史要》：

初八晚上，我们在广州，什么事都预备好了，只要等天亮，就可动手。那时，孙先生住在河南尹姓的朋友家里，陆皓东住在南关"咸虾栏"，我就住在双门底总机关附近一个亲戚开的铺子里。到初九日，天还没有亮，我就起来，马上跑到农学会。等了好久，并没有消息。绿林首领，军队首领，民团首领等都来讨口号，等命令，而孙先生却还没有来。本来香港船在早晨六点钟就应该靠岸了，我们一直等到八点钟，才见孙先生行色匆匆的拿了一个电报来，一看是杨衢云打来的。电报上说："货不能来。"我就同孙先生商量这事怎么办呢？我说："凡事过了期，风声必然走漏，再要发动一定要失败的。我们还是把事情压下去，以后再说吧！"孙先生也以为然。一方面就把领来的钱，发给绿林中人，叫他们回去再听命令。同时马上打电报给杨衢云，叫他"货不要来，以待后命"。诸事办妥以后，孙先生就同我想方法，觉得现在处境很危险，不走开，恐怕过了期，不能动身，还是离开广州。孙先生说自己有事要办，叫我先走，我就在当晚乘"泰安"夜航船回到香港去。

柴德赓、荣孟源等编《中国近代史资料丛刊·辛亥革命》(1)，上海人民出版社、上海书店出版社2000年版，第31页

△ 英国传教士李提摩太拜会总理各国事务衙门大臣翁同龢，汪鸣銮在座。李提摩太就宗教自由与养民之政提出建议。

《亲历晚清四十五年——李提摩太在华回忆录》：

根据翁同龢的安排，10月26日，我们在总理衙门见面。简单寒暄了几句后他建议我们去一个更加秘密的地方会谈。他把我领进了属于同一所建筑的同文馆(Tung Wen College)的一间房子里。在场的只有汪鸣銮一人。汪是翁的得力助手，也是总理衙门大臣之一。

为了使他相信，谁是破坏中国政府和基督徒之间和平的最主要的麻烦制造者，我随身携带了两套书作为证据。其一是十卷本的《海国图志》；第二套也是十卷，出于另一个作者之

手。这两种书都带有对基督徒的最荒谬的敌意。第一种,作者魏源,声称基督徒把华人的眼睛挖出来,配以铅粉,炼制白银,外国传教士因此而致富;第二种书宣称,传教士制作迷幻药,使妇女发狂;制造摄影机,偷取被摄像者的灵魂。我向总理大臣指出,这种种诽谤的目的,在于制造反对外国人的动乱。他问我,谁是应当为此负责任的居心不良之徒。我回答说,是中国政府的官员。他说那不可能是真的。作为回答,我拿起上面提到的书中的一本,翻到书中对基督徒进行诽谤诬陷的地方,指给他看;接着,我又让他看了第一卷里由左宗棠——那位从俄国手中收复伊犁的伟大总督——撰写的序言,说:"你肯定会认为这是一位杰出的将军。"随后,我打开另外一套书,把含有错误指控内容的那一页折起来,又翻回第一卷,可以看到云贵总督王文韶(Wang Wen-shao)的名字。"你会认为这个人也是一位高级中国官员,"我又加了一句,"你心里肯定很清楚,这本书不久前刚被重印了,就像中国的蓝皮书(《经世文编》)一样,为了能在整个帝国广泛传播而采用简装形式。当普通人读到这些诽谤——包含在通俗性的印刷品中、带有国内高官签名认可的对基督徒的诽谤——时,我们不敢想象他们会不会受到蛊惑而发起暴动,屠杀基督教徒。"

看到我的观点无可辩驳,总理大臣哈哈大笑,嚷道:"你在中国住得太久了!"就这样,他被我的观点征服了。

接着,我指出中国一千年来在宗教问题上所遇到的困扰:先是佛教徒迫害道教徒,接着道教徒又迫害佛教徒,并自相攻伐,国无宁日。而宗教自由的观点一旦得到各方认可,整个国家的和平便指日可待。我的最后一句话是:"基督教徒们现在向政府所请求的不过是不被干涉而已。""如果就这些的话,"这位总理大臣嚷道,"我看不难照办。"会见结束时,他请我准备一个折子,思考一下在这危急存亡的关头,中国最急需进行的改革是什么。

李宪堂、侯林莉译《亲历晚清四十五年——李提摩太在华回忆录》,天津人民出版社 2005 年版,第 226 ~ 228 页

《翁同龢日记》:

(九月)九日　晴……午正赴总署,未初晤英教士李提摩太,豪杰也,说客也。未正见英铁路公司威德哩(朱尔典偕来),巨贾也。申初晤和国克罗伯(翻译欧登科,二十一岁),彬彬如也。申正归(张君未来)。北人今日食羊肉,以应重阳之节,余乃屡接洋人,真三阳矣。

记李提摩太语:

尧舜周孔之道,环地球无以易。中土儒者,欧洲敬之。独养民之政衰,圣人之道将不行。五国以中国不能养民,遂欲进而代谋所以养,情已见矣,势已成矣,故中国养民之政不可不亟讲也。政有四大端:曰教民,曰养民,曰安民,曰新民。教之术,以五常之德推行于万国。养则与万国通其利,斯利大。安者弭兵。新者变法也。变法以兴铁路为第一义,练兵次之。中国须参用西员,兼设西学科。(此两事驳之)西人在中国者四种:一公使,争权力者也;一商人,一工艺,斯两者牟利者也;惟教士自食其力,不务功名,故心较平。中国待西人以税务交一人则太过,以直雇工匠则不及云云。

陈义杰整理《翁同龢日记》第 5 册,中华书局 1997 年版,2843 ~ 2844 页

10 月 27 日(九月初十日)　广州兴中会机关被破坏,陆皓东等被捕,孙中山等经澳门到香港。

邓慕韩《乙未广州革命始末记》:

追得朱淇将党中秘密自首,遂再禀报谭钟麟,谭以既探得实事,派李家焯率千总邓惠良往双门底王氏书舍及咸虾栏张公馆二处逮捕陆皓东等五人。

杨衢云接孙先生电止进兵，本应遵照办理，然以军械七箱已经下船，是日为星期日，港例不能起货，违者处罚，恐罚时所藏军械泄露，故以初十晚仍使朱贵全、丘泗带数百人附保安轮入粤。

丘权政、杜春和选编《辛亥革命史料选辑》上册，湖南人民出版社1981年版，第17页

冯自由《兴中会组织史》：

谭督于初十日闻报，极形恐慌，急调驻长洲之营勇一千五百人回省防卫，并令李家焯率兵至王家祠、咸虾栏等处搜获党人陆皓东、程耀臣、程奎光、程怀、刘次、梁荣等六人，及军器、军衣、铁釜等物。又令营官亲捧王令，督同弁勇四处兜拿，就地斩首。

冯自由《革命逸史》第4集，中华书局1981年版，第12页

陈少白《兴中会革命史要》：

第二天，是星期日，孙先生租到一只小轮船，驶到香山唐家湾坐轿子到澳门，再从澳门搭船到香港。他这样兜了一个圈子，费了两天工夫。我在香港，却焦急得不得了，因为我到了香港，广州的事情已闹出来了，人也捉去了，机关也封了，花红单也贴出来了。邓三伯亦回到香港找着我说："传说孙博士也捉去了。"我觉得事情不好，孙先生迟迟不到，恐真有不测。这样疑疑惑惑的着急了两天，才见孙先生到我家里来。

柴德赓、荣孟源等编《中国近代史资料丛刊·辛亥革命》(1)，上海人民出版社、上海书店出版社2000年版，第32页

香港殖民地部档案中香港代助理辅政司卑利草撰的《调查备忘录》：

一八九五年十月初，香港警局已得悉若干三合会会员正在港募集勇士，密谋回广西生事。在十月廿七日，香港警官士丹顿(Stanton)接获线报，得知革命党员已招募得大概四百人，将于当晚乘搭保安轮往广州。士丹顿即以电话将线报告知警察司，并亲往码头调查。抵达后，即发现为数大约六百名贫穷工人(原文字眼为苦力，Coolies)被拒绝登船，因各人皆无钱付往广州船票。经盘问，其中供出他们都是由一名姓朱的(原文CHUHO，应是指朱贵全)，代沙宣洋行买办替省城招募的兵勇，每月饷银十圆，两日前每人已经领取五仙作食用，并经答允再发一圆作盘川附轮往省城。

正当盘问间，朱贵全跟另两人已抵达码头，此两人皆携有银圆一袋，据称他们两人共携有九百圆，是沙宣洋行买办，即杨衢云给予的，而他们来此目的是发给每名招勇一圆作盘川。

此时大队警员亦开抵现场，携同警察司之搜令，准备登船搜查军火，亦同时对在场数百人展开搜查是否藏有军械，但无结果。

保安轮船主指出，他早已知悉，此批意欲登船人士是招勇，但他的立场是谁人能付船费即准登轮，他并不计较登船人数。经磋商后，终于决定将九百圆先交该轮买办，待船开启后，再发给所谓招勇。结果，大概四百人，包括朱贵全在内，登轮往省城。

当晚十时，士丹顿帮办再接获消息，据报一大批军火最近曾被沙宣洋行买办购入，并已藏在保安轮运往省城。经调查后，证实有杨衢云购买军火事，士丹顿即告知警察司，该司亦马上电告英国驻广州领事，并照会九龙海关。

翌日，士丹顿再从一名□□(原文SOKU，该人中文姓名待查证)处获知更详细消息。据悉该人曾被朱贵全邀请帮他替清廷在港招勇，饷银每月十圆，而□□经已答允相助，并且答应他本人亦加入行列，因他一直确信此说。直至十月廿七日下午三时，当他再次跟朱贵全在皇后道一八七号会面，才察觉到其中另有阴谋，因为朱贵全告诉他此次招勇的真正目的是用来向广州满人进击。到时将会有三千人在广州作内应，而另一批为数二千的同志，将会从澳门进发会合。□□即获分派红带一条，警哨一个作为标记，并获知暗语口号是"除暴安良"，更知悉小洋枪正藏在保安轮运省城途中。当□□得知真相后，即拒绝参予[与]其事。

香港的一个华籍警长当晚亦是保安轮乘客,回港后,他有如下报告:船上两招勇向他透露,当船离开香港后,朱贵全即告诉他们在该轮上藏有小洋枪,待抵达省城后便将该批枪械分发各人,当首领下令便行事。其他招勇获知此事后,很多认为他们是应政府招募而来的,拒绝参予[与]刚向他们揭露的计划……

船逋抵达省城,即见朱贵全和其他首领,暗中潜逃上岸,显然已知道事机败露,只好舍弃招勇遁去。

当时派驻码头的兵勇人数与平时无异。大约五十名船上招勇,向此等驻守兵勇申诉,实系为招勇而来并愿候命,此五十人遂被带往见缉捕统带李家焯,大概清官方至此才知悉船上藏有军械。因为,假设官方一早知悉,一定会带备大队兵勇驻守码头迎候,此[以]便登船搜查。该批军械其后在别处起获。

此次,杨衢云是将小洋枪藏在五个士敏土(即所谓红毛泥)桶内,由当时经常代客运货的广兴源栈,当作美国砵兰士敏土寄运往省城。十月廿八日,该栈东主即接到广州当局发来电报,通知他由于该栈寄出的士敏土桶藏有枪械,已将该栈在省城的伙伴逮捕,并要求该栈东主通知香港警局,设法缉拿将货寄出之客人归案。

霍启昌《几种有关孙中山先生在港策进革命的香港史料试析》,载《回顾与展望——国内外孙中山研究述评》,中华书局1986年版,第445～447页

编者按:霍启昌先生在《几种有关孙中山先生在港策进革命的香港史料试析》一文中称:收录在香港殖民地部档案编号一二九卷二七一内的有关乙未起义的资料,是罗家伦编《革命文献》、邹鲁《乙未广州之役》、陈少白《兴中会革命史要》、冯自由《革命逸史》和谢缵泰《辛亥革命秘史》(即《中华民国革命秘史》)等文献所未提及的,因此我们特转录于此。

10月28日(九月十一日)　杨衢云所派招勇乘保安轮抵达广州,朱贵全、丘四等四十余人被守候在码头的清兵逮捕。

冯自由《兴中会组织史》:

总理于是早闻报事泄,急电香港杨衢云以“止办”二字,令阻止所派之二百人来省,讵此电到时,人及枪枝均已下船,无从阻截,衢云只得复电以“接电太迟货已下船请接”之十字。当保安轮船由香港启碇后,党人所备用之洋枪七箱,偶因他故,船中货物移易位置,七箱之上忽为多数杂货所积压,临时无法取用。党人失此武器如缺左右手。及该轮抵广州时,南海县令李征庸及巡勇管带李家焯已率兵在码头严密截缉,捕获丘四、朱贵全等四十余人。余党知大势已去,一哄而散。

冯自由《革命逸史》第4集,中华书局1981年版,第12页

邓慕韩《乙未广州革命始末记》:

翌晨登岸,领队朱贵全、丘泗及兵士四十余人被李家焯预早派队捕去,其后登岸者见先登岸者被捕,尽将符号毁去得免。

丘权政、杜春和选编《辛亥革命史料选辑》上册,湖南人民出版社1981年版,第17页

10月29日(九月十二日)　孙中山到达香港,与陈少白等共商善后事宜,为咨询香港能否居留,访问康德黎、达尼斯后,决定离开香港。

孙中山在《伦敦被难记》中称:

该党员及其部众尽投于罗网矣。至广州诸党魁,亦纷纷四散。予于奔避之际,遇险者数,后幸得达[搭]一小汽船,乘之以走澳门。在澳门留二十四小时,即赴香港,略访故人,并投康德黎君(Mr. Jamcs Cantlic)之门而求见焉。康德黎者,以一身而兼为予之师友也。康德

黎君闻予出奔之故,即令予求见香港某律师,与商此后之行止。

又说:

予所就教者为达尼思律师(Mr. Dennis),达尼思询悉颠末,即令予走避他方,毋以逗留致祸。时予至香港已二日矣,闻律师言,不及与康德黎君握别,即匆匆乘日本汽船赴神户。

广东省社会科学院历史研究室、中国社会科学院近代史研究所中华民国史研究室、中山大学历史系孙中山研究室合编《孙中山全集》第1卷,中华书局1981年版,第54页

邓慕韩《乙未广州革命始末记》:

彼此会面后,共商后事。但香港能否居留为第一要着,必先定,方能着手。孙先生乃往英国顾问律师达尼师(Mr. Dennis)处,问以政治犯能否居留此地,律师谓此事在香港是初见,政府能否容留,未有一定,视港督之意如何办理,但宜先行离开为妙,免致被其驱逐为佳。

丘权政、杜春和选编《辛亥革命史料选辑》上册,湖南人民出版社1981年版,第19页

陈少白《兴中会革命史要》:

他来了,就说:"现在我们究竟怎么办呢?"两个人一时也想不出什么方法。本来我们有一个英国律师顾问在香港,他就坐了轿子去问那顾问,"我们住在香港能否不发生危险?"这位英国顾问虽是当律师的,对于这件事在香港却是初见,并不知道政治犯有没有特别规定,所以他说:"这是没有办法,不要吃他们的亏,还是离开香港最好。"孙先生回来对我说:"顾问已叫我们离开香港,较为妥当。我们还是跑吧!"

柴德赓、荣孟源等编《中国近代史资料丛刊·辛亥革命》(1),上海人民出版社、上海书店出版社2000年版,第32页

10月30日(九月十三日)　英国传教士李提摩太拜访恭亲王和总理衙门大臣等,商谈教案处理事宜。

《亲历晚清四十五年——李提摩太在华回忆录》:

李鸿章没有给我写引荐信,他说恭亲王知道我的一些情况,并读过我的书;如果我自己写一封信,请求登门拜访,他肯定会接见的。这位下野总督很耐心地帮我把写给恭亲王的信做了修改。

恭亲王是咸丰皇帝的哥哥,在1860—1861年间,曾作为清政府的全权代表,挽回了危局。他是我所见过的最专横的人,身体的每一英寸都是一位王爷,一举一动都似乎在表明他是众人之中的神明。据说,他是整个帝国之中惟一一个使慈禧太后害怕的人。他们之间曾经有过激烈冲突;而太后每一次都发现,对他作一些让步是合适的。

10月30日(《翁同龢日记》记作"10月31日",编者),是约定与恭亲王会面的日子,地点在总理衙门。因为恭亲王出面,总理衙门其他七位大臣不得不奉陪。恭亲王让我坐在靠近门口的一把椅子上,以此来表示对我的轻视。谈话一开始,他就提到了教民,称他们是中国的垃圾;他讲话时的那种轻蔑语气似乎在表明,自从1870年的天津教案以后,只有在判处他们死刑的时候,才会在这堂堂的总理衙门提到他们。他理所当然地认为,教民们所遭遇的所有麻烦,都是他们卑鄙愚蠢的行为所致。等他发泄完毕,表明了他的观点后,我问可不可以允许我表达一下基督徒的看法。他表示愿意聆听。

于是我陈述道,刚才提到的对基督徒的指控实属莫须有,以这种指控为依据的中国政府的做法是不公平的。我在中国的不同省份生活了多年,亲眼目睹了教徒所做的诸多善行,因而了解事实的真相。而您,住在北京,只能相信口耳言传,得到的只是虚假信息。人们都对我说,如果王爷了解事情的全部真相,您的正义感会使基督徒所遭受的苦难最终结束。我来到这里,并不是以个人身份,也不是作为代表一个国家的使者,而是代表全世界所有基督教

国家的所有基督徒,来请您任命一个调查委员会,调查所有针对基督徒的未被证实的指控。如果我们真的有罪,我们不想免除正义的惩罚;如果我们是无辜的,我相信王爷会让我们得到正义,得到中国的其他宗教所享有的同样的自由。

恭亲王一离开,皇帝的师傅、也是总理衙门大臣之一的李鸿藻就走过来,感谢我这么直率地跟王爷谈话,并对我说:"在我们中间,没有谁胆敢像你这样反驳王爷,但既然你已经提出了你的请求,态度又是如此恭敬,他是不会生气的。你这次来会有成果的。"他还对我以前送给他的、由我翻译的麦肯西的《泰西新史揽要》表示了感谢。

在离开恭亲王以前,顺便提一下后来发生的一件事情,想必读者会感兴趣。几年以后,上海大不列颠高级法院的法官告诉我,驻北京的俄国公使有一次与恭亲王见面时,问他是否读过我翻译的《泰西新史揽要》,这位王爷回答读过。

"那么您认为它怎么样?"

"对中国来说,是一本非常有用的书。"

"哦,我担心您没有抓住这本书的真意,"俄国公使回答,"它宣传以民主对抗权威。如果书中那些观点在中国被广泛接受,那么四万万中国人就会通过投票对六百万满洲人取得压倒性胜利,你们就只好回老家了。"

这位卡悉尼(Cassini)伯爵的预言在1911年变成了现实。

李宪堂、侯林莉译《亲历晚清四十五年——李提摩太在华回忆录》,天津人民出版社2005年版,第228~230页

10月31日(九月十四日)　孙中山在香港上海汇丰银行取款三百元,作为前往日本避难的经费。

香港殖民地部档案中香港代助理辅政司卑利草撰的《调查备忘录》:

被认为是此次替叛党组织筹募经费的骨干人物,名叫孙文,或称孙逸仙……侦知他在十月三十一日,曾经香港汇丰银行提款三百圆,然后便失其行踪,大概是从后门遁去。

霍启昌《几种有关孙中山先生在港策进革命的香港史料试析》,载《回顾与展望——国内外孙中山研究述评》,中华书局1986年版,第445~447页

陈春生《访问李纪堂先生笔录》:

总理首次在广州发难之年,失败后逃至香港,在香港汇丰银行(即香港上海汇丰银行)取款;有守卫上海银行之侦探告余,此即在省造反之孙逸仙,由广州来此。余即往视之,见总理尚留有辫发,身着白夏布长衫,余未与他接谈。

丘权政、杜春和选编《辛亥革命史料选辑》上册,湖南人民出版社1981年版,第38页

11月1日(九月十五日)　清两广总督谭钟麟照会英国领事,要求知照英香港总督引渡孙中山等。港英当局不愿交出政治犯,只同意驱逐孙中山。

香港总督罗便臣复称:

孙文如来港,必驱逐出境,不准逗留。

罗家伦《中山先生伦敦被难史料考订》,上海商务印书馆1930年版,第2页

△ 因上月二十八日张之洞连上《查复煤铁枪炮各节并通盘筹划折》、《凑拨铁厂开炼经费折》、《铁厂煤矿拟招商承办并截止用款折》、《恳拨湖北枪炮厂经费折》等,命张之洞奏陈湖北铁厂办理实情。

《德宗景皇帝实录(五)》:

又谕：电寄张之洞。近闻湖北铁厂采煤合用，火炉业已烧通，每年可出快枪七八千枝，铁轨尤易铸造。张之洞经理此事，历有年所，著将现办情形切实复奏，如经费不足，亦应确切直陈。现在时事多艰，中外大臣，宜讲求一实字，总之毋妄费，毋受欺蒙，方有实济。该督其深体此意。再有人奏，江南提督谭碧理本少战功，善于逢迎，滥居高位，部议裁兵节饷，该提督多方阻挠，以致营伍腾怨等语，著张之洞确切查明，据实具奏。

《清实录》第56册，中华书局1987版，第920页

11月2日（九月十六日） 孙中山与陈少白、郑士良离开香港赴日本。

陈少白《兴中会革命史要》：

我们就找到了一张报看看，今天有什么船离港。看了报，知道有一艘到安南去的船，当晚就开，就派人去买船票。岂知这艘船是货船，不乘客人的。后来打听到还有一艘船，船名"广岛丸"的，明早到日本去，虽然也是货船，却有四个舱位。孙先生就约了我同郑士良三人，乘这只船到日本去。

柴德赓、荣孟源等编《中国近代史资料丛刊·辛亥革命》(1)，上海人民出版社、上海书店出版社2000年版，第32页

陈春生《访问李纪堂先生笔录》：

过了一二天，总理派人至三菱洋行之日本轮船公司购轮船票往日本；是日大风，先买三等票，我在该公司当华经理，适在公司，说此船只有普通客位十二个，随后即买二等票，旋又改购一等票，余觉得奇怪，因往船看下，见了即是孙先生，因与他招呼。总理说：你何以知我为孙某？我说：早二日在上海银行见过，我很崇拜你，今日风大，如何走得这样急？请于去国后寄信与我。谈了几句话，船即开行。总理到横滨后，认识了横滨公司华经理张果先生，总理是耶稣教中人，张果与我也是同教；总理问张果是否识我？张云："识的。"

丘权政、杜春和选编《辛亥革命史料选辑》上册，湖南人民出版社1981年版，第38～39页

11月7日（九月二十一日） 清两广总督审讯并处死陆皓东、朱贵全等人。

冯自由《兴中会组织史》：

谭督以事情重大，特令南、番两县严刑审讯，陆皓东慷慨激昂，直认不讳，丘四、朱贵全亦如之，时有美国领事亲访南海县署，谓陆某为耶稣教徒，向充上海电报局翻译员，绝非乱党，伊可为之保证，李令以供辞示之，美领无言而退。至九月二十一日，谭督遂令营务处签提陆皓东、丘四、朱贵全三名赴绞场杀害。李令颇敬陆为人，特饬人衣以长衣。其曾任广东水师统带之程奎光一人，在营务处受军棍六百死。程耀宸禁大有仓后死。余外程怀、程次、梁荣等六十余人，一律指为愚民被惑，每名发给川资一元分别遣散。另悬重赏购拿孙文、杨衢云、朱浩、汤才、王质甫、陈少白、魏友琴、侯艾泉、李杞、刘秉祥、吴子材、李芝、夏百子、莫亨、黄丽彬等十余人。又曾派兵查搜圣教书楼，捕获该店主人左斗山，以美领事提出抗议，卒获开释。

冯自由《革命逸史》第4集，中华书局1981年版，第12～13页

邹鲁《中国国民党史稿·乙未广州之役》载陆皓东供词：

吾姓陆名中桂，号皓东，香山翠微乡人，年二十九岁。向居外处，今始返粤，与同乡孙文同愤异族政府之腐败专制，官吏之贪污庸懦，外人之阴谋窥伺，凭吊中原，荆榛满目，每一念及，真不知涕泪之何从也。居沪多年，碌碌无所就，乃由沪返粤，恰遇孙君，客寓过访。远别故人，风雨连床，畅谈竟夕。吾方以外患之日迫，欲治其标，孙则主满仇之必报，思治其本，连日辩驳，宗旨遂定，此为孙君与吾倡行排满之始。盖务求惊醒黄魂，光复汉族。无奈贪官污

吏,劣绅腐儒,寡颜鲜耻,甘心事仇,不曰本朝深仁厚泽,即曰我辈践土食毛。讵知满清以建州贼种,入主中国,夺我土地,杀我民众,据我子女玉帛,试思谁食谁之毛,谁践谁之土,扬州十日,嘉定三屠,与夫两王入粤,残杀我汉人之历史尤多,闻而知之,而谓此为恩泽乎。要知今日非废灭满清,决不足以光复汉族;非诛除汉奸,又不足以废灭满清,故吾等尤欲诛一二狗官,以为我汉人当头一棒。今事虽不成,此心甚慰,但我可杀,而继我而起者不可尽杀。公羊既殁,九世含冤;异人归楚,吾说自验,吾言尽矣,请速行刑。

柴德赓、荣孟源等编《中国近代史资料丛刊·辛亥革命》(1),上海人民出版社、上海书店出版社 2000 年版,第 229 页

孙中山《建国方略·有志竟成》:

吾党健将陆皓东殉焉,此为中国有史以来为共和革命而牺牲者之第一人也。同时被株连而死者,则有丘四、朱贵全二人。被捕者七十余人,而广东水师统带程奎光与焉,后竟病死狱中。其余之人或囚或释。此乙未九月九日,为予第一次革命之失败也。

中山大学历史系孙中山研究室、广东省社会科学院历史研究所、中国社会科学院近代史研究所中华民国史研究室合编《孙中山全集》第 6 卷,中华书局 1985 年版,第 230 页

11 月 8 日(九月二十二日)　中日付还辽东条约订立,增加赔款三千万两。

11 月 10 日(九月二十四日)　孙中山乘广岛丸号轮船抵达日本神户。

《神户又新日报》1895 年 11 月 10 日刊载《广东暴徒巨魁之履历及计划》:

在广东暴动之暴徒多数已就擒,事由昨日本报已经揭载。今就北清日报所见,此次暴动首谋者范某,多年留学美国,归途中又在英德两国滞留一年许,最近才归国,所以颇有学识。又有原门弟[第]高而有钱的广东地方官子弟中的优秀人物亦归来,叹息山河依旧,国家腐败,次第接交慷慨之士,常与谈论国事,其名声忽播四方。某渐纠合同志,与美国、濠州、新加坡等地归国者结一团体,阴谋颠覆清政府。彼兼又为三宝会之会员,该会不满于现政府的统治,自然敬慕某,拥为首领。遂向广州(?)派遣密使,不断发展党徒,且亲往三宝会根据地惠州,监督同会之人,择定教师,训练会员四千人。又于香港建一同样之俱乐部,集结海外归来者。该首领之方略,第一部占领广东。因广东沿海有武器弹药库,且居民稠密,兵勇多系倔强男子,加之广东较支那其它诸城市有更多的人呼吸过文明空气,此等人物正窥测时机,乘乱而动。此次暴动当先由惠州、潮州、漳州同时蜂起,将广东提督兵诱往三地,然后,乘省府广东兵少不敷调配之机,乘虚而入,以别动队突袭广州占领之。此人足履欧美之地,自幼不信迷信,但因部下劝告,决心待清历九月九日(10 月 26 日)吉辰举事。是为隐谋泄露原因之一。复又因领导者争夺暴动成功后的权威地位,遂有人将此事密告广东巡抚马某。马闻讯大惊,立即与税关长及鞑靼将军保年会商,检查来广州的一切船舶。据告密者说,首谋者范某最倚仗的西式兵勇屯于香港、澳门,本人则在澳门附近的故里,手下八百人散布附近地区,又广东约有三千三宝会员潜伏各处,预定待香港、澳门人到达后始行举事。为了抢先一步,广东政府在市内第二次搜查,将香港、澳门来船逐一搜查,捕拿嫌疑者四百八十人。这些只是先行者,此外还有后备队陆续前来,以及驻守未动者甚多。范数月来向各方派遣密使,召集同志,布署严密周到,其同党如源泉滚滚而来。传说从福建到广东至少有三万同志遍布各地,已准备好武装十三万兵勇的新式武器。近来风闻在黄埔起义,出发去惠州和潮州海岸的一千名士兵完全属于范,成了起义者云云。

陈锡祺主编《孙中山年谱长编》上册,中华书局 1991 年版,第 100 ~ 102 页

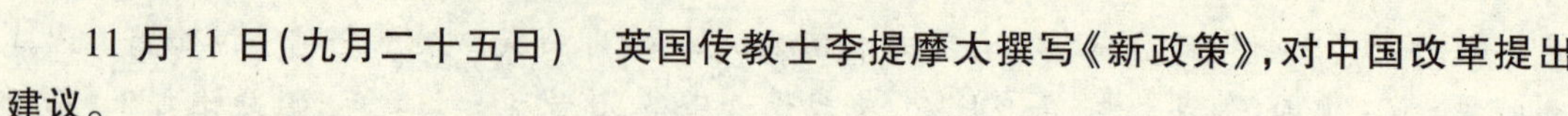

11月11日(九月二十五日)　英国传教士李提摩太撰写《新政策》,对中国改革提出建议。

李提摩太《新政策自叙》:

天下之土地由狭而渐广也,天下之人民由少而渐多也。中国当尧舜之时,禹贡九洲之地,古之所谓中原者,约为今之山西、直隶、山东、河南、陕西数省,及湖北、江苏、安徽之半省。其时人民户口之数,虽不可详考,大抵数百万千万而止耳。地大而人少,故国家养民之政及生民各谋自养之法,皆沛然而有余。及汉、唐以来,户口之蕃增至五六千万,各省或有余或不足,国家于是有赈恤之政,而生民患贫患寡不均,不平之弊遂生。及至熙朝承天膺运,休养生息,屡朝以宽大为心,乾、嘉之间,天下户口总数陡增至四万万,是较汉、唐又多八倍矣。

人民加多,而土地不加辟,则财产物业之数,亦毫无所增,向以一人食之而有余者,今以八人食之,而必有所不足也,此必然之理也。不独中国然也,泰西各国莫不然,英国三岛之地,三百年以前,户口不足千万,及后生齿日益蕃庶,而四面距海,土地无可扩充,乃不得不广造舟船通商于美洲、非洲、印度各处,而商途所辟,彼此均利,贸易大兴。夫远适异国,昔人所悲英国之民,亦岂不欲安居故土哉?地小人众,养赡无资,其轻于远出者,情有所不得已也。商旅足迹所经,如美、澳、非三洲,人稀土满不知耕作,英人商于其地者乃代为开辟垦种,久则安家业而长子孙,以有余补不足,交易而退,各得其所。人者天所生也,天既生之,不能不谋所以养之,故今日万国大通,天之道也,仍欲闭关绝市者,逆天者也。此时中国情形,按方里人数地狭人稠加倍于当日之英国。而咸丰以前,沿习旧法,杜绝外人,致有失和之事。幸赖皇太后圣明主持于上,恭亲王及各大臣洞达外情,承陈宣化于下。和议既定,商埠乃开,内乱旋平,外交益固,海内外之人喁喁然向风慕义。以后为此交相益,交相养,交相利,遂将永保太平矣。

不意癸未、甲申以后,忽有人持主战之议,广征船炮,增置甲兵,冀以一战张威,复嘉、道以前之旧制。杀机所召,遂有好战之法国乘之,复有习战之日本继之,弃好从仇,竟酿去年之祸。故战之一字,上逆天心,下逆人心,亦决非皇太后、恭亲王当日讲信修睦、协和万国之心,不过二三愚人,不学泰西养民之妙法,单讲西国枪炮之势力,欲以挑衅兴戎,取功名如反掌耳。今幸皇太后深宫训政,仁覆万方,皇上天纵聪明,博学多能。综贯中外天人之理,恭亲王及各大臣咸洞悉本原,和衷共济,不惟欲中国安,且欲使薄海内外万国之民举安。此心即天心也,此道即天道也,此理即天理也。惟欲使万国举安必须安中国,今日中国之要事,莫亟于养民,养民之要事,莫亟于新政,约而举之,有四事焉,皆应亟行变通改革者:一曰教民之法,二曰养民之法,三曰安民之法,四曰亲民之法,然欲行新政诸法,必须延请精通各国时务头等在行之人,则凡事自无不妥善,而中国立见兴盛矣。

翦伯赞、刘启戈等编《中国近代史资料丛刊·戊戌变法》(3),
上海人民出版社、上海书店出版社2000年版,第231～232页

《亲历晚清四十五年——李提摩太在华回忆录》:

在为代表教会上请愿书的有关事宜拜访翁同龢时,这位中国政府的总理大臣提出了一个要求,请我就中国急需改革的方面写一个简要的条陈。于是我准备了一个草案,要点如下:

在序言中,我先指出,上帝不会偏袒任何民族,不论是东方的还是西方的,因此尊奉天意的国家就能繁荣昌盛,违背天意的国家必然衰落灭亡。根据永远不变的规律,我提出了对中国来说生死攸关的四项要求:教育改革,经济改革,国内安定与国际和平,精神的更新。为了

贯彻这些伟大的改革措施,我建议:

(1)皇帝聘请两名外国顾问;

(2)成立由八位大臣组成的内阁,其中满人与汉人占一半,通晓世界大势的外国人占一半;

(3)立即进行货币改革,奠立坚实的财政基础;

(4)立即兴建铁路,开采矿山,开办工厂;

(5)成立教育委员会,在全国广泛引进西方现代学校及专门学院;

(6)成立处理信息的通讯社,由外国有经验的新闻工作者培训中国的编辑记者,以启蒙社会大众;

(7)为保卫国家安全,训练足够的新式陆海军。

这个改革方案由翁同龢上交给光绪帝,得到了他的首肯。不久就被发表在广学会的报纸上。

李宪堂、侯林莉译《亲历晚清四十五年——李提摩太在华回忆录》,天津人民出版社2005年版,第237页

11月13日(九月二十七日) 孙中山与陈少白、郑士良抵达日本横滨,通过谭发联系冯镜如等,组织横滨兴中会分会。

陈少白《兴中会革命史要》:

第二天就到横滨。但是在横滨,一个人都不认识。所以我们在船上,想到住居问题,倒很不安起来。凑巧孙先生想起从前最后一次从美国回来,经过横滨的时候,有一个中国广东人陈青,到船上来兜卖东西。孙先生那时候,革命思想很厉害,碰到一个人,就要说这些话,就是和一个买卖的人,也会说到革命。所以孙先生看见陈青是广东人,也同他说起革命来了。陈青听了孙先生的话,回去就对他的同乡说:"今天船上有一个人,很奇怪,他说要在中国造反呢!"这个同乡好奇心起,就跑到船上去见孙先生。孙先生见他,问起他的姓名,知道他姓谭名发,在横滨开一间洋服店。两个人就谈了一会。最后,谭发还答应以后有什么事,可以帮帮忙。这一次我们到横滨,孙先生就想起这个人来了,所以叫我们留在船上,他一人登岸据着地址,去找谭发。找到了,说了来意,商量栖留问题,谭发就替我们租了一个楼面。这个楼面很小,只有六席的一个房间,孙先生看定了,倒也很满意,就回到船上来。当孙先生登岸之后,我们整候了半天,不见回来,心里很为着急,以为出了什么意外。好容易等他回来了,才安心的跟他到那新楼面住下。那时候心里到舒服起来。因为到了这里,中国政府已追究不来,而且在这个地方,又有了住宿的场所。现在我回想起来,总觉得那时候的舒服,真非言语所能形容了。

柴德赓、荣孟源等编《中国近代史资料丛刊·辛亥革命》(1),上海人民出版社、上海书店出版社2000年版,第33页

冯自由《兴中会组织史》:

是役既败,总理偕陈少白、郑士良二人亡命至横滨,首访镜如于山下町五十三番地文经印刷店,文经为经营外国文具及印刷事业之老商号,冯氏开设三十余年,在侨商中藉藉有名。既相见,欢若平生,即请总理三人下榻于店中二楼,并邀紫珊、谭发、梁达卿、黎炳垣(焕墀)、赵明乐、赵峄琴、温遇贵等十余人在文经二楼会商组织兴中会事。众举镜如为会长,赵明乐为管库,赵峄琴为书记,紫珊、有发、炳垣等为干事。半月后复设会所于山下町一百七十五番,继续加入者有温芬(炳臣)、郑晓初、陈才、陈和、黄焯文、黎简卿、陈值云、冯懋龙(后易名自由)等十余人,以懋龙年龄为最少,时仅十四岁耳。是时旅日华侨尚多目革命排满为大逆

不道,故会员咸有戒心,每次开会通知书皆不欲假手于日本下女,概由小会员冯懋龙分别派送。

冯自由《革命逸史》第4集,中华书局1981年版,第15页

冯自由《中国革命运动二十六年组织史》记横滨兴中会称:

横滨兴中会会所在山下町一百七十五番地。在成立前,已由冯镜如邀请其弟紫珊(致生印刷店主人)及友好谭有发(均昌洋服店主人)、赵峄琴(广福源商号主人)、赵明乐(广福源商号主人)、黎炳垣(法国邮船公司华经理)、温遇贵(某洋行买办)、黎简卿(东昌打包店主人)等在文经商店二楼开会,介绍孙总理等与各人相见,即席提议组织兴中分会,众皆赞成。于是次第填写盟书,宣布成立。众举镜如为会长,赵明乐为管库,赵峄琴为书记,紫珊、有发、炳垣等为干事。及新会所成立,继续加入者,有温芬(炳臣)、郑晓初、陈才、陈和、黄焯文、陈植云、冯懋龙(后易名自由)等十余人,以懋龙年龄为最少,时仅十四岁耳。是时旅日华侨尚多目革命排满为大逆不道,故会员咸有戒心,每次开会通知书皆不欲假手于日本下女,概由小会员冯懋龙分别派送。冬十二月总理决意远游美洲,拟向华侨集资为卷土重来之计,因向各同志商借五百元充旅费,讵各同志多以有心无力对,赵明乐且辞退管库一职,镜如、紫珊兄弟二人乃合措五百元以应之。总理于是以此款百元供少白断发改装之需,另以百元给士良使回港收拾余众,以备再举,然后只身再渡檀岛。迨总理离日未久,各会员供给月费者渐少,镜如等以经费无着,遂将会所取消,凡有会务均假文经商店二楼开会决之。同时少白仍移居文经号,助镜如编辑华英字典,即当年盛行之冯镜如华英大字典是也。其后兴中会会务以少白不善交际,迄无起色。至丁酉(民前十五年)秋总理由欧东归,旧会员未变宗旨者不过七八人而已。

冯自由《中国革命运动二十六年组织史》,商务印书馆1948年版,第24~25页

11月14日(九月二十八日) 英国传教士李提摩太上书总理衙门,要求对包括基督教在内的所有教派一视同仁,予外国传教士以保护。

《亲历晚清四十五年——李提摩太在华回忆录》:

除了由李鸿章介绍去总理衙门交涉外,我和沃瑞博士还走访了英、美、德三国的驻中国公使,向他们介绍我们传教士上书总理衙门的目的。德国公使没有跟我们合作的打算,但英美两国的公使(尼克拉斯·欧格纳爵士和科洛厄尔·登拜尔)向总理衙门发了紧急公文,说明我们此次公务的目的。在约定的第一次上访的那天,即11月14日,科洛尼尔·登拜尔亲自陪同,把我们向总理衙门的大臣们做了介绍。

听完我们的陈述后,总理衙门的多数大臣都倾向于答应我们的要求。

请愿书的基本内容如下:

尽管一千多年以前,中国政府即赋予了儒教、道教、伊斯兰教宗教信仰的自由,但从雍正帝(1723—1736年)在位时期以来,一直对基督徒采取迫害政策;甚至自1842年保护基督徒传教自由的《宽容条款》签订以后,情况也没有发生什么变化。在中国政府出版的一些官方报告中,基督徒被指控以各种形式从事恐怖活动。一般官员和知识分子看到这些书是在各地督抚大员们的同意下出版的,自然而然对它们的内容深信不疑,因而鼓励一般群众采取暴力行动,迫害基督徒,从而导致教堂被焚、教民甚至外国传教士被杀的惨案频频发生。中国人不了解,邪恶的人是进不了教堂的;基督徒对所有国家都有益处。不仅西方文明仰赖于基督教会,就是各个大陆包括所有海岛上的居民都因为基督教而得到提升;日本采用西方文

明,在很大程度上是接受传教士影响的结果。

即使在中国,传教士对民众也做了很多善事。他们把西方的神圣典籍随同历史和科学书籍一起,翻译成了中文;同时把中国先贤的圣书和历史著作介绍给西方。他们也曾在山东、山西、江苏、满洲等地协助救灾。尽管有很多人死于灾荒引起的伤寒,但他们仍然前赴后继地投身于这种义举。他们提出了种种建议,为了把中国从贫穷、软弱、灾荒和战争中拯救出来,使她成为世界上最伟大的国家之一。传教士所希望的只是中国政府像上帝那样,对所有的教派都宽宏大度,一视同仁。倘若中国政府不能保护前来帮助她的善良的人们,他们自己的国家就会来中国保护他们。如果不能使传教士不受干涉地从事他们的善行,势必引起国际纠纷。因此,我们请求皇帝颁布圣旨,同意我们提出的三项要求。

……几天以后,皇上谕示外务部,要他们与传教士协商,直到问题妥善解决。12月初,两位总理衙门大臣向我们保证,很快就会发布政令,同意我们在请愿书中提出的要求。但这时出现了两件事,改变了解决问题的进程。汪鸣銮,曾经是总理衙门中我们最有力的支持者,突然退缩了,这削弱了支持请愿书的那一派的力量。李鸿章还告诉我,法国公使出人意料地反对皇帝同意任何由传教士提出的要求,因为这涉及到了传教士是否有权直接与中国政府交涉的问题。几年之前,法国政府曾迫使教皇收回将这种权力授予传教士的成命。

李宪堂、侯林莉译《亲历晚清四十五年——李提摩太在华回忆录》,天津人民出版社2005年版,第230~231页

11月20日(十月初四日)前　孙中山离开横滨赴檀香山,郑士良回香港,仅陈少白留横滨。离开日本前,与陈少白往东京访菅原传。

孙中山《建国方略·有志竟成》:

时予以返国无期,乃断发改装,重游檀岛。而士良则归国收拾余众,布置一切,以谋卷土重来。少白则独留日本,以考察东邦国情。予乃介绍之于日友菅原传,此友为往日在檀所识者。后少白由彼介绍于曾根俊虎,由俊虎而识宫崎寅藏之兄也。此为革命党与日本人士相交之始也。

中山大学历史系孙中山研究室、广东省社会科学院历史研究所、中国社会科学院近代史研究所中华民国史研究室合编《孙中山全集》第6卷,中华书局1985年版,第230页

陈少白《兴中会革命史要》:

这样过了几天,孙先生就剪去头发,换了西装,预备叫我一同到美国去。其时,美国对于中国人,已有禁止进口的命令,所以美国领事面告我们,不宜冒险前去。孙先生说明他是檀香山出生,领事才给他护照,而我那时因为没有办法,就在日本耽搁下来。过了几天,郑士良也回到香港去,所以这时候在横滨的只有我一个人了。

柴德赓、荣孟源等编《中国近代史资料丛刊·辛亥革命》(1),上海人民出版社、上海书店出版社2000年版,第34页

11月(九十月间)　北京强学书局开局;康有为等在沪设立上海强学会。

《康南海自编年谱》:

中国风气,向来散漫,士夫戒于明世社会之禁,不敢相聚讲求,故转移极难。思开风气,开知识,非合大群不可,且必合大群而后力厚也,合群非开会不可,在外省开会,则一地方官足以制之,非合士大夫开之于京师不可,既得登高呼远之势,可令四方响应,而举之于辇毂众著之地,尤可自白嫌疑。故自上书不达之后日,以开会之义,号之于同志。陈次亮谓办事有先后,当以报先通其耳目,而后可举会。报开两月,舆论渐明,初则骇之,继亦渐知新法之益。

吾复挟书游说，日出与士大夫讲辨，并告以开会之故，明者日众。乃频集通才游宴以鼓励之，三举不成，然沈子培刑部，陈次亮户部，皆力赞此举。

七月初与次亮约集客，若袁慰亭（世凯）、杨叔峤（锐）、丁叔衡（玄钧）及沈子培、沈子封兄弟、张巽之（孝谦）、陈□□，即席定约，各出义捐，一举而得数千金，即举次亮为提调，张巽之帮办，张为人故反复，而是时高阳当国，张为其得意门生，故沈子培举之，使其勿败坏也。举吾草序文及章程，与卓如拟而公商之。丁张畏谨，数议未定，吾欲事成，亦迁延而从之。于是三日一会于炸子桥嵩云草堂，来者日众，翰文斋愿送群书，议开"书藏"于琉璃厂，乃择地购书，先嘱孺博出上海办焉。是时遍寻琉璃厂书店，无一地球图，京师锢塞，风气如此，安得不败？时英人李提摩太亦来会，中国士夫与西人遇，自会始也。

英美公使愿大助西书及图器，规模日广，乃发公函于各督抚，刘坤一、张之洞、王文韶各捐五千金，乃至宋庆、聂士成咸捐数千金，士夫云集，将侯规模日廓，开书藏，派游学游历，然而丁、张断断挑剔，张更藉以渔利，以开局于琉璃厂，张欲托之为书店之状，吾面折以"今日此举，倡天下之士，若以义始，而以利终，何以见天下乎？"张语塞，然而举座不欢。时报大行，然守旧者疑谤渐起，当时莫知报之由来，有以为自德国者，有以为出自总理衙门者，既而知出自南海馆，则群知必吾为矣。张既怀嫌，乃因报之有谣言，从而扇之，于是大学士徐桐、御史诸成博皆欲劾奏，沈子培、陈次亮皆来告，促即行，乃留卓如办事，而以八月二十九日出京。

先是六月创报，吾独自捐款为之，后陈次亮、张君立皆来相助，而每期二金，积久甚多，至八月节尽典衣给之，得次亮助盘费乃能行。二十四日同会诸子公饯唱戏，极盛会也。是日合肥自愿捐金二千入会，与会诸子摈之，议论纷纷，杨崇伊参劾之举，遂始于此。张孝谦又邀诸成博、张仲炘二人入会，二人台中最气焰纵横者，盖会事甫盛，而衰败即萌焉。

九月初二日到天津，初三日游山海关，入各防营，视兵望海。山海关本无形势可守，明世防辽，为东道扼要之地，若今海舶亦通，环海寸寸可扰，山海关防兵实可罢矣。见陕抚魏午庄光焘相待甚殷，惜其未知新法也。十二到上海，十五入江宁，居二十余日，说张香涛开强学会，香涛颇以自任，隔日一谈，每至深夜，香涛不信孔子改制，频劝勿言此学，必供养。又使星海来言，吾告以"孔子改制，大道也，岂为一两江总督供养易之哉？若使以供养而易其所学，香涛奚取焉。"在江宁时，事大顺，吾曰，此事大顺，将来必有极逆者矣。与黄仲弢、梁星海议章程，出上海刻之，而香涛以论学不合背盟，电来属勿办，则以"会事大行，不能中止"告，乃开会赁屋于张园旁，远近响应，而江宁一切不来，处处掣肘，即无杨崇伊之劾，亦必散矣。

时金陵有杨仁山者，讲佛学有道士也，曾游伦敦，得仪器甚多，吾为强学会购之，凡三千余金，其天镜大者，能窥见火星之山海矣，以其小者送之京局。后香涛、星海背盟，王雪晴允捐之后亦背，及京局有变，款不能结，吾赔累归之，沪局之器还之杨，然以此谤甚多，盖任一小事皆极难，但吾恻隐之心，不以难而变耳。

吾以十二月母寿，须归，先调君勉、易一来办事，急须开报，以用孔子纪年，及刊上谕事，江宁嚣动，适有京师劾案，遂藉此停止。自强学会开后，海内移风，纷纷开会，各国属目……

翦伯赞、刘启戈等编《中国近代史资料丛刊·戊戌变法》(4)，
上海人民出版社、上海书店出版社 2000 年版，第 133～135 页

张伯桢《南海康先生传》：

（先师）十五日入江宁。张之洞督两江，欲说之洞开强学会，张勇自任。后与张论学，张不信孔子改制考，频劝先师勿言此学。又使梁星海鼎芬来言。先师云：孔子改制，大道也，岂以一两江总督供养而易之。张以论学不合故翻前议。先师以会章已发行，不可中止告。乃

赁屋设于上海张园之旁,远近响应,而张之洞所允供给之费不至,且多掣肘。十二月,先师以祝母生日,耑返里门,沪事委徐君勉勤等主之。旋以京师御史杨崇伊具疏劾,强学会竟遭封禁。是时朝野局势又以变,渐讳言新政,文廷式、长麟、汪鸣銮、志锐被斥,逾年二月撤毓庆宫,逐翁同龢,杀太监寇良才,杖珍瑾二妃,两宫之间嫌隙已成,不可终日矣。

张伯桢《南海康先生传》,北京沧海丛书社1932年印行,第20~21页

康有为代张之洞撰《上海强学会序》:

天下之变,岌岌哉!夫挽世变在人才,成人才在学术,讲学术在合群,累合什百之群,不如累合十万之群,其成就尤速,转移尤巨也。方今海内多故,天子惄焉闵忧,特下明诏搜求才识闳达及九能之人、一艺之士,而应诏者寡,固搜访之未逮欤,得无专门之学,风气未启有以致之耶?故患贫而理财,而专精农工商矿之学者无人;患弱而练兵,而专精水陆军及制造船炮之学者无人。乃至外国政俗,亦寡有深通其故者,此所关非细故也。顷士大夫创立强学会于京师,以讲中国自强之学,风雨杂沓,朝士鳞萃,尚虑未能布衍于海内。于是,江海散佚,山林耆旧,盍簪讲求。如汉之汝南、唐之东都、宋之洛阳,为士大夫所走集者,今为上海,乃群天下之图书器物,群天下之通人学士相与讲焉。尝考泰西所以富强之由,皆由学会讲求之力。传称以文会友,以友辅仁。记称敬业乐群。其以开风气而成人才,以应天子侧席之意,而济中国之变,殆由此耶!其乐从诸君子游乎,吾愿观其成焉。

翦伯赞、刘启戈等编《中国近代史资料丛刊·戊戌变法》(4),
上海人民出版社、上海书店出版社2000年版,第385~386页

《亲历晚清四十五年——李提摩太在华回忆录》:

康有为和他的朋友们创立的变法维新协会称“强学会”(“高等学会”),其成员不仅有北京最有学问的翰林,也包括督察院的监察官和内阁的低级文官。政府的机关报——《京报》,千百年来一直是首都惟一的报纸。但现在,第一次出现了一份新报纸。它独立于政府,尽管受到它的暗中支持。这份报纸的发行者就是强学会。有趣的是,这时的维新派依然羞羞答答,半遮半掩。知道广学会的月刊《万国公报》多年以来在高级官员之间广为流传,从未遭到过反对,他们便用完全相同的名字命名他们的报纸。并且开始的时候,他们的报纸的内容都是从我们的刊物上转载的。惟一不同的是,我们的报纸是在上海用金属字印刷的;而他们采用的却是政府的《京报》所采用的木雕印刷术。这样,从外表上看,与政府的机关报没什么区别;但在内容上,它介绍的却是广学会所宣传的西方的观念。

在改革俱乐部的成员当中,有一位年龄二十八岁左右的年轻人,是康有为最有才气的学生,他的名字叫梁启超(Liang Ch'i-chao)。听说我需要一位秘书,他自告奋勇,表示愿意服务。在我居北京期间,他一直协助我工作;另一位是文廷式(Wen Ting-shi),江苏人,是一位翰林,也是宫中女学的老师;再有一位是谭嗣同(Tan Tze-tang),湖南人,当时湖北巡抚(谭继洵)的儿子,后来在1898年的政变中被杀头;还有陈炽(Ch'in Chih),江西人,他为我修订、誊清了献给翁同龢的改革方案;还有袁世凯(Yuan Shin-kai)——当时是统率直隶省的军队的将军——以及其他一些人。改革维新派获得了总理衙门大臣翁同龢与皇帝的师傅孙家鼐的同情和支持,也得到了英国驻华公使尼克拉斯·欧格纳爵士的大力鼓励。

大约就在这时候,美国长老会的李佳白(Gilbert Reid)博士,我在上海时的老朋友,开始在北京的上层官僚中开展工作,希望他们能对基督教采取友善态度。毕德格先生和我经常被强学会的成员邀请参加他们的聚会,我们也回请他们。在每一次聚会中,人们演讲的内容都是中国的改革问题,在接下来的改革派最感兴趣的讨论中也是如此。他们邀请我在北京

多住几个月，以便就如何推进改革随时向他们提出建议。

李宪堂、侯林莉译《亲历晚清四十五年——李提摩太在华回忆录》，天津人民出版社 2005 年，第 234～235 页

《上海强学会章程》：

一、本会专为中国自强而立。以中国之弱，由于学之不讲，教之未修，故政法不举。今者鉴万国强盛弱亡之故，以求中国自强之学。总会立于上海，以接京师，次及于各直省。

一、今日学校颓废，士无术学，只课利禄之业，问考文史，不周世用。又士皆散处，声气不通，讲习无自，既违敬业乐群之义，又失会友辅仁之志。西国每讲一种学术，必有专会，会中无书不备，无器不储，即僻居散处，亦得购书阅报以广观摩，故士有专业而才日以成，国资其用而势日以盛。今设此会，聚天下之图书器物，集天下之心思耳目，略仿古者学校之规及各家专门之法，以广见闻而开风气。上以广先圣孔子之教，下以成国家有用之才，最要者四事，条列于下，其局章附焉：

一、译印图书。道莫患于塞，莫善于通。互市者通商以济有无，互译者通士以广问学。尝考讲求西学之法，以译书为第一义。盖以中国人而讲西文，不过通酬酢语言，只能译书札尺牍，其能读朝章国律者已少。至各学专门之书，各具深微之理，即其字义，各有专门，不尽相通。彼方士人不入此门者，亦不识其字。此固非游历洋差人能解，亦非同文方言译生所能知，即有一二专门之士，无以发天下之学者，其为益甚鲜，欲令天下士人皆通西学，莫若译成中文之书，俾中国百万学人，人人能解，成才自众，然后可给国家之用。今西学堂知课语言文字而寡及译书，惟圣祖仁皇帝御纂《性理精蕴[义]》，润色西算，嘉惠士林，高宗纯皇帝钦定《四库提要》，凡自明以来所译西书，并许著录。会文正公开制造局以译书为根，得其本矣。今此会先办译书，首译各国各报，以为日报取资，次译章程、条教、律例、条约、公法、目录、招牌等书，然后及地图暨各种学术之书。随译随刊，并登日报，或分地或分事，或分类或编表，分之为散报，合之为宏编，以资讲求而广闻见。并设译学堂，专任此事。

一、刊布报纸。陈文恭公劝士阅邸报以知时务，林文忠公常译澳门月报，阅报以觇敌情。近来津沪各报，取便雅俗，语涉繁芜。官译新闻纸，外间未易购求。今之刊报，专录中国时务，兼译外洋新闻。凡于学术、治术有关切要者，巨细毕登，会中时务附焉。其邸抄全分，各处各种中文报纸，各处新事，各人议论，并存抄以广学识，各局互相抄寄。

一、开大书藏。乾隆时敕建文汇阁于扬州，建文宗阁于镇江，例准士子就读。经乱散失，遗书无多，此会拟宏辟区宇，广集图书。近年西政、西学日新不已，实则中国圣经，孔子先发其端。即历代史书百家著述，多有与之暗合者。但研求者寡，其流渐湮。今之聚书，务使海内学者，知中国自古有穷理之学，而讲求实用之意，亦未遽逊，正不必惊望而无极，更不宜划界以自封。泰西通都大邑，必有大藏书楼，即中国图籍，亦藏弃至多。今合中国四库图书，购抄一分，而先搜其经世有用者。西人政教及各种学术图书，皆旁搜购采，以广考镜而备研求。其各省书局之书，皆存局代售。

一、开博物院。文字明其义，有不能明者，非图谱不显。图谱明其体，有不能明者，非器物不显，诗称关关雎鸠，熟陆机之疏，通冲远之说，学者穷日详考其形色，而不知雎鸠也。置雎鸠于前，则立识矣。人之一体，读素问，考明堂及全体新论，不知也。外国有人身全体，一见则立明矣。康熙年间钦定时宪书，采用西法，置南怀仁所造仪器于观象台，其历算与中迥异。今步天测量，非登台观器不能明。又如轮船之大而且速，枪炮之坚而且利，制造机器之出货捷而且多。苟一寓目，便知守旧蹈常，断不能与之角力而争

利。西国博物院凡地球上天生之物,人造之器,备列其中。苟一物利用,必思考而成之,不令弃地。苟一器适用,必思则效,旋且运化生新,而利便又远过之。合众人之心思以求实用,合万国之器物以启心思,乌得不富,乌得不强?今创设此院,凡古今中外兵、农、工、商各种新器,如新式铁舰、轮车、水雷、火器,及各种电学、化学、光学、重学、天学、地学、物学、医学诸图器,各种矿质及动植类,皆为备购,博揽兼收,以为益智集思之助。

右四条皆本会开办,各有详细章程别行刊布。

一、会中于义所应为之事,莫不竭力。视集款多寡,次第举行者,又有数事:立学堂以教人才,创讲堂以传孔教,派游历以查地舆、矿务、风俗,设养贫院以收乞丐,教工艺,视何处筹款多者,即在其地举行,惟望海内志士合力为之。

一、入会者,将姓名爵里函知局中,即送以章程,收捐款后即编号,会中遇事知照,展转援引,愈推愈广,庶几自保其类,不致令外国诮以散沙。

一、入会者不论名位学业,但有志讲求,概予延纳,德业相劝,过失相规,患难相恤,务推蓝田乡约之义,庶自保其教。

一、中国非无专门积学之士,苦于不相闻问,无由观摩。即已有学问,无人能知,且平素无相交之雅,相遇生妒忮之心。今此会使海内学士,声气相通,以期增长,是入会之大益。既无隔碍,且合海内之才士结联讲求,庶自强有基。

一、入会诸君,原为讲求学问,圣门分科,听性所近。今为分别门类,皆以孔子经学为本。自中国史学、历代制度、各种考据、各种词章、各省政俗利弊、万国史学、万国公法,万国律例、万国政教理法、古今万国语言文字、天文地舆、化重光声、物理性理、生理地质、医药金石、动植气力、治术师范、测量书画、文字减笔、农务牲畜、商务机器、制造营建、轮船铁路、电线电器制造、矿学、水陆军学,以及一技一艺,皆听人自认,与众讲习。如有新得之学术,新得之理,告知本会,以便登报。将来设立学堂,亦分门教士,人才自盛。

一、入会诸君,原为学问起见,其有疑义,可函询会中讲求,当询通人详答。其有经世文字,新论新法,可寄稿本局,经通人评定,或抄存备览,或刊刻流通,倘发中西未得之新理,加酬奖赏,标其姓名,以收切磋之益。

一、外国学会,咸乐布施,有捐至万百者,故学者甚盛。各省善堂捐款,亦多累百盈千。况此举功德,比善堂尤大,今议凡来入会者,皆须捐助,最少以十两为限。

一、善堂捐助义举,皆立即捐资,凡入此会,概同斯例。若逾月不交,即将其会名扣除,其五十两以上,准分两次交清,百两以上,准分四次交清,每次以两月为限。

一、凡捐助百两以上者,每译印成书,各送一部。五十两以上者,译印之书但收成本。三十两以上者,取译印之书,减价一成。自十两以上,报纸皆减二成,并刊名报上。其有捐助千金者,永准其送一人入学堂肄业,由会中支给。

一、捐助之款,写明姓名爵里,交强学总局给收条,仍到本局换票处换联票收执,作为入会之据。其各处捐助之款,写明姓名爵里,就近交电报局代收,制给三联票收条。电报局将第三联票编号存案,将第二联票寄本局,由本局换给入会联票,交电报局付给收执为据。本局将姓名爵里学业寄寓,按照联票号数汇编存案,联票皆有董事图章。

一、开办此会,合海内之耆硕名士任之。所有局事,由开办诸人内公举四人为提调,二人坐办,二人会办,公举谙练公正者八人为董事,亦四人坐办,四人会办。创办定后,分年举人轮管,倘董友不洽暨因事辞退,提调董事集众公举,择众而从。既经举定,不准以私见议改。被议之人,非有实在为难,亦不准规避委卸。其管事、管书、管器,皆用会内通达之人,由提调董事公酌保用，董事拟多邀办赈诸君，其协理人数，随时增议。

一、入会之友，必求品行心术端正明白者，方可延入局中。应办之事，会友随时献替，留备采择，到局之后，倘别存意见，或诞妄挟私及逞奇立异者，恐于局务有碍，即由提调董事诸友公议辞退。如有不以局中为然者，到局申明，捐银照例充公，去留均听其便。

一、局中访求博雅通才，主译书撰报之事，其人数随时增广，皆由提调董事公同妥访邀请。

一、局内司账，须习知贸易书籍情形及刷印文字者充其选，必须董友考查确实，一秉至公。又须有结实铺保，方许招致，倘涉营私舞弊，一经查出，原得之人，照例责赔，经手之董事会友，凡预有保荐之力者，亦须一律议罚。

一、局中用项，概由值董核发，如有巨款在千数百金以上者，须各董友齐集公议，方准开支。收有成数，择殷实商号存储，立折支取，如存数渐多，亦可议生利息，发票之期，按几日为限，由值董眼同经理。

一、开局提调董事，均仗义创办，不议薪资。将来局款大盛，须专请人办理，始议薪水。惟译书撰报，管书管器，司事教习，游历司账，酌量给予薪水。

一、译书刊报，会友应分送，及减成售卖者，俱持票到总局分局验票付给。

一、书局开办之始，务求俭约，以期持久。择地赁屋，茶点坐落，须清雅洁净。董友集议之日，不拘分际，仪文从简。凡博弈游戏，征逐喧嚣，概宜屏禁，俾无坏局规。嗣后办有成效，人多款足，再议扩充，自行建造，添设园舍。

一、局内用款，分出、入、存三柱简明登记。每月一小结，刊刻报章，月朔由各董事齐集查阅，务期核实无弊，阅竟各于名下署押为记。每年一大结，汇刻征信录分送提调董事及捐款百两以上者，以昭信实。

一、先订简明章程，以期迅速集办，每事各有详细章程，举办以后，随时集议，如有利弊，应兴应革，均由提调董友公议删增，或每季一集，每年一大议，并核用款，稽勤惰，详稽论定，再行刊刻布告。

翦伯赞、刘启戈等编《中国近代史资料丛刊・戊戌变法》(4)，
上海人民出版社、上海书店出版社 2000 年版，第 389～394 页

《啬翁自订年谱》：

十月，节盦约与康长素、黄仲弢列名开强学会，南皮为会长。长素初名祖诒，更名有为，与节盦皆粤人，皆旧识；节盦为陈兰浦先生弟子，康为九江先生弟子，康教授广州，门徒甚众，有梁卓如启超，其高足弟子也。中国之士大夫之昌言集会自此始。

张謇研究中心等编《张謇全集》第 6 卷，江苏人民出版社 1994 年版，第 854 页

11 月底(十月中旬)　孙中山抵檀香山。

冯自由《孙眉公事略》：

总理初亡命日本，组织横滨兴中会。旋赴檀岛晤德彰商再举计划，德彰慰勉有加，且属勿馁初志。未几杨太夫人偕总理卢夫人及其子科亦由乡人陆文灿护送至檀，均居茂宜牧场。德彰语总理，谓在檀同志新遭失败，人怀懊丧，筹款宜徐图机会，此时应先向他处发展，乃易为力。总理深以为然，因有美洲及英国之行。

冯自由《革命逸史》第 2 集，中华书局 1981 年版，第 3 页

12 月 2 日(十月十六日)　清政府命两广总督谭钟麟、广东藩司成允从速缉拿孙文等。

《德宗景皇帝实录(五)》:

谕军机大臣等:有人奏广东盗风日炽请饬严缉一折:据称九月间,香港保安轮船抵省,附有匪徒四百余名潜谋不轨,经千总邓惠良等探悉,前往截捕,仅获四十余人。讯据供称为首孙文、杨衢云,共约有四五万人,潜来省城,克期起事。现在孙文首逆远扬,党类尚多,窃恐酿成巨患等语。广东惠州、高州等处土匪,甫据该督奏报,首要悉数骈诛,地方安谧如常,何以盗风并未稍戢,竟有潜来省城之事。若如所奏,该匪首孙文、杨衢云纠合党类,竟至四五万人之多,在省城租定民房,潜谋不轨,该督等岂竟毫无见闻。著谭钟麟、成允严密访查,务将首犯迅速捕获,以期消患未萌。至所称省城外添扎安勇及附近各乡一律举办冬团之处,并著该督及该署抚体察情形,妥筹办理。原折著抄给阅看,将此由四百里谕知谭钟麟,并传谕成允知之。寻两广总督谭钟麟奏,拿获匪伙陆皓东等三犯,即行正法,以定人心;仍严密购拿孙文、杨衢云,务获到案。得旨:"此案逸犯,仍著严缉。粤省盗风日炽,该督当防患未然,切勿大意。"

《清实录》第 56 册,中华书局 1987 版,第 939 ~ 940 页

12 月 3 日(十月十七日)　李提摩太再次会晤张荫桓,谈及广州教堂搜出孙中山革命党人的文件。

《亲历晚清四十五年——李提摩太在华回忆录》:

12 月 3 日,应张荫桓之邀,我去他家里与他进行了会谈。他告诉我,广东的官吏在广州双门底教堂搜出了革命党人的文件,其中涉及到一个姓孙的。这对于目前教案问题的解决,将造成很大的障碍。我的回答是:与历史上儒生们的叛乱相比,革命党的叛乱并没有造成更大的危害;并且,革命党对基督教造成的影响,也不比哥老会对儒教造成的影响大。听了我的话,他哈哈大笑。他还对我说,北京中国政府的衰弱,归因于恭亲王的体弱多病和翁同龢对外国事务的蒙昧无知。督察院的御史们权力很大,翁同龢也怕他们。他们是朝廷中的得力工具,其作用就是毁掉那些不受欢迎的官员。据张荫桓的意思,整个国家懂得外交事务的只有他和李鸿章(张荫桓曾任驻美公使)。外务部的所有工作都由他一个人操持,其他人不过行尸走肉而已。

李宪堂、侯林莉译《亲历晚清四十五年——李提摩太在华回忆录》,天津人民出版社 2005 年,第 239 页

12 月 7 日(十月二十一日)　清政府再命谭钟麟、成允严密缉拿广东会党。

《德宗景皇帝实录(五)》:

谕军机大臣等:有人奏,广东会匪在澳门、香港等处聚众滋事,有草鞋、红棍、白扇等名目。本年九月间,潜图叛逆,至今首犯未获,恐成大患等语。著谭钟麟、成允督饬员弁,严密缉拏,毋任漏网。原片著摘抄给与阅看。将此由五百里谕知谭钟麟、并传谕成允知之。

《清实录》第 56 册,中华书局 1987 版,第 944 ~ 945 页

△ 广东按察使悬红缉捕孙文等。

邹鲁《中国国民党史稿·乙未广州之役》载缉捕告示如下:

钦命广东提刑按察使兼管全省驿传事务加三级纪录一次张,为悬赏购匪事:照得土匪纠结伙党,暗运军火,约期在省城举事一案,当经拿获匪犯陆皓东等多名审办,惟尚有首要各匪孙文等,在逃未获,亟宜悬赏缉拿,合行出示晓谕。为此示谕各属平民人等知悉:尔等如能拿

获后开赏格之各匪解案，一经讯明定夺，即如数给与花红银两。银封存库，犯到即给赏，勿怀疑观望。至此外被诱匪徒，准其改过自新，免于深究，如能拿获后开首要各犯解案，仍一律给赏，各宜凛遵勿违，特示。

计开

孙　文　即逸仙，香山县东乡翠微人。额角不宽，年约二十九岁，花红银一千元。

夏亚伯　新会县人，肥矮面微黄，年约四十岁，花红银一百元。

李亚举　香山县隆都乡蓝下村人，身高眼大，发多黑，年约五十三岁，花红银二百元。

李芝南　南海县佛山人，年约三四十岁，花红银二百元。

杨衢云　香山县人，本籍福建，右手共缺三指，年约三十九岁，花红银一百元。

刘秉祥　清远县人，身高，年约三十岁，花红银二百元。

朱浩清　清远县人，年约二十七八岁，花红银二百元。

陈少白　即夔石，新会县外海人，年约二十八九岁，花红银一百元。

王质甫　江西人，身中面白，年约三十七八岁，花红银二百元。

汤亚才　花县人，身高微麻，年约四十岁，花红银三百元。

吴子才　潮州人，身高额窄，年约四十岁，花红银二百元。

莫　亨　顺德人，身矮，年约二十五六岁，花红银一百元。

陈涣州　南海县西樵乡人，身胖微麻，年约二十二三岁，花红银二百元。

侯艾泉　香山县隆都乡人，身高瘦，发秃，年约五十岁，花红银二百元。

魏友琴　归善县南真村人，面圆有须，年约三十七八岁，花红银二百元。

黄丽彬　清远县人，矮瘦，年约三十四五岁，花红银一百元。

光绪二十一年十月二十一日示

柴德赓、荣孟源等编《中国近代史资料丛刊·辛亥革命》(1)，上海人民出版社、上海书店出版社2000年版，第230～231页

△ **南海、番禺两县亦张贴告示揭橥。**

邹鲁《中国国民党史稿·乙未广州之役》载南番两县告示如下：

现有党匪　名曰孙文　结有匪党　曰杨衢云　起义谋叛　扰乱省城　分遣党羽　到处诱人
借名招勇　煽惑愚民　每人每月　十块洋钱　乡愚贪利　应募纷纷　数日之前　听得风声
严密查访　派拨防营　果获匪犯　朱丘陆陈　经众指证　供出反情　红带为记　口号分明
枪械旗帜　搜出为凭　谋反叛逆　律有明刑　甘心从贼　厥罪维均　严拿重办　决不从轻
城厢内外　兵勇如林　搜捕乱党　决不饶人　惟彼乡愚　想充勇丁　不知祸害　贪利忘身
一时迷惑　概予施恩　丢去红带　急早逃奔　回归乡里　安分偷生　免遭擒获　身首两分
特此告示　剀切简明　去逆效顺　其各凛遵。

柴德赓、荣孟源等编《中国近代史资料丛刊·辛亥革命》(1)，上海人民出版社、上海书店出版社2000年版，第232页

12月8日(十月二十二日)　从督办军务处王大臣奏，派袁世凯督练新建陆军。

《德宗景皇帝实录(五)》：

督办军务王大臣奏：……去岁冬月，军事方殷之际，曾请速练洋队，蒙派胡燏棻会同洋员汉纳根在津招募开办。嗣以该洋队拟办各节，事多窒碍，旋即中止。另由胡燏棻练定武军十营，参用西法，步伐号令，均极整齐，虽未尽西国之长，实足为前路之导。今胡燏棻派造津芦

铁路。浙江温处道袁世凯,朴实勇敢,晓畅戎机,前驻朝鲜甚有声望,其所拟改练洋队办法及聘请洋员合同暨新建陆军营制饷章,均属周妥。相应请旨饬派袁世凯督练新建陆军,假以事权,俾专责任,先就定武军十营,步队三千人、炮队一千人、马队二百五十人、工程队五百人为根本,再加募步、马各队足七千人之数,即照该道所拟营制饷章编伍办理,每月约支正饷银七万余两,至应用洋教习、洋员,由臣等咨会德驻使选商聘订,果能著有成效,尚拟逐渐扩充。

谕军机大臣等:据督办军务王大臣奏天津新建陆军请派员督练一折,中国试练洋队,大抵参用西法,此次所练,系专仿德国章程,需款浩繁,若无实际,将成虚掷。温处道袁世凯,既经王大臣等奏派,即著派令督率创办,一切饷章,著照拟支发。该道当思筹饷甚难,变法匪易,其严加训练,事事核实。傥仍蹈勇营习气,惟该道是问。懔之慎之。

《清实录》第56册,中华书局1987版,第378~379页

袁世凯督练新建陆军上督办禀:

窃查:泰西操法,每营分为四队,每队分为三大排,每大排分为二小排,均有弁目,层层节制,又节节策应,故战每制胜,即败亦不溃。向来湘、淮营制,以五哨为一营,若照西人操法,分为四队,递分大小排,官弁头目,各□其伍,平时仅可饰观,临阵最易溃乱,似必须参用泰西军制,始可照西法操练。然全用西制,以步队一万二千人为一分军,炮队、马队、工程队均在外,恐人数过多,需饷太巨,势亦有难行。兹谨参酌时宜,并遵钧谕,简练一万二千人为一分军之数,拟分练:步队八营,计八千人,炮队两营,计两千人;马队两营,每营五百人,计一千人;工程队一营,计—千人,共计一万二千人。步队为主,炮队辅之,马队巡护,工程队供杂役,似部署可期周密,临敌亦鲜贻误。又拟将一军分为两翼,设统领二人管辖,每步队二千,炮队二千,马队一千,更各设分统一人,分领训练;每步炮工程队一千,马队五百,各设统带一人,专辖约束。统领以各分统兼充,分统以各营统带兼充,冀可省官省费,俟训练有成,再加总统一人,以资督率。晚近将才甚少,简练綦难,总统、统领之任,倍宜慎选,未得其人,无妨暂缺其额。至所拟饷数,例之湘、淮饷制,未免嫌优。但饷薄则众各怀私、丛生弊窦,饷厚则人无纷念、悉力从公。且威著于知恩,罚行于信赏,每届关饷,并简派妥员核实点发,营员不得经手,则上无侵蚀,下免纷纭,积习颓风可冀力挽。惟现值库帑支绌,似难骤扩规模。拟先就定武军步队三千、炮队一千、马队二百五十、工程队五百,照新军章制,归并编伍,并加募步队二千、马队二百五十,合为步队五千、炮队一千、马队五百、工程队五百,先行试练,俟训练就绪,简拔多材,再随时添募扩充,增足一万二千之数,务期练一兵必得一兵之用。

杜春和等编《北洋军阀史料选辑》(上册),中国社会科学出版社1981年版,第15~16页

张国淦《北洋军阀的起源》:

袁世凯督练新军,实际上是何人推荐,各书记载不同。《清史稿》志三及《荣禄传》,皆谓世凯练兵系荣禄所荐。陈夔龙《梦蕉亭杂记》谓:“甲午中日之役失败后,军务处王大臣鉴淮军不足恃,改练新军,项城袁君世凯以温处道充新建陆军督办。该军屯天津小站,于乙未冬成立。当奏派时,常熟(翁同龢)不甚谓然,高阳(李鸿藻)主之。”我曾面询陈,陈谓:“袁世凯经徐世昌介绍于李鸿藻后,袁就对李拜门,并和李鸿藻子焜瀛往还极密,通过种种关系使李逐渐相信袁知兵。所以他首先推荐袁督练新建陆军,这完全出于爱才之意。荣禄则是另有野心,更有宫廷后援,所以力量超过李之上,他赞成袁世凯督练,附和李主张,实欲借机培养自己实力。由此可知,推荐袁世凯者,系李鸿藻出面,荣禄则系从中极力主持者。

杜春和等编《北洋军阀史料选辑》(上册),中国社会科学出版社1981年版,第12~13页

12 月 27 日(十一月十二日)　张之洞奏陈创办自强军情形。

张之洞《选募新军创练洋操摺》(光绪二十一年十一月十二日):

窃臣前因海氛粗定,愤兵事之不振,由锢习之太深。非认真仿照西法,急练劲旅,不足以为御侮之资。拟在江南练陆军万人,而以洋将管带操练,其经费在江南自借洋款项下拨用。于本年闰五月二十七日具奏,经部议复准咨行在案。查自津调来之北洋原订德国将弁,并由臣商托出使大臣许景澄代订之德国将弁,共三十五员,自夏秋至今,均已先后到齐。臣于夏间令先就卫队、护军等营内选择操练,以试其材。数月以来,颇有成效可观。亟宜选募新军,刻期训练。

查今日练兵必须改用洋操者,其故有七:承平之时,绿营有积习,军兴以后,勇营亦有积习,人皆乌合,来去无恒,不练固无用。练成亦不能禁其四散,徒劳无功,一也。里居不确,良莠难分,二也。无论征军、防军,从无不缺额之事,即其实有之勇,亦多系安置闲人,令当杂差,则虽不缺额亦与缺额同,三也。层层刻扣,种种摊派,长夫视为津贴,营官皆有例献。将拥厚赀,士不宿饱,四也。外洋新式快枪、快炮,精巧非常,旧日将领大率不解,亦不爱惜,粗疏者任意抛掷,动致损坏,谨慎者收藏不用,听其锈涩,其于擦拭、拆卸、装配、修理、测准诸事,全不讲求,将弁不知,何论兵勇。操练不能,何论临阵,五也。营垒器用,但守旧法,绘图、测量、行军、水陆工程诸事,尤所不习。讨内匪则可,御外侮则不能,六也。营官统领专讲应酬,奢华佚惰,用费繁多。营谋请托无所不有,既视为营私谋利之路,岂尚有练兵报国之心,七也。惟有改以洋将带之,则诸弊悉除。无论将来临敌之效若何,总之额必足,人必壮,饷必裕,军火必多,技艺必娴熟,勇丁必不当杂差,将领必不能滥充。此七者,军之体也。至于临阵调度运用之妙,赏罚激劝之方,军之用也。凡事必其体先立,然后其用可得而言,夫中国岂无智勇之将、敢战之兵,临战运用,又岂能拘守绳墨。特以各营积习锢弊深入膏肓,若不捐弃旧法,别开局面,虽事前日加申儆,终无大益,事后加以诛戮,已难补救。此一军练成,则此项洋将弁移以教第二军,而此军渐令华官将弁带之。规矩既定,数年以后,相沿成例,将弁兵勇皆视为固然,则短扣废弛之弊无自而萌,即他营将弁,或亦可观感愧厉,舍旧图新。此微臣必改用洋将练洋操之微意也。

臣详加筹划,现拟先练二千数百人为一军,照洋法分为三十营,即名为自强军。俟成军半年以后,操练已有规模,即行推广加练,酌增人数一倍,统以增至万人为止。如届时饷巨难筹,则至少亦必须增至五千人。兹就江苏之淮、徐、通、海四府州,安徽之凤、泗、滁、和、太平五府州,及江宁府属之六合、江浦两县,常州府属之宜兴、荆溪、江阴、靖江四县,镇江府属之丹徒、丹阳两县,民气较为强壮者,每府、州各募一营。取其距金陵皆不甚远,年籍身家易于清查,以杜远省招募淆杂劳费,遣散流落之弊,而各处分练,冀以广开风气。此即略寓西洋、东洋举国之民人人皆可为兵之意。各营皆选择土著乡民,年在十六岁以上、二十岁以下,体气精壮向不为非者,取具族邻团董甘结,声明情愿效力十年,只准开革,不准辞退。凡城市油滑向充营勇者一概不收。更用西医验其身躯壮健并无隐疾,目光及远者,厚给饷糈,编为新军。至一切饭食肉食,冬夏衣履,居住房屋,西法均由官为筹备,盖洋操勤苦严肃,毫无通融,若非饱暖强健,断不能胜此劳苦。夏间初派营勇练洋操时,不过旬日,即以畏劳纷纷辞退,后允以加给饷费乃止。若照旧日饷章,必无肯应募者,自不能一律仿照办理。委派洋员德国游击来春石泰为全军统带,其营官、哨官均以洋将弁为之。别设副营官、副哨官名目,选武职中壮健有志、不染习气者为副营官,选天津、广东两处武备学堂出身之学生为副哨官。其带兵操练之权,悉以委之洋将弁,而约束惩责之权,则专归华官,一以通新募勇丁之情,二以事权互相维系,三以逐渐观摩,俾华弁储营官统领之材。若洋弁不敷派充哨官,则选学生中之出色者补之。并派候补知府沈敦和、奏调差委知府钱恂为自强军洋操提调,为之经理各事,一切仍归营务处考核约束。其部伍人数,俱照德国营制。计现设步队八营,营二百五十人,分为五哨。马队二营,营一百八十骑,分为三哨。炮队二营,营二百人,分为四哨。工程队一营,营一百人。西例随营有医官、枪匠、兽医等项,俟次第添设。现除杂役人等不计外,共马队、步队、炮队十二营,工程队一营。江北人较强健,练为马、步各队,江南人较聪颖,练为炮法、工程各队。实数勇丁二千八百六十名,大约此系德国军制每一军人数四分之一。正勇饷银每名每月给官铸银元五元,合库平银三两六钱,勇目递加,其官给饭食、衣履等费在外。洋员薪水,外洋订有合同。华官副营、副哨既无丝毫沾润,亦无公费名目,酌量优给薪水,俾足自赡效力。计长年额支华洋兵将饷薪、衣食等项,约须四十四万两有奇。饷数虽多,洋将弁薪水虽巨,然数足而艺精,一人必可抵旧日营勇两人之用。其发饷以洋将会同另派之委员当场给发,不归该营华将。华弁专用银元,永无平色参差、分量短少之弊。其详细饷费章程,另行咨部立案。若建造营房、马棚、操场等项动用一次者,尚不在内。方今财用支绌,诸事自必力求撙节。惟既仿外洋营制,自必处处得其精意之所在,又不敢稍事刻啬,徒贻削趾适屦之讥,以至办理棘手,有名无实。至于应敌攻守之方,图绘测量之学,悉令详教熟练,不准徒袭口号、步伐之皮毛,致蹈向来洋操陋习。臣当督率华洋官弁认真训练,随时亲往考察校阅,俾成有用劲旅,以仰副圣主奋武自强之至意。

国家清史编纂委员会·文献丛刊《张之洞全集》(3),武汉出版社2008年版,第298~299页

1896年(光绪二十二年·丙申年)

1月2日(乙未年十一月十八日) 令刘坤一、张之洞各回本任后,分别认真办理好铁路、商务、陆军和炼钢轨、制快枪诸务。

该日所发两道上谕:

军机大臣 字寄两江总督刘 光绪二十一年十一月十八日奉上谕:本日已有旨,令刘坤一回两江总督本任矣。两江地方紧要,所有张之洞办理铁路、整顿商务、简练陆军诸大端,均经创始,尚未就绪。该督回任后,务当振刷精神,实力筹办,俾诸务日有起色,方为不负委任。将此谕令知之。

军机大臣 字寄湖广总督张刘 光绪二十一年十一月十八日奉上谕:本日已有旨,令张之洞回湖广总督本任矣。湖广地方紧要,铁厂、枪炮厂,甫经告成;现当开办铁路、整顿陆军之际,需用甚繁;炼钢轨、制快枪,实为当务之急;银圆铸成后,能否流通各省?该督回任后,均当加意举办,以立富强之本。现在关内外散勇络绎回籍,尤虑滋生事端。并著通饬所属,预筹防范,销患未萌。江南防营太多,前经谕令酌量裁减,该督务于未经交卸以前,妥为遣撤,以节饷需。将此谕令知之。

中国第一历史档案馆编《光绪宣统两朝上谕档》第21册,广西师范大学出版社1996年版,第451页

1月12日(十一月二十八日) 康有为在上海刊行《强学报》。署"孔子卒后二千三百七十三年"的纪年。

《强学报》创刊号载《本局告白》:

启者:现当开创之始,专以发明强学之意为主。派送各处,不取分文。一月以后,乃收报费。阅者到上海王家沙第一间挂号即得。至于时事新闻,因限于篇幅,不及多载,俟将来乃陆续录之,非敢略也。识者谅焉。

《强学报》创刊号还刊载《开设报馆议》一文,论设立报馆其利有六:

一、士大夫可通中外之故,识见广,人才日练,是曰广人才;二、公卿耳目渐广,兵事敌情渐熟,办事立约,不至大误,是曰保疆土;三、变法当顺人心,人人以为然,则令若流水,是曰助变法;四、士夫终日从公,余则酬酢,绝无暇日读书,有报则每日一张,各学皆有,日日增长,是曰增学问;五、吏畏上闻,不敢作奸,是曰除舞弊;六、小民疾苦,纤总皆知,是曰达民隐。有此六利,急应举行。

《强学报》创刊号(光绪二十一年十一月二十八日)

1月17日(十二月初三日) 署两江总督张之洞奏请筹设邮政,下总理衙门筹议。

《清史稿》志一百二十七·交通四:

海国大通以来,异域侨民,恒自设信局。咸丰十一年订约,驻京公使邮件,初与总理衙门交驿代寄。同治五年,改由总税务司汇各驻京公使文件,递天津寄上海。光绪五年,增设封河后由天津至牛庄、烟台、镇江三路邮差。迄十一年,邮务愈繁,总税务司乃于天津、镇江、上海各税务司处专员理之。此总税务兼理邮递之权舆也。

初,光绪二年,总税务司英人赫德建议创办邮政。四年,始设送信官局于北京、天津、烟台、牛庄,以赫德主其事,九江、镇江亦继设局。是为中国试办邮政之始。十六年,命通商口岸推广举办。十九年,北洋大臣李鸿章、南洋大臣刘坤一以各国增设各地信局,妨推广之路,

请速筹善策。总署付赫德议。

二十一年十二月,署南洋大臣张之洞疏请举办邮政。略言:“泰西各国视邮政重同铁路,特设邮政大臣综理。取资甚微,获利甚巨。即以英国而论,一岁所收之费,当中银三四千万两。各国通行,莫不视为巨帑。且权操于上,有所统一,利商利民,而即以利国。近来英、法、美、德、日本先后在上海设立彼国邮局,其余各口岸亦于领事署内兼设邮局,侵我大权,攘我大利,实背万国通例。光绪十一年间,前浙江宁绍台道薛福成据委员李奎[圭]条陈,请中国自行设局,以挽利权,并经税务司葛显礼前往香港、日本,向彼国商议,收回上海所设英、日两国邮局,已有端倪。南洋大臣曾国荃曾据咨总理衙门,饬总税务司赫德议复办法。赫德亦谓此举为裕国便民大政,陈有要端七事。并称须有奏准饬办之明文,使各国皆知系中国国家所设,即可商令各国将在中国所设之邮局撤回,并可商入万国信会之举。查各关试办邮递有年,未能推行及远。外国所设信局,并未裁撤。良由税关所办邮递,与国家所设,体制不同,故推广每多窒碍。现复与葛显礼面加筹议,知其情形熟悉,各关税务司熟谙办法者当不乏人。请饬总理衙门,转饬赫德,妥议章程开办。即推行沿江沿海各省,兼及内地水陆各路。务令各国将所设信局全撤,并与各国联会,彼此传递文函,互相联络。如果认真举行,各国在华所设信局必肯裁撤。此各国通行之办法,有利无弊,诚理财之大端,便民之要政也。”

总理衙门疏言:“光绪二年间,赫德因议滇案,请设送信官局,为邮政发端之始。四年,拟开设京城、天津、烟台、牛庄、上海五处,略仿泰西邮政办法,交赫德管理。嗣因各国纷纷在上海暨各口设立邮局,虑占华民生计。九年,德国使臣巴兰德来,请派员赴会。十一年,曾国荃咨称州同李圭条陈邮政利益,并据宁海关税务司葛显礼申称,香港英监督有原将上海英局改归华关自办之议。十六年三月,札行赫德,以所拟办法无损民局,即就通商各口推广办理。拟俟办有规模,再行请旨定设。此各税关试办邮递之始也。十八年冬,赫德以数年来创办艰难,若再不奏请设立邮政局,恐将另生枝节。十九年五月,李鸿章、刘坤一称江海关道聂缉椝禀称,上海英、美工部局现议增设各口信局,异日中国再议推广,必更维艰。考泰西邮政,自乾隆初年普国始议代民经理,统以大臣,位齐卿贰。各国以为上下交通,争相仿效。葛显礼呈送万国邮政条例,联约者六十余国。大端以先购图记纸,黏贴信面,送局以抵信资,其费每封口信重五钱者,取银四分,道远酌加。其取资既微,又有定期。百货腾跌,万里起居,随时径达。如有事时,并可查禁敌国私函。诚如张之洞所称‘权有统一,为利商利民即以利国’之要政也。溯自十八年以来,美国一国邮局清单一纸,所收银圜至六十四兆二十万九千四百九十圆之多。张之洞所举英国收数当中银三四千万两,尚系约略之辞。利侔铁路,诚为不虚。且西国邮政与电局相辅,以火车、轮船为递送。近来法国设立公司轮船十艘,通名信船,遇口停泊,信包未到,不能开碇,其郑重如此。中国工商旅居新旧金山、檀香山、新嘉坡、槟榔屿、古巴、秘鲁者,不下数百万人,往往有一纸家书十年不达者,缘邮会有扣阻无约国文函之例也。中国邮政若行,即以获资置备轮船出洋,藉递信以流通商货。其挽回利权,所关尤巨。臣等博访周咨,知为当务之急。爰于十九年札饬赫德详加讨论。上年六月至十二月,复与总税务司面商屡次,先后据其递到四项章程,计四十四款。臣等详加披阅,大致厘然,自应及时开办。应请旨敕下臣衙门,转饬总税务司赫德专司其事,仍由臣衙门总其成,即照赫德所拟章程,定期开办。应制单纸,亦由赫德一手经理。遇有应行酌改增添之处,随时呈由臣衙门核定,务期有利无弊。至赫德呈内称万国联约邮政公会,系在瑞士国,应备照会,寄由出使大臣转交其国执政大臣,为入会之据。自可援万国通例,转告各国,将所设信局一律撤回。以上所议,如蒙俞允,即由臣衙门钦遵分别咨照札饬办理。俟办有头绪,即推行内地水陆各路,克期兴办。并咨行沿江沿海及内地各直省将军、督抚知照,届期即将简要办法,饬地方州县晓谕商民,咸知利便。凡有民局,仍旧开设,不夺小民之利。并准赴官局报明领单,照章帮同递送,期与各电局相为表里。其江海轮船及将来铁路所通处所,应如何交寄文信,由总税务司与各局员会商办理。官邮政局岁入暨开支款目,由总税务司按结申报,臣衙门汇核奏报。”奉旨:如所议行。此开办邮政之始末也。自是遍通全国,上下交受其利。

赵尔巽《清史稿》第16册,中华书局1976年版,第4475~4479页

编者按:各省邮政是在光绪二十三年正月初一日开始兴办。

△ 上海《强学报》出版发行第二期。

△ 御史杨崇伊奏参强学会“植党营私”。

1月18日(十二月初四日) 陈少白在横滨初会宫崎寅藏之兄岛津弥藏。

宫崎寅藏《三十三年之梦》:

如此过了几个星期,某一天无名恩人忽派人来相招。见面后,他慢慢地拿出一封信递给我。我接过一看,是二哥从横滨的来信,对当时的我来说,这真是无上的喜讯。他在信中告诉我他会见了一个中国革命党人的事,并且详细地叙述了会见的经过。内容摘录如下:

别后病复发,再卧病榻。平素相识的牧师某日带了一位中国人(即陈少白)前来探病,因我身在病中,未得倾谈,病势稍愈后,遂回访牧师致谢,乘机问及该位中国人的来历。牧师似亦不甚详细,只知他是华南改革派中人士。于是,我便问明该中国人之住处,投刺求见。他欣然迎入客厅。我先拜谢他日前的来访,他则谓从牧师处得悉我的情形,心中窃怀敬慕之情。互道寒暄后,不觉谈到中国问题。他再三希望试探出我的意见,而我只回答道:“我不过是一介商人,岂配谈论天下大事。”故意避开他的话锋。可是他却滔滔不绝地叙述了清国政府的腐败情形,说到在野志士对于这个问题的意向,终于论及中国革命不可避免的问题。我内心的确不胜欢欣雀跃。但是想到这正是应该含蓄之时,便抑制住心中激动,冷静地倾听着。一会儿他又提出政治主张的问题,我只回答了一句:我主张四海皆兄弟之论,他听此语后满面喜色。又滔滔不绝地加上自己的意见,解释了四海皆兄弟主义。他说,“东西圣人的思想在这点上是一致的。但是,事实上这个主义距目前的形势甚远。能使其与现实接近的就是中国的改革。革命在中国已经萌芽。你何不积极地帮助它成功呢?”因此,我才认识到他的确是一个革命党中的人士。我实在忍不住想把自己的真心和本来面目和盘托出,但是我还是强自忍耐,装出漠不关心的样子,他就更加用力要诱出我的意见,我也几乎无法答辩。恰好这时来了两个中国人,他说声暂且失陪,便走进邻室。门口用英语写 Private Room(私人房间),可能是他们的密谈室,这时正有一中国听差来斟茶,我便向他小声地问那个人是做什么的,听差瞪着眼睛,比着手式说:“那个人非常伟大,想要打倒中国的皇上,没有成功,最近逃到这里来的。”因此,我猜想可能是孙逸仙的党羽。少时三人一同出来,我便利用这个机会回寓。无论如何,这足以证明我们以前对中国的推测,并没有错误。不,不如说机会比我们所想象的似乎还好一点。现在已非深入歧途之时,暹罗的事情应适当地作个结束,急速归国,需要商讨的问题甚多。当前的问题,唯以迅速为贵。

这封信长达丈余,字字有生气,句句有活力,而其对房屋构造、室内情况的描写,以及对

主人和来客的风采态度的形容,均使人有身临其境之感。由此足以察知二哥是何等兴奋。读信的人又岂可不为之感动,我读完后,无名恩人静静地嘱咐我,“看完烧掉好了。”我领命立即将信付诸一炬。他又叫我给二哥回一封信。我乃执笔作书,其大意如下:

奉读来信,不胜鼓舞雀跃。吾兄身临其境,面晤其人,自难抑制当时喜悦与兴奋之情。然而细思此人对初会者这样地表露衷曲,大发议论,又这样推心置腹,那他一定意在日本人中寻求同志。由此看来,他的下场也许可以推想得到:不是落在××便是××那些所谓“窝藏叛逆”的头子手中。他所苦心筹划的大事业,行将变成日本浪人的玩物,已是了若观火了。如果闹成如此结局,岂不可怜?但由于他们心焦意躁,即使劝告他们宜审慎从事,静待时机,恐怕他们亦不会接纳。我想我等不如先撒手静观其言行为是,我等苦心孤诣,隐晦至今,就是不要以所志轻率告人,如因此事同这些“窝藏叛逆”的头子等合作,此身岂非与瓦砾共碎,而致终生抱憾?我想这个臆测虽不中亦不远,此非愚弟一已的私见,渡边先生也作如是观。兄如有同感,请暂且远离那位可怜的中国义士,以期他日之大成如何?弟心虽已飞向横滨,但船期已逼,势难迟疑犹预。如今与兄相约,唯有待暹罗之事尽快结束后,再行采取求快不求好的做法,切望保重身体。

林启彦译《三十三年之梦》,花城出版社 1981 年版,第 83 ~ 84 页

陈少白《兴中会革命史要》:

我住在横滨时,有一个朋友介绍我认识一个日本牧师。这个牧师很和气,有一天,他对我说:“这里有一个老朋友,名岛津弥藏,他很留心中国事情,有事时,也很愿意帮忙的,你愿意去见见他,我可以介绍。”我自然是说好。当天就随着这个牧师,到那朋友的家里。谁知这位有心帮助的朋友,正是病在垂危,卧床不起之时,因为他染着痨病多年,已奄奄一息了。牧师就在他的床前,把我的经历情形大略告诉他,并且对他说:“因为你很注意中国时事,所以我介绍这位陈先生来见你。”岛津弥藏那时候病势已沉重,不能多讲话,惟有点头会意,露出一片欣悦之色,又像很觉抱歉之意。我们不好久留,就告辞出来。往后,因为并没有继续来往,我也逐渐把他忘掉了。

数月之后,横滨会员见空气缓和,心神略定,又要我搬回横滨来。有一天,有一个日本人,拿了一封曾根俊虎的介绍信来见我,我把他请进来,再把信拆开一看,知道来的日本人是宫崎寅藏。谈了半天,遂知道宫崎寅藏是岛津弥藏的兄弟。岛津弥藏本来叫宫崎弥藏,因为自幼出继在外,所以用承继人家的岛津二字为姓。

当岛津弥藏见着我的时候,宫崎寅藏正在暹罗,有一天,接到他哥哥的信,说有一个中国革命党重要人物,留寓日本横滨,时不可失,你须赶快回来。宫崎得信,就从暹罗回到日本,来见他哥哥。那知道生痨病的岛津弥藏,已等不到宫崎归来,在前几天死去了。当时岛津寄宫崎的信,并未注明中国革命党重要人物是谁,家在哪里。宫崎摸不着头脑,虽然不时探听,总没有方法探听出来。

柴德赓、荣孟源等编《中国近代史资料丛刊·辛亥革命》(1),上海人民出版社、上海书店出版社 2000 年版,第 34 页

1 月 21 日(十二月初七日)清廷命封禁北京强学会。《强学报》仅发行五天,出版二期即遭查禁。

《德宗景皇帝实录(五)》:

又谕:御史杨崇伊奏京官创设强学书院植党营私请旨严禁一折:据称,近来台馆诸臣于后孙公园赁屋创立强学书院,专门贩卖西学书籍,并抄录各馆新闻报,刊印《中外纪闻》,按户

销售。犹复藉口公费，函索外省大员，以毁誉为要挟，请饬严禁等语。著都察院查明封禁。原折著抄给阅看。将此谕令知之。

《清实录》第56册，中华书局1987版，第986～987页

《翁同龢日记》：

（十二月）初七日　晴，无风暖。……言者以城南强学会为结党敛钱，大干法纪，有寄谕令都察院封禁。盈廷之是非如此。

…………

十四日　晴，风止，稍和。……申正归，沈子封来，南城因封禁强学会，众汹汹有烦言。

陈义杰整理《翁同龢日记》第5册，中华书局1997年版，第2868、2870页

1月26日（十二月十二日）《申报》《强学停报》：

昨晚七点钟，南京来电到本馆云：自强学会报章，未经同人商议，遽行发刊，内有廷寄及孔子卒后一条，皆不合，现时各人星散，此报不刊，此会不办。

同人公启

编者按：此文系张之洞电饬其幕僚致电上海各报馆刊登。

《亲历晚清四十五年——李提摩太在华回忆录》：

1月22日，强学会被一个新来者、勋爵李鸿章的儿子的岳父所告发，俱乐部被关闭了，门上被贴了封条。总督李鸿章拒绝承认他和强学会的关闭有什么关系。强学会成员上书皇帝请愿。事情发生后的第二个月，我听说总理衙门答应每年为它拨款一万二千两银子。

李宪堂、侯林莉译《亲历晚清四十五年——李提摩太在华回忆录》，天津人民出版社2005年，第235页

1月22日（十二月初八日）　两广总督谭钟麟奏严密购拿孙中山，并报告孙中山已赴日本长崎。

两广总督谭钟麟为严密购拿孙中山奏折：

为复陈九月间广州拏获土匪情形，恭折仰祈圣鉴事。

窃臣准军机大臣字寄，光绪二十一年十月十六日奉上谕：有人奏，广东盗风日炽，请饬严缉一折。据称，九月间香港保安轮船抵省，附有匪徒四百余名，潜谋不轨，经千总邓惠良等探悉，前往截捕，仅获四十余人，讯据供称，为首孙文、杨衢云共约有四五万人潜来省城，克期起事。现在孙、杨首逆远飏，党类尚多，窃恐酿成巨患。等语。著严密查访，务将首犯迅速捕拏，以期消患未萌。等因。钦此。遵旨寄信前来。

臣查粤俗好谣，每因小故，转相附会，张大其词，以摇惑人心，群不逞之徒，乘机撞骗掠夺以取利，此他省所未有也。本年九月初，广州谣传高州、惠州匪徒击散后，咸集香港，众四五万，将攻省城，人言藉藉，府县营弁纷纷面禀。臣谓，此等匪徒，一击即散，首匪已诛，尚何能为。高州距香港千里，惠州亦数百里，万众持械经过，各州县关卡何无一见者？香港一隅骤增数万人，何处栖止？每日需米数万石，何人供给？乡间又不闻有抢掠者，食从何来？此必有匪人欲煽惑居民迁徙，乘机抢夺之事，切宜镇定，勿涉张皇。但严查保甲，稽查奸宄，多购眼线，密访匪踪，终当败露。省城巡防勇丁及城外兵丁五六千人，尚复何虑？旋据管带巡勇知县李家焯率千总邓惠良等，于初十日在双门底王家祠拿获匪伙陆皓东、程怀、刘次三名，又于咸虾栏屋内拏获程耀臣、梁荣二名，搜出洋斧一箱，共十五柄。十一日香港保安商轮船搭载四百余人抵省登岸，李家焯率把总曾瑞璠等往查，截获朱桂铨、丘四等四十五名，余匪闻拏奔窜，经海关税务司与厘厂委员于轮船起获红毛泥桶，内装小洋枪二百零五支，子药八十余

匪。当饬府县提犯隔别研讯。据陆皓东供,香山县人。丘四、朱桂铨供,俱清远县人,与孙文素识,常相往来。孙文即逸仙,香山人,业医,与福建人、在香港洋行打杂之杨衢云交好。因闻闱姓厂在省城西关收武会试,闱姓费数百万,该处为殷富聚居之区,欲谋劫抢,令杨衢云在港招五百人乘轮来省,孙文在城赁屋三处分住陆皓东等,经理分给红带、洋枪等事。所购洋斧,因西关栅栏坚固,用以劈开栅栏,即派人把守街口两头,拒绝兵勇,先雇商船在河边等候,抢得银洋,即上轮船驶赴香港。本定初九动手,因招人未齐,改为十二,不料初十日被巡勇访拏破案。孙文即已潜逃。又提截获之四十余名,分别审讯,据供皆在香港佣工度日,闻杨衢云言省城现有招勇,每月给饷十元,先给盘费,附轮到省,各给红带一条为号,不意上岸即被截住,实系为招勇而来,并不知有别事。反复推诘,各供如前,复饬营务处复审无异。

臣查此案系孙文、杨衢云为首,陆皓东、丘四、朱桂铨知情同谋,潜备军械,分给红带,煽惑愚民,罪无可逭。当于九月二十一日将陆皓东三犯即行正法,以定人心。仍严密购拏孙文、杨衢云,务获到案。其不知情各犯,饬府县分别办理,谣风顿息,四境晏然。

所有办理此案情形,遵旨据实陈复,伏乞皇上圣鉴。谨奏。

朱批:知道了。此案逸犯,仍著严缉。粤省盗风日炽,该督当防患未然,切勿大意。

中国第一历史档案馆《清政府镇压孙中山革命活动史料选》,《历史档案》1985年第1期

两广总督谭钟麟为孙中山已去长崎事奏片:

再,臣准军机大臣字寄,光绪二十一年十月二十一日奉上谕:有人奏,广东会匪在澳门、香港等处聚众滋事,有草鞋、红棍、白扇等名目。本年九月间,潜图叛逆,至今首犯未获,恐成大患。等语。著谭钟麟督饬员弁,严密缉拿,毋任漏网。原片著摘抄给与阅看。钦此。遵旨寄信前来。

臣查广东会匪,名目最多,有一匪首即有一会名,如三点会之类,不一而足,不止草鞋等名也。广东人稠地瘠,小民生计艰难,出洋谋食者多,现在富饶之家,大半自外洋而归。如汕头一口,有委员稽查,每岁附轮往外洋者四五万。散处各岛者,何止数十百万,其间良莠不齐,匪类丛杂,固所不免。而谓处外洋者皆蓄意谋逆,恐未必尽然。至香港、澳门,本逋逃薮。前因孙文、杨衢云逃匿香港,照会英领事协拿,并许将犯交出酬以重赏,而领事故意推诿,谓外国例若系斩决之罪则不准交出,请将拟定罪名见示。臣谓犯未到案问供,何能先定罪名。旋闻孙文已逃长崎。乃已[以]粤境自九月二十一日处决陆皓东等三名之后,人心帖然,谣风亦止,近数月不闻香港、澳门有聚众滋事之案。然事变之来,每出意计之外,惟有督饬文武随时防范而已。

所有遵旨复查实在情形谨附片陈明。伏乞圣鉴。谨奏。

朱批:知道了。

中国第一历史档案馆《清政府镇压孙中山革命活动史料选》,《历史档案》1985年第1期

2月1日(十二月十八日)　张之洞奏请创设储才学堂,堂内设交涉、农政、工艺、商务四门,并将同文馆归并。诏命刘坤一办理。

张之洞《创设储才学堂摺》(光绪二十一年十二月十八日):

窃惟国势之强由于人,人材之成出于学,方今时局孔亟,事事需材,若不广为培养,材自何来。光绪二十一年闰五月二十八日奉上谕:自来求治之道,必当因时制宜,况当国事艰难,尤宜上下一心,图自强而弭隐患。朕宵旰忧勤,惩前毖后,惟以蠲除痼习、力行实政为先。叠据中外臣工条陈时务,详加披览,采择施行。如修铁路,铸钞币,造机器,开矿产,折南漕,减

兵额，创邮政，练陆军，整海军，立学堂，大抵以筹饷练兵为急务，以恤商惠工为本原，皆应及时举办。等因。钦此。是设立学堂，即今日亟应举办之一端。

古者四民并重，各有相传学业，晚近来，惟士有学，若农、若工、若商，无专门之学，遂无专门之材，转不如西洋各国之事事设学，处处设学。臣今拟就江宁省城创设储才学堂一区，分立交涉、农政、工艺、商务四大纲。交涉之学分子目四：曰律例，曰赋税，曰舆图，曰翻书，此一门专为考求应翻外洋新出要书，藉以考核列国政要。其各国军制已归陆军学堂，故不列入。农政之学分子目四：曰种植，曰水利，曰畜牧，曰农器。工艺之学分子目四：曰化学，曰汽机，曰矿务，曰工程。商务之学分子目四：曰各国好尚，曰中国土货，曰钱币轻重，曰各国货物衰旺。此四门十六目，皆有益国计民生之大端，此乃修我内政，不得以喜新好异、学步外人为比。大约法律、农政之教习，宜求诸法、德两国，工艺、商务之教习，宜求诸英国。先招文义清通、能读华书兼通西文者四十名，充高等学生。分学以上所指各门，以后逐渐增加。第其学业之浅深，分为四班，至一百二十名为止。但西师以西书相教授，学生不通西文，即无从受西师之教，无从读西国之书。若必等已翻之书始能披览，必得中国之师始能转授，则知闻少而见效迟，且不免有差误隔膜，而不能尽得其精意，故不得不以语言文字为初基。现拟别设初学学生一百二十名，就江宁省城向设之同文馆变通开拓。

查金陵同文馆局面较狭，经费无多，只有英、法文学生共三十名。今改为英、法、德三国文字，学生各四十名，共一百二十名，均延西人为教习。亦第其学业之浅深，分为四班。初学学生列入头班，后即升为高等学生末班，似此层递而上，庶几学有始基。严其课程，优其廪膳，实力训迪，数年之后，傥果有高材成效，则量予科名仕进之途。俾知学有专长，在朝廷断不歧视，自然互相劝勉，愈造愈精，可以挽救空虚积习。此举似为造就人材之实际，规划富强之本源。

所有学堂经费，自以洋教习薪水为大宗，计须延教习七人，每年需银一万七千两。加以学生膏火奖赏，员役薪水夫马，学堂购置图书器具杂用等项，统计需银约六万两。拟将仪征淮盐总栈每年节省商捐局用银三万两、皖岸督销局每年节省商捐局用银三万余两，尽数拨给充用。如有盈余，积存作建堂经费。此两项均系臣新筹节省之款，应请归入外销。又同文馆原定之款，每年约银四千两有奇，应亦归并应用，足敷该堂经费。至建堂经费，尚须设法积存筹措，且堂工一时亦难造成，拟先租赁屋宇应用，以便及早入堂肄习，俟筹足款项时，即行建造。查本年北洋新设西学学堂，奏请立案，款由捐集，不动公项。此次江南设立学堂，亦系款由外集，事属相同。此事臣于夏间即拟举办，因巨款难筹，是以未能速办。兹已筹有的款，始能奏明定议，及时举行。所需德、法各教习，现已电托出使大臣许景澄、庆常分别延访。其英文教习较易物色，拟即就来华者招致。现值交替在即，其择地建堂委员经理及详细章程，应由本任督臣刘坤一到江后续行核定开办。（硃批）知道了。著张之洞移交刘坤一妥为经理。（钦此）

国家清史编纂委员会・文献丛刊《张之洞全集》(3)，武汉出版社2008年版，第320～321页

《江南储才学堂章程》：

一、江南奏设储才学堂，定学生额一百二十名，分习英、法、德、日四国语言文字，精通仿照汉儒，分治律例、赋税、舆图、翻书、种植、水利、牲畜、农器、化学、汽机、矿务、工程、各国商务、中国土货、钱币货物诸法。惟其理法精密，必须聪颖子弟，方能学习，除同文馆学生归并外，业经于宁、沪招选如额，各生即由家属出具甘结，填明籍贯、年貌、三代，并由保人出具身家清白，不奉异教保结。其保遵照定章，以八月为期，学生到堂，先试习三月，再行甄别，以北洋定去留。如有口齿不清，资质鲁钝，性情执拗，不堪造就者，无待甄别，随时剔退，甘、保二结发还，学生来堂出堂，川资自备。

一、学堂分英、法、德、日四学,各以三十人为额,学生试习期满,分别去留后,第其资质学问,判定名次,再照批定赡银章程,分别办理。其在堂试习未满三月者,则予饭食,不给赡银。

一、四学学生,英文、法文,延洋教习两员教授,订立合同,并有华帮教习两员,从旁助教。德文、日文,先以华帮教习两员启迪,俟二年后再延洋员。四国之学,均先以文法语言为第一要义,然后分授各课,以重实学。又以学生已窥见中学门径,每日考中西课,其致力以西六中四为断。

一、洋文功课二月朔起,九月晦讫,皆上午八点钟开课,十二点钟止。十月朔起,正月晦讫,皆上午八点半钟开课,其毕课时同。汉文功课,通年一点半钟开课,其毕课,二月至九月在五点半钟,十月至正月在五点钟。

一、学堂设汉文教习六员,分时讲授经史及春秋、左传、战国策诸书,并有益经济之文,以扩知识,每月逢初八日、十八日命题作小课,由教习点正平阅,其有年齿较稚,文理尚逊,未能作文与论者,发给读书日记一本,令其逐日书所见闻及所心得,札记于册,只求明晰,以期逐渐通顺,每届月杪呈阅。

一、各生立品励学,责在汉文教习,各发给学行记一册,内列诸生姓名,由教习随时体察,验行业之勤惰,行为之敬肆,分别优劣,加以考语,月杪送总办察阅。优者记之,遇有小过罚赡,准予抵销,劣者汇俟季考剔选。

一、各生于傍晚放学时,准在堂内散步,不准出堂。上灯后,应在本房研习日间所授功课,以备明晨问答,如洋汉文有不解之处,准赴教习处请质,不准串房,致扰他人功课。

一、每逢房虚昴星日,照西例休息。清明、端午、中秋、冬至、万寿及西历元旦,各给假一日。年假二十日,暑假二十日(年假定腊月二十日放学,正月十一日开馆。暑假俟气候酷暑,临时牌示)。

一日之假,倘欲出门,仍应告知委员,不准在外住宿(家在本城者始准住宿),违者戒责记过。

一、本学照水师学堂例于正楼上恭设大成至圣先师孔子神像,月朔辰刻啜后,由师员等每率八学生登楼,师长居前,学生立后,同时各行三跪九叩首礼。是辰先于庭院,序班次第登楼,以昭肃穆。是朔汉文功课,该教习敬宣圣谕广训,庭训格言。再十一月初四日圣诞,行礼如前。

一、各生平日不准请假致误功课,惟于完姻、父母之丧、承重丧,均准酌量原籍远近,准予给假。假期内仍应停给赡银,逾限回堂,按日罚赡。其余期功之丧,一概不准假回。

一、各生留堂后,中途不能告退,如遇病请假,须由学堂官医验明属实,始准停课。如查出托病请假,除饬令仍进讲舍外,并罚赡银。

一、汉文教习遇大比之年,欲应试者,须先禀明总办觅定代庖,方行准假。外籍准假一月,本籍准假二十日。学生已入泮愿应乡试者,给假日同。学生有应院试者,由汉文教习察其平日汉文造诣若何,如能应试,始准假回,以免徒劳,而重堂课。

一、学生中西功课兼营并习,刻无暇晷。倘因功课较繁,畏难逃学,抑或学习两三年后,洋文粗通,藉端滋事,希冀斥退,另图生理,除将该生革退外,仍行县提其家属,追缴历领赡银及已用火食银两,并著摊赔本堂虚糜公费,以警效尤。

一、学堂购备中国各种书籍,系属学生公用,只准借看、借抄,极应珍惜,不得污损,抄阅毕,随时交还管理之员收储。

一、学堂应用洋书、纸、墨、笔及茶叶、灯油均由学堂备办。

一、学堂各屋琐杂操作,专雇听差伺应,不得私自添人。学生有寄信等事,不得任意遣听差出外,应交委员汇齐办理,亦不准自托寄信等事,私行出堂。

一、学生条规悬示堂中,违者轻则罚赡,一日、二日、三日不等。如有意外重过,非罚赡可了者,则记大过一次。一年之中,大过记至五次,无优抵销,则是不能悛改,应即革退。饬追赡银火食外,并著摊赔本堂按月虚糜公费。(此条与第六条、第十三条参看)

一、学生在堂每年分春夏冬,按季考试,由总办监考,校阅试卷,统核分数,酌拟甲乙,汇呈南洋大臣鉴定,发回榜示,分别奖赏。其秋季大考,由总办申请南洋大臣定期临堂考试,屡列前茅者,除加给奖外,再于大考后赏给功名,以重作育,以示鼓励。

一、每月月课定二十八日考洋文,二十九日考汉文,皆辰刻命题,酉初缴卷,即由洋汉教习监场。倘此二日中值休息之日,大建则移下一日,小建则推上一日。

一、每月初八日、十八日下午汉文教习停课,命题面试,论说、诗文各做一种,只求文义通顺,事理条达,字数不必过多,誊清缴卷,以旁晚为度,是午前西课不辍。

一、月课各卷洋文由该国教习拟定甲乙,汉文由该管教习先行阅看,于初二日上午齐集公所,彼此互阅,统拟甲乙。所有汉、洋各卷,均于初三上午送呈总办,以便评定榜示。

一、月课、季课不准躲避,如遇病假,俟痊愈补考,方准照领膏火。

一、学生中如有学业优长可补器使者,由各该管教习察实,随时记名于册,是之谓记优。记优一次,准与记过一次抵销。一年之中,全优无过者,特禀总办另加考详,请存记以示鼓励。

一、学生自开馆肄业之日起,至三年期满大考,如学有明效,月试屡列高等者,应遵照奏议,给予科名仕进之阶。近复特奉南洋大臣刘批准,准照皖章给予监生,准其一体乡试,以示鼓励。

一、西学日见其重,本学堂既设,或有他省咨调学生充当差使者,当由洋汉教习择尤,禀明总办,发给凭单(凭单式详后),详奉南洋大臣批准,始可前往。如指名咨调,亦由洋、汉教习察实禀核,如学力未充,则逊谢不敏,以优者应之。

一、章程内如有未尽事宜,随时禀请南洋大臣核定补入,一体遵行。

翦伯赞、刘启戈等编《中国近代史资料丛刊·戊戌变法》(4),
上海人民出版社、上海书店出版社2000年版,第510~514页

2月2日(十二月十九日) 张之洞奏请在南京创设陆军学堂,并附设铁路专门学堂。

张之洞《创设陆军学堂及铁路学堂摺》(光绪二十一年十二月十九日):

窃臣创设自强新军,延募德国将弁,分派统带营哨各官,业经将开办情形于本年十一月陈奏在案。窃惟整军御武,将材为先。德国陆军之所以甲于泰西者,固由其全国上下无一不兵之人,而其要尤在将领、营哨各官,无一不由学堂出身,故得人称盛。今欲仿照德制训练劲旅,非广设学堂、实力教练,不足以造就将材。光绪十二年间,天津地方曾设立武备学堂,惟时臣在两广总督任内,亦曾设立陆师学堂。虽学生额数均属有限,所造不多,而此次创练新军,营哨各官取之两处学堂出身之人,究视未学者领会较易,长进甚速,是学堂有益,确有明征。现当急练陆军,亟宜设法推广,储异日干城之选。查江南省城原设有水师学堂,今于仪凤门内之和会街地方创建陆军学堂,取其宽旷清净,远隔市廛,讲舍、住屋、操场一律备具。现已电托出使大臣许景澄,延请德国精通武事者五人为教习,慎选年十三岁以上、二十岁以下聪颖子弟,文理通顺、能知大义者百五十人为学生。分马队、步队、炮队、工程队、台炮各

门,研习兵法、行阵、地利、测量、绘图、算术、营垒、桥路各种学问,操练马,步、炮各种阵法。炮在武学中又别为专门,尤非浅尝所能见效。所有应习各门,约以二年为期,二年后再令专习炮法一年。又须略习德国语言文字,以便探讨图籍。大约通以三年为期满,期满合考,分别甲、乙,是为毕业。仿照总署同文馆章程,三年期满,请准择尤保奖。并选其学业贯通、秉性忠正者,分派各营任用,不使已成之材,坐叹闲散。庶肄业者以好学为劝,闻风者以来学为荣,而国家亦遂收得人之效。此整饬武备之至要关键也。所有造建房屋、置备器具等费,约需银四万数千两,拟在筹防局款拨用,其常年经费约需银四万余两。

又铁路一项,学有专门,与陆军尤相关系。外国铁路衙门,略如中国六部,设有极品大臣,专司其事,大小学堂林立。闻德国通铁路学术者至数万人之多,方敷全国铁路十万余里之用。盖研求利弊,考验物料,图绘器具,推算工程,监督行驶,稽察修理,随在与本利相关,亦随在与军国相关。中国方经营铁路,而人材缺乏,势必多用洋人,费且不赀,是非亟备人材不可。从前北洋亦经设有铁路学堂,其学业有成者,业经臣调用数人,惜为数不多,殊不敷用。今拟另延洋教习三人,招习学生九十人,别为铁路专门,附入陆军学堂,以资通贯。约计常年经费亦须二万数千两。事关军国要图,该两项常年经费共需六万余两,合无仰恳天恩,即在江海关新认加解每年四万两,镇江关新认加解每年七千两,共四万七千两一项动支。计陆军、铁路两学堂经费,尚不敷银二万两。查本年春间,经臣委员会同江海关道、常镇道劝谕膏店酌量认捐。嗣据江海关道黄祖络等禀称,商捐业已办妥,计每年可收钱一万二千余串。据常镇道吕海寰禀,镇江亦可劝办,惟为数较少各等语。近准户部咨,催令举办土药店捐输,现经札饬江宁、江苏两藩司,常镇、淮扬两道,于江宁、苏州、镇江、扬州等处最为繁盛之区,先行劝办,其余府、州、县由该司、道体察情形,酌量办理。大约此项商捐,每年总可筹银二万两以外,其两堂不敷经费,拟即于此项膏捐项下凑足。如蒙俯允,则两堂经费有着,必可经久推行,将才蔚起。出自逾格鸿慈,不胜屏营待命之至。(硃批)著照所请。该衙门知道。(钦此)

国家清史编纂委员会·文献丛刊《张之洞全集》(3),武汉出版社2008年版,第324~325页

至光绪二十二年正月十五日奉上谕:

署两江总督张之洞奏,江宁省城创设陆军学堂,附设铁路专门学,拟筹拨经费。如所请行。

《清实录》第57册,中华书局1987版,第10页

△ **李提摩太访问工部尚书、议政大臣刚毅,劝其支持变法。**

《亲历晚清四十五年——李提摩太在华回忆录》:

在我逗留北京的后期,2月2日那天,我如约去刚毅自己的家中拜访他。他是满族人,六十二岁了。第一次见他的时候是在八十年代,那时他是山西巡抚,是那里最顽固的反对改革的官员。任何涉及到花钱的改革措施,都会被他立刻否决,他会说那是对钱的一种浪费,是劳民伤财。在山西,他同那些将古老的天文学和占星术混杂在一起的术士们打得火热。在许多个夏夜,他一边观察星星,一边听他的那些朋友们讲述有关世界的过时了的认识,内容是天体对人类命运的影响。每当接到为士兵演习买子弹的申请书时,他的回复总是,铅子弹太昂贵了,并命令士兵用土块演习。

这次会面,他非常友好,一举一动像总理大臣翁同龢那样令人感到愉快。他对自己在山西、江苏、广东当巡抚时采取的政策非常自信,然而我却没有听到他给我介绍一项改革措施。但他努力做到了两袖清风。他非常急于向我说明,汉族官员是中外建立友好关系的阻碍者,

而不是满洲人，汉人是固执的排外者。我努力提醒他中国不学习其他国家的方式和方法的危险性。我强调了外国人的启发的必要性，并建议从外国聘请两名女政治家做慈禧太后的顾问，也为光绪皇帝请两位外国师傅。

第二天，我派我的秘书去见他，问他能不能为我疏通一下，入朝觐见，以便向皇帝提出这些建议。两人就此事谈了将近一个小时，最后他说的是：他对皇帝没有任何影响力，因为翁同龢一手遮天；在内阁里，汉族官员独行其是，甚至恭亲王与礼亲王都无足轻重，他声言，翁同龢把皇帝引进了一团黑暗里，"蒙蔽了他的双眼"。

刚毅的友善态度——尽管在感情上他是排外的，与其他满族官员的做法形成了鲜明的对照，恭亲王目空一切，景善要多粗鲁有多粗鲁。在这次会面中，满汉官员间的相互妒忌非常明显。刚毅后来成为维新运动的最大反对者，支持慈禧太后的反动政策。后来，他在慈禧太后的支持下组建团练，导致了1900年爆发的规模巨大的排外运动。

李宪堂、侯林莉译《亲历晚清四十五年——李提摩太在华回忆录》，天津人民出版社2005年，第240～241页

2月5日（十二月二十二日） 因御史胡孚宸奏请筹设书局，从总署议，拟设立官书局。

《德宗景皇帝实录（五）》：

又谕：本日御史胡孚宸奏，书局有益人才，请饬筹设，以裨时局一折，著总理各国事务衙门议奏。寻议，拟援照八旗官学之例，建立官书局，特派大臣管理，聘订通晓中西学问之人，专司选译书籍、各国新报及指授各种西学。由管理大臣详定章程，定期开设。从之。

《清实录》第56册，中华书局1987版，第999页

胡孚宸《书局有益人才请饬筹设以裨时局折》：

京师近日设有强学书局，经御史杨崇伊奏请封禁。在朝廷预防流弊，立意至为深远。惟局中所储藏讲习者，首在列圣圣训及各种政书，兼售同文馆上海制造局所刻西学诸书，绘印舆图，置备仪器，意在流通秘要图书，考验格致精蕴，所需费用皆系捐资集股，绝无迫索情事。所刻章程尚无疵缪，此次封禁，不过防其流弊，并非禁其向学。倘能广选才贤，观摩取善，此日多一读书之士，他日即多一报国之人，收效似非浅鲜。请旨饬下总署及礼部各衙门，悉心筹议官立书局。选刻中西各种图籍，任人纵观，随时购买，并将总署所购洋报选译印行以扩见闻。或在海军旧署开办，经理既善，流弊自除，庶于国家作育人材，挽回时局之本心不相刺谬。

朱寿朋《光绪朝东华录》第4册，中华书局1958年版，总3738～3739页

2月14日（丙申年正月初二日） 翁同龢拜访英国传教士李提摩太，保证善待外国传教士。

《亲历晚清四十五年——李提摩太在华回忆录》：

还有，在我离开北京的前一天，即1896年2月14日，翁同龢登门拜访了我，并口头保证，那些造谣中伤基督徒的宣传材料将被禁止；各级地方政府将被告知，要本着友好的、善意的态度对待传教士。

李宪堂、侯林莉译《亲历晚清四十五年——李提摩太在华回忆录》，天津人民出版社2005年版，第232页

2月17日（正月初五日） 张之洞奏陈选派学生出洋肄业。

张之洞《选派学生出洋肄业摺》（光绪二十二年正月初五日）：

窃维学校之盛，近推泰西。合计英、法、德三国，幅员不及中国之半，而所设初学、中学、

大学三等学堂,凡二十余万区。所收学生,在堂有额可稽者,共一千七百八十余万人之多。所习则史册、地志、富国、交涉、格致、农事、商务、武备、工作各学。其专门小学堂尚不在此数。魄力雄厚,何患无材。中国力图自强,舍培植人材,更无下手之处。臣现拟就江南省城创设陆军学堂、铁路学堂、储才学堂,并开拓同文馆,业于上年十二月间先后奏陈在案。

第念仅在中国学堂肄业,观摩既鲜,收效过迟。查前督臣曾国藩派学生赴美国肄业,及福建船政屡派学生赴英、法肄业,均有成案。兹拟酌量仿照,选派已通西文之学生出洋肄业,每人于上项所指九门中,视其才性高下,按照西学程式,酌量兼习数门。并须就其所通何国文字,即派入何国学堂。查德国学堂,教法精捷,更驾英法而上,惜华人通德文者尤少,当在江南所拓同文馆内,加意推广,以资分学。所以必选已通西文者,一取根基已立,则指授不难,成功较速。一取初学粗通,则径入中学,经费可省。西师教必循序,不躐等,不欲速。大约中学三年,大学三年,共六年为期满。上质,可兼通数事。中材,亦精习专门。学成归国,除拔擢任用之外,悉令充学堂教习,转相授受。果能实力奉行,不薄西学为末技,二十年后人材必大有可观。是非广设学额,不足济用。无如人材固为十分急需,而经费又十分难筹,不得已,拟选四十人先往肄业,三年以后陆续添往。傥能筹有长款,则源源而往。以常川在洋六十人为度。今姑以四十人计算,初三年学业尚浅,学资亦省,后三年,学业渐深,学资亦增。匀计每年每学生学资、饭食、书籍、图具、衣服、房屋、赡家等项,以及匀摊监督薪水等项,约须银一千五百两,四十人,一年共银六万四千两,往来川资不在内。外洋通用金钱,目下银价日贱,易金日少,此数较之昔年船政学生肄业经费,实属大减。今先在所借瑞记洋款项下,拨银二十万两,专款存储,为学生四十人前三年经费及出洋川资之用。三年以后,在臣前购纺纱机今归苏州商务公司利息项下拨用。此项机价成本六十余万两,至少以一分行息计利,岁可得银六万两,专为出洋肄业经费之用。果能利息加厚,即学生额数加增,似系常年有着之款,不必逐年筹画,且可不动正款,实属大有裨益。允宜刻日举办,以与中国现设储才学堂相辅。

至学生课程之勤惰,功业之浅深,随在须加考核。与夫平日勖以圣贤大义,授以华书,课以华文,以及调护抚循之处,本应遴选谙练华洋学问情形之员派充监督,率带前往。惟胜此者,实难其人。查出使法国大臣庆常,久在外洋,熟习各国情形,且兼通英、法、德三国语言文字,现系法国专使,事务较简,拟请即将南洋出洋学生肄业各事宜,即托该大臣代为经理,必能措置妥协,学习有效。且法国居英、德之间,居中分派,亦甚便利。如此则监督经费亦可节省。该大臣总持大纲,与彼国学校大臣及学堂教长商酌紧要应办事宜,必有实济。其余如支放款项、收发函牍以及一切稽核事宜,由该大臣酌派参随一员,专司其事。中国但派委曾经出洋之同通州县等官一两员,率领各生前往,就令在彼随时随事禀承该大臣照料,即已无误。其照料委员,查有江苏候补知县沈翊清,敏练安详,究心洋务,昔年曾充出洋委员,与庆常颇称接洽。拟即派委沈翊清率带学生出洋,必能妥协。应俟本任督臣刘坤一到江后,详酌办理。至一切详细章程,一并由本任督臣陆续筹议。

国家清史编纂委员会·文献丛刊《张之洞全集》(3),武汉出版社2008年版,第358~359页

2月21日(正月初九日)　兴中会谢缵泰等在香港会见康广仁等,谋求合作。

冯自由《中华民国开国前革命史》:

丙申正月初九日,谢缵泰应陈锦涛、梁澜[兰]芬之宴,初识康有为之弟广仁于香港品芳酒楼。席间,谢痛言两党必须联合救国之必要,广仁极首肯。

冯自由《中华民国开国前革命史》上编,上海书店1990年版,第43页

谢缵泰《中华民国革命秘史》:

一八九六年二月二十一日,我应朋友和同事陈锦涛博士和梁兰芬邀请在品芳酒楼举行的宴会上,见到了康有为的胞弟康广仁和康党的其他成员。陈锦涛博士曾任财政部长,梁兰芬是中国驻澳洲的领事。

我们讨论了“维新须联合与合作的重要性”。我自己不是“党”人,但我极力劝告各政党要联合与合作以救中国。这是我一贯的主张。

我的口号一向是“联合各党派,统一中国”。

章开沅等主编《辛亥革命资料新编》第1册,湖北人民出版社2007年版,第162页

冯自由《中华民国开国前革命史》:

其初两派对于国事,宗旨均颇接近。孙于乙未(清光绪二十一年)广州发难之先,尝赴天津,上书李鸿章,条陈改革。而康之弟广仁及其徒何章、陈千秋,于戊戌政变之前,亦尝诣孙杨磋商合作。故当日两派如联合谋国,原非不可能之事。

冯自由《中华民国开国前革命史》上编,上海书店1990年版,第1页

编者按:丁文江《梁任公先生年谱长编初稿》于“何章、陈千秋”下批注:“不闻有何章其人,陈千秋卒于乙未,不闻与孙有联合之事。”

冯自由《戊戌前孙康两派之关系》:

康初讲学于长兴里,号长兴学舍,好浏览西学译本,凡上海广学会出版之书报,莫不尽量购取。长兴学舍旋移于广府学宫,改名万木草堂,与双门底圣教书楼相距甚迩。时总理初假圣教书楼悬牌行医,因康常在该书楼购书,知其有志西学,欲与结交,爰托友人转达。康谓孙某如欲订交,宜先具门生帖拜师乃可。总理以康妄自尊大,卒不往见。乙未总理倡设农学会于广州,尝请康及其徒陈千秋等加入,陈颇有意,以格于师命而止。是年春,陈少白以事至上海,居洋泾浜全安栈,闻康与其徒梁启超晋京会试,亦寓同栈,乃赴邻室访之。康庄重接见,正襟危坐,仪容肃然。少白向之痛言清朝政治日坏,非推翻改造,决不足以挽救危局。康首肯者再,且介绍梁启超相见,谈论颇欢。总理在广州挫败之后,康徒梁启超、麦孟华、欧榘甲诸人于丙申丁酉(一八九六至一八九七)间,先后刊发时务报与知新报于上海、澳门,倡言改革,名重一时。同时杨衢云、谢缵泰亦与康广仁(有为之弟)、何易一商谈两党合作事宜,久无成议。

冯自由《革命逸史》第1集,中华书局1981年版,第47~48页

陈少白《兴中会革命史要》:

乙未年正月,孙先生叫我到上海来,召集同志,回广州起事。当时我在上海住在洋泾浜全安栈内。其时适康有为、梁启超师徒二人进京会试,路过上海,也住在全安栈内。住在全安栈的,多半是同去会试的广东人,也有做过康有为的学生的。当时有人对我说:“康圣人到了!”康有为系志大言大的人,我们久欲延揽他同办大事,我想到那年的春天,我和孙先生特地到广州去找他,到他那广府学宫里面教学的万木草堂,刚巧他还没有开学,没有见着。这一次到上海,竟能同他住在一个栈房,我当然要去见见他了。康有为的学生,听见我要去见他,总不以为然说:“还是不去见他的好。”我很奇怪,问他们的缘故,他们说:“康圣人的脾气是很古怪的,见了人,如果说得有些不合他意思,就随便骂人,所以我们都叫他康怪。”我说:“无论他是怎样一个人,我一定去见见他,我是不怕的。”

当时,我住在全安栈的十九号房,康有为就住在二十一号,相隔只有几步,所以我就跑过去。他的门闭着,敲了许久,才见房门轻轻打开,一个人探出头来,问道:“你找谁?”我说:“我要见康先生。”他说:“我就是康某,请你进来谈罢。”我就走进去,他又马上把房门重新关

起来了。

在三四十年前,旅馆的设备装置是很简陋的,全安栈的客房,也很狭仄,所谓光线空气,当然都不讲究,房间内也肮脏得很,把门关起来,更是闷气。而康有为在房间内,还是长袍马褂,谈话的时候,总是正襟危坐,一话一拱手,我也为之肃然起来。

不过我同他谈话,倒也并没有什么令人不快。寒暄之后,他问我来意,因何至此?我就同他谈革命。我说:"现在中国的情况,已很危急,满清政府,实在太不行,非改革一下不可。"他也说:"很对的。"然后他就问我长江一带的情形如何?人才多少?我就大概的把局面说了一下,他也点头称是。我们正畅谈之间,外边又有人来敲门,康有为就去开了门,让那人进来,康有为说是他的学生梁卓如,当时亦是很有名的,我就说了几句仰慕的话,当下三人对话,谈了几个钟头,我才告辞而退。

当时康有为的几个学生,以为康有为是没有人敢无事去见他的,几个人在门外,走来走去,打听消息。等到我出来了,他们就围拢上来,问康圣人说什么话?神气如何?我说康先生是很可以谈天的,他们倒弄得奇怪起来。我认识康梁二人,就从那日起。

柴德赓、荣孟源等编《中国近代史资料丛刊·辛亥革命》(1),上海人民出版社、上海书店出版社2000年版,第44~46页

2月24日(正月十二日)　翁同龢访问李提摩太谈论国事,李提摩太建议富民富官,学人尤应通晓各国政情。

《亲历晚清四十五年——李提摩太在华回忆录》:

2月24日,在我离开北京的前一天,翁同龢派人把他的名片送到我在伦敦会的住处。按中国的风俗,这是非常正式的问候。我回赠他我的名片,并感谢他的厚意。没想到,他就在外面,有重要的事情要同我商量。这是空前的举动,此前没有一位中国的总理大臣曾拜访过传教士的住处。我们就宗教宽容和政治改革问题谈了一个小时。首先,他为朝廷没有发布政令,批准传教士的请愿书向我表示歉意,说他的上司不想支持他。我请求不要将基督徒与非基督徒区别对待,并强调倘若能做到这一点,一切麻烦都将不复存在。他谈的第二件事是问我能不能帮助强学会,因为政府打算恢复它的合法地位。对此,我的答复是,如果强学会不能对中国做一些切实有用的事情,我不想跟它发生任何联系。

他离开后不久,派人送来了四匹丝绸,还有让我路上吃的八盒点心。这些,加上孙家鼐送我的一对花瓶,我倍加珍惜,因为它们是友情的标志。

李宪堂、侯林莉译《亲历晚清四十五年——李提摩太在华回忆录》,天津人民出版社2005年版,第241页

《翁同龢日记》:

(正月)十二日　阴,暖。……未刻送英教士李提摩太,长谈。伊言须富民、富官,归于学人要通各国政事。其言切挚,赠以食物八匣、绸四端而别,留一照相赠余。

陈义杰整理《翁同龢日记》第5册,中华书局1997年版,2878页

3月4日(正月二十一日)　港英当局下令放逐孙文。

香港《法例汇编》(民国二十五年香港《华侨日报》出版)乙编《医业登记及孙中山先生与香港法律及医学之关系》:

一八九六年岁初逊清光绪二十二年丙申,本港政府接据报告,以中国革命首领孙逸仙医师反叛满清政府,有违反香港法例之所为。遂由当任总督威霖罗便臣遵照一八八二年第八

号条例第三条规定,于是年三月四日下令放逐出境,由该日起以五年为期。孙医师籍贯广东香山县改称中山县,早年在夏威夷檀香山读书。嗣来港雅丽氏医院附设之西医学堂肄业。一八九二年卒业,为该校第一届毕业生。当下令放逐孙医师出境时,孙已离港赴英。

陆丹林《总理在香港》,《近代稗海》第1辑,四川人民出版社1985年版,第504页

△ **清廷以总理衙门奏,设官书局,选刻西洋各种图书,并选译外报印行,命孙家鼐管理。**

《德宗景皇帝实录(六)》:

谕内阁、总理各国事务衙门奏,新设官书局请派大员管理一折。著派孙家鼐管理。

《清实录》第57册,中华书局1987版,第14页

《光绪朝东华录》:

总理各国事务衙门奏:光绪二十一年十二月二十二日准军机处抄交御史胡孚宸奏:书局有益人才请饬筹议以裨时局一折,军机大臣面奉谕旨,著总理各国事务衙门议奏。钦此。钦遵到臣衙门,查原奏内称,……等因。臣等维国势之强弱,视乎人才,人才之盛衰,系乎学校。古者家塾、党庠、州序、国学,自诸侯以达王畿,莫不建学。大而德行道艺,细而名物象数,综贯靡遗,是以人才日盛。近世学者,往往避实骛虚,舍难就易。视西人一技之长、一能之擅,或斥为异学,或诧为新奇。不知西人之学无不以算学为隐括,西算之三角与中算之勾股理无异同。周髀经曰:圜出于方。又曰:方数为典,以方出圜。言圜之不可御而驭之以方,西人三角八线之法实基于此。余若天学、化学、气学、光学、电学、重学、矿学、兵学、法学、声学、医学、文字、制造等学,皆见中国载籍。试取管、墨、关、列、淮南诸书以类求之,根原具在。可知西学者,中国固有之学,西人踵而行之。所谓礼失而求诸野耳。泰西教育人才之道,计有三事:曰学校,曰新闻报馆,曰书籍馆。英、德、法、俄各国学校之盛,或二三万所,或六七万所,生徒率皆二三十万人。美国学校多至十七万余所,生徒几及千万人。学校费用自三四千万以至八千余万不等,率由国家及生徒各出其半,各国富强之基实本于是。是庶政由人才而理,人才由学术而成,固有明效大验。该御史请将强学书局改归官办,自系为讲求实学培养人才起见。臣等公同商酌,拟援照八旗官学之例建立官书局,钦派大臣一二员管理,聘订通晓中西学问之洋人为教习,常川住局,专司选译书籍、各国新报及指授各种西学,并酌派司事、译官,收掌书籍,印售各国新报。统由管理大臣总其成,司事专司稽察。所需经费,由总理衙门于出使经费项下每月提拨银一千两,以备购置图籍、仪器、各国新闻纸及教习、司事、翻译薪水等用,核实散放,年终由臣衙门奏销。毋庸招股集资,设不敷用,再由臣衙门设法筹措。如有慕义之士,愿借巨款或捐书籍,准由司事呈明管理大臣酌定核收。至建设学舍地方,或假官房,或租民宅,取足教习、各官起居之地,兼为士大夫入观群书之所,因地制宜,妥筹布置。该御史所请就海军旧署开办之处,应毋庸议。如蒙俞允,再由管理大臣详定章程,定期开设。上谕:总理各国事务衙门奏新设官书局请派大员管理一折,著派孙家鼐管理。

朱寿朋《光绪朝东华录》第4册,中华书局1958年版,总3738~3740页

3月22日(二月初九日) 以御史陈其璋奏请各省准商民开办矿务,命有关省份督抚认真履勘,拟定办法,大兴矿务。

《德宗景皇帝实录(六)》:

谕军机大臣等:开矿为方今最要之图,叠经谕令各直省督抚等设法开办。兹据御史陈其璋奏,奥国博物院谓"中国煤产以江西乐平、浙江江山等处为最,而莫多于山西"。比利时议

院谓"中华金、银、铜、锡四金之矿,所在多有"。《外洋时事新编》谓"山西煤铁之矿,品居上上,多至十三万余英方里"。见于西人称述者如此。其见诸臣工奏报者,如前两江总督沈葆桢复陈洋务事宜疏内谓"福建古田等处产铁甚旺"。前福建巡抚丁日昌海防条议内称"磁州、平陆、大同、太原、米脂等处,皆煤多而佳,镇江之东南山,煤铁五金,皆有可采。浙江之金华、福建之永定,皆有煤井"各等语。览该御史所奏,或采自西欧各国纪闻,或考自从前疆臣奏疏,所指有矿处所,历历可数,断不至一无影响。著王文韶、刘坤一、边宝泉、赵舒翘、德寿、廖寿丰、胡聘之、张汝梅,拣派熟悉矿务办事实心之员,按照所指各地名,逐一认真履勘,拟定办法据实具奏。至该御史另片所称"官办不如商办,凡各省产矿之处,准由本地人民自行呈请开采,地方官专事监管弹压,其一切资本多寡,生计盈亏,官不与闻。俾商民无所碍阻"等语,所奏亦颇中窾要,并著各该督抚酌度情形办理。又据翰林院侍读学士文廷式奏"各省开办矿务,疆臣任意迁延,或藉端阻挠,推原其故,皆由畏难"等语。当此国用匮乏,非大兴矿务,别无开源良策,叠寄谕旨,业已剀切详明,各该督抚身膺重寄,与国家休戚相关,傥狃于故见,仍以空言搪塞,扪心自问,其何以仰对朝廷耶?将此由四百里谕知王文韶、刘坤一、边宝泉、赵舒翘、德寿、廖寿丰、胡聘之,并传谕张汝梅知之。

《清实录》第 57 册,中华书局 1987 年版,第 27～28 页

3 月 24 日(二月十一日) 孙家鼐奏上官书局章程。

孙家鼐《官书局奏定章程疏》:

管理官书局事务工部尚书孙家鼐跪奏为请旨事:光绪二十二年正月二十一日奉上谕,总理各国事务衙门奏,新设官书局请派大员管理一折,着派孙家鼐管理,钦此。臣恭奉谕旨,朝夕筹思,且与原办书局诸臣,悉心酌度,谨拟开办章程,分条胪列,恭呈御览。

一、藏书籍。拟设藏书院,尊藏列朝圣训钦定诸书,及各衙门现行则例,各省通志,河、漕、盐、厘各项政书,并请准其咨取储存庋列。其古今经史子集,有关政学术业者,一切购置院中,用备留心时事讲求学问者入院借观,恢广学识。

一、刊书籍。拟设刊书处,译刻各国书籍。举凡律例、公法、商务、农务、制造、测算之学,及武备、工程诸书,凡有益于国计民生与交涉事件者,皆译成中国文字,广为流布。

一、备仪器。拟设游艺院,广购化学、电学、光学诸新机,矿质、地质、动物、植物各异产,分别部居,逐门陈列,俾学者心摹手试,考验研求,了然于目,晓然于心。将来如制造船只、枪炮等事,可以别材质之良窳,物价之低昂,用法之利钝,不致受人蒙蔽。

一、广教肄。拟设学堂一所,延精通中外文理者一人为教习,凡京官年力富强者、子弟之姿性聪颖安详端正者,如愿学语言文字及制造诸法,听其酌出学资,入馆肄习。

一、筹经费。总理衙门原奏,每月拨银一千两。查局中用款以延教习、翻书籍为大宗,此外译书及书手、匠役人工价火食费亦不赀,每月千两只供各项之用。至于购买图籍、仪器等款,尚无所出,原办零星招股,过于冗碎,自应遵照原奏,概行停止。其慕义乐输捐助巨款者,善堂书院,有例可循,亦应查照原奏,酌核收纳。现在事属创行,需款数难预定,惟有就现有经费次第兴办,总以撙节为充拓之基,切戒滥费,以收实济。

一、分职掌。上年部院诸臣,开设书局,仓猝举办,草定规模,议事尚未划一。今拟将局中诸物,各分职掌,庶心志专一可期,日起有功,所有在局办事诸臣,职名另单开呈御览。

一、刊印信。拟刻一木质关防,文曰"管理官书局大臣之关防",凡向总理衙门领取经费,及有行文事件,即以此为凭信。

以上七条如蒙俞允，臣即敬谨遵行，即从本日开办。臣窃维同治初年，总理衙门请设立同文馆，讲求泰西诸国文字，令翰詹部院各官，一体入馆习练。惟时议论纷纭，人情疑沮，风气未开，事因中止，后虽经总理衙门设法招徕入馆生徒，略有成就，而读书明理之人，从事其中者绝少，遂致中外间隔，彼己不知，仓猝应机，动多舛误。近者倭人构衅，创巨痛深，一二文人学士，默参消息，审知富强之端，基乎学问，讲肄所习，爰出人才，砥砺奋兴，消除畛域，期以洞中外之情形，保国家于久大，此与同治初年，设立同文馆之意，实相表里，诚转移风气之一大枢纽也。

臣开办初章，期归简要，未尽事务，渐图扩充。其藏书、刊书、游艺学堂诸所，有稽查诸员考其课业，综理诸员总其纲维，各期敬业乐群，尊贤尚齿，善资群议，术集众长，庶几成材者扩会通过半之思，志学者得师友观摩之益。至局中用款，惟延请翻译抄写书籍、典收文簿、登记帐目及工匠制造之人，发给薪水，此外兴办局务翰詹科道部院诸臣皆出于诚恳之心，忠勤之念，但期创开风气，增广见闻，为异日报效国家之用，臣亦鉴其初心，一概不请奖叙，不去薪资。至印送各路电报，只选择有用者，照原文抄录，不加议论。凡有关涉时政、臧否人物者，概不登载，以符总理衙门原奏，所有议立条款，请旨遵办缘由，谨缮折具陈，伏祈皇上圣鉴训示。谨奏。

翦伯赞、刘启戈等编《中国近代史资料丛刊·戊戌变法》(2)，
上海人民出版社、上海书店出版社2000年版，第422～424页

3月30日(二月十七日)　以御史杨崇伊奏，将翰林院侍读学士文廷式罢官。

《德宗景皇帝实录(六)》：

谕内阁：御史杨崇伊奏词臣不孚众望请立予罢斥一折，据称翰林院侍读学士文廷式，遇事生风，常于松筠庵广集同类，互相标榜，议论时政，联名执奏，并有与太监文姓结为兄弟情事等语。文廷式与内监往来，虽无实据，事出有因。且该员于每次召见时，语多狂妄，其平日不知谨慎，已可概见。文廷式著即革职，永不叙用，并驱逐回籍，不准在京逗遛。此系从轻办理。在廷臣工务当共知儆戒，毋得自蹈愆尤。

《清实录》第57册，中华书局1987版，第35～36页

4月5日(二月二十三日)　两广总督谭钟麟致电总理衙门，谓孙文逃新加坡，拟年底回港再举事，请总署与各国驻华使馆交涉，以后或有要犯逃入港澳，准华官知照洋巡捕会同查拿。总理衙门据此乃分电驻外使馆，严密注意孙文行踪。

4月8日(二月二十六日)　总理各国事务衙门命出使美国大臣杨儒确查孙文行踪。

4月13日(三月初一日)　以山西巡抚胡聘之奏请变通书院章程，后礼部咨各省以为之倡。

《德宗景皇帝实录(六)》：

山西巡抚胡聘之奏：时艰需才，请变通书院章程，增课天算、格致等学，以裨实用。如所请行。

《清实录》第57册，中华书局1987年版，第43页

胡聘之、钱骏祥《请变通书院章程折》：

奏为时事多艰,需才孔亟,拟请变通书院章程,并课天算、格致等学,以裨实用,恭折仰祈圣鉴事:伏查上年钦奉谕旨:自来求治之道,必当因时制宜,况当国事艰难,尤宜上下一心,图自强而弭隐患。朕宵旰忧勤,惩前毖后,惟以蠲除痼习,力行实政为先。迭据中外臣工条陈时务,详加披览,采择施行。著各直省将军督抚,各就本省悉心筹划,酌度办法,等因,钦此。

遵查升任顺天府府尹胡燏棻等条奏内,如练兵筹饷诸大端,皆为当今急务,应由臣酌核情形,次第奏明办理。惟裁改书院一事,关系人才之消长,学术之纯疵,不可不熟筹审议。夫国家书院之设,固欲多方造就,广育人才,以备任使。自教失其道,名存实亡,合天下书院,养士无虑数万人,而朝廷不免乏才之叹,从而议裁议改,畴曰不宜。然苟不探其本,眩于新法,标以西学之名,督以西士之教,势必举中国圣人数千年递传之道术而尽弃之,变本加厉,流弊何所底止。

臣观西学所以擅长者,特精于天算格致,其学固中国所自有也。考周礼宾兴贤教习国子,皆于德行而外,次以六艺,孔门七十二子,史特以身通六艺表之。数者六艺之一也。汉魏以降,代有专家,至宋胡瑗教士,其治事一斋,亦以算数分科,是中土教法,本自赅备无遗。且凡西士递创新法,动谓中土所未闻者,如地圆、地行、地转之说,大戴礼、尚书考灵曜及张子正蒙,皆言之凿凿。光学、重学,墨子经上经下篇,奥旨可寻,并在西人未悟其理以前。即就算术言,西法之借根,远逊中法之天元,后乃变为代数。若宋秦九韶正员开方,元朱世杰四元玉鉴,西法终莫能逾。对数为法绝诣,然推算极繁,自李善兰著对数探源,省算不啻百倍,突过西人。可见同此一理,只在善用其心,不必尽弃所学。

方今外患迭起,创巨痛深,固宜有穷变通久之方,以因时而立政。但能不悖于正道,无妨兼取乎新法。顾深诋西学者,既滞于通今,未能一发其扃钥。过尊西学者,又轻于蔑古,不惮自决其藩篱。欲救二者之偏失,则惟有善变书院之法而已。

查近日书院之弊,或空谈讲学,或溺志词章,既皆无裨实用,其下者专摹帖括,注意膏奖,志趣卑陋,安望有所成就。宜将原设之额,大加裁汰,每月诗文等课,酌量并减,然后综核经费,更定章程,延硕学通儒为之教授,研究经义,以穷其理,博综史事,以观其变。由是参考时务,兼习算学。凡天文、地舆、农务、兵事,与夫一切有用之学,统归格致之中,分门探讨,务臻其奥。此外水师武备、船炮器械及工技制造等类,尽可另立学堂,交资互益。以儒学书院会众理以挈其纲维,而以各项学堂操众事以效其职业,必贯通有所宰属,然后本末不嫌于倒置,体用不至于乖违。

臣前在藩司署抚任内,察看士风朴质,类能好学深思,曾就省城令德书院,勖其专治实学,兼习算数。因院长已革御史屠仁守,尝受学于同文馆总教习李善兰,于天算格致颇能通晓,爰属其并教诸生,俾识途径。臣此次到任后,调阅算学课卷,所有三角测量、代数、几何诸题,多能精核。相继来学者,人数亦增,惟未尝议定章程,另筹膏火经费,博收广厉,其道无由。

今幸明奉谕旨,颁发条陈,整顿书院,诚为陶铸人才之大机。臣与学臣钱骏祥,再四筹商,拟就令德书院别订条规,添设算学等课,择院生能学者,按名注籍,优给膏奖。省外各府属,如有可造之士,由臣与学臣随同甄录调院,并于天津、上海,广购译刻天算、格致诸书,俾资讲求。其一切费用,即于各书院汰额减课项下量为挹注,或有不敷,由臣等设法捐筹,不另开销公帑,庶经费省而事易集,课程立而人知奋。遇有材能超越,新法明通,兼达时务者,不拘年限,由臣咨送总理衙门考试,以备器使。

此外学者有心得、算法通晓者,准令分教外府属各书院,递相传习,藉资鼓舞。如此变通办理,自可收实效而袪流弊。拟请旨饬下各省督抚,于现在所有书院,详议推行,不惟其名惟其实，不务其侈务其精，收礼失求野之近效，峻用彝变夏之大防，学术愈纯，人才日众，庶几自强之道，无在外求矣。臣愚昧之见，是否有当，谨会同山西学政臣钱骏祥恭折具陈，伏乞皇上圣鉴训示，谨奏。

翦伯赞、刘启戈等编《中国近代史资料丛刊·戊戌变法》(2)，上海人民出版社、上海书店出版社2000年版，第297~300页

4月24日(三月十二日)　命王文韶、张之洞督率商办卢汉铁路事宜。

《德宗景皇帝实录(六)》：

谕军机大臣等：督办军务王大臣奏，遵议司业瑞洵奏，卢汉铁路商办难成，请拨款官办一折，卢汉铁路前经明降谕旨，各省富商如有集股在千万两以上者，准其设立公司，自行兴办。兹据该王大臣奏称，官办不如商办，上年十月间奉旨后，即有广东在籍道员许应锵来京具呈，集资承办，当经札饬回粤劝募。现据该员股已集至七百万两。五月初间即可到京。又有广东商人方培垚等，并候补知府刘鹗、监生吕庆麟，均称集有股分千万，先后具呈，各愿承办，请派大员督理等语。卢汉铁路，关系重要，提款官办，万不能行。惟有商人承办，官为督率，以冀速成。王文韶、张之洞，均系本辖之境，即著责成该督等会同办理。道员许应锵等分办地段，准其自行承认，毋稍掣肘。并著该督等详加体察，不得有洋商入股为要。原折均著抄给阅看。将此由四百里各谕令知之。

《清实录》第57册，中华书局1987年版，第49~50页

4月(约三月)　孙中山在檀香山遇见其师康德黎，告知将赴英。

孙中山《建国方略·有志竟成》：

予到檀岛后，复集合同志以推广兴中会，然已有旧同志以失败而灰心者，亦有新闻道而赴义者，惟卒以风气未开，进行迟滞。以久留檀岛无大可为，遂决计赴美，以联络彼地华侨，盖其众比檀岛多数倍也。行有日矣，一日散步市外，忽有驰车迎面而来者，乃吾师康德黎与其夫人也。吾遂一跃登车，彼夫妇不胜诧异，几疑为暴客，盖吾已改装易服，彼不认识也。予乃曰："我孙逸仙也。"遂相笑握手。问以何为而至此，曰："回国道经此地，舟停而登岸流览风光也。"予乃趁车同游，为之指导。游毕登舟，予乃告以予将作环绕地球之游，不日将由此赴美，随将到英，相见不远也。遂欢握而别。

中山大学历史系孙中山研究室、广东省社会科学院历史研究所、中国社会科学院近代史研究所中华民国史研究室合编《孙中山全集》第6卷，中华书局1985年版，第230~231页

是月　张謇开始议设纱厂。

《啬翁自订年谱》：

三月，与两江总督新宁刘岘庄坤一议兴通州纱厂。

先是，南皮以中日马关约，有许日人内地设工厂语，谋自设厂，江南北、苏州各一。苏任陆凤石润庠，通任余，各设公司，集资提倡，此殆南皮于学会求实地进行之法。余自审寒士，初未敢应，既念书生为世轻久矣，病在空言，在负气，故世轻书生，书生亦轻世。今求国之强，当先教育，先养成能办适当教育之人才。而秉政者既闇蔽不足与谋，拥资者又乖隔不能与合。然固不能与政府隔，不能不与拥资者谋，纳约自牖，责在我辈，屈己下人之谓何。踟蹰累日，应焉。初号召发起人，应者：沈敬夫、刘一山、潘鹤琴、郭茂之、陈维镛、樊时薰六人合组，而余任通官商之邮。案既定，迁延不效，由汪知州撤樊、陈二人。

…………

十月,改议通州纱厂官商合资,官以久搁沪上之机估值五十万两为本,由商集资五十万两合之。

张謇研究中心等编《张謇全集》第6卷,江苏人民出版社1994年版,第855、856页

5月13日(四月初一日)　新建陆军督练袁世凯创设德文、炮队、步队、马队四所武备学堂于天津。

张国淦《北洋军阀的起源》:

关于军事教育,袁世凯在小站新建陆军成军后,于光绪二十四年四月创设德文、炮队、步队、马队四项随营武备学堂。据袁世凯光绪二十九年六月直隶总督任内请奖奏:"臣部武卫右军(即新建陆军)自募练之始即规仿西制,创设德文暨炮队、步队、马队四项随营学堂,于所部挑选学生入堂,并拟定条规,每届两年期满,汇奖一次……"

杜春和等编《北洋军阀史料选辑》(上册),中国社会科学出版社1981年版,第17~18页

编者按:张国淦此处回忆有误,袁世凯创设四项随营学堂是在光绪二十二年四月。

5月14日(四月初二日)　张之洞札委招商局总办、直隶津海关道盛宣怀督办汉阳铁厂事务,招商承办。

张之洞《札委盛道督办汉阳铁厂》(光绪二十二年四月初二日):

照得湖北汉阳铁厂本部堂经营有年,各种铁炉、钢炉、煤井早经次第告成,冶炼各件均能精好如式。此乃造轨铸械之根源,洵为自强要务。惟经费浩繁,前曾钦奉谕旨,饬令招商承办,于上年九月内具奏铁厂另筹办法摺内奏明在案。兹查有总办招商局、直隶津海关道盛道才猷宏达,综核精详,于中国商务、工程、制造各事宜均极熟习,经理商局多年,著有成效。因该道从前曾有承办铁厂原议,适因请假在沪,现经电调来鄂面商,并亲往铁厂、铁山、运道等处详细查勘,议定湖北铁厂即归该道招集商股,官督商办。应即饬委该道督办湖北铁厂事务。所有厂内厂外凡关涉铁厂之铁山、煤矿、运道、马头、轮剥各船,以及应用委员、司事、华洋工匠人等,应如何派司职事,及应办一切事宜,机炉应否添设,款项如何筹措,均由该道一手经理,督饬商董酌量妥办,但随时择要禀报本部堂查考。务速体察情形,筹画尽善,酌议章程,截清用款,限数日内禀候本部堂核定后,即行接办。该道仍俟接办后再行回沪。惟煤铁开采转运等事处处皆与地方关涉。铁厂现归该道督办,至武昌省城铁政局仍未便裁撤,且有清理款目事件,应仍旧归原派司道总办。该道接办后,遇有关涉地方之件,亦须咨会铁政局知照,以便量为协助。除具奏并分行外,合亟札委该道即便遵照上项札行事理,督办湖北铁厂,迅速招商承办,妥为经理,以副委任,是为至要。

国家清史编纂委员会·文献丛刊《张之洞全集》(5),武汉出版社2008年版,第457~458页

《盛道覆禀》:

敬禀者。接奉宪札,内开湖北铁厂即归该道招集商股,官督商办,应即饬委该道督办湖北铁厂事务,务速体察情形,筹画尽善,酌议章程,截清用款,限数日内禀候核定后即行接办等因。奉此。伏查大冶铁矿,光绪三年职道督率英国矿师所勘得,风气未开,无力筹办。逮至光绪十五年宪台建议芦汉铁路,职道条陈,就鄂铁造轨,毋庸购买洋铁,可塞造路漏卮,蒙醇贤亲王发交宪台核议办理。此固天欲以自强大任待宪台而始发也。光绪十八年以后,屡蒙函电谕商,官倡其始,商守其成,饬议招商办法。此次奉差到沪,蒙宪台电令来鄂面商,并

饬亲赴铁厂、铁山等处详细查勘，仰见规模闳远，创造艰难，断非始愿所能企及，亦非驽钝所能参豫。奉札后，徘徊中夜，毫无成算。迭经面求收回檄命，另委贤能。面谕谆谆，催令接办后再行回沪。闻命之下，弥切感惶。当即详查铁厂实在情形。洋总管德培、洋矿师马克斯、化铁总管卢柏均称马鞍山煤质磺多灰多，取制焦炭，不宜熔炼，是以先开一炉，屡作屡辍。借资开平头等焦炭，运到每吨需银十三两，加以铁锰灰石均由大冶运来，每吨需银数两，加以辛工用项，炼成生铁，每吨不过值银二十两左右，无不亏本。熟铁、钢件皆由生铁转造，更无不亏本。又向铁政局开查支款，每月局用约需银七万余两，其中购煤之价只有一万数千两。如生铁两炉全开，月需焦炭三千六七百吨，开平、萍乡煤兼用，煤价即需银四五万两，尚须添购各项机器。而洋人三十六名，可删者合同未满，必应用者尚需添雇，每月薪水一万余两，有增无减。所出钢铁亦无畅销之路。是以开炼以来，售出生铁无多。现据德培、卢柏函称，合用焦炭仅供十余日所需，又须停炉待炭。此办理为难之情形，故不能责效于前人也。复查大冶铁山，用之无穷。运道已经造成，必须在长江一带赶紧觅求上等煤矿，俟得煤矿，添筹商本，再就大冶添设生铁炉两座，方能保本，渐图利益，此将来推广办法也。所最难者，目前煤矿难期必得，而镕铁必须借资开平及萍乡、日本各处焦炭，每吨通扯，需银十数两，且恐转运不及，断续堪虞。闻外洋焦炭至多不过银六两，加以洋匠辛工之贵倍于外洋，所炼钢铁难与洋货争销。官本数百万业已用罄，华商魄力甚微。现拟筹集商本一百万两，除去添购机器，不过支撑数月。幸闻宪台奉办芦汉铁路之命，从前开厂炼铁，原为自造钢轨，以免巨款外溢，醇贤亲王曾有先轨后械之谕，意甚深远。近来国计民生俱为外洋漏卮所困，岂堪再以数千万造轨之资浪掷于外洋。自应查照原议，所有铁路需用钢轨各件，均责成湖北铁厂按照极新西法自行制造。核计实在工本，每吨需价若干，其未得煤矿以前，轨价每吨恐须增贵数两。为大局起见，亦应通融存记。将来长江续开煤矿，大冶添设化铁炉，华匠习练可以做工，钢价必能比较外洋更贱，自当如数补还路局。挈长补短，总不使华轨昂于洋轨。此目前支持之办法也。总之，非支持不能推广，非推广不能持久，实一定不移之理。惟中国办事最易纷歧，万一铁路局所用钢轨等件仍欲取材于外洋，使华铁销路阻塞，商局何能挽回。届时应请准其停工，发还华商资本，仍归官办。此华商与职道坚明订约，职道所不能失信于华商者也。职道从前创设电报，整顿轮船，规复布局，扩充纱厂，无不备极艰辛。及睹成效，无不横生疑谤，以为商务之利权专属也。目前铁厂人人视为畏途，将来万一经理得手，商人竟获转圜，又将人人视为利薮，方谓职道招揽事权，大人轻忽委任，虽百喙亦难置辩。况此次以直隶道员越省代筹，且欲越省遥制，在职道因恐铁厂属于洋人，有碍国家自强大局，有负宪台经始宏谟，不得已，不避嫌怨，冒险承接。在局外，又以为职道愿舍关缺来膺铁厂，以小人之私见，度君子之公心。一人毁誉何足惜，其如大局何。现在华商未见章程，股本尚多观望。钢轨未订合同，销路尚无把握。则目前需用商本一百万两，将来应缴官本一百万两，均属悬虚。生平办事，脚踏实地，必须俟议定章程，恭候核奏，职道一面回沪招齐商股，并赴天津与开平矿局妥议运煤章法，限三个月内来鄂接办，以期妥实。所有遵议招商章程，谨呈清摺一扣。是否有当，伏乞札发铁政局司道核议，批示祗遵。

国家清史编纂委员会·文献丛刊《张之洞全集》(5)，武汉出版社2008年版，第458～459页

5月28日(四月十六日)　以御史胡景桂参劾，命荣禄赴天津查办袁世凯督练新建陆军情形。

《德宗景皇帝实录(六)》：

又谕：前因天津新建陆军，特派袁世凯督练洋操，优给饷项。原冀壁垒一新，尽洗从前勇

营习气。兹有人奏袁世凯徒尚虚文,营私蚀饷,性情谬妄,扰害地方一折。该员所练各军,饷项最巨,必应切实操练,饷不虚糜,方收实效。著荣禄驰赴天津,将该员督练洋操一切情形,详细查明,能否得力?断不准徒饰外观,毫无实际。其被参各节,是否属实,一并秉公确查,据实具奏。原折著抄给阅看。将此谕令知之。

《清实录》第57册,中华书局1987版,第70~71页

△ 荣禄查办后,归报查无实据,且谓"该道血性耐劳,勇于任事,督练洋操,选拔精锐,尚能不遗余力,于将领中洵为不可多得之员"。

6月24日(五月十四日)谕军机大臣等:

前据御史胡景桂奏参袁世凯营私蚀饷各款,当经派荣禄驰往查办。兹据查明复奏,袁世凯被参各款,均无实据,即著毋庸置议。新建陆军督练洋操,为中国自强关键,必须办有成效,方可逐渐推广。袁世凯此次被参各款,虽经荣禄查明,尚无实据,惟此事关系重大,断不准徒饰外观,有名无实,为外人所窃笑。袁世凯勇往耐劳,于洋操情形亦尚熟悉,第恐任重志满,渐启矜张之习,总当存有则改之,无则加勉之心,以副委任。至委员太多,则用费太滥,尤宜严加审择,勿涉虚糜。王文韶近在天津,该道必应随时禀商办理,该督亦当就近认真考察,总期精益求精,悉成劲旅,俾御侮确有把握,用副朝廷实事求是至意。将此谕知王文韶并传谕袁世凯知之。

《清实录》第57册,中华书局1987版,第90页

陈夔龙《梦蕉亭杂记》:

讵成立甫数月,津门官绅啧有烦言,谓袁君办事操切,嗜杀擅权,不受北洋大臣节制。高阳虽不护前,因系原保,不能自歧其说,乃讽同乡胡侍御景桂,摭拾多款参奏。奉旨命荣文忠公禄驰往查办。文忠时官兵尚,约余同行。甫抵天津,直督王文勤公文韶传令,淮练各军排队远迓,旌旗一色鲜明,颇有马鸣风萧气象。在津查办机器局某道参案毕,文忠驰往小站。该军仅七千人,勇丁身量一律四尺以上,整肃精壮,专练习德国操。马队五营,各按方辨色,较之淮练各营,壁垒一新。文忠默识之,谓余曰:君观新军与旧军比较何如?余谓素不知兵,何能妄参末议。但观表面,旧军诚不免暮气,新军参用西法,生面独开。文忠曰:君言是也。此人必须保全,以策后效。迨参款查竣,即以擅杀营门外卖菜佣一条,已干严谴;其余各条,亦有轻重出入。余拟复奏稿,请下部议。文忠谓,一经部议,至轻亦应撤差。此军甫经成立,难易生手,不如乞恩姑从宽议,仍严饬认真操练,以励将来。复奏上,奉旨俞允。时高阳已病,仍力疾入直,阅文忠折,拂然不悦。退直后,病遂增剧。嗣后遂不常入直,旋即告终。足见其恶之深矣。

荣孟源、章伯锋主编《近代稗海》第1辑,四川人民出版社1985年版,第373页

6月3日(四月二十二日) 李鸿章在莫斯科与俄国签订《御敌互相援助条约》,即"中俄密约"。

《御敌互相援助条约》(中俄密约)全文如下:

一八九六年六月三日,光绪二十二年四月二十二日,俄历一八九六年五月二十二日,莫斯科

大清国大皇帝陛下暨大俄国大皇帝陛下,因欲保守东方现在和局,不使日后别国再有侵占亚洲大地之事,决计订立御敌互相援助条约,是以

大清国大皇帝特派大清国钦差头等全权大臣太子太傅文华殿大学士一等肃毅伯爵李鸿章；

大俄国大皇帝特派大俄国钦差全权大臣外部尚书内阁大臣上议院大臣实任枢密院大臣王爵罗拔诺甫，大俄国钦差全权大臣户部尚书内阁大臣枢密院大臣微德；

为全权大臣，即将全权文凭互换校阅，均属如式，立定条款如左：

第一款　日本国如侵占俄国亚洲东方土地，或中国土地，或朝鲜土地，即牵碍此约，应立即照约办理。

如有此事，两国约明，应将所有水、陆各军，届时所能调遣者，尽行派出，互相援助，至军火、粮食，亦尽力互相接济。

第二款　中、俄两国既经协力御敌，非由两国公商，一国不能独自与敌议立和约。

第三款　当开战时，如遇紧要之事，中国所有口岸，均准俄国兵船驶入，如有所需，地方官应尽力帮助。

第四款　今俄国为将来转运俄兵御敌并接济军火、粮食，以期妥速起见，中国国家允于中国黑龙江、吉林地方接造铁路，以达海参崴。惟此项接造铁路之事，不得借端侵占中国土地，亦不得有碍大清国大皇帝应有权利，其事可由中国国家交华俄银行承办经理。至合同条款，由中国驻俄使臣与银行就近商订。

第五款　俄国于第一款御敌时，可用第四款所开之铁路运兵、运粮、运军械。平常无事，俄国亦可在此铁路运过境之兵、粮，除因转运暂停外，不得借他故停留。

第六款　此约由第四款合同批准举行之日算起照办，以十五年为限，届期六个月以前，由两国再行商办展限。

光绪二十二年四月二十二日

俄历一千八百九十六年五月二十二日

专条

两国全权大臣议定，本日中、俄两国所订之约，应备汉文、法文约本两分，画押盖印为凭。所有汉文、法文校对无讹，遇有讲论，以法文为证。

大俄国钦差全权大臣外部尚书内阁大臣上议院大臣实任枢密院大臣王爵罗拔诺甫，

大清国钦差头等全权大臣太子太傅文华殿大学士一等肃毅伯爵李鸿章，

大俄国钦差全权大臣户部尚书内阁大臣枢密院大臣微德。

光绪二十二年四月二十二日

俄历一千八百九十六年五月二十二日

订于莫斯科

王铁崖《中外旧约章汇编》第1册，三联书店1957年版，第650～651页

6月12日（五月初二日）　以刑部左侍郎李端棻奏请自京师以及各省州县皆设学堂，从总理衙门议奏，实行一系列教育改革。

李端棻《请推广学校折》：

奏为时事多艰，需才孔亟，请推广学校，以励人才而资御侮，恭折仰祈圣鉴事：窃臣闻国与天地，必有与言立，人才之多寡，系国家之强弱也。去岁军事既定，皇上顺穷变通久之议，将新庶政以图自强，恐办理无人，百废莫举，特降明诏，求通达中外能周时用之士，所在咸宁

表荐,以备擢用。纶綍一下,海内想望,以为豪杰云集,富强立致。然数月以来,应者寥寥,即有一二,或仅束身自好之辈,罕有济难瑰玮之才,于侧席盛怀未尽副。夫以中国民众数万万,其为士者十数万,而人才乏绝至于如是。非天之不生才也,教之之道未善也。

夫二十年来,都中设同文馆,各省立实学馆、广方言馆、水师武备学【堂】、自强学堂,皆合中外学术相与讲习,所在而有。而臣顾谓教之之道未尽,何也?诸馆皆徒习西语西文,而于治国之道,富强之原,一切要书,多未肄及,其未尽一也。格致制造诸学,非终身执业,聚众讲求,不能致精。今除湖北学堂外,其余诸馆,学业不分斋院,生徒不重专门,其未尽二也。诸学或非试验测绘不能精,或非游历察勘不能确,今之诸馆,未备图器,未遣游历,则日求之于故纸堆中,终成空谈,无自致用,其未尽三也。利禄之路,不出斯途,俊慧子弟,率从事帖括以取富贵,及既得科第,遂与学绝,终为弃材。今诸馆所教,率自成童以下,苟逾弱冠,即已通籍;虽或向学,欲从末由,其未尽四也。巨厦非一木所能支,横流非独柱所能砥,天下之大,事变之亟,必求多士,始济艰难。今十八行省只有数馆,每馆生徒只有数十,士之欲学者,或以地僻而不能达,或以额外而不能容,即使在馆学徒,一人有一人之用,尚于治天下之才万不足一,况于功课不精,成就无几,其未尽五也。

此诸馆所以设立二十余年,而国家不一收奇才异能之用者,惟此之故。曰然则岩穴之间,好学之士,岂无能自绩学以待驱策者?曰格致、制造、农、商、兵、矿诸学,非若考据、词章、帖括之可以闭户獭祭而得也。书必待翻译而后得读,一人之学能翻群籍乎?业必待测验而后致精,一人之力能购群器乎?学必待游历而后征实,一人之身能履群地乎?此所以虽有一二倜傥有志之士,或学焉而不能成,或成矣而不能大也。

乃者钦奉明诏,设官书局于都畿,领以大臣以重其事。伏读之下,仰见圣神措虑,洞见本原。臣于局中一切章程虽未具悉,然知必有良法美意以宣达圣意阐扬风化者,他日奇才异能,由斯而出,不可胜数也。惟育才之法,匪限于一途,作人之风,当遍于率士。臣请推广此意,自京师以及各省府州县皆设学堂,府州县学选民间俊秀子弟年十二至二十者入学,其诸生以上欲学者听之。学中课程,诵四书、通鉴、小学等书,而辅之以各国语言文字,及算学、天文、地理之粗浅者,万国古史近事之简明者,格致理之平易者,以三年为期。省学选诸生年二十五以下者入学,其举人以上欲学者听之。学中课程,诵经、史、子及国朝掌故诸书,而辅之以天文、舆地、算学、格致、制造、农、商、兵、矿、时事、交涉等学,以三年为期。京师大学,选举贡监年三十以下者入学,其京官愿学者听之。学中课程,一如省学,惟益加专精,各执一门,不迁其业,以三年为期。其省学、大学所课,门目繁多,可仿宋胡瑗经义治事之例,分斋讲习,等其荣途,一归科第,予以出身,一如常官。如此则人争濯磨,士知向往,风气自开,技能自成,才不可胜用矣。

或疑似此兴作,所费必多,今国家正值患贫,何处筹此巨款?臣查各省及府州县率有书院,岁调生徒入院肄业,聘师简授,意美法良。惟奉行既久,积习日深,多课帖括,难育异才。今可令每省每县各改其一院,增广功课,变通章程,以为学堂。书院旧有公款,其有不足,始拨官款补之。因旧增广,则事顺而易行;就近分筹,则需少而易集。惟京师为首善之区,不宜因陋就简,示天下以朴,似应酌动帑藏,以崇礼制。每岁得十余万,规模已可大成。中国之大,岂以此十余万为贫富哉?或有疑所立学堂既多,所需教习亦众,窃恐乏人堪任此职。臣以为事属创始,学者当起于浅近,教者亦无取精深。今宜令中外大吏各举才任教习之士,悉以名闻,或就地聘延,或考试选补,海内之人,必有可以充其任者。学堂既立,远之得三代庠序之意,近之采西人厂院之长,兴贤教能之道,思过半矣。然课其记诵而不廓其见闻,非所以造异才也。就学者有日进之功,其不能就学者无讲习之助,非所以广风气也。今推而广之,厥有与学校之益相须而成者,盖数端焉。

一曰设藏书楼。好学之士,半属寒畯,购书既苦无力,借书又难,其人坐此孤陋寡闻无所成就者不知凡几。高宗纯皇帝知其然也,特于江南设文宗、文汇、文澜三阁,备庋秘籍,恣人借观。嘉庆间大学士阮元推广此意,在焦山灵隐起立书藏,津逮后学。自此以往,江浙文风,甲于天下,作人之盛,成效可睹也。泰西诸国,颇得此法,都会之地皆有藏书,其尤富者至千万卷,许人入观,成学之众,亦由于此。今请依乾隆故事,更加增广,自京师及十八行省省会,咸设大书楼,调殿板及各官书局所刻书籍,暨同文馆、制造局所译西书,按部分送各省以实之。其或有切用之书,为民间刻本,官局所无者,开列清单,访查价值,徐行购补。其西学书陆续译出者,译局随时咨送。妥定章程,许人入楼看读。由地方公择好学解事之人经理其事。如此,则向之无书可读者,皆得以自勉于学,无为弃才矣。古今中外有用之书,官书局有刻本者,居十之七八。每局酌提部数,分送各省,其费至省,其事至顺,一奉明诏,事即立办。而飨遗学者,增益人才,其益盖非浅鲜也。

二曰创仪器院也。格致实学,咸藉试验,无视远之镜,不足言天学;无测绘之仪,不足言地学;不多见矿质,不足言矿学;不习睹汽机,不足言工程之学;其余诸学,率皆类是。然此等新器,所费不赀,家即素封,亦难备购,学何从进,业焉能成。今请于所立诸学堂咸别设一院,购藏仪器,令诸学徒皆就试习,则实事求是,自易专精。各器择要而购,每省拨万金以上,已可粗备,此后陆续添置,渐成大观,则其费尚易措筹,而学徒所成,视昔日纸上空谈相去远矣。

三曰开译书局也。兵法曰:“知己知彼,百战百胜。”今与西人交涉而不能尽知其情伪,此见弱之道也。欲求知彼,首在译书。近年以来,制造局、同文馆等处译出,刻成已百余种,可谓知所务也。然所译之书,详于术艺而略于政事,于彼中治国之本末,时局之变迁,言之未尽。至于学校、农政、商务、铁路、邮政诸事,今日所亟宜讲求者,一切章程条理,彼国咸有专书详言之,今此等书悉无译本。又泰西格致新学、制造新法,月异岁殊,后来居上,今所已译出者率十年以前之书,且数亦甚少,未能尽其所长。今请于京师设大译书馆,广集西书之言政治者,论时局者,言学校、农、商、工矿者,及新法、新学近年所增者,分类译出,不厌详博,随时刻布,廉值发售,则可以增益见闻,开广才智矣。

四曰广立报馆也。知今而不知古则为俗士,知古而不知今则为腐儒。欲博古者莫若读书,欲通今者莫若阅报,二者相须而成,缺一不可。泰西每国报馆,多至数百所,每馆每日出报,多至数万张。凡时局、政要、商务、兵机、新艺、奇技,五洲所有事故,靡所不言。阅报之人,上自君后,下自妇孺,皆足不出户,而于天下事了然也。故在上者能措办庶务而无壅蔽,在下者能通达政体以待上之用,富强之原,厥由于是。今中国邸抄之外,其报馆仅有上海、汉口、广州、香港十余所。主笔之人不学无术,所言率皆浅陋,不足省览。总署海关近译西报,然所译甚少,又未经印行,外间未由得见。今请于京师及各省会,并通商口岸、繁盛镇埠,咸立大报馆,择购西报之尤善者分而译之;译成除恭缮进呈御览并咨送京外大小衙门外,即广印廉售,布之海内。其各省政俗土宜,亦由各馆派人查验,随时报闻,则识时之俊日多,干国之才日出矣。

五曰选派游历也。学徒既受学数年,考试及格者,当选高才以充游历。游历之道有二:一游历各国,肄业于彼之学校,纵览乎彼之工厂,精益求精,以期大成。一游历各省,察验矿质,钩核商务,测绘舆地,查阅物宜,皆限以年期,厚给薪俸,随时著书,归呈有司,察其切实有用者,为之刊布,优加奖励。其游惰而无状者,官则立予降黜,士则夺其出身。数年之后,则辅轩绝域之士,斐然成章,郡国利病之书,备哉灿烂矣。或疑近年两次所派游历学生,未收大效。不知前者所派游历,乃职官而非学童,在中国既未经讲求,至外洋亦未尝受学,故事涉空衍,寡有所成。其所派学生又血气未定,读中国书太少,遽游历绝域,易染洋风,虽薄有技能,亦不适于用。今若由学堂选充,两弊俱免,其所成就,必非前此之所能例也。

夫既有官书局、大学堂以为之经,复有此五者以为之纬,则中人以下,皆可自励于学,而奇才异能之士,其所成就益远且大。自十年以后,贤俊盈廷,不可胜用矣。以修内政,何政不举;以雪旧耻,何耻不除。上以恢列圣之远猷,下以慑强邻之狡启,道未有急于是者。若仰蒙采择,乞饬下中外大臣妥议章程,遵旨施行。臣一得之见,是否有当,伏乞皇上圣鉴训示。谨奏。

翦伯赞、刘启戈等编《中国近代史资料丛刊·戊戌变法》(2),上海人民出版社、上海书店出版社2000年版,第292~297页

《德宗景皇帝实录(六)》:

谕内阁:李端棻奏请推广学校以励人才一折,著该衙门议奏。寻总理各国事务衙门奏:兴学诚自强本计,请由各省督抚酌拟办法,或就原有书院量加程课,或另建书院肄习专门,果使业有可观,三年后由督抚奏明,再行议定章程,请旨考试录用。其藏书楼、仪器院、译书馆三节,均可于新立学堂中兼举并行。选派游历一节,与臣衙门奏派同文馆学生出洋章程大意略同,惟经费难支,请嗣后游历诸学生由学堂商局选派者,即由学堂商局筹给资斧,庶推广之中仍存限制。至所请京师建设大学堂,系为扩充官书局起见,请饬下该管大臣察度情形筹办。从之。

《清实录》第57册,中华书局1987版,第82页

6月18日(五月初八日)　孙中山由檀香山抵旧金山,旋即在旧金山创立兴中会分会。

冯自由《中国革命运动二十六年组织史》:

孙总理于是夏六月抵旧金山,初凭教友介函往谒牧师陈翰芬,复由陈介见教友何柏如、邝华汰等。是时旅美华侨风气异常闭塞,十九缺乏国家思想,与谈革命排满,莫不掩耳惊走,在耶教徒中因同情总理而加入兴中会者,仅邝华汰等数人耳。华侨团体名目繁多,中以洪门致公堂为最巨,其会员占全美侨胞十之八九,宗旨为反清复明,即广东三合会之支派。但以代远年湮,多以忘却本来面目。总理在粤尝由郑士良获知洪门内容,惟以未列会籍,故抵美后,虽屡访致公堂父老解说革命宗旨,闻者仍以门外汉视之。居美西数月,收效甚微,乃将兴中会事务委托邝华汰办理。邝时肄业加省大学,最热心革命,即以所居旧金山华盛顿街九一六号为兴中会通信处。

冯自由《中国革命运动二十六年组织史》,商务印书馆1948年版,第27~28页

清朝驻美公使转呈旧金山总领事冯咏蘅报告:

孙文,原字帝像,别号逸仙,改字载之,香山县蔡坑村人,现改称早浦头人,年约三十左右,身材短小,面黑微须,剪发洋装,由檀香山行抵金山。同伴有二洋人,一名卑涉,亦美国金山人,素系檀岛银行副买办;一名威陆,亦美国人,向在檀岛服官。前次创议废主,因其未隶檀籍,所谋不逞,均挟厚资,居檀年久,是否孙同党,尚难臆断。惟见同船偕来,交情甚洽。孙文借寓金山沙加免度街第七百零六号门牌华商联胜杂货铺内,闻不日往施家谷转纽约,前赴英法,再到新加坡。并闻有沿途联合各会党,购买军火,欲图报复之说。该犯随身携带私刊书册两本,虽无悖逆实迹,检其上李傅相书,确有该犯之名,显系孙文无疑。现将原书设法觅取寄呈,俟访明该犯赴纽行期,再行电禀等语。查阅该犯书册两本,一系摘录明黄黎洲《明夷

待访录》中《原君》、《原臣》二篇，卷端加一小引，自称杞忧公子；一系上李傅相书，洋洋万余言，自称文素在香港习西医，已蒙考取，欲乞傅相专委筹办农务。两种文笔俱畅达，昨日已附致总署备核矣。

罗家伦《中山先生伦敦被难史料考订》，上海商务印书馆1930年版，第9～10页

6月26日（五月十六日） 清驻美公使杨儒密电总理各国事务衙门，报告孙中山行踪。

总理衙门密电档：

五月十七日收出使杨大臣电称：密红。金山领事访悉孙文现偕二洋人到金，日内将往欧洲，乞筹办法。儒，铣。

罗家伦《中山先生伦敦被难史料考订》，上海商务印书馆1930年版，第7页

△《苏报》在上海创刊，胡璋（铁梅）主办，以其日籍妻子生驹悦在日本驻沪总领事馆注册，托名日商报纸。

《苏报案始末》：

苏报原系在驻沪日总领署注册的报纸，虽由胡璋（铁梅）主持，却由其妻日侨生驹悦出面，创刊于一八九六年（清光绪二十二丙申），以邹弢为主笔。当时生驹悦曾向邹弢说这样的话："馆由东洋外部大臣来的，领事亦不能管我。我虽平常人，曾由胡铁梅在日绅日官前保举为馆主。"由此看去，那时的《苏报》，实际上是日政府在上海的机关报了。在这样姿态下经营着，内容却不十分的好。一八九七年（清光绪二十三年丁酉），曾因刊载黄色新闻，与法租界公廨发生纠葛；次年，主笔邹弢又因馆主生驹悦强迫撰稿索诈，向英租界公廨控告。略举以上两事，可见其无聊的一斑。

上海通社编《上海研究资料续集》，上海书店1984年版，第72页

△张之洞奏陈湖北铁厂招商承办议定章程。

张之洞《铁厂招商承办议定章程摺》（光绪二十二年五月十六日）：

窃惟湖北铁厂兼采矿、炼铁、开煤三大端，创地球东半面未有之局，为中国造轨、制械，永杜漏卮之根。开办以来，巨细万端，而皆非经见。事机屡变，而意计难周。经营积年，心力交困。今厂工早已次第告成，各种铁炉、钢炉，冶炼钢铁，制造轨械，均能精美合用，以至铁山、煤井，一切机器、运道，皆已灿然大备。惟是经费难筹，销场未广，支持愈久，用款愈多。当此度支竭蹶，不敢为再请于司农之举，亦更无罗掘于外省之方。再四熟筹，惟有钦遵上年六月十二日谕旨招商承办之一策。方今滇、藏、粤、桂、新疆、东三省之外，英、法、俄铁路相逼而来，中国干路已成欲罢不能之势。洋商早见及此，知中国开办铁路，需用钢铁必多，就地取材，获利必厚。自上年秋冬以来，则有英之陶秘深、柯第仁、贺士当，法之戴马陀等，皆外洋钢铁大厂之经理人，前后来商，自愿以银五百万两附股合办。先缴一百万，另附股四百万，加增炉座机器，添开煤井，大举采炼。得利官商均分。盖深知东部洲风气渐开，需用钢铁必多，不仅中国一处而已。而汉阳一厂经营最先，收效必早。非有真知灼见，孰肯以巨款合办。臣惟今日五洲风会，路、械、船、机，无往非铁，西人于炼铁一厂，视为至重至大之事。铁之兴废，国之强弱贫富系焉。大冶铁矿之旺，甲于天下，实足取用不穷。惟冶铁炼钢，非煤不济。欲添炉座，必添煤井。湖北境内产煤之区，历经试验，灰多磺重，堪作焦炭者甚鲜。即江夏马鞍山自开之煤井，虽可炼焦炭，亦以磺气稍重，必须搀合湘煤，或搭用开平焦炭，方能炼成佳铁。

开平之炭,道远价昂,不可久恃。将来必于湘省及沿江各省,择地另开煤井数处,方能添炉多炼。洋商力厚气壮,慨然担任,力言此事甚不为难。且外国公使、领事,皆屡来婉切询商,坚欲承揽。惟矿务为中国自有之利源,断不能与外人共之。洋商合办之议,不得不作罢论。而华商力微识近,大都望而却步。从前曾招粤商,迄无成议。盖煤铁并举,局势艰难,事理精深,工作险苦,煤矿未可必得,利钝即难逆睹,无怪其视为畏途也。

伏查大冶铁矿,从前本系直隶津海关道盛宣怀督率英国矿师所勘得。就鄂设厂炼铁造轨之议,又自该道发之。且曾续有承办原议。该道才猷宏达,综核精详,于中国商务、工程、制造各事宜均极熟习,经理招商局多年,著有成效,久为华商所信服。适因奉差在沪,经臣电调来鄂,劝令力任其难,檄饬将湖北铁厂归该道招集商股,一手经理,督商妥办。并即督饬司道与盛宣怀酌议章程,截清用款。其大指以嗣后需用厂本,无论多少,悉归商筹。从前用去官本数百万,概由商局承认,陆续分年抽还,惟限期须从宽缓。大率以纾民力、扶官厂为主脑,以中国兴造铁路,必须路厂一气,轨由厂造为要义。俟铁路公司向汉阳厂订购钢轨之日起,即按厂中每出生铁一吨,抽银一两,即将官本数百万抽足还清。以后仍行永远按吨照抽,以为该商局报效之款。该道力顾大局,已于四月十一日将汉阳厂内厂外各种炉座、机器、房屋、地基、存储煤铁料物各件,以及凡关涉铁厂之铁山、煤矿、运道、马头、轮驳各船,一律接收。自四月初十日以前,铁厂历年各项用款共约计银五百数十万两,除历次奏拨外,不敷之款均系查照奏案,在枪炮局经费及布局息借之款项下移拨应用,并有积欠洋厂、华厂及各商号之款。此时因所欠华洋各厂物料价值及湘煤厂价、运费,与夫洋匠薪费,铁山、运道、煤井各处工匠员司薪费以及存厂钢铁、煤炭、物料价值,兹正在官商交接之际,一时数目未能截清。兼其中多有与枪炮局牵搭分认之款,俟将各件点清,核明截数后,即当将确数,行知商局立案。业经与商局议明,无论将来尾数若干,商局均允认还,并续行咨部立案。一面督饬铁政局司道分款详细造报。溯查福建船政及津、沪制造局开办经费各数百万两,皆无收回之日。铁厂改归商办,用过官款,但期铁路开办,即可按日计吨,常川提缴。现已议定,俟寻获佳煤矿后,除汉阳厂两炉齐开外,必须在大冶之石灰窑一带,添设新式生铁大炉四座。计每一炉日出生铁六七十吨,六炉共日出四百余吨,每年可出生铁约十余万吨,即每年可缴官款约十余万两。岁月虽宽,涓滴有着,从前所费数百万不致虚糜,而从此风气日开,造船、造械、造一切机器,次第推广,相率效法,中华开富强之宏规,国家收永远之报效。此则谊正道明之后而功利始见,庶几微臣可藉宽疚责者已。

抑臣更有请者,铁厂一事,固在资本之足,熔炼之精,而利益转输,尤在销路之广。目前中国制造之艺,尚未能各辟畦径,日出新机。农工器具,土铁足用制造,官局岁购不多。综计用铁大宗,无如路轨。鄂厂采炼,本专为杜中国铁路极大漏卮而设。比将厂造贝色麻钢轨寄交督办津芦铁路胡燏棻,督饬洋人施德林分验。据称炭锰停匀,磷硫分数最少,出产本佳,提炼加净,钢质益纯,施之抵压、牵扭诸器,无往不宜。是路轨、船械种种合用,验有明征。中国苦心孤诣,炼成钢铁,不异洋产。万一各省办事人员以意见为好恶,仍舍其自有而求诸外人,则自强之本意既大相剌谬,厂商之力量亦必不能支。此次华商承办铁厂,臣与盛宣怀坚明要约,以芦汉路轨必归鄂厂定造为断,并恳天恩饬下南北洋大臣、直省各督抚,嗣后凡有官办钢铁料件,一律向鄂厂定购,不得再购外洋之物。盖铁务为将来之大利,而目前数年内承办商人必先垫不赀之巨本,必使商局有可恃之销路,方能招集众股,筹垫巨款,以待铁利之兴。至中国创开铁厂,专为保守自有利权起见,然非轻其成本,不能与外洋钢铁争衡。故外洋于自产钢铁运销,无不免税,以杜他国钢铁进口,分夺本国之利。查中国仿照西法,炼成各种钢铁料件，运售各口，为从前关税之所无。至商厂需用煤斤，系为多炼钢铁出售，逐渐收回官本。所有湖北铁厂自造钢轨，及所出各种钢铁料，并在本省、外省自开煤矿，为本厂炼铁、炼钢之用。该厂中有官本巨款，与他项商业不同，应请酌照广西丝绸、烟台果酒、江西洋式瓷器免抽税厘数年成案，量为从优。仰恳天恩敕部免税十年。届时察看本厂如有优利，足可抵制洋铁，再行征税。总之，西法于利国利民之商务，国家必力为保护，使本国商人得自主其权利。臣深惟斯义，不敢不豫陈于圣主之前。仍当督饬该厂，考求采炼，精益求精，以给天下之用，而挽外溢之利。斯区区谋国之微忱所不敢不勉者也。（硃批）户部速议具奏。单并发。（钦此）

国家清史编纂委员会·文献丛刊《张之洞全集》(3)，武汉出版社2008年版，第376～378页

6—7月间（五六月间） 孙中山先后到达美国旧金山、芝加哥、纽约等地，在华侨中宣传革命，建立旧金山兴中会分会。

孙中山《建国方略·有志竟成》：

美洲华侨之风气蔽塞，较檀岛尤甚。故予由太平洋东岸之三藩市登陆，横过美洲大陆，至大西洋西岸之纽约市，沿途所过多处，或留数日，或十数日。所至皆说以祖国危亡，清政腐败，非从民族根本改革无以救亡，而改革之任人人有责。然而劝者谆谆，听者终归藐藐，其欢迎革命主义者，每埠不过数人或十余人而已。

……当予之在美洲鼓吹革命也，洪门之人初亦不明吾旨，予乃反而叩之"反清复明"何为者，彼众多不能答也。后由在美之革命同志鼓吹数年，而洪门之众乃始知彼等原为民族老革命党也。然当时予之游美洲也，不过为初期之播种，实无大影响于革命前途也，然已大触清廷之忌矣。

中山大学历史系孙中山研究室、广东省社会科学院历史研究所、中国社会科学院近代史研究所中华民国史研究室合编《孙中山全集》第6卷，中华书局1985年版，第231～232页

冯自由《中华民国开国前革命史》：

初次游美之成绩　美洲华侨风气之蔽塞，较檀岛尤甚。旅檀华侨以香山人为多，粤人与外人交际，亦以香山人为接近，故香山人实得外洋风气之先。中山初次在檀筹款，泰半得自香山人，即因香山人较他处人为开通也。美洲华侨以新宁、新会、开平、恩平之四邑人占大多数，其顽固守旧之习惯及崇拜官僚之思想远过于内地。中山初到美时，在旧金山登陆后，乃乘火车横过美洲大陆以达太平洋西岸之纽约，沿途经沙加缅度、芝加古各城市，或留数日，或十数日。所至皆向华侨痛言革命救国之真理，欲其热心时事，合力救亡，然言者谆谆，听者藐藐，且以中山为谋反大逆，视同蛇蝎，其肯与往还者，仅耶稣教徒数人而已。又是时华侨所立会馆、堂号各种团体星罗棋布，各以邑界、姓界为标帜，就中以洪门致公堂为团体最大，会员最众。其宗旨为反清复明，即闽、粤两省所盛行之三合会支派也。中山以其宗旨相同，在粤时因与郑士良等交游，于该会内容亦知大概，故对于洪门人士，尝苦心孤诣，劝其实行革命排满之主张，与内地革命党联合进行，共举大事。然致公堂会员对于洪门本来之面目早不了解，所谓反清复明四字，仅于入闱（洪门称加盟为入闱）时循例言之。彼等固亦不知何所取义，故中山叩以宗旨所在，彼等皆瞠然不能置答，惟彼等虽遗忘其政治之意义，而于手足相顾、患难相扶之情谊，则敬谨遵守，历久勿替，此其团体所以能扩大巩固，屹然为华侨各团体之冠也。中山居美四月，渐为驻美清使馆及领事署中人所悉，对中山行止极为注意，中山得友人报告，谓使馆有不利于彼之消息，且以留美多时，无可活动，始决计赴英。

冯自由《中华民国开国前革命史》上编，上海书店1990年版，第36～37页

6月28日(五月十八日)　清朝总理各国事务衙门接到驻美公使杨儒密电后命其确查孙中山行踪,然后电告驻英公使龚照瑗酌办。

总理衙门复杨儒电:

铣电悉。孙文将往欧洲何国?偕行洋人系何国人?附搭某船?希确查密电龚使酌办。英能援香港、缅甸交犯约代拿固妙;否则,该匪若由新加坡潜结恶内渡,应先电粤督预防。新加坡领事果认真查访,当有实际。巧。

罗家伦《中山先生伦敦被难史料考订》,上海商务印书馆1930年版,第7~8页

7月18日(六月初八日)　清驻美公使杨儒根据总理衙门命令致函驻英公使龚照瑗,希望沟通英国政府援香港、缅甸交犯约代拿孙中山。

杨儒致龚照瑗电如下:

仰蘧仁兄大人阁下:日昨驰布寸缄,谅邀惠察。比维勋履绥和,兴居痊健,慰如所怀。兹密启者:前月接准总署函称:"粤东要犯孙文,谋乱发觉,潜逃赴美,希即确查密复"等语。弟当即密饬金山总领事冯守咏蘅确查去后,嗣据电称:"孙文现偕二洋人到金,日内将赴欧洲。"弟遂发铣电,迅达总署。旋接总署巧电,详询孙文欲往何国,偕行何国人,附搭某船,希查密电台端,援香港、缅甸交犯约代拿该匪,若由新加坡内渡,应电粤督预防等语。弟因中美交犯另约,迄无成绪,此间无从措手,总署深知,故有转电尊处援约代拿,并饬新加坡领事认真查访之议。缅甸约章,美署未备,仅见香港解交逃犯例章,谅贵署必备存两处原约也。刻下孙文虽抵金山,尚无取道纽约确搭某轮前赴欧洲之信,特将总署巧电抄陈,并就冯守禀函电报撮叙详细节略,驰寄左右,即乞公余留意检查约章,尽算在胸,自臻完密。弟已饬冯守及纽约领事随时访探该犯何月抵纽?准搭某轮?定赴欧洲何国?俟得确音,再行电布。除详复总署外,用特专函觑述,因候金山复信,是以肃达稍迟,祗请暑安。诸维秘照不宣。附抄件一纸。愚弟杨儒顿首。六月八日。

罗家伦《中山先生伦敦被难史料考订》,上海商务印书馆1930年版,第8~9页

《龚星宪计擒孙文致总署总办公函》:

七月间接杨子通星使函称:"粤东要犯孙文,谋乱发觉,潜逃赴美。钧署电令确查该犯欲往何处,密电敝处,援香港缅甸交犯约代拿。"

吴宗濂《随轺笔记》第2卷,记事,光绪二十六年刻印本,第37页

8月1日(六月二十二日)　批准四川总督鹿传霖上年12月12日(十月二十六日)通过总理衙门上奏设立西学堂之请。该学堂定名中西学堂,已于6月18日(五月初八日)开学。

《德宗景皇帝实录(六)》:

(四川总督鹿传霖)又奏创设西学堂,请饬议定章程,下总理各国事务衙门议。寻奏,查川督原奏西学堂生徒,如学有成就,或准作监生入场乡试,或给予从九衔;其教习及监堂各员,若办有成效,酌量保奖等语。核与广东同文馆、新疆俄文馆章程,尚属相符,拟请准如所奏办理。其学业出众各生,并准照案保府经历、县丞官阶,以示优异。至派令学生出洋一节,应由出使大臣酌量奏调,其余一切章程,均以广东新疆为式。

《清实录》第57册,中华书局1987年版,第114~115页

8月6日(六月二十七日)　驻英公使龚照瑗札代理新加坡总领事刘玉麟,嘱其注意孙

中山到该地动向，并援引中英交犯条约处置。

龚照瑗致刘玉麟密札：

（前录杨儒原函，略）查咸丰八年《中英条约》第二十一款内开："中国民人因犯法逃在香港，或潜住英国船中者，中国照会英国官，访查严拿。查明实系罪犯，即行交出。通商各口倘有中国犯罪民人，潜匿英国船中房屋，一经中国官员照会领事官，即行交出，不得隐匿袒庇。"又光绪二十年《滇缅条约》第十五条内开："英国之民，有犯罪逃至中国地界者，或中国之民，有犯罪逃至英国地界者，一经行文请交逃犯，两国即应设法搜拿。查有可信其为罪犯之据，交与索犯之官。行文请交逃犯之意，系言无论两国何官，只要有官印关防，便可行文请交。此种请交逃犯之文书，亦可行于罪犯逃往之地最近之边界官"各等语。除函复杨大臣外，计署理总领事张守奉调内渡，业已启程，合亟札饬该代理总领事，预为筹备。并密查孙文有无党羽，暨熟识之人在坡，确切查明，慎密禀候核办。杨大臣寄到抄件，一并抄给该员查阅。兹将附札附寄电信新法密码本一册，仰即密存领署，以后如有机要事件，须由电传者，即用此码本。即通知张守，以后无论实任署理，作为交代。特此密札。

罗家伦《中山先生伦敦被难史料考订》，上海商务印书馆1930年版，第11～12页

△ 张之洞札饬自强学堂改订章程，调整学科门类设置，强化外语人才的培养。

张之洞《札道员蔡锡勇改定自强学堂章程》（光绪二十二年六月二十七日）：

照得本部堂奏设自强学堂，内分方言、算学、格致、商务四斋。除方言一斋招选学生在堂肄业外，其余三斋均按月考课，凭文甲乙，历办在案。查西学既极邃密，西书又极浩繁，探讨诚非易事。自强之道，贵能取人所长。若非精晓洋文，即不能自读西书。若不能多读西书，即无从会通博采。本部堂再四推求，知舍学习洋文、广储高材以探西书精微，更无下手取法之处。今更定自强学堂章程，除算学一门中国书籍较多可不假道西文，业于本年五月移归两湖书院另课外，其格致、商务两门，前经月课，诸生不免多空谈而少实际。莫若改课方言，可为一切西学之阶梯，而格致、商务即包其内。自后此两门毋庸命题专课，一律改课方言。所谓方言，即兼指各国语言文字。方言各国不同，择其最要，分立英文、法文、俄文、德文四门。每门学生以三十名为额，四门约共一百二十名，各延教习，分门课授。查英文为东方各国所通用，故学者较多。法文、德文虽属无多，尚易访求。目下初学基址，可先延通晓英、法、德文之华人为教习。惟俄文向只总理衙门同文馆一处专课，外省从未开设，殊属珍罕。中俄近邻，需用尤殷。况俄文原本希腊，与英、法、德文之原本拉丁者不同，更为专门之学。自宜访延俄人之通华语者为教习，庶裨指授。惟原有讲堂尚不敷用，该堂后尚有余地，可添造数间。本部堂讲求各国语言文字之意，在于培植志士，察邻国之政，通殊方之学，以期共济时艰，并非欲诸生徒供翻译之用。其如何严订课程，分延教习，添招学生，并酌量开拓讲堂学舍之处，亟应迅速筹定开办。又本部堂前设化学学堂一区，延洋人骆丙生为教习，附隶铁厂。虽为化验矿产而设，其实该教习学术以及所备器具，均不止专化金石，兼可化验动植物各种原质与地土所宜，举化学之大纲。查西学事事原本化学，凡一切种植畜牧及制造式食式用之物，化学愈精，则能化无为有，化无用为有用，而获利亦因之愈厚，是总理衙门同文馆亦设有专科。今铁厂已招商承办，所有铁政局内原设化学一堂，即并入自强学堂，别为一门。旧日学生其学业已成者，半已分赴各省各局之招，堂中自应选补。惟化学精奥，断非不通西文者所能受业。亟宜另选已通西文之学生陆续挑补。仍令骆丙生接续教授，以副本部堂创始经营之意。又西书之切于实用者，充栋汗牛。总理衙门同文馆所译，多交涉、公法之书。上海广方言馆

所译,多武备、制造之书。方今商务日兴,铁路将开,则商务律、铁路律等类亦宜逐渐译出,以资参考。其他专门之学,如种植、畜牧等利用厚生之书,以及西国治国养民之术,由贫而富、由弱而强之陈迹,何一非有志安攘者所宜讲求。亦应延聘通晓华语之西士一二人口译各书,而以华人为之笔述,刊布流传,为未通洋文者收集思广益之效,亦即附入自强学堂中,别为一事。其如何访觅西士,购求图籍,亟宜妥筹赶办。所有自强学堂改课方言兼课化学并附译西书,以及添建堂舍各项费用,除原拨款项外,一并在本部堂新筹善后经费各款及银元局赢余项下动支。其学堂事宜,仍由总办蔡道锡勇、提调钱守恂、总稽查姚令锡光经理。其估工监造堂舍事宜,查有武昌府通判恒倅荣堪以派委。合行札饬该道即便遵照上项事宜,督同提调等员,悉心妥速筹议,禀候本部堂酌定举行。

国家清史编纂委员会·文献丛刊《张之洞全集》(5),武汉出版社2008年版,第492~493页

8月8日(六月二十九日)　驻英公使龚照瑗复函驻美公使杨儒,通报中英交犯条约内容。

《龚照瑗致杨儒函》:

子通仁兄公祖大人阁下:月之二十一、二十五等日,肃不芜笺,谅呈荃照。比维兴居多福,勋望益隆,为颂。敬密复者:顷接六月八日密示并抄件,具悉一切。查署电所称香港、缅甸交犯约,系指咸丰八年在天津议定之《中英条约》第二十一款及光绪二十年在伦敦互换之《滇缅条约》第十五条也。兹一并抄呈台阅。惟查此种罪犯,按西洋章程情形视之,在本国固无可逭,迨逃至他国,他国即视为公犯,向无交出之例。俄之白彦虎,即其明证也。弟已密饬代理新加坡总领事刘牧玉麟,预为筹备,并密查孙文有无党羽,以及熟识之人在坡。如该犯果来欧洲,俟尊处探确电知后,弟当援约与英廷商办。若英不能代拿,则惟有窥其动静,探其逃踪,遵照署电,电知粤督预防,于其内渡时,设法兜拿耳。专此密复,敬请台安。治愚弟龚照瑗顿首。六月二十九日。

罗家伦《中山先生伦敦被难史料考订》,上海商务印书馆1930年版,第11~12页

8月9日(七月初一日)　汪康年、黄遵宪、梁启超等在上海创办旬刊《时务报》,鼓吹变法图存,从第一期起开始连载梁启超重要政论《变法通议》。

汪诒年《汪穰卿先生传记》:

先生年三十七岁。七月,设时务报馆于上海。先生既已决计设立报馆,则以为非广译东西文各报无以通彼己之邮,非指陈利病、辨别同异无以酌新旧之中。又见时机急迫,非急起直追不可。时方为两湖书院分教,乃亟向张尚书告辞,欲自至商埠集资设报社。尚书力尼其行,先生坚不从。比至上海,与嘉应黄公度观察(遵宪)相遇,谈及创办报社事,意见相同。时达县吴筱村大令(德潇)自京谒选南下,将至浙赴任,道经上海,吴大令固先生至交也。高安邹殿书部郎,亦自江西至上海。诸人商榷多次,而时务报馆遂成立。时新会梁卓如(启超)方在京师,先生乃招之至,以撰述属之,而以筹款事自任。己亦时有所撰述以变法图存为宗旨,盖至是而吾国始有论政之杂志,通国士流渐知改革政体之不可缓,争言变法矣。

汪诒年《汪穰卿先生传记》第2卷,1938年杭州汪氏铸版,第12页

梁启超《创办〈时务报〉源委》:

本日在《国闻报》中见有汪君穰卿告白云"康年于丙申秋在上海创办《时务报》,延请新会梁卓如孝廉为主笔"等语,阅之不胜骇诧。现《时务报》既奉旨改为官报,又适派吾师南海

康先生督办,局外人见穰卿告白,恐将有谓启超搀夺彼所独创之事者,故不得不详细言之。

夫所谓创办者何?一曰筹款,二曰出力而已。查《时务报》初起,系用上海强学会余款。当乙未九月,康先生在上海办强学会,张南皮师首捐一千五百两为开办经费,沪上诸当道亦有捐助者,遂在王家沙地方开办。当时康先生以母寿之故,不能久驻上海,因致穰卿一函两电,属其来沪接办。时穰卿犹在湖北就馆也。既而穰卿到沪,而京师强学会为言者中止,沪会亦因停办。当时尚余银七百余两;又将原租房屋已交去一年之租银,追回半年,得三百五十元;又将会中所置器物、书籍等项变卖,得二百余元;共得千二百金,实为《时务报》嚆矢。

第一期报中所登汪穰卿进士、梁卓如孝廉捐集一千二百两者,即此项也。第三期以后,改为张孝达制军捐银七百两,汪梁捐集六百元者,以原存七百两,乃南皮师原捐,故改登;其追回房租变卖器物等项,无从指名,故仍冒我等二人名号。当时穰卿因欲没康先生之旧迹,故不将此声明强学会之余款,而登为汪某等捐集云云,黄公度京卿改之,使并列两名,实则启超何尝有捐集之功,而冒此称,实滋不安耳。此《时务报》最初之起点也。

强学会停办之后,穰卿即在沪度岁(时穰卿已移家上海,时启超方在京师)。康先生并招出沪改办报以续会事。时同乡黄公度京卿遵宪适在沪,公度固强学会同事之人,愤学会之停散,谋再振之,亦以报馆为倡始。于是与穰卿及启超三人,日夜谋议此事。公度自捐金一千圆为开办费,且语穰卿云:"我辈办此事,当作为众人之事,不可作为一人之事,乃易有成。故吾所集款,不作为股分,不作为垫款,务期此事之成而已。"此等语固公度屡言之,穰卿屡闻之者也。创办时所出印公启三十条,系由启超初拟草稿,而公度大加改定。(彼时穰卿力主办日报,欲与天南遯叟争长短,公度及启超力主旬报之说,乃定议。)其后聘请英文翻译张少塘,系公度托郑瀚生司马代请者;东文翻译古城贞吉,系由公度托日本驻上海总领事代请者;所立合同,亦出公度之手。其致函各处劝捐,托处派报,亦多公度之力。当时公度在上海,至九月始北行,数月之中,报馆一切事,公度无不与闻,其捐款之独多也如彼,其开办之出力也如此。今穰卿自称《时务报》为彼所创办者,不知置公度于何地也。

邹殿书部郎凌瀚,亦强学会同事之人,志愿与公度同,故首捐五百金开办,吴季清大令德渊与公度、穰卿,启超皆至交;当时又与启超同寓京师,故《时务报》开办一切事,无不共之。丙申(一八九六年)五月,季清先生与其子亡友铁樵(名樵)同到沪,即寓在报馆,朝夕商榷一切,故《时务报》公启,亦以公度、季清、殿书、穰卿及启超五人出名,此人人所共见者。(当时公启订成一小本,自四五月间,即分送各处同志,至第一期出报时,用单张夹在报内,想阅报诸君无不共见四人之名,岂可划去。)今穰卿自称《时务报》为彼所创办者,不知置季清、殿书于何地也。

同人既定议此报为众人之事,不得作为一人之事,因以公义向各同志劝捐,而海内君子,亦以公义之故而乐助之。两年以来,捐款至万余金,此实《时务报》为公事而非私事之明证。今穰卿自称《时务报》为彼所创办者,不知置捐款诸公于何地也?

至于启超,既为穰卿雇工之人,亦复何足比数,然自问创办时固不无微劳矣。当丙申五六月间,穰卿湖北馆地尚未辞却,恐报馆之或不能支,住鄂住沪,不能自决。屡商之于启超,启超谓报能销四千份,则此局便可支持,固留之。启超自以不谙会计,惮管杂务,因与穰卿约彼理事务,兼外间酬应,而启超主报中文字;此总理、撰述之名,所由分也。当时各因其才,自执一职,天泽之分不甚严,总办之与属员名分平等,而启超亦贸贸然自忘其受总办厚恩,为总办雇请之人也。当时总办之勤劳,固云至矣,然即如启超者,忝任报中文字,每期报中论说四千余言,归其撰述;东西文各报二万余言,归其润色;一切奏牍、告白等项,归其编排;全本报章,归其复校。十日一册,每册三万字,经启超自撰及删改者几万字,其余亦字字经目经心。六月酷暑,洋蜡皆变流质,独居一小楼上,挥汗执笔,日不遑食,夜不遑息,记当时一人所任之事,自去年以来,分七八人始乃任之,虽云受总办厚恩,顾东家生意,然自问亦无负于《时务报》矣。

然犹不止此,计丙申七月初一为《时务报》出版之日,而穰卿于六月前赴湖北,月底始返沪;七月下旬,又因祝南皮寿辰,前赴湖北,中秋后始返沪,彼时正当创办吃紧之时,承乏其间者谁乎?虽以启超之不才,亦只得竭蹶从事,僭行护理总办而已。此后局面既成矣,捐款既至万余金矣,销报既至万余份矣,穰卿之以启超为功狗,固其宜也。且穰卿之自称《时务报》为彼创办,不自今日始,当丙申夏秋间,海内巨公,同志提倡斯举,捐款日多,当时我两人商议,谓不可无谢启,启超谓宜将公启内出名之五人作为公函,凡有捐款者,五人公谢之,穰卿谓何必如是,只我两人出名足矣。凡此等馆中杂务向章,皆由穰卿主办,启超不能争也。自八月后,凡有捐款者,皆穰卿一人出名函谢矣,其函中之言,犹夫本日《国闻报》告白之言也。盖当初办之时,早已有据为汪氏产业之计,而天下之人,视此局为汪氏产业也,亦已久矣。穰卿既为东家,则启超虽欲辞雇工之名,岂可得哉?

当开办之始,公度恐穰卿应酬太繁(盖穰卿宗旨谓必须吃花酒,乃能广通声气,故每日常有半日在应酬中,一面吃酒,一面办事),不能兼办全局之事,因议推吴铁樵(名樵,四川人,季清先生之子,去年已即世矣),为坐办,时铁樵方由蜀至湘,公度屡函电促之。又开办时所出公启内办事规条第九款云:本报除住馆办事各人外,另举总董四人,所有办事规条,应由总董议定,交馆中照行云云。自丙申秋至丁酉夏,公度屡申此议,谓当举总董。以此两事之故,穰卿深衔公度,在沪日日向同人诋排之,且遍腾书各省同志,攻击无所不至,以致各同志中,有生平极敬公度,转而为极恶公度者。至去年八月,公度赴湘任,道经上海,因力持董事之议,几于翻脸,始勉强依议举数人;然此后遇事,未尝一公商如故也。总董虽有虚名,岂能干预汪家产业哉?

穰卿常语启超云:公度欲以其官稍大,捐钱稍多,而挠我权利,我故抗之,度彼如我何?公度一抗,则莫有毒予者矣。此言启超之所熟闻也。自兹以往,正名之论大起,日日自语云,总理之名不可不正,总理之权利不可不定,于是东家之架子益出矣。去年一年中,凡添请十余人。时启超在沪同事也,而所添请之人,未有一次与启超言及者,虽总办之尊,东家之阔,亦何至如是乎?启超性狭隘,诚不能无所芥蒂,自去秋以来,常不免有龃龉总办之事,此实不容自讳也。

至于馆中开销,公度与启超开办时再四熟筹,能销报四千份,即可支持,乃后此捐款万余金,销报万余份,而去年年底,犹几于不能度岁,致使《万国公报》从旁讪笑。虽由各处报费,难于收齐,然其中曲折,固有非佣工小人所能窥者。穰卿与启超之有意见,自去年以来矣。同事之难,自古所叹。以乱易整,旁观所笑,启超所以忍于心,绝不敢为我同志一言之也。独所不解者,穰卿于康先生何怨何仇,而以启超有嫌之故,迁怒于康先生,日日向花酒场中,专以诋排为事;犹以为未足,犹于《时务日报》中,编造谣言,嬉笑怒骂;犹以为未足,又腾书当道,及各省大府,设法构陷之,至诬以不可听闻之言。夫谤康先生之人亦多矣,诬康先生之言,亦种种色色,怪怪奇奇,无所不有矣,启超固不与辩,亦不稍愤;独怪我穰卿自命维新之人,乃亦同室操戈,落井下石,吾不解其何心也?

康先生之待穰卿,自启超观之,可谓得朋友之道矣。乙未办强学会,屡致函电,请其来沪接办,是久以同志可信之人待之也。此次奉旨督办《时务报》后,即致一电一函与穰卿,请其仍旧办理,已不过遥领而已(电文云:"奉旨办报,一切依旧,望相助,有为叩。"其函则系六月十二由邮政局寄者,文长不能全录)。康先生之于穰卿,可谓尽道矣。而穰卿既无复电,又无回信;既不肯仍旧同办,又不肯交出。私众人所捐之金为己产,私众人所出之力为己功,不顾交情,显抗圣旨,吾不解其何心也。此后之事,既改归官办,则亦非启超之所敢言,惟于创办之原委,及启超之果为佣工与否,不得不哓哓一辩白之,褊心之诮,固不敢辞,知我罪我,听之海内同志而已。六月二十四日新会梁启超谨白。

翦伯赞、刘启戈等编《中国近代史资料丛刊·戊戌变法》(4),上海人民出版社、上海书店出版社2000年版,第524~528页

梁启超《清代学术概论》:

其后启超等之运动,益带政治的色彩。启超创一旬刊杂志于上海曰《时务报》,自著《变法通议》,批评秕政,而救弊之法,归于废科举、兴学校,亦时时发"民权论",但微引其绪未敢昌言。

梁启超《饮冰室合集·专集之三十四》,中华书局1988年版,第61页

梁启超《变法通议自序》:

法何以必变?凡在天地之间者莫不变:昼夜变而成日;寒暑变而成岁;大地肇起,流质炎炎,热熔冰迁,累变而成地球;海草螺蛤,大木大鸟,飞鱼飞鼍,袋鼠脊兽,彼生此灭,更代迭变,而成世界;紫血红血,流注体内,呼炭吸养,刻刻相续,一日千变,而成生人。藉曰不变,则天地人类并时而息矣。故夫变者,古今之公理也:贡助之法变为租庸调,租庸调变为两税,两税变为一条鞭;并乘之法变为府兵,府兵变为彍骑,彍骑变为禁军;学校升造之法变为荐辟,荐辟变为九品中正,九品变为科目。上下千岁,无时不变,无事不变,公理有固然,非夫人之为也。为不变之说者,动曰"守古守古",庸讵知自太古、上古、中古、近古以至今日,固已不知万百千变。今日所目为古法而守之者,其于古人之意,相去岂可以道里计哉?今夫自然之变,天之道也。或变则善,或变则敝,有人道焉,则智者之所审也。语曰:"学者上达,不学下达。"惟治亦然:委心任运,听其流变,则日趋于敝;振刷整顿,斟酌通变,则日趋于善。吾揆之于古,一姓受命,创法立制,数叶以后,其子孙之所奉行,必有以异于其祖父矣。而彼君民上下,犹僩焉以为吾今日之法吾祖前者以之治天下而治,茶然守之,因循不察,渐移渐变,百事废弛,卒至疲敝,不可收拾。代兴者审其敝而变之,斯为新王矣。苟其子孙达于此义,自审其敝而自变之,斯号中兴矣。汉唐中兴,斯固然矣。《诗》曰:"周虽旧邦,其命维新。"言治旧国必用新法也。其事甚顺,其义至明,有可为之机,有可取之法,有不得不行之势,有不容少缓之故。为不变之说者,犹曰"守古守古",坐视其因循废弛,而漠然无所动于中。呜呼!可不谓大惑不解者乎?《易》曰:"穷则变,变则通,通则久。"伊尹曰:"用其新,去其陈,病乃不存。夜不炳烛则昧,冬不御裘则寒,渡河而乘陆车者危,易证而尝旧方者死。"今专标斯义,大声疾呼,上循土训诵训之遗,下依矇讽鼓谏之义,言之无罪,闻者足兴,为六十篇,分类十二,知我罪我,其无辞焉。

梁启超《饮冰室合集·文集之一》,中华书局1988年版,第1~2页

△ 张之洞札委候补道王秉恩等筹办武备学堂。

张之洞《札道员王秉恩等筹办武备学堂》(光绪二十二年七月初一日):

照得自强之策,经武为先。所有练陆军、整海军、立学堂等事,均于光绪二十一年闰五月二十八日钦奉上谕,饬令及时举办,自应钦遵办理。查湖北地据上游,陆军尤为急务。本部

堂前经会同抚部院奏练护军两营,专教洋操,力洗旧习在案。惟练兵必兼练将,而练将又全赖学堂。西国军制,兵则期满遣归,各理旧业。将则戎行永隶,学有专长。故武备事宜,尤以设立学堂教育将材为首务。比来天津、广东、江南各处,次第仿行。鄂省亦亟设武备学堂一区,储练将材,并延聘洋员专司教习。前经本部堂电商出使德国大臣许,转托德国兵部酌派二员前来,以重其选,业已订定东来。当经电达总理衙门在案。亟应创建学堂,招选学生来堂受业。查外洋学习武备之区,有大小浅深之分,均以教练将材。最大学堂名为阿喀特米者,尤为总汇之所,非此学堂出身,不得任提督,用意至为精密。别有武弁学堂,则专以教弁,而不以教将。其郑重将材如此。向来各省招选学生,多系民间幼童及营学生两项,地望寒微,仕进不易,以故见功甚缓,收效甚微。今本部堂此堂之设,意不在于充兵勇之用,而在于储将领之材,故专取文理明通及本有功名、易于仕进者,选录教练,为其领悟较速,成就较大。兹特为酌定章程,凡文武生员、贡监、文武候补员弁,以及官绅世家子弟,无论何省之人,均可收录。惟必须文理明通、身体强壮者,均准赴堂报名,听候挑取,入堂肄业,操练马、步、炮各队阵式兵法,枪炮、药弹、旱雷、火箭运用制造理法,营垒、桥道、行军、铁路、电线、测量、绘图、体操以及行军各种机要应行通晓事宜。除洋员总司教习外,另派津、粤武备学堂出身、学业已经入门之员,作为领班学生,随同洋教习传达指授。一俟学有成效,即派入各营及有关武备各局当差,以资历练而示鼓励。堂内学生将来皆可为科名仕宦中人,无论文武,一登仕途,即可为国家效用,见诸实际。且此类学生资性既高,自能会悟推阐,精益求精,从此辗转倡导,自不难广开风气,多造人材。惟学堂规矩必须严肃,无论文武生监、文武候补员弁以及官绅世家子弟,既愿入堂,即与学生一例,自应恪守堂规,听洋教习之训练、领班学生之指授,遵提调、总稽查及管学委员之约束。如有紊乱堂规者,一经禀明,立即开除,决不能迁就姑容。如自揣不能概循规矩,即不必入堂肄业。现在洋教习已到上海,自应招选员生,刻日开学。其学堂操场处所,查武昌省城东隅宽旷地方最为合宜,一面购地绘图,委员估工兴造。需用各款,即在本部堂于善后局新筹善后经费等款及银元局赢余项下动支。其学堂房屋未成以前,暂借铁政局为学堂,并租赁民房为委员、学生居住之所,先行开学。除俟奏明立案外,合先委员举办。查有奏调差委广东候补道王道秉恩,堪以委充武备学堂总办。奏调差委、分省知府钱守恂堪以委充提调。知府用候选知县姚令锡光堪以委充总稽查。候补直隶州李牧绍远堪以委令估工监造。除分行外,合亟札委该道即便遵照,总办武备学堂,督同提调等员迅将应办事宜即行妥筹,禀请核定。严立堂规,无得稍涉敷衍纵弛,以副本部堂整饬武备,广储人材之意。

国家清史编纂委员会·文献丛刊《张之洞全集》(5),武汉出版社2008年版,第494页

8月15日(七月初七日)　总理各国事务衙门密电两广总督谭钟麟,嘱其防范孙文回粤。

总理衙门致两广总督谭钟麟电:

密。孙文在旧金山购军火,招恶党,有回粤报复之说。希派妥员往香港、澳门、新加坡密探预防。切要。

罗家伦《中山先生伦敦被难史料考订》,上海商务印书馆1930年版,第14页

△ 总理各国事务衙门密电驻美公使杨儒,嘱设法查询军火出口之船期和孙中山之行踪。

总理衙门致驻美公使杨儒电:

密。孙文在旧金山购军火，殊叵测，望设法查询军火出口船期，电粤为要。该犯亦否离美，并电复。阳。

罗家伦《中山先生伦敦被难史料考订》，上海商务印书馆1930年版，第14页

△ 总理各国事务衙门密电驻日公使裕庚，嘱其留心查探。

总理衙门致驻日公使裕庚电：

密。歌电悉。如能就范，所存实多，顷闻孙文在旧金山购军火，声言回粤报复。美轮驶赴粤，必经横滨，望设法查探，随时电粤为要。阳。

罗家伦《中山先生伦敦被难史料考订》，上海商务印书馆1930年版，第14页

8月20日（七月十二日） 总理各国事务衙门密函两广总督谭钟麟与广东巡抚许振祎，嘱防范孙中山及其所运军火回粤。

总理衙门致谭钟麟、许振祎函：

文卿制军、仙屏抚军阁下：密启者：逸犯孙文一事，前接尊处、督署三月养电："据线报该犯始而潜踪港澳，继闻又往上海。出入必与洋人偕行，无从下手。"本处以此事曾据朗西函"孙文经由横滨往檀香山去"，因即函致子通。来函访悉该犯剪发洋服，五月上干[澣]由檀香山抵金山，寓沙加冕度街七百零六号华商联胜杂货铺，所偕二洋人，一名卑沙，一名威陆。该犯刻有伪书，才足济其凶慝。本处现又据金山领事署随员黄桂馨禀该犯踪迹，与子通所述略同，并称"该犯沿途招集会匪，意图再举复仇，悖逆之言，殊不避讳。又近日购买军火甚多"等语。子通函意以中美交犯，现未订约。交犯肯否，权属于人；伺犯复回，权操于己。该犯既图报复，必返粤东。粤省先期购线跟踪，关津勿懈；并嘱新加坡确电物色。至军火器械，必托洋人潜带，当由粤专派洋文干员，会同税务司密巡，庶为内地布置要计。除由本处电子通、朗西两使，设法查探，随时电知尊处、督署，并由阳电先达台端、文卿外，兹特抄录往来函电，奉寄察阅。如查有端绪，并希随时布知。

罗家伦《中山先生伦敦被难史料考订》，上海商务印书馆1930年版，第15～16页

8月26日（七月十八日） 清驻美公使杨儒电告总理衙门，称孙中山招人入党是实，但未购军火。

杨儒致总理衙门电：

密。金山电禀，孙文招人入党是实，未购军火。儒。篠。

罗家伦《中山先生伦敦被难史料考订》，上海商务印书馆1930年版，第16页

9月2日（七月二十五日） 张之洞饬湖北官销《时务报》，由善后局筹发报价。

张之洞《札善后局筹发时务报价（附单）》（光绪二十二年七月二十五日）：

照得新报一项，有裨时政，有裨学术，为留心经世者必不可少之编。百余年来，泰西各国推广不遗余力，如英之泰晤士报，法之勒当报，德之科隆尼司报，其尤著者也，每日所出各数十万张。其他各地有各地之报，各业有各业之报，各学有各学之报。英国报馆几二千所，可谓盛矣。二十年来，中国亦渐通行，但其始皆出自洋商牟利，故于事之是非虚实，不免失真，且所录多齐语郢说，无关宏远，宜为士大夫所不屑道。比来内外臣工，颇有奏请设立报馆者。本月准总理衙门咨行议准刑部侍郎李条陈摺内，亦有选译西报一条，奉旨允准。可见报馆有

益大局,实非浅鲜。查上海新设时务报馆,每一旬出报一本。本部堂披阅之下,具见该报识见正大,议论切要,足以增广见闻,激发志气。凡所采录,皆系有关宏纲,无取琐闻。所采外洋各报,皆系就本文译出,不比坊间各报讹传臆造。且系中国绅宦主持,不假外人,实为中国创始第一种有益之报。湖北地据上游,交涉日繁,他日又为筑造铁路所自始。凡在官员士庶,于时务一门固不乏留心探讨之人,第恐闻见稍隘,欲扩末由,则时务报裨益实多。现已饬知时务报馆,所有湖北全省文武大小各衙门,文职至各州县、各学止,武职至实缺都司止,每衙门俱行按期寄送一本,各局、各书院、各学堂分别多寡分送,共计二百八十八分,每分每月三本,每分每年报价,照该报馆章程,先期兑付之价,计银元四元,总计每年报价一千一百五十二元。本年以半年计算,应付银元五百七十六元。自应即日付给,饬令速寄。以后按年于正月初预付,统由善后局在于闲款项下汇总支发,即交汉口电报局转寄上海该报馆查收,取具收据存查,无庸向各衙门及各局书院学堂收取报费,以期简速。应自该报馆开馆第一次所出之报第一册起,概行印送足数。至如何寄送报本,由该报馆自行设法,毋庸官为经理。合行札饬,札到,该局即便遵照办理具报。毋违。

计开:

督院　一本
抚院　一本
湖北学院　一本
荆州将军　一本
左、右翼都统　各一本
湖北提督　一本
郧阳镇　一本
宜昌镇
汉阳镇
北藩司
北臬司
粮道
盐道
汉黄德道
荆宜施道
安襄郧荆道　以上衙门各一本
十府一直隶州　共十一本
十九同知通判　共十九本
六十八州县　共六十八本
府州县学　共七十九本
五协　五本
七参将　七本
十七游击　十七本
十一都司　十一本
善后局
牙厘局

银元局	
铁政局	
枪炮局	
织布局、	
纺纱局	
缫丝局	
蚕桑局	
保甲局	
发审局	
汉口缉捕局	以上十二局各局一本
两湖书院	二十四斋每斋一本共二十四本
经心书院	内课四十名每十名一本共四本
江汉书院	二本
勺庭书院	二本
晴川书院	一本
高观书院	一本
自强学堂	英法俄德四堂每堂一本共四本
武备学堂	每三十名一本共四本

以上共计二百八十八本

共价一千一百五十二元

国家清史编纂委员会·文献丛刊《张之洞全集》(5),武汉出版社2008年版,第506~507页

编者按:此札于后以《咨行全省官销时务报札》为题在光绪二十二年八月二十一日《时务报》上刊出。

△ 王文韶、张之洞奏请设立芦汉铁路公司,以津海关道盛宣怀为督办。

张之洞《芦汉铁路商办难成另筹办法摺》(光绪二十二年七月二十五日):

窃臣等承准军机大臣字寄,光绪二十二年三月十二日奉上谕:督办军务王大臣奏遵议司业瑞洵奏芦汉铁路商办难成请拨款官办一摺。芦汉铁路,前经明降谕旨,各省富商如有集股在千万两以上者,准其设立公司,自行兴办。兹据该王大臣奏称,官办不如商办。上年十月间奉旨后,即有广东在籍道员许应锵来京,具呈集资承办,当经劄饬回粤劝募。现据该员电称,股已集至七百万两,五月初间即可到京。又有广东商人方培垚等,并候补知府刘鹗、监生吕庆麟,均称集有股分千万,先后具呈,各愿承办,请派大员督理等语。芦汉铁路关系重要,提款官办万不能行,惟有商人承办、官为督率,以冀速成。王文韶、张之洞,均系本辖之境,即著责成该督等会同办理。道员许应锵等分办地段,准其自行承认,毋稍掣肘。并著该督等详加体察,不得有洋商入股为要。原摺均著抄给阅看,将此由四百里各谕令知之。钦此。仰见圣人联薄海之商情,宏大同之车轨。臣等辖治之境,皆居干路之端,敢不钦奉宸谟,急成先务。

伏惟铁路之设,有形之利在商,无形之利在国,有限之利在路商,无限之利在四民。运费、栈租,此有形、有限之利也。征兵、转饷、通商、惠工、畅土货、出矿产、增课税、省差徭、广学识、开风气、速政令、去壅蔽,此无形、无限之利也。故西人之觇国势、编政表者,每比较铁路之长短,以衡论国计民生之盛衰。日本东瀛岛国,明治维新之后,甫阅五年,即作自东京至横滨铁道。中国与泰西立约通商,先于日本十年,而铁路利弊聚讼纷纭。芦汉之议,虽自臣

之洞创之,实由朝廷主之。嗣以事局变迁,未能兴举。比年东方用兵,征调遍于天下,水陆兼程,赴机常缓,斋运费繁,智尽能索,中外士大夫于是始憾兴造铁路之迟矣。此项铁路,谕旨以官督商办为指归,以不入洋股为要义。我皇上察于庶物,实已洞瞩几先。历观各国商办铁路,有尽属本国商股者,有兼收各国股分者,要皆本国人自为主持。中国口岸洋股公司,如汇丰等行,虽有华股在内,权利皆洋人主持,华人不能不俯首听命。铁路利便,首重征馈,若专恃洋股,一旦有事,傥于转运兵械等事,借口刁难,是自强者不转以自困乎。所有先后在京具呈集资承办之四人,遵旨会同详加体察。吕庆麟、刘鹗及方培垚之商伙方霈咸、侯承裕,俱已到津、鄂见过。吕庆麟自言系洋股,方霈咸呈验天津麦加利银行凭单,并无洋人签名,当饬津海关道李岷琛亲往确查。据麦加利行主森顺面称,方霈咸等并无存款。查方、吕两商,均倚英商韦立森为财东。韦立森又转托麦加利代承。该行主见事难含糊,故吐其实。刘鹗呈验履祥洋行凭单,亦无洋人签名,当经电饬上海道黄祖络查询,该洋行并不殷实,即洋股亦不可靠。惟道员许应锵呈请最先,四月间,接两广督臣谭钟麟覆电,称催据许应锵禀称,已在南洋商埠集股七百余万,俟招足千万,即赴津、鄂等语。屡次电催,称病未至。臣等会同电询外洋,六月初三日接新嘉坡总领事张振勋电称,旧金山未悉,南洋并无招股事等语。又接出使美国大臣杨儒电称,据金山领事电覆,二月间美人来埠,由华到金,自称许应锵办芦汉铁路,代招洋股,每股百两。查在金华商并未入股等语。本月中旬又经电粤催询,仍复推展,杳无一准行期。是四人者,其行径不必尽同,而全恃洋股为承办张本,则无不同。分地承办各节,均可毋庸置议。总之,华商不出于商学,其趋利也,近则明,远则闇。其谋事也,私则明,公则闇。如招商电报等局,倡办招股之时,应者甚少,迨获利有效,则争购股票,趋之若鹜。今铁路未经开办,欲集数千万之巨股,华人故见自封,识力均不足以及此。明诏之颁久矣,仅得此影射洋股者三四人,亦可见华商之情状,而兹事之观成盖未有日也。

夫铁路为富强第一要义,尽人而知矣。强邻环伺,事变日亟,就使自今日始,急起图成,尚虞不及,若复因循推宕,必将贻噬脐之悔。然则干路必不可缓,洋股必不可恃,华股必不能足,其事愈急,其术愈穷。臣等奉命数月,正在为难。六月十六日,接准总理衙门铣电称,芦汉铁路以集华股归商办为主。前此具呈集股之人均不可靠,直、鄂会商必另有办法,及早具奏等语。臣等惟西国商政,凡商务之有利于国家者,国家必出全力以助之,商利愈厚而国势亦以愈强。稽览洋籍,各国商民创建铁路,政府常给以官地,助以官金,或借给经费,而免收其利息,或经营利微,而筹补其缺少。惟其工于谋国,故能宏此远猷。臣等博采周咨,或谓铁路未成之先,华商断无数千万之巨股,惟有暂借洋债造路,陆续招股分还洋债之一策,集事较易,流弊较少。盖洋债与洋股迥不相同,路归洋股,则路权倒持于彼,款归借债,则路权仍属于我。咄嗟立办,可以刻期成功,故曰集事易。路款划分,可以事权不移,故曰流弊少。且中国所借洋债,向指关税作抵,若华商自向西商移借,必指铁路应入之款作抵,所订合同条款,亦须国家核准,故论者谓,商借不如官借之直捷。款由官借,路由官造,使铁路之利全归于官,策之上也。仰惟朝廷之意,自以中国官商未能合辙,铁路事系商务,而欲责成于华商,顾华商见小欲速,势散力微,且商情百变不齐,商务计及纤悉,若仅临之以疆吏,就使虚心延接,相与讲求,断无此专精工夫,势必动形隔膜。臣等折衷群议,综其大要,当以专设大员,官督商办,并准由公司一面招股,一面借款,为入手第一义。窃思此事重要、宏大,尤赖得人而理,方能与臣等同心协力,坚忍图成。

查直隶津海关道盛宣怀来鄂筹商承办铁路之时,正值奉到寄谕,令臣等考核铁路商人之际。臣等因该四商情词虚浮,知其断难成议,当经臣文韶与臣之洞往复电商,就近询问该员,芦汉铁路有何办法即能刻日兴工。该员指陈利弊,穷原竟委,反覆筹计,井井有条。查该员才力恢张,谋虑精密,博通洋务,深悉商情,甚有合于刘晏用人所谓通敏之才。中国向来风气,官不习商业,商不晓官法。即或有勤于官通于商者,又多不谙洋务。惟该员能兼三长,且招商、电报各局,著有成效。今欲招商承办铁路,似惟有该员堪以胜任。然总理此事之员,非稍假事权,得所藉手,不足以号召群情。应请特旨准设芦汉铁路招商公司,先派盛宣怀为总理,使天下皆知事在必成,以一视听而便设施。据该员称,芦汉一路贯通鄂、豫、直三省,专重拱卫,而略于东南财赋之区,于商务利益较薄。若专指此路,别开繁富近便之地不入公司,恐东南各省绅商必以本巨利微,不愿入股,则招股更难。惟有合南北铁路为一局,庶可萃四方之商力而注之一隅。芦汉为正干,自应尽力先造,分路开工,不容稍缓。至现已奏定拟造之苏宁铁路,似毋庸另立公司,致碍芦汉招股,应请准其归并一公司,由芦汉公司兼办,先由吴淞造至上海,由上海造至苏州,其苏州至江宁一路,并准由该公司接续,兼行承造,庶可挹彼注兹,集股较易。此以推广为招徕之法也。商人眼界,其事之不能速成,则必徘徊不进。芦汉需款三四千万,阅四年而后完工,再逾三五年而后获利,华商独善其身,莫肯舍近图远,傥必待招徕股本而后开办,直无开办之期矣。惟有先筹借垫,使人人知路工必可克期造成,收利确有把握,其股分或可自至,得一万股本即还一万垫款,如招商局昔年曾以产业抵借怡和、汇丰各洋行之款,商借商还,毫无流弊,此以借垫为招徕之法也。既归公司承办,必须遴派公正殷实商总,按铁路所需总数,将商股招足。但只先收现银二成,如股票以百两为一股,先收二十两。有商人有商股始成公司,迨公司既成,商股不足,自可由公司设法借款,商借商还。如借款八成,分作三十年拨还,每年按股仅须出银数两,轻而易举。此收商股还本之法也。铁路所收之费,除支常年经费,以其余抵还债息,除还本息经费以外,如余利丰厚,再行酌议报效,此收路费缴利之法也。又查有新嘉坡总领事候选知府张振勋,素与南洋各商相习。现经该员禀请,由臣等电商出使大臣龚照瑗,札调回华,应由盛宣怀与之商酌招股事宜。

臣等详核该员所拟办法,揣情量力,周折腾展,而终归于有成。合南北之路,以资款动,藉国家之力,以为主持,官商相维而终归于可行。工费年限数目以及商股如何招,借款如何还,悉皆明白洞达,切实有着。惟该员以二十年任事,忧谗畏讥,前经奏派接办铁厂,已坚辞再四,强而后可。现在臣等与之考核铁路办法,该员尤以力小断难胜重任,吁请另派,情词极为恳切。臣等亦知该员向来勇于任事,局外不免间有吹求,特以此事关系全局,得人甚难,反覆焦思,既别无招巨商集巨款之方,而该员所拟办法,又实系于国家有益无损之计,确知非该员不能胜任,自不敢不据实上陈。圣明在上,自当具有权衡。至总理之员,虽经派定,但此事本以招商为主,所有许应锵、刘鹗等,果能招集确实华股,无论或数万或数十万,均准附入该公司,并准令集款较巨者,得照商务通章,随同管事,以收广益而示公溥。其余应筹之事、应定之章,经纬万端。派定之后,应由该员督率各路绅商,逐一详议妥协,再由臣等会同奏明办理。惟筹款办工紧要关键以及一切未尽事宜,自应饬令该员迅速入都,以备总理衙门垂询一切。总期竭力赶筑,早睹成效,以免万国之讥议,而慰中外之瞻瞩,大局幸甚,臣等幸甚。

国家清史编纂委员会·文献丛刊《张之洞全集》(3),武汉出版社2008年版,第388~391页

9月23日(八月十七日)　孙中山从美国纽约前往英国。

《龚星宪计擒孙文致总署总办公函》:

嗣于八月十九日接通使电称:"孙文于西九月二十三日由纽约搭轮船至英国梨花埔(即

利物浦,编者)海口登岸”等语。

吴宗濂《随轺笔记》第2卷,记事,光绪二十六年刻印本,第37页

9月25日杨儒致龚照瑗电:

现据纽约领事施肇曾探悉,孙文于九月二十三号礼拜三,搭 White Star Line, Majrstic 轮船至英国黎花埠登岸。儒,啸。

罗家伦《中山先生伦敦被难史料考订》,上海商务印书馆1930年版,第17页

孙中山《向英国律师卡夫所作的陈述词》:

我住在葛兰旅店街八号。我于一八九五年九、十月间离开香港,途经山域治群岛(Sandwich Islands)(即夏威夷群岛,编者)和美国,旅行到这里。我在纽约逗留了约一个月,在旧金山两个月。在这段时间里,我始终希望回避中国当局,并不知道中国领事馆在什么地方。我在纽约见到我的许多同胞,我没有想到,他们之中有谁会与中国领事馆发生联系。在美国时,我曾把自己的姓名告诉给我的同胞。我搭乘“麦竭斯底”号来英国,用的是逸仙这个名字。我姓孙,但中国人有几个名字,逸仙是朋友们对我的习惯叫法,我的另一个名字是文。

广东省社会科学院历史研究室、中国社会科学院近代史研究所中华民国史研究室、中山大学历史系孙中山研究室合编《孙中山全集》第1卷,中华书局1981年版,第37页

9月30日(八月二十四日)　孙中山从利物浦乘晚车到达伦敦。

《龚星宪计擒孙文致总署总办公函》:

该犯于八月二十四日登岸,即日乘火车至伦敦,剪发洋装,偕行有二西人,与之稔熟,伦敦则有二西医,一名坎特立(即康德黎,编者)、一名门森(亦作孟森、孟生、孟臣、万臣、马参等,编者),曾住香港,与该犯交最厚。前该犯由粤垣逃至香港,即潜匿坎特立之宅也。

吴宗濂《随轺笔记》第2卷,记事,光绪二十六年刻印本,第37页

孙中山《伦敦被难记》:

一千八百九十六年十月一日,予始抵伦敦,投止于斯屈朗(Strand,伦敦路名)之赫胥旅馆。翌日,往访康德黎君。康德黎君夫妇相待极殷挚。康所居在波德兰(Portland Place,伦敦区名)覃文省街(Devonshire Street)之四十六号,因为予觅相近之舍馆曰葛兰旅店(Gray's Inn),使徙止焉。

广东省社会科学院历史研究室、中国社会科学院近代史研究所中华民国史研究室、中山大学历史系孙中山研究室合编《孙中山全集》第1卷,中华书局1981年版,第55页

编者按:孙中山《伦敦被难记》有多种版本,收入《孙中山全集》的中文译本是一个做了删节的文本,并且是用文言意译,一些地方未能准确地表达出原著的意思。《鲁迅研究月刊》2009年刊载了庾燕卿的新译本,弥补了以往译本的不足之处。读者可参阅新译本。

10月1日(八月二十五日)　英国司赖特侦探社受雇于清驻英使馆监视孙中山行踪。该社向公使馆参赞马格里报告孙中山到达英国情形。

司赖特侦探社致马格里报告:

关于孙文事件

爵士:

依照你的指示,我们派了一个代表到利物浦去侦探一个从白星轮船公司(Majestic)的来客,名叫孙文。我们现在报告你,这个中国人合于所说的形状的,已于昨日中午十二时在利物浦王子码头上岸。

我们还要提到，孙文这名字，在船上的旅客单子上没有，单上有一个名字，叫 Dr. G. S. Sun，显然就是他了。他坐的二等舱。上岸的时候，他带了一件行李，上火车站设备的公共汽车，到利物浦密德兰车站(Midland Railway Station)，坐下午两点五十分的快车上伦敦。

但是他没有赶上火车。等到下午四十五分方才动身，于晚间九点五十分到伦敦圣班克拉司车站(St. Pancras)。于是他从行李房里取出行李，雇了一二六一六号马车到斯屈朗赫胥旅馆(Haxells Hotel, Strand)。

他一切的条件都合于你告诉我的。现在还有可疑的一点，就是 Dr. G. S. Sun 这个名字，是否就是完全代表我们所要找的那个人。

他现在在我们的监视之下。若是工作有结果的话，我们再告诉你。

你忠实的司赖特侦探社(签名)

一八九六年十月一日

罗家伦《中山先生伦敦被难史料考订》，上海商务印书馆 1930 年版，第 18～19 页

10 月 1 日至 10 日前(八月二十五日至九月初四日前)　孙中山在伦敦访问康德黎、孟森家，并在伦敦游览。

孙中山《伦敦被难记》：

予自是即小住伦敦，或游博物院，或访各处之遗迹。观其车马之盛，贸易之繁，而来往道途绝不如东方之喧哗纷扰，且警察敏活，人民和易，凡此均足使人怦怦向往也。予无日不造访康德黎君。每至，辄入其书室，借资消遣。一日，予于其家进中膳时，康德黎君戏谓中国使馆与伊家为邻，盍过访之。因相视而笑。康德黎夫人戒曰："子毋然，彼公使馆中人睹子之面，行当出而相捕，械送回国耳！"予闻夫人言，益相与大笑。初不料夫人之谈言微中，不久即见诸实事也。一夕，予饭于孟生医学博士(Dr. Manson)家。孟生君亦予香港旧识，曾授予医学者。君亦笑谓予曰："慎勿行近中国使馆，至堕虎口。"予以是于中国使馆之可畏，及其相距之不远，历经良友之告诫，非全措意者；然予至伦敦为日犹浅，途径未熟，彼良友之告诫于予初无所济也。

广东省社会科学院历史研究室、中国社会科学院近代史研究所中华民国史研究室、中山大学历史系孙中山研究室合编《孙中山全集》第 1 卷，中华书局 1981 年版，第 55 页

10 月 2 日(八月二十六日)　驻英公使龚照瑗致电总理衙门，说明英国外交部以无在英交犯条约，不能代拿孙中山。

龚照瑗致北京总署电：

粤犯孙文到英，英令无在本国交犯约，不能代拿。现派人密尾行踪。瑗宥。

罗家伦《中山先生伦敦被难史料考订》，上海商务印书馆 1930 年版，第 21 页

△ 兼任出使法国大臣龚照瑗写信给驻法使馆代其负责之属员庆常，嘱防范孙中山到法国活动。

龚照瑗致庆常函：

蔼堂仁兄大人阁下：

近因复抱薪忧，致疏笺候，怅甚。辰维兴居笃祜，懋履增绥，为颂。兹密启者：前接杨子通星使函，将粤东要犯孙文，谋乱发觉，潜逃赴美，总署电嘱，确【查】该犯欲往何国，密电敝处

等语,并抄录节略一件前来。顷于本月十九日接通使电称“现据纽约领事施肇曾探悉,孙文于九月二十三号礼拜三,由纽约搭轮船至英国黎花埠登岸”等语。当经密商英外部,拟援香港及缅甸交犯约,请为代拿。据该部复称“该二约只能行于香港及缅甸地方,而不能施之他处;即无在英国交犯之约,如外部饬拿该犯,必为刑司所驳”云云。英既以无约不能代拿,敝处遂即雇包探,赴黎花埠查探。兹据报称,该犯已到伦敦等语。至其赴法与否,未可知,现仍跟踪密侦。合先将通使与敝处来往函电,及包探行信,一并录呈台览,庶尊处得以早筹办法。俟有续闻,再行密告。特此顺请勋安。八月二十六日。

10月6日(八月二十八日)庆常复信:

大人钧座:

敬禀者:窃庆常接奉八月二十六日宪谕,敬谂政祉安康,升猷丕茂。引领星晖,倾心露祝。承示逋逃由美至英,并抄寄杨星使往来函电等件,敬聆种切。法国于此等案件,尤不介意;况近日英向法索犯未允。英、法同例,此中国所知者。此在新加坡最为注意,而在法但能探查也。如有续音祈饬仙洲世长或马清臣随时示下,以便因应。秋凉气爽,尚祈珍摄调护,为祷。谨肃寸禀,恭请钧安,伏乞慈鉴。庆常谨禀。八月二十八日。

罗家伦《中山先生伦敦被难史料考订》,上海商务印书馆1930年版,第24页

10月10日(九月初四日)　在清政府驻英使馆派人密尾孙中山时,孙中山却进入使馆,并会见翻译官邓廷铿。使馆设计了诱捕孙中山的阴谋。

龚照瑗致杨儒电:

密。孙文已到英,外部以此间无交犯约,不能代拿。闻将往法,现派人密尾。瑗,支。

罗家伦《中山先生伦敦被难史料考订》,上海商务印书馆1930年版,第26页

《龚星宪计擒孙文致总署总办公函》:

讵意该犯于九月初四日,改名陈载之,来至使署,询有无粤人;次日复自来使署,探问中国情形。按公法,使署即中国之地,彼既肆无忌惮,势不能不暂行扣留。

吴宗濂《随轺笔记》第2卷,记事,光绪二十六年刻印本,第37页

10月11日(九月初五日)　孙中山再次进入使馆,被清政府驻英使馆人员诱捕,拟偷运回国处以极刑。公使馆向北京总理衙门请示处置办法。

孙中山《伦敦被难记》:

是年十月十一日,适值星期,予于上午十点半钟时,自葛兰旅店(葛兰旅店在伦敦霍尔庞Holborn之葛兰旅店街;霍尔庞,区名)赴覃文省街,欲随同康德黎君等赴礼拜堂祈祷。正踯躅间,一华人自予后潜步而至,操英语问予曰:“君为日本人欤?抑中国人欤?”予答曰:“予中国人也。”其人叩予以何省,予答以广东。其人仍操英语曰:“然则我与君为同乡,我亦来自广州者也。”夫中国盛行不规则之英语,名曰“Pidsin”英语,意即商业英语也。华人虽同隶一国,而言语多相扞格,譬如汕头之与广州相距仅一百八十英里,视伦敦之与利物浦犹相近,然其商人之言语,乃彼此不相通,以是不得不借商业英语通其邮,彼汕头人与广州人之商于香港者多以英语相晋接,此足以见中国言语之歧杂矣。虽文字之功用及于全国,初无二致,然中文之与日本文固亦大致相似者也。中日两国人相遇之时,即或言语不通,而彼此尽可划地为书或操纸笔以谈也。

予途遇之华人既稔予为粤人,始以粤语与予相酬答,且语且行,步履颇舒缓。俄而又有

一华人来,与予辈交谈。于是予之左右,如有一人并行矣。是二人者,坚请予过其所居,谓当进雪茄,烹杯茗,略叙乡谊。予婉却之,遂相与伫立于道旁阶砌。未几,又有一华人至,其最先与予相遇者即迤逦而去。于是与予相共之二人,或推予,或挽予,必欲屈予过从,其意气若甚殷勤者。予是时已及于阶砌傍屋之侧,正趑趄间,忽闻邻近之屋门砉然而辟,予左右二人挟予而入,其形容笑貌又似谐谑,又似周旋,一纷扰间,而予已入,门已闭,键已下矣!然予未知此屋为谁之所居,故方寸间并无所疑惧。予之所以犹豫不即入者,以急欲往访康德黎君博士,冀同往礼拜堂,稍一迟回,不免过晏耳。迨予既入门,睹其急遽之状,且屋宇如彼其宽广,公服之华人如彼其众多,因陡然动念曰:"是得非中国使馆乎?"又忆中国使馆在覃文省街之邻,意者予向时踯躅之所,即中国使馆左右之道途乎?

予入门后,被引至一室。室中有一二人与予接谈数语,又自相磋商数语,遂遣二人挟予登楼。既登楼,复入一室,令予坐候。未几而二人又至,更挟予登一楼,是为第二层楼。仍入一室中,其室有窗,护以铁栅,窗外即使馆之屋后也。未几,有一须发俱白之老人,施施然饶有官气,一入室即谓予曰:"汝到此即到中国,此间即中国也。"

言已就坐,叩予之姓,予答曰:"孙。"

其人曰:"汝姓孙名文,予得驻美使臣来电,谓汝乘轮船'麦竭斯的号'游历至英,因令我捕汝于此。"

予问曰:"捕予何意?"

其人曰:"汝前尝上策于总理衙门(指孙中山上书李鸿章事。其时李鸿章尚未任总理衙门大臣,编者),请其转奏朝廷;汝策良佳,惟今者总理衙门急欲得汝,因令余暂相羁留,以待朝廷之命。"

予曰:"予被留于此,可使吾友知之乎?"

曰:"否,是不能!惟旅馆中之行李,汝可驰一函,俾此间人为汝取之。"

予告以欲致书于孟生博士,其人乃命人给予纸笔。予书中大意,谓此身被禁于中国使馆,请转告康德黎君,俾取予行李畀予云云。其人阅竟,甚不以函中"被禁"字为然,因嘱予别缮一函。予乃缮曰:"顷予在中国使馆,乞告康德黎君,为予送行李至此"云云。

是老人者,予初不稔为何许人,厥后而始知其即盛名鼎鼎之马凯尼(Sir Halliday Macartney)也。

马凯尼君忽又谓予可径函告旅馆,不必托友代取。予答以予所寓者并非旅馆,除康德黎君外无知予居处者。因以改缮之函授之。马凯尼唯唯,许为代寄。马凯尼之所以忽然转念者,盖欲借是以搜予行箧,或能得吾党之姓名及往来之函牍耳。计亦狡矣!

马凯尼君既出,即阖予所居室之门,并下键焉。自是予遂遭幽禁矣。未几,闻门外有匠人施斧凿之声,则于原键外更增一键也。且特遣监守二人,一中一西,严视门外;有时或于二监者之外更添一人。当最初之二十四小时内,其中国监守二人,时或入予室,与予相语。其于予被禁之缘由虽无一语宣泄,予亦不之问,然曾告予以顷者相见之老人即马大爷,予审为马凯尼也。大爷者,官场通俗之尊称,犹当时驻英公使龚某之称龚大人也。使臣与外人酬酢,不用真名,遂使外国人人称之曰大人。特不知与英政府公牍往还,亦称龚大人否耳。中国官场及外交礼节,往往有以一字之微而易等[尊]重为侮慢者,西人欲稔知之,非于文学风俗殚心研究不可。彼外交官辄喜于晋接之间,以言语文字愚弄外国人,偶或占胜,即诩诩自得曰:"洋鬼子被屈于我矣!"

予被禁后数小时,有监守者一人入,谓奉马凯尼君之命,搜检予身,因探取予钥匙、铅笔、小刀等物。然予另有一衣袋,藏有钞票数纸,彼不及检取,彼所挈以去者惟无关重要之文件数纸而已。监守者询予以饮食,予仅令取牛乳少许而已。

是日,有英国仆役二人入室燃火炉,除洒扫外,并置煤于室,以供燃火之用。予令先至之英仆为予寓书于覃文省街四十六号康德黎家,仆唯唯。迨后至之英仆来,予亦托之如前。此二仆者,厥后并称已将予信递寄,然所言殊未足信也。是晚,有一英国妇人入,为予设卧具。予并未与彼妇接谈。及夜,和衣而卧,然实彻旦未眠也。

广东省社会科学院历史研究室、中国社会科学院近代史研究所中华民国史研究室、中山大学历史系孙中山研究室合编《孙中山全集》第1卷,中华书局1981年版,第55~58页

10月11日龚照瑗致北京总署电:

密。孙文到英,前已电达。顷该犯来使馆,洋装,改姓陈。按使馆即中国地,应即扣留,解粤颇不易,当相机设法办理。祈速示复,勿令英使知,并请电粤督。瑗,歌。

罗家伦《中山先生伦敦被难史料考订》,上海商务印书馆1930年版,第26页

龚照瑗《致邓廷铿札》:

为札饬事:照得本大臣接准出使美国大臣杨函电,内开:"接奉总理衙门迭次函电,内称:粤东要犯孙文,谋乱发觉,潜逃外洋,饬即随时查拿"等因,该犯现由美到英,改装易姓,适来本署。查公法,使馆即中国地,自应扣留,除电请总署示遵,并饬参赞马格里密查外,相应派员监守。查翻译官邓丞廷铿,精细耐劳,即派该员督同武弁车德文,并洋仆二名,轮流看管。事关谋逆要犯,该员务当格外小心,毋任泄漏消息,趁间遁逸,致干大咎。切切,此札。

右札驻英国翻译官邓丞廷铿准此

罗家伦《中山先生伦敦被难史料考订》,上海商务印书馆1930年版,第29~30页

陈少白《兴中会革命史要》:

当时孙先生怎样会被公使馆拘留起来呢?照孙先生自己做的《伦敦蒙难记》所说,是道遇公使随员邓廷铿(号琴斋),自言是香山同乡,他乡遇故,就拉到邓家内谈天。原来他的家,就是中国公使馆。以后先生又遇到好几次,末了一回,就被挟持登楼,禁诸室中。但是实际并不是这样一回事。当时孙先生对我说,他早已知道公使馆,他故意改换姓名,天天跑到公使馆去宣传革命,后来公使馆的人疑惑起来,因为当时广州起义之事,传闻还盛,以为这人或者就是孙逸仙,公使随员邓廷铿因为是同乡,就试出他的确是孙逸仙,于是孙先生就被他们拘禁起来了。

柴德赓、荣孟源等编《中国近代史资料丛刊·辛亥革命》(1),上海人民出版社、上海书店出版社2000年版,第35页

邓慕韩《孙中山先生传记》:

按先生伦敦使馆被难有二说:一为使馆计诱,即先生自著《伦敦被难记》所述;一为先生自进,即先生事后对人所言。……以情理论,应取自进说,缘诱先生为邓廷铿,时不过为一使馆微员,途遇一乡人,安知即为先生?即知之,于仓卒间安敢行此非常手段。必须奉准公使,详商办法,然后进行。须历若干时间,方能办到,断无即遇即禁如此之速。《伦敦被难记》所云计诱者,盖著是书时,欲得外人同情,增加满清罪戾,不得不如此立论耳。夫明知使馆尚敢进去,益见先生革命之勇敢精神。特将采录理由,附识于此,以释群疑。

李敖《孙中山研究》,中国友谊出版公司2006年版,第50页

10月12日(九月初六日)　孙中山被囚禁在使馆,试图请看守他的英国工人柯尔、亨利帮助传递信息给康德黎,未果。总理衙门复电驻英使馆,令设法将孙中山解粤。

孙中山《伦敦被难记》:

翌晨，即礼拜一日，为十月十二号，二英仆又来予室，畀予以煤料、清水及食物。其一人曰："君书已代递矣。"其一人名柯尔（Cole）者则曰："予不能出公使馆，故尚未能为君寄书也。"

广东省社会科学院历史研究室、中国社会科学院近代史研究所中华民国史研究室、中山大学历史系孙中山研究室合编《孙中山全集》第1卷，中华书局1981年版，第58～59页

北京总署复龚照瑗电：

歌电悉。能按公法扣留，英不问，固好。解粤应设何法，能免英阻，且必到粤，望详商律师。谋定后动，无令援英例反噬，英又从而庇之，为害滋大，切望详慎。鱼。

罗家伦《中山先生伦敦被难史料考订》，上海商务印书馆1930年版，第44页

10月13日（九月初七日） 孙中山再次委托看守他的英国工人送信给康德黎。

孙中山《伦敦被难记》：

礼拜二日（即十月十三号），予又以寄书事询英仆。此仆为二人中之年齿较少者，非柯尔也。其答称确已代递，且已面晤康德黎君，康德黎君读竟后即遣去之曰："是耳。"仆言之凿凿，且以天日自矢。予是时已无复余纸，遂裂所用手巾，急书数语，乞其再付康德黎君；并劳以小金钱一枚，谆诿至再，期勿相误。仆虽诺诺承命，而讵知其一出予室，即驰报于使馆中人，尽情吐露无遗也。

广东省社会科学院历史研究室、中国社会科学院近代史研究所中华民国史研究室、中山大学历史系孙中山研究室合编《孙中山全集》第1卷，中华书局1981年版，第58～59页

10月14日（九月初八日） 公使馆再电总理衙门，报告处置办法。并就租船事宜联系格来轮船公司。邓廷铿再次会见孙中山。

龚照瑗再电北京总署：

密。鱼电敬悉。孙无忌惮，自来使馆，势应扣留。据向看管之邓翻译言，"欲谋大事，惟时未至"等语。有西人知粤督几为所害，是反形已露。外部既以香港、缅甸约不能施之英京，现筹购商船径送粤，不泊英岸，可无他虞。船价煤工约需七千镑，得载二千余吨船一只，不用，变价亦可。否则释放，仍派人密尾，穷其所往，亦不露痕迹。统乞速示遵行。瑗惟有力疾筹办。瑗，庚。

罗家伦《中山先生伦敦被难史料考订》，上海商务印书馆1930年版，第53页

孙中山《伦敦被难记》：

予被禁之第四日，有所谓唐（英文原为Tang，应译作"邓"，即邓廷铿。下同）先生者来视予，是即诱予入使馆之人也。唐先生就坐，与予纵谈曰："尔日与君相见，即挈君至此，乃公事公办，义不容辞。今日之来，则所以尽一己之私情。君不如直认为孙文，讳亦无益，盖所事均已定夺也。君在中国卓有声望，皇上及总理衙门均稔知汝为人，君姓名已震铄寰球，即死亦可以无憾。君在此间，实生死所关，君知之乎？"

予曰："何也？此为英国，非中国，公等将何以处吾？按诸国际交犯之例，公等必先将予被逮事闻于英政府，予意英政府未必肯遽从所请也。"

唐答曰："吾侪不请于英政府为正式之授受。今已事事停妥，轮舟亦既雇定。届时当箝君口，束君肢体，舁赴舟上。既登舟，即置君于严密之所，鼓轮而行。迨抵香港，当有中国炮舰泊于港口之外，即以君移交彼舰，载往广州听官司鞫审，并明正典刑焉。"

予告以此等举动未免冒险已甚，盖予在舟中，或得乘机与在舟英人通消息也。唐曰："否

否,君万不能出此。君既登舟,即有人严密看视,与在此无异。苟有可与外人通消息处,吾等当先事杜绝,决不使有丝毫间隙也。”予又曰:“舟中员司未必与使馆沆瀣一气,其中安知无矜悯予而为予援应者?”

唐曰:“是轮船公司与马凯尼君交谊甚深,该公司自当遵马君之命而行,决不虑其有所阻梗。”

唐又答予所问曰:“是轮船者属于格来公司(Glen),本星期内未必启程(按唐某与予谈话之日为十月十四号,即礼拜三日)。盖公使以惜费故,不欲专雇是船,因令其先载货物,而行旅之费则由使馆全认;迨次星期,则货物之装载既竟,而君亦须附载以行矣。”

予谓此等计划,欲见诸实行亦良难。唐曰:“予侪如不出此,则亦不妨戮汝于此,借免周折。盖此间即中国,凡使馆中所为之事,无论谁何决不能干涉也。”

唐言已,又举高丽某志士事为予劝慰,并资启迪。盖某志士自高丽出奔至日本,被其同国人诱赴上海,戕毙于英租界内,由华人将志士遗骸运往高丽,高丽政府戮尸示惩,而其戕毙志士之凶徒则获重赏并擢高位焉。唐历述此事,津津若有余味,盖其意以为此次有捕予之功,中国政府亦当加以重赏、锡以高位也。

予问曰:“公等何残忍若是?”

唐曰:“此系皇上之命,凡有能生致汝或取汝死命者,皇上均当加以不次之赏。”予又进逼曰:“高丽志士之案即中日开衅之一因,今公等致予于此,或招起极大之交涉,未可知也。将来英政府对于使馆中人,或不免要求中国政府全数惩治。况君与予有桑梓之谊,吾党之在粤省者甚多,他日或出为予复仇,岂第君之一身可虑,甚或累及君之家族,亦意中事耳!”

唐某闻予言,其豪悍之口吻不觉顿变,遂曰:“凡我所为,皆公使之命,我此来不过为彼此私情计,俾君知前途之危险耳。”

广东省社会科学院历史研究室、中国社会科学院近代史研究所中华民国史研究室、中山大学历史系孙中山研究室合编《孙中山全集》第1卷,中华书局1981年版,第59~60页

《邓翻译与孙文问答节略》:

九月初四民孙文来署,询:“有无广东同乡特来拜见。”比时翻译邓廷铿出见,问其姓名,答以“姓陈,号载之”。问其到英何事?答:“前来游历,但已游数日,各处均得其大概,唯行宫不能任人游玩,阁下可设法令我一观其盛否?”邓云:“日后当可设法往游。”孙问:“英国有广东人否?”答:“有,均在海口。”孙问:“可带见否?”答以“可”。

遂订翌日同赴海口。此约其次日来署情形也。初五日,孙于早晨十一点钟到使署,并在署早饭,拟赴海口。邓云:“两点钟方可以去。”即带见马参赞,(马参赞)告以曾在曾文正公幕府。孙云:“前洪秀全得地之后,何以不能自守?”马答曰:“凡反叛得地,不善布置政体,即不能守。”

孙云:“中日之役,华兵溃败如此,实为可惨,殆因不重洋务之故。现今中国重洋务者,唯李中堂一人而已。如中堂能以西法变华,谅可不致如此。”邓云:“尔曹晋谒中堂否?”孙曰:“去过一次,与罗稷臣相见。据云中堂不愿见我,盖因改装剪辫之故。此次中国之败,若在别国,必早变民主。”邓云:“天下事不必深谈,可到别处房间看看。”

即带其上第二层楼,顺路过随员李盛钟卧房,与李相见数语后,即问:“贵省改行西法,可易办否?火车铁路可易通行否?”李答甚难,有山石之阻。孙云:“我在美国看见山可穿洞而行。”答:“如果定要开设,不过工本较大耳。”孙转向邓曰:“我俟游遍各国,意欲往中国各口岸,溯扬子江而上,看中国各地如何局面。但我现改西装,未晓内地行走有无关碍,请明指教。”邓答:“此事我无把握。”适参赞马来问邓译件,邓告以在三层楼上,随带孙同往楼上。

此时楼上房子已备齐全，引孙入房，马邓二员一立在门内，一立在门外，比孙入房，即将房门闭上，外面加锁。马参赞开口云："尔非姓陈，尔之金表内刊孙文二字，尔定是孙文，现奉钦差之谕，将你扣留，问你在广东所做何事。现正电告总署，必俟总署回电，方能放出你。但安住在此房，不做犯人看待，只不许出门，如要看书，均可取来。"此将孙文引上楼房扣留之详细情形也。斯时马出来邓进去，问："你是孙文，号逸仙，再号帝像，字载之否？"孙低头不答，唯云："可准我回客栈，然后再来，或与人同去否？"

邓答："皆不能准。"初六日早饭，翻译邓与之同食，以探其滋事情形。邓云："昨日将你扣留，此系公事公办，你以为何如？"孙答："你系奉公而行，我不怪你。但钦差留我，有何主意？我昨夜三思，此地乃系英国，钦差在此，断难致我之罪，否则我亦不自来署。"邓云："钦差并不定你罪，窃恐你来署，将署中公事在外误传，故扣留也。"孙云："虽可扣留，实不济事。钦差在英无办犯之权，中国与英国又无交犯之约，我早查明，然后敢来。昨夜细想，钦差唯有密租船只，将我困在囚笼，私解回粤而已，其余则无别法。"

邓云："绝无此事，且你亦通英语，即困笼中，亦可求救。"

孙云："倘或将我之口闭塞，无从求救。不过我已入美籍，美国得知，亦是不了。"邓云："你在美国生长那？且华人不能入籍。我曾在金山多年，亦稍知美例。"孙不答，以病告求医，邓答："代回钦差。即问你在广东谋反，因事不密，被人先觉，以致不成，是否属实？"孙答："我虽有大志，而时尚未至，唯广东有一富人，欲谋是事，被我阻之。"邓云："何不同谋，反阻何故？"孙云："他是为己，我是为民。"邓云："请将为己为民四字明白告我。"孙云："他之为己，欲得天下自专其利；我之为民，不过设议院变政治。但中国百姓不灵，时尚未至，故现在未便即行。盖该富人不知审时，我所以阻之也。我素重西学，深染洋习，欲将中国格外振兴，喜在广报上发议论，此我谋反之是非所由起也。"

初八日，邓又与孙谈，并以话引话，冀得实据。邓云："我以公事扣你，若论私情，你我同乡，如有黑白不分，被人欺你之处，何妨将此事细微曲折，一一告我。倘有一线可原之路，我亦可念同乡之谊，代求钦差，为你申雪。你亦可回籍，再谋生业。况广东近事，我亦略知，且听你说看，与人言合否？"孙云："事可明言，但不知钦差愿意排解否？"邓云："钦差最喜替人申冤，只要将实情说出，我必竭力代求。"孙即跪下，叩头流泪云："如事能直，恩同再造，感德不忘。"邓云："请说，不可乱言。"孙云："我是孙文，非陈姓也。号逸仙，再号帝像，此号是母所名，因我母向日奉关帝像，生平信佛，取号帝像者，望我将来像关帝耳。载之二字系由成语文以载道而来，并无别情。向在广东冼基设西医局，因治病有效，常与绅士来往，其时北京开强学会，我在省设农学会，总会在厢门底，分会在咸虾栏，凡入会者，将姓名籍贯登簿，当发凭票一纸，交其人收执，曾托尚书罗椒生之侄罗古香向前抚台马说情，请其批准开办。因抚台病后，迁延未批，而农学会早先开办不过教民种植，意欲开垦清远县之荒田，此田系会中所置，以为如有成效，即可将广东官地一并开垦。入会者有绅士、船主、同文馆学生等人。不料前年九月初八九左右，李家焯忽然带勇前来，将总会、分会一概查封，在总会查出名册一本，分会查出铁锅二个、大斧多张，并拿去会友数名。其中有一姓陆者，本系蚕师，过堂苦打，强逼成招，已被正法，其余尚在狱中。所可恨者，绅士如罗古香等，则不敢拿，镇涛、广丙两船主托人取保出去，而事亦了。同文馆学生因是旗籍，亦置不问。独以我为首，专意拿我。且三天之后，又闻有西门丁泥六桶，内系洋枪，由香港付至农学会，亦被李家焯拿住，以为我谋反之据。又在火船拿获散勇五十余名，作为我之党羽。后讯知是台湾散勇，因有二人因别案与陆姓同罪，其余均由总督给资回籍，此非谋反之党羽，可立明也。查香港买洋枪，非由的保不卖,若往香港,一查便知虚实。此系李家焯私买废枪以坐我罪也。且我暂避藩署,一经事发,方将托人与陆设法,不料他一见刑具,即妄招认,无可挽回。倘有军火,何难电阻,三天后寄来,又谁收谁用耶?”邓云:“李家焯何故与你为仇?”孙云:”他之仇我因机房之事也。缘他部下勇丁直入机房抢丝,被人捉住,李家焯得知,派勇夺回,随往抚辕控告以不服稽查、挟制官长为辞。有人求我替机房定计,与李互讼,李知事败,以故仇我,即借农学会以控我,指为暗藏三合会,有谋反之举。我之误处误在专讲西学,即以西国之规,行于中国。所有中国忌禁,概不得知。故有今日之祸。”邓云:“前日所说富人,何妨明说?”孙云:“谋反之事,我实无之,前日说有人商之于我,意图谋反,此人系广东大绅曾中进士并且大富姓某名某是也(按:此人近颇为当道倚重,或系孙之妄扳,故删其姓名)。我行医时,素与绅士往来,唯他尤为亲密,平时互发议论,以为即是国计民生之道,只知洋务亟宜讲求,所说之话,他甚为然。以我之才干,可当重任。故于中日相接莫解之时,专函请我回广东相商要事。我在香港得信即回,见他,他曰:‘我有密事告你,万勿宣扬。’乃述其梦云:‘我身穿龙袍,位登九五,我弟叩头贺喜,故请你商量,何以助我?’我即问曰:‘你有钱多少?’他答曰:‘我本人有数百万两,且我承充闱姓,揭晓后始派彩红,现存我手将近千万,如立行谋事,此款可以动用,迟则失此机会。’我又问:‘有人马多少?’他云:‘我有法可招四万之众。’我答云:‘凡谋事者,必要先通在上位之人,方得有济。尔于政府,能通声气否?’他不能应。况他之品行最低,无事不作,声名狼藉,我早尽知,他之所谋,只知自利,并无为民之意,我故却之,决其不能成事也。他寄我之函,的系亲笔,虽未将谋反之言说出,其暗指此事,可以意会之词,亦可为证。是欲谋反者是他,而非我也。乃李家焯故意张大其词,以重我罪,藩署官场中人及绅士等,均有意替我申雪,因事关重大,不敢干预,即递公呈代办亦恐无济。其时制台派兵搜查,我由藩署坐轿而出,直至火船,径赴香港,幸无人知此。我真有莫白之冤也!李家焯此次害我,不独家散人亡,我所有田地均已被封,不知尚能复见天日,得雪此恨否?况我曾上禀请设内河轮船公司,已蒙张香帅批准,不遇此事,我早往上海开办矣。李家焯之害我,其毒无穷,自我避往香港之后,去年又造谣言说我私买军火,在外国招募洋匠五千,进攻粤省。我不得已,潜往各国游历,及抵英国,我所往各处均系游玩之所,凡制造军火各厂,我概未去,此亦可见我非有谋反之事也。万望钦差代为申雪,俾得回国,另谋事业,断不敢再行为乱。况中国近来颇讲洋务,我意中主意甚多,不难致富,又何必行险耶?你果念同乡之谊,还当代我力求钦差。”

吴宗濂《随轺笔记》第2卷,记事,光绪二十六年刻印本,第37~38页

10月15日(九月初九日)　孙中山在邓廷铿的要求下,给使馆写了自白书,称其进入使馆是为了要求撤销清廷对他的错误指控。

孙中山《伦敦被难记》:

是日,夜半后十二点钟时,唐又至予室与予谈。予曰:“君如真为予友,则将何以援予?”唐答曰:“此即我之所以来也。我当竭尽绵力,冀脱君于厄。我今方令匠人密制二钥,一以启此室之门,一以启使馆之前门。我之所以出此者,以掌钥者为公使之亲随,乃其腹心所寄,决不肯出以相授也。”

予问以出险当在何时?唐答称:“必须俟诸次日,即礼拜五日(按是时已在礼拜三夜十二点钟以后,故应作为礼拜四日,而所谓次日者乃礼拜五日也)。礼拜五日清晨二点钟时,我或能蹈隙以来,俾君出兹罗网,未可知也。”

当唐兴辞时,又告予以“礼拜五清晨必来相援,汝可预为之备”云云。然唐去后,予仍取

片纸,草数语,俟礼拜四日(即十月十五号)上午授之英仆,乞其密致康德黎君。及下午,唐复来,谓此纸已由英仆径呈使馆,马凯尼君睹之,即向唐某大肆诟詈,谓不应以使馆密谋告予。是在唐某虽有相救之心,而予此举实足破坏其计划,未免自误云云。

予乃叩以尚有一线生机否?唐曰:“生机正自未绝,特君必须遵我命而行,慎毋再误。”

唐乃劝予致书公使,乞其相宥。予从之。唐立命西仆柯尔将纸笔墨水至,予请易中国文具,盖上书公使宜用汉文,未便作西字也。

唐曰:“否,英文良佳。盖此间大权均操诸马凯尼之手,公使不过坐拥虚名而已。君此书,宜畀马凯尼也。”

予问书中宜如何措辞?唐曰:“君必须极力表明,谓身系良民,并非逆党,徒以华官诬陷,至被嫌疑,因亲诣使馆,意在吁求伸雪云云。”

予即在唐某之前,就其所授之意,缮成一长函。折叠既竟,通例应于纸背标明受书人姓名,唐乃为予读马凯尼君姓名之缀法曰:Sir Halliday Macartney(原文有错,今据英文本校改)。盖是时予仅知其姓氏之音为马凯尼,而犹未稔其文字上之缀法也。既而授函于唐,唐怀之而去,自是不复睹斯人之面矣。

予此举实堕唐某之奸计,可谓其愚已甚。盖书中有亲诣公使馆吁求伸雪等语,是岂非授以口实,谓予之至使馆乃出自己愿,而非由诱劫耶?虽然,人当堕落深渊之际,苟有毫发可资凭借,即不惜攀以登,更何暇从容审择耶?更何能辨其为愚弄否耶?

唐曾告予,凡予所缮各函,均由仆人出首于使馆,并未尝达于予友。是时,予想望已绝,惟有坐以待毙而已。

广东省社会科学院历史研究室、中国社会科学院近代史研究所中华民国史研究室、中山大学历史系孙中山研究室合编《孙中山全集》第1卷,中华书局1981年版,第60~62页

10月16日(九月初十日)　驻英公使因庚电未获回复再电北京总署。总署复电同意购商船径解粤。柯尔被孙中山坚持不懈的努力所感动,答应为其送信。

龚照瑗再电北京总署:

庚电未奉复,扣留至今,外无知者;释放亦宜早,免露痕迹,乞速示。瑗,蒸。

罗家伦《中山先生伦敦被难史料考订》,上海商务印书馆1930年版,第54页

北京总署复龚照瑗电:

庚电悉。购商船径解粤,系上策,即照行。七千镑不足惜,即在汇丰暂拨,本署再与划扣。唯登舟便应镣铐,管解亦须加慎,望荩筹周备,起解电闻,以便电粤。蒸。

罗家伦《中山先生伦敦被难史料考订》,上海商务印书馆1930年版,第54页

孙中山《伦敦被难记》:

是一星期内,予苟觅得片纸,即以被难情形疾书其上,令英仆为予掷于窗外,冀有人拾得之,或生万一之望。予被禁之室虽有窗,并不临街,故不得不乞仆人代投。既而知仆之愚予也,遂拟自起而为之。因于所居室之窗内一再外掷,某次,幸及于邻家之铅檐。然纸团之力,所及不远,故始则裹之以铜币,铜竭则縢之以银。此钱币者,乃予密藏于身畔,幸未于搜检时被获者也。迨所掷之纸及于邻屋,窃意邻家或万一能拾视之矣。然同时别有一纸,掷出时误触绳,中道被阻,而径堕于予室之窗外,因命西仆往拾之。此西仆即二仆中之少者,非柯尔也,闻命后不往拾,而反告监守者,于是监守者往拾,并留心四顾,则铅檐上之纸团亦为所见;遂攀登邻屋,取之以归,呈之使馆。自是而予一线仅存之希望亦尽绝矣!

使馆之所以防予者,视前益密,窗上均加以螺钉,不复能启闭自如。藐藐我躬,真堕落于穷谷中矣!惟有一意祈祷,聊用自慰,当时之所以未成狂疾者,赖有是也。及礼拜五(即十月十六号)上午,予祈祷既竟,起立后觉方寸为之一舒,一若所祷者已上达帝听。因决计再尽人力,待英仆柯尔来,复向之哀恳,借脱予厄。

予谓柯尔曰:"子能为予尽力乎?"

柯尔反诘予曰:"君何人也?"

予曰:"中国之国事犯而出亡于外者。"

柯尔于国事犯之名称,若未能领会。予乃叩以生平于阿美尼亚人之历史,亦尝有所闻否?柯尔颔之。予遂迎机以导,告以中国皇帝之欲杀予,犹土耳其苏丹之欲杀阿美尼亚人;土耳其苏丹之所疾视者为阿美尼亚之基督教徒,故欲聚而歼之,中国皇帝之所疾视者为中国之基督教徒,故欲捕而斩之;予即中国基督教徒之一,且尝尽力以谋政治之改革者也。凡英国之人民无不表同情于阿美尼亚人者,故予之身世及予目前之情况苟为英国人所谂知,则其表同情于予亦不言而可决也。

柯尔谓不识英政府亦肯相助否?予曰:"唯唯,英政府之乐于相助,又宁待言。否则中国使馆只须明告英政府,请其捕予而交与中国可矣,又何必幽禁予于斯,恐外人之或闻耶?"

予又进迫之曰:"予之生死,实悬君手。君若能以此事闻于外,则予命获全;否则予惟有被宰割,受屠戮耳!君试思救人于死与致人于死,其善恶之相去若何?又试思吾人尽职于上帝为重要乎,抑尽职于雇主为重要乎?更试思保全正直之英政府为重要乎,抑袒助腐败之中国政府为重要乎?君其三思予言,乞于下次相见时以君之决心示予。"

翌晨柯尔以煤至,既投煤于炉,复以手微指煤篓。予见其所指者为一纸,不觉中心跳荡,予之生死固惟此片纸所书者是赖也。柯尔既出,急取而读之,其文曰:

"某当为君递一书于君友。惟君缮书时,慎勿据案而坐,盖守者伺察甚严,得于钥孔中窥见所为也。君若伏于卧榻而缮之,则得矣。"

予于是偃卧榻上,取名刺一纸,面壁而书;书系致予友康德黎君者也。亭午,柯尔复来,取予书去。予媵以二十镑为酬劳之费,顾自是而予囊亦告罄矣。既而柯尔复持煤篓至,以目示意。予待其去后,急搜煤篓,得一纸,读之,大喜逾望。文曰:

"勉之,毋丧气!政府方为君尽力,不日即见释矣。"

以是而予知祷告之诚,果上达于天也;以是而予知上帝,固默加呵护者也。予自被逮后,衣未尝解带,夜未尝安眠,至此始酣然一睡,及旦而醒。

予之所惴惴致惧者,生命事小,政见事大。万一果被递解至中国,彼政府必宣示通国,谓予之被逮回华,实由英政府正式移交,自后中国之国事犯决无在英国存身之地。吾党一闻此言,必且回忆金田军起义之后,政府实赖英人扶助之力,始得奏凯。吾国人又见予之被逮于英而被斩于华,必且以为迩来革命事业之失败,仍出英国相助之功。自是而吾华革命主义,永无告成之望矣!且予旅馆之中,行李而外尚有若干文件,设为中国使馆所得,则株连之祸实不知其所终极。幸康德黎夫人以一女子而能为予预料及此,毅然赴旅馆中尽取予书札文牍之属,捆载而归,付之一炬。是其识力之有造于吾党者,诚不鲜也。

予被幽使馆中,第觉饮食之可厌,而并未念及饮食之可以置毒,故尚日进乳茗少许,间或啖鸡卵一枚,得藉延残喘,以待予良友之营救。厥后接康德黎君来简,而食量之增与睡境并进矣。

广东省社会科学院历史研究室、中国社会科学院近代史研究所中华民国史研究室、中山大学历史系孙中山研究室合编《孙中山全集》第1卷,中华书局1981年版,第62~64页

10 月 17 日(九月十一日)　清政府驻英公使馆英籍女管家郝太太主动给康德黎送去孙中山被囚使馆的信息。

康德黎和琼斯《孙逸仙与中国的觉醒》:

门铃声催我起床。门口空无一人,但我发现从门下塞进来的一封信,就把它捡起来。

黄宇和《孙逸仙伦敦蒙难真相》,上海书店出版社 2004 年版,第 3 页

孙中山《伦敦被难记》:

自礼拜五日(即十月十六号)后,英仆柯尔始为予效奔走,求解脱。柯尔之妻尤尽力。其于礼拜六日(即十月十七号)密白予友康德黎君之书,即出自柯尔妇之手笔(孙中山此处记述有误,送信给康德黎者乃驻英使馆女管家郝太太,并非柯尔之妻,编者)。康德黎君接书,已在是日夜间十一点钟时。书曰:

> "君有友某自前礼拜日来,被禁于中国使馆中。使馆拟递解回国,处以死刑。君友遭此,情实堪怜,设非急起营救,恐将无及。某于此书虽不敢具名,然所言均属实情。君友之名,某知其为林行仙(Lin Yin Sen)。"

康德黎君既得此书,其感情若何,可以不言而喻。时虽深夜,然恐营救无及之故,急起而检查马凯尼君之居址;居址既得,即匆匆出门,驰往求见。夫此等不名誉之举动,实以马凯尼为主谋,而予友不知,反驰往哈兰区(Harley Place)三号之屋,向之求助。时已礼拜六夜十一点一刻钟。予友既造其庐,则见重门紧闭,人声俱无。不得已出至场地外,则梅尔蓬路(Marylebone Road)中有一值夜之警察,警察目注予友,若甚疑者。据该警察谓此屋空闭,期以六阅月,居中人均往乡间云云。予友叩以何能详悉若是,则反唇以稽曰:"三日前有盗夜破是屋,闻于警署,警署因是而查得屋中人之姓名及其现在之踪迹。所谓六阅月始回者,其言当不谬也。"康德黎君闻言,乃驱车至梅尔蓬巷(Marylebone Lane)警署,以予被拘事呈诉于值日警监。继复至苏格兰场警署,侦探长在私室接见,允其呈诉一切,以便存案。惟康德黎君所诉之事,颇出常情之外,殊难置信。侦探长静听既毕,即告以此事关系重大,非渠所能主持云云。迨康德黎君步出警署之门,已在夜半后一点钟,然所事则并未见有丝毫进步也。

广东省社会科学院历史研究室、中国社会科学院近代史研究所中华民国史研究室、中山大学历史系孙中山研究室合编《孙中山全集》第 1 卷,中华书局 1981 年版,第 64 ~ 65 页

孙中山当天《致康德黎简》:

致覃文街四十六号詹姆斯·康德黎博士:

我在星期天被绑架到中国公使馆,将要从英国偷偷运回中国处死。祈尽快救我。

中国使馆已租下一艘船,以便把我递解回中国,而整个途中我将被关锁起来,禁止和任何人联系。唉!我真不幸!

请照顾目前这个帮我送信的人;他很穷,将会因为替我效劳而失去他的职业。

广东省社会科学院历史研究室、中国社会科学院近代史研究所中华民国史研究室、中山大学历史系孙中山研究室合编《孙中山全集》第 1 卷,中华书局 1981 年版,第 29 ~ 30 页

10 月 18 日(九月十二日)　康德黎接到郝太太送来的信后,知事情紧急,凌晨即出门奔走营救。

孙中山《伦敦被难记》:

翌日上午,康德黎君奔驰至甘星敦(Kensington),就商于其友,意欲往见现寓伦敦之中国某税务司,乞其以私情晋谒中国公使,告以私捕人犯之事殊属非理,宜三思而行云云。

康德黎君之友颇不以此策为然。于是复往哈兰区三号屋,盖其意以为屋中人虽往乡间,

必有一二守宅之人,或可访得马凯尼君之踪迹及其通信之地。讵知既抵其处,除于盗劫之事更闻一过及睹一二斧凿散弃地上外,更不能别获丝毫之消息,以踪迹彼同化东亚之外交家。

康德黎君乃往访孟生博士,既及门,见有一人趑趄于门外,则中国使馆之西仆柯尔也。盖柯尔是日决计躬往康德黎君之家,尽以中国使馆拘予之密史倾吐于予友。康德黎君家人告以予友已出访孟生博士,柯尔乃疾趋至孟生博士之门外,意欲俟康德黎君之来,而并谒孟生博士。

柯尔随康德黎君入,即授以予函,是函系予以名片二纸缮成者。康德黎君乃与孟生博士同阅之,文曰:

"予于前礼拜日,被二华人始则诱骗,继则强挟入中国使馆。予今方在幽禁中。一二日后,将乘使馆特雇之船递解回国,回国后必被斩首。噫!予其已矣!"

孟生博士既备闻斯情,即与康德黎君从事营救。康德黎君叹曰:"设马凯尼君未下乡,则此事当无难措手;不幸马凯尼又他出,吾侪当于何处求之也?"

柯尔闻言,即告之曰:"马凯尼君何尝远出?彼固无日不赴中国使馆。幽孙氏于其室中者,马凯尼也。以孙氏付于吾,令吾严密防守,勿使得逸者,亦马凯尼也。"

柯尔此言,实足使康、孟二君骇愕不已。且此事既由马凯尼主谋,则营救不免更难,措置益须加慎,设非就商于政府中之秉政者,恐未易为功矣。

柯尔经孟、康二君诘问后,又答称中国使馆诡称孙氏为疯汉,拟于二日后即下礼拜二日押解回国。至轮舟之名虽不得而知矣,然伦敦城中有名麦奇谷(Mc Gregor)者,柯尔知其必尝与闻斯事也。又谓本星期内忽来中国兵三四名,止于使馆中,使馆向无此等人物,是则兵士之来当与孙氏之起解必有关系也。

柯尔临行时,康、孟二君各予以名刺一纸,俾转授于予。盖一则欲借此以稍慰予心,一则证明柯尔之确已为予奔走也。孟、康二博士复往苏格兰场警署,拟再求警察出而干涉,或可有济于万一。值日之侦探长谓康德黎君曰:"君于昨日夜半后十二点半钟时尝来此陈诉,乃时未久而君又来,此时实不及有所为也。"

孟、康二博士既出警署,又熟筹良策,于是决计赴外部始为尝试。抵部后,部中人告以下午五点钟时复来,当令值日司员接见。如期复往,书记员招待甚有礼,而于二君陈诉之辞不能不疑信参半。既而谓本日适值星期,无可设法,当于翌日转达上官云云。二博士无如何。既思时期已极迫促,设中国使馆即于是夜实行其计划,将奈之何!况更有可虑者,彼使馆所雇者或系外国轮船,则英政府虽欲搜检,亦安从而搜检?盖人犯既已被解,轮舟既已开行,设为英国船,则不及搜索于伦敦,尚可截留于苏伊士河;若为外国船,则此望亦等诸泡幻矣。二君因毅然决计,先径往中国使馆,告以孙某被拘事已为外人所知,英政府及伦敦警署已知其拟将孙某递解处以死刑云云,俾中国使馆闻之,或将有所惕而不敢遽行。孟生博士以中国使馆稔知康德黎君与予相习,故决计只身前往。

于是孟生博士驰赴波德兰区四十九号,叩中国使馆之门,令门外守兵招一华人之能操英语者出见。俄而一中国通译员出接,其人即唐某,始则捕予于途,继则饵予于使馆者也。孟生博士启口第一语,即曰"某欲一见孙逸仙"。唐某面作踌躇之色,口中喃喃曰:"孙……孙……"一若不知斯名之谁属者。既而答曰:"是间并无此人。"孟生博士即告以孙某确在是间,无庸讳饰,今英国外务部已知此事,而苏格兰警署且已派员彻查云云。然唐某竭力剖辩,谓此种消息纯属谬妄。其言侃侃,其色肫肫。虽以旅居中华至二十二年、善操厦门方言其熟如流、而于华人之性情习俗又号称洞悉之孟生博士,亦不觉为所摇惑,几疑予被拘之事之全不足信也。若唐某者,洵不愧为中国之外交家,将来出其善作诳语之才力,何难取卿相、列台阁?孟生博士归为康德黎君言:"当其辩白之时,形容极坦率,辞气极质直,甚且谓孙某被幽之信,或出孙某之自行捏造,冀以达其不可测度之目的焉。"

康、孟二君为予奔走营救,至是晚即礼拜日下午七点钟时始各分袂。然二君均以所谋无当,意殊不慊。且恐中国使馆既知英政府已有所闻,或即于是夜实行递解亦未可知,否则亦必将移禁他处。二君所虑,不为无见。幸当时之所谓曾侯(按即曾纪泽,龚使之前任也)者,甫自伦敦返国,已将居宅退赁,否则使馆中人必且以予改禁曾宅,而反请英政府赴使馆检查,以辟外间之流言,而示推诚相与之态度矣。虽然,改禁之计虽可无虑,而递解之期既定于礼拜二日,则承载之轮舟是时必已安泊于船坞可知。彼使馆或托词押解疯汉,在夜深人静后,借免途人之属目,而因以纳予于船坞,又未可知。此予友之所以不能无惴惴也。

予友康德黎君以是不能释然于心,计惟有遣人密伺于中国使馆之外,借以侦察其行动。因急往访某友,某友告以"思兰德"号(Slater's Firm)之所在。"思兰德"号者,美国私家侦探设于伦敦本区(所谓伦敦本区者,盖伦敦全境分为若干区,而此则名伦敦城,即伦敦本区也)以待雇者也。顾是日为礼拜日,康德黎君既抵佩星和尔街(Basinghall Street),见有花刚[岗]石所建华屋,审为"思兰德"号,即按其铃,挝其门,甚且大声以呼,而屋中阒然无应者。盖以礼拜日之故,循例休业。然则英国于礼拜日无应办之案乎?曰:非也。所谓礼拜星期者,不过藉人为之力强分一月为若干部分,借以取便于世俗而已。彼犯案者,何尝辨其为礼拜日与非礼拜日哉!

康德黎君不得已与在途巡警相商,且与御者互相讨论,此御者已知中国使馆之案,而颇欲尽力驰驱者也。既而定计往最近警署,康德黎君入见,具陈中国使馆之事。警官问曰:"君所欲侦察之地果何在乎?"

予友曰:"在西境之波德兰区。"

警官曰:"嘻,君盍回西境谋之。若本署则属伦敦本区,与西境无涉也。"

康德黎君之意,固知东境与西境之警署同一无济,因复请曰:"可由贵署遣一侦探往伺中国使馆否?"

警官曰:"是不能,伦敦本区之警察实不能与闻西境之事。"

康德黎君曰:"然则贵署亦有吏事既久而今已退闲之警察,愿为予略尽微劳,以邀少许之酬谢者乎?"

警官曰:"是或有之,当为君搜索也。"

警署中人互相商议,冀得一相当之人以充数,既而曰:"得之矣,有某某者似可以膺斯任也。"

予友叩以其人之居址,则曰:"斯人寓蓝藤斯敦(Leyton - stone),君今夜恐无从访得之。盖今为礼拜日,固君所知也。"

既而警署中人又聚议良久,始得一相当之人,其所居在伊士林敦(lslington)之吉勃斯屯场(Gibston Square)。既以其姓名居址见告,予友乃兴辞而出。

予友既出门,思先往报馆,以予被逮事告诸新闻记者,而后赴伊士林敦访侦探。即驱车至太晤士报馆谒其副主笔,馆人出会客启一纸,令予友声明请见之缘由。予友大书曰:"中国使馆之诱捕案。"时已夜间九点钟矣。馆人约以十点钟时再往相见。

于是予友赴伊士林敦,访警署介绍之侦探。既抵其境,搜觅良久,始得吉勃斯屯场。其地殊幽暗,少灯火。既得吉勃斯屯场,复按户检查,始得警署所示之某号。予友叩户而入,所谓某侦探者固自不误。而其人以事不克承命,愿转荐一人,予友不得已诺之。特其所荐之人之居址,须求诸其人之名刺,于是倾筐倒箧,并破衣败絮之中亦复搜寻殆遍。既而见一纸,谓予友曰:"得之矣。虽然,此人近方守护伦敦本区某旅馆,勿庸至其家访之也。"

予友踌躇者再,既见侦探室中有数童子拥挤一队,乃请于侦探,令速具一函,遣一童径送其人之家,予友复偕同侦探亲访其人于某旅馆,是两者必遇其一矣。部署既定,予友与侦探驱车至某旅馆。馆在巴毕干(即古堡)邻近,顾探索良久,迄未见是人踪影。既而知旅馆须于十一点钟始闭门,则是人亦必于是时始至。康德黎君因令同行之侦探在旅馆外候其友,而己则驰赴太晤士报馆,尽以予被捕事告记者。记者以所言缮存一纸,而登载与否,则当听报馆之主裁。康德黎君是日回寓,已在夜间十一点半钟。及十二点钟,而拟雇之侦探尚未至。康德黎君虽甚焦闷,而热心豪气曾不稍灭。计惟有亲赴中国使馆,躬自侦守于门外,果有潜解人犯事,可立起而干涉。因以此意告诸康德黎夫人,与夫人握手而出。

康德黎君甫出门,即与一人相值,审知为奉命而至之侦探,乃偕彼赴中国使馆。是时虽已十二点钟半,而使馆内灯火犹明,人影未息,是可知孟生博士昼间一言,实足致个中人之惊扰也。康德黎君令侦探伺于一亨生车内,车在渭墨街(Weymouth Street)街南屋宇下,介于波德兰区及波德兰路之间。是夜月明如水,中国使馆出入虽有二门,而车中人并可隙见。万一予于深夜被押解出,则车中人得以驰逐于后,以踪迹予之所往,若步行则必有所不及也。

予友康德黎君归寝,已在二点钟时矣。此一日间所为之事,如禀诸政府,诉诸警署,告诸报馆,而终则密遣侦探伺察于使馆之外,予友一日之心力竭,而予命亦赖是以获全。

广东省社会科学院历史研究室、中国社会科学院近代史研究所中华民国史研究室、中山大学历史系孙中山研究室合编《孙中山全集》第1卷,中华书局1981年版,第65~70页

《康德黎夫人日记》(1896年10月18日):

这是希望与恐惧的一天。赫米诗(赫米诗是康德黎的苏格兰名字)第一件事是去拜访法官A,然后拜访从中国海关回来的×先生,但是在孙逸仙的问题上没有获得什么令人满意的结果。从教堂回家以后,赫米诗就到孟生那里去打听,看他能不能找到霍里德·马凯尼爵士。孟生和我们一个立场,并对中国使馆的行为感到愤怒。

〔苏〕弗·尼·尼基福洛夫《孙中山在一八九六年十月》,《传记文学》1987年第1期

10月19日(九月十三日)　经康德黎报告,英国政府开始干预中国使馆拘禁孙中山事。

孙中山《伦敦被难记》:

礼拜一日(即十月十九号),康德黎君复往"思兰德"号,雇一侦探授以方略,令旦夕伺于中国使馆之外。及午,康德黎君以本国外部命,将此案始末缮成禀牍,上诸部。盖英外部之意,欲筹一非正式之办法,冀中国使馆就此释予,免致酿成国际上不堪收拾之交涉。况予之被逮纯出传闻,或得诸密诉,尚无确实之证据,故当事者谓不用正式交涉为宜。迨英政府质诸格来轮船公司,而知中国使馆确曾雇定船舱,于是始了然于不特私捕人犯为非虚,且实行递解亦在即。于是此案经由英政府办理,而予友之责任始宽。

广东省社会科学院历史研究室、中国社会科学院近代史研究所中华民国史研究室、中山大学历史系孙中山研究室合编《孙中山全集》第1卷,中华书局1981年版,第70~71页

孙中山当天《致康德黎简》:

十月十一日,星期天,我在离中国公使馆门口不远的街上,被两个中国人拉入使馆。还没有进去之前,他们各在左右挟住我的一只手,竭力怂恿我入内和他们谈谈。当我进入后,他们把正门锁上,并强迫我上楼,推进一个房间,从那天起便将我关锁起来。如果他们做得

到，就打算将我从英国偷偷运走；不然的话，也会在使馆里用别的方法杀害我。

我出生于香港，四五岁时才回到中国内地，把我当作一名合法的英国臣民，你能不能用这种办法来使我脱险？

广东省社会科学院历史研究室、中国社会科学院近代史研究所中华民国史研究室、中山大学历史系孙中山研究室合编《孙中山全集》第1卷，中华书局1981年版，第30页

10月20日（九月十四日）　英国政府派侦探监视中国使馆。

孙中山《伦敦被难记》：

英政府遣侦探六人密伺于中国使馆之外，并密饬附近警署加意防守。予有欧装小影一帧，系游美时所摄写者，英政府发交警吏，借资辨认。盖外国人未尝赴华游历者，其视华人面目几于彼此相同，无甚识别，故予平时所摄之影殊不足资英警察之用；若此照则不特身服西装，且有短须，即额上发亦理成欧式也。吾华虽为早婚之国，而留须极迟，其有此资格者大抵已身为人父或为人祖父，若予当时则行年犹未三十也。

广东省社会科学院历史研究室、中国社会科学院近代史研究所中华民国史研究室、中山大学历史系孙中山研究室合编《孙中山全集》第1卷，中华书局1981年版，第71页

△ 根据总理衙门九月初六日奏复，责成盛宣怀实力举办卢汉铁路，王文韶、张之洞督率兴作。

《德宗景皇帝实录（六）》：

前据王文韶、张之洞会奏《卢汉铁路另筹办法请设铁路招商公司并保盛宣怀督办》一折，当交总理各国事务衙门王大臣查阅，旋据奏称："遵旨咨询盛宣怀，据陈一切办法，均确有见地，请准设铁路总公司，令盛宣怀督办，从卢汉办起，苏沪、粤汉亦次第扩充，即由公司招商股七百万两，借洋款二千万两，商借商还，并提拨借款一千万两，南北洋存款三百万两，以期官商维系，速成巨工。并称卢汉既为干路，非双轨不足为各路之倡。"等语，并将盛宣怀所递说帖抄录呈览。昨召见盛宣怀，奏对具有条理，已责成该员实力举办，以一事权。仍著王文韶、张之洞督率兴作，如勘路、购地及设栈、造桥等事，条绪极繁，该督等不得因荐举有人，遂尔稍宽责任。作事谋始，务策万全。著再逐细考校，电商妥协。盛宣怀开缺以四品京堂候补。此后折件著一体列衔具奏。总理衙门原奏及盛宣怀说帖均著抄给阅看。将此各谕令知之。钦此。

《清实录》第57册，中华书局1987版，第156～157页

《清史稿》志一百二十四・交通一：

直督王文韶与之洞言承办各商举不足恃，请以津海关道盛宣怀为督办，允之，命以四品京堂督路事。宣怀条上四事，一请特设铁路总公司，拨官款，募商股，借洋债。先办卢汉，次第及于苏沪、粤汉。上如所请。是年设总公司于上海，而卢汉之始基以立。

赵尔巽《清史稿》第16册，中华书局1976年版，第4435页

10月22日（九月十六日）　英国媒体《地球报》（亦译《环球报》）等开始揭露中国使馆拘禁孙中山事。

孙中山《伦敦被难记》：

及礼拜四日（即十月二十二号），英政府缮就保护人权令，拟饬中国使馆或马凯尼将人犯交出审讯。嗣以中央刑事裁判所不允，遂未见实行。

是日(十月二十二号)下午,有《地球报》(*Globe*)特派访员造见康德黎君,询以中国使馆诱捕之某华人,其生平行事及本案情节。康君尽以所知相告,并称尝于五日前即礼拜日(即十月十八号)以孙某事告于太晤士报馆,继复于礼拜一日(即十月十九号)续往报告,故康德黎君之意,此案宜向《太晤士报》首先发表。既而康德黎君又谓《地球报》访员曰:"虽然,君试以笔录者为吾一诵之,吾当为君正之也。"于是访员以所草之稿,向康德黎君诵毕,康德黎曰:"甚是,君可即以此登报,惟稿中不可述康德黎之姓名。"

此案于未经刊布之前,知者已不乏人,当礼拜二日(即十月二十号)之晨至少已及二三百之数。然被到处咨询、随事刺探之报馆访员,则至礼拜四日(即十月二十二号)之下午而始有所闻,亦可异也。迨报界风闻,则事难更隐。自《地球报》揭露此可惊可愕之异闻,而覃文省街四十六号之屋几乎户限为穿,予老友康德黎君遂觉应接不暇矣。

《地球报》发行后不及二小时,《中央新闻》及《每日邮报》各有访员一人登予友之门,咨访此事。予友虽力主缄默,然于本案大概情形,仍举一二以告。两访员兴辞后,径往中国使馆求晤孙某,其出接者即彼机变环生之唐先生。唐先生力称使馆并不知有孙某。于是访员示以《地球报》所刊新闻。唐大笑曰:"是皆欺人之谈,纯出凭空构造。"《中央新闻》访员乃正告之曰:"君无庸讳饰,彼孙某被幽于斯,若不立行释放,则明日之晨将见有数千百之市民围绕使馆,义愤所发,诚不知其所极耳!"唐某仍声色不动,且狡展更甚于前。

既而访员等四出以求马凯尼之踪迹,得诸米突兰旅馆(Mid-land Hotel)。其与访员问答之辞,详见英国各报纸,今转录如下:

> 中国使馆参赞马凯尼勋爵于昨日下午三点半钟赴外部,面陈一切。马凯尼答某报访员之问曰:"某甲被留于中国使馆一事,除报纸已载之消息外,我殊不能更有所陈述。"访员曰:"外部刊有布告,谓外部大臣萨里斯伯(Lord Salis-bury)(今译索尔兹伯里,编者)已照会中国公使,请其将拘留之人释放矣。"马凯尼曰:"诚然。"访员曰:"敢问此照会之结果若何?"马凯尼答曰:"某甲自当释放,然释放之时须力顾公使馆之权利,勿使稍受侵害。"
>
> 厥后又有某报访员晋谒马凯尼,马凯尼谓之曰:"彼拘留于本使馆之华人,并非孙逸仙。此人之果为谁某,及其既抵英国后之一举一动,本使馆洞悉靡遗。彼之赴使馆系出自己意,并非由使馆之引诱或强迫或拘捕。盖华人之来伦敦者,独居无俚,人地生疏,而至使馆问讯或与使馆中人聚语,固属常有之事。特此人之来,其形迹似有所窥伺,且自恃使馆中无识其人者,故敢为之而无忌。初时由使馆某员接见,既而介绍于我(马凯尼自谓),谈言酬酢之中,彼无意倾吐一二语,始疑及此人者殆即本使馆所伺其举动、稔其平昔之某某也。迨次日复来,而其人之为某某确已征实,遂拘留于此,俟中国政府训令既至,而后量为处置。"
>
> 马凯尼之论国际问题则曰:"某甲华人也,非英人也。中国之公使馆不啻为中国之领土,其有统治权者惟中国公使一人而已。华人之赴公使馆,既出自其人之本意,而公使馆以其有罪案嫌疑之故,即加以拘留,此在外人实无干涉之权。设其人而在公使馆之门外,则办法即从而大异。盖门外为英国之领土,公使馆非先请信票,即不能逮捕也。"
>
> 马凯尼又答曰:"某甲虽被拘留,然使馆并不视为囚犯,起居饮食均甚优待。外间所称某甲或受非刑,或遭虐迂[遇]等语,殊堪嗤笑。"马凯尼又谓英国外部已来函质问,公使馆拟即备文答复云云。

《中央新闻》曰:"马凯尼勋爵自外部回中国使馆后,即趋至龚大人之寝室,告以外部大臣萨里斯伯必欲将孙逸仙释出使馆之种种理由。”

马凯尼之所言所行是否正当,非予所欲言,直宜听诸公论,并质诸其一己之良心而已。在马凯尼之意,以为彼之举动亦自具有理由,然在头脑清醒者当不出此,而况马凯尼又身为使馆参赞,其职位至为重要乎!且不第身为参赞而已,彼唐先生不云乎:中国公使仅拥虚名,而使署大权则尽操诸其手也。

当时予友所以营救予者,几于无计不施,录新闻纸一则亦足以见其大概也:

“现访得孙逸仙之友,曾筹备一勇悍之策,以为援救。后由外部及苏格兰警署向某等担保,谓孙某在中国使馆决不至受荼毒,其策因以作罢。盖孙君之友已请于包华斯谷子爵(Viscount Powerscourt),拟登家之屋顶,攀缘以达中国使馆,破孙君所居室之窗,扶之而出。子爵家在波德兰区五十一号,与中国使馆比邻。某等并将此计密达孙君。孙君虽被中国使馆加以桎梏,行动不得自由,然仍密报其友,谓如蒙相援,当于室内用力毁去窗棂,以期出险等语。其友辈并备一车,候于中国使馆侧,待孙君既出,即乘车疾驰至其友家。”

报纸所载虽不尽无因,然与事实略有异同。盖英仆柯尔于十月十九号遗书于予友康德黎君,谓某于今夕当有一绝妙机会,可使孙君攀缘至波德兰区邻屋之巅,借以出险;君如以此计为可行,则请商准邻屋主人,遣一人待于其室,借资援手,并望赐复以定进止云云。康德黎君既接此书,即持赴苏格兰场警署,乞遣一巡警与康德黎君偕往波德兰区,用相协助。惟警署中人,以为此等计划不免损失威严,殊非正办,故力劝予友勿行;并谓孙某必能于一二日后,由中国使馆正门徜徉以出云。

十月二十二号,柯尔携煤篓入,微示意于予。待其既出,就篓中捡得一纸,则剪自《地球报》者。其载予被逮情形,颇称详尽,即观其标题已足骇人心目,如曰《可惊可愕之新闻》,曰《革命家之被诱于伦敦》,曰《公使馆之拘囚》。予急读一过,知英国报界既出干涉,则予之生命当可无害。当时予欣感之情,真不啻临刑者之忽逢大赦也!

广东省社会科学院历史研究室、中国社会科学院近代史研究所中华民国史研究室、中山大学历史系孙中山研究室合编《孙中山全集》第1卷,中华书局1981年版,第71~74页

《地球报》号外:

最近几天流传着关于中国驻伦敦使馆绑架和监禁一个著名的中国绅士的奇闻。但仅仅是在今天白天我们才能证实上述传闻,并搜集了一些关于这个事件的材料。据悉,去年十一月中国政府获悉密谋擒捉广东总督的情报(原注:记者搞错了,密谋实际上不是在十一月,而是在一八九五年十月)。密谋之最终目的正是推翻满清或驱除鞑虏。密谋者认为,近四百或五百年来(原文如此,中译者注)中国在其统治下显然落后了,清廷不火,民族之复兴自不可期。密谋者们认为擒捉总督为实现自己革命计划之第一个重要步骤。据报道,为此目的而将四百个苦力运往广东一事泄密。看来,他们的到达是过早了,在官方人员中引起了怀疑,结果大约有十五名首领被逮捕和斩首。其余的人好象已在逃,而一个名叫孙逸仙的绅士,香港一位很著名的医生,取道美洲,然后来到了伦敦,租了葛兰学院坊附近的住宅。星期六他出去了,但是没有再回到自己的住所,大概可以作出结论,他被绑架并监禁在中国使馆里。可供说明上述事实的另一情况是,他认为自己在伦敦街上没有被捕的危险,就从使馆旁边经过,当时突然被两个中国人抓住,强力拖进大楼,直到现在还被关在那里。但是看来,隔离是不严密的。准确地获悉,被关的人找到办法把自己被拘留一事通知在香港就熟识他的几个英国朋友,这些绅士立刻参加营救。外交部和苏格兰场已获知有关上述事件的事实。开始,

对此事件还有某种怀疑,但是现在我们获悉,苏格兰场的侦探在警戒,以便防止送走关在使馆的蒙难者。被关押者的友人甚至肯定说,为了把他运出国外,作了极其周密的准备,为此将雇用专轮。据报道,他们援用《保护人权令》向法庭请求申诉,但是,看来,这儿发生了麻烦,用什么方式保证《保护人权令》之援用。既然有所怀疑,那么英国司法权对外国使馆方面又能有多少效力。此案件最奇怪的是,使馆官方人士回答朋友们的质询时,否认有此人在那里。

〔苏〕弗·尼·尼基福洛夫《孙中山在一八九六年十月》,《传记文学》1987 年第 1 期

编者按:研究孙中山伦敦蒙难的学者们均未能获得《地球报》1896 年 10 月 22 日的号外,但该消息在第二天的报纸上全文重新刊出。

10 月 23 日(九月十七日)　驻英公使再致电北京总署,释放已关押十三天的孙中山。

龚照瑗致北京总署电:

孙犯已在馆扣留十三日,有犯党在馆旁逻,馆中人出入,亦必尾随,日夜无间,竟无法送出。外间亦有风声,船行亦不敢送,只得将购定之船退去。与外部商允,如孙回香港,必由港督严察,并请具文以凭饬港督照办等语。因将孙犯释放,仍派人密跟。瑗,篆。

罗家伦《中山先生伦敦被难史料考订》,上海商务印书馆 1930 年版,第 63 页

孙中山《伦敦被难记》:

礼拜五日(即十月二十三号)自朝至午,仍幽居一室中,未见有何发动。及傍晚四点半钟,彼监守予之使馆卫兵,一中一西,忽发键而入,谓予曰:"马凯尼君在楼下待汝。"旋令予纳履戴冠,并加外褂,既毕,即导予至最下一层。予意英政府或将遣一人搜检,故若辈欲藏予于地窟中,未可知也。守兵虽告予省释在即,然予终未敢遽信。既而忽睹予友康德黎君,又见有与予友偕至者二人,予心始为之一舒,而知省释之言为非谬矣。

与予友偕至者,一为苏格兰场之侦探长,其一年事已老则英外部之使者也。马凯尼当诸人之前,将搜去各物一一还予,并对侦探长及外部使者为简短之说辞,曰:"某今以此人交付君等。某之为此,期在使本公使馆之特别主权及外交权利两不受损。"云云。予当时方寸激扰,更不能深辨其言之趣味,然在今日观之,则其所云云,岂非毫无意旨,而又童呆之甚者哉!

既而马凯尼告予,谓予已恢复自由,遂与予侪一一握手,启使馆之侧门,肃予侪出。予侪于是出门下阶,由使馆屋后而入于渭墨街中矣。兹事虽微,然以英政府之代表而竟令从后门出,在中国外交家方且自诩其交涉之间又得一胜利,其为有意简亵,固无可讳言。彼马凯尼虽非华人,然固同化于华俗,而又于东方风气之中深得其江河日下之一部分者也。倘外人以此相责,则马凯尼又必有随机而发之诡辞,如谓使馆前厅既为报馆访员所占,而使馆大门之外又为千百市民所围绕,当时英国外部之意急欲将此案暗中了结,勿俾张扬,则使者之出更由后户,而于英国当道之用心固不失为体贴尽致也。

英人观念与华人不同。在英人方以为外交之胜利,而中国使馆只须于省释时之举动间略加播弄,即不难一变而为中国外交之胜利。故予之省释,在英华两方面固各有其可慰者在也。予省释之前,外部使者于衣囊中探一纸授马凯尼。马凯尼才一展阅,即毕稔其内容。是可知此纸所书,仅寥寥数语而已,然予之生死则固系于是矣。

既出使馆门,则渭墨街中之环而待者,亦至拥挤。彼报馆访员见予,即欲要予叙话。侦探长急拥予入一四轮车,与予友康德黎及外部使者同驱至苏格兰场。侦探长名乔佛斯,在车中危言正色向予诰诫,甚且呼予为顽童,谓此后务宜循规蹈矩,不可复入会党,从事革

命。车抵白宫区某旅馆前,忽焉停轮,予辈自车中出,立于道旁。瞬息间,各报访员已绕予而立。予辈自波德兰区驰骋至此,已半英里有余,而各访员又何能突然出现于此?中有一人,予见其曾跃登御人之侧,与御人共坐而来。然此外尚有十余人,岂盘踞于予辈车顶而偕来者耶?各报访员虑予一入苏格兰场警署,或不免有稍久之盘桓,因要予于某旅馆前,俟予出,即拥予至旅馆之后屋。其为势之强,较诸唐某等曳予入使馆时为尤甚;而各访员等之渴欲探予消息,较诸中国使馆之渴欲得予头颅为尤剧也。予既入旅馆,被围于众人之中,有问即答,各访员随答随写,其疾如飞。予观其所书,心窃异之,盖予当时犹未知其所用者为速记书法也。予言既穷,无可复语,忽闻予友康德黎君呼曰:"诸君乎,时至矣!"予仍被拥簇入车,向苏格兰场进发。警署之视予,直同一无知少年,即观于侦探长乔佛斯可见。盖乔佛斯诚挚之容色,坦率之言辞,长者之对于卑幼则然也。予既入警署,即将前后所遭历述一过。警官录毕,向予宣读,读毕命予署名纸末。所历可一小时,乃偕予友康德黎君兴辞而出。

康德黎君挈予归,相见之悲喜,接待之殷挚,自无待言。康德黎君夫妇等,咸举杯为予头颅寿。是晚求见予者弗绝,至深夜始得就寝。此一宵睡梦之酣,实为予有生以来所罕觏。连睡至九小时,忽为楼上群儿跳号之声所警醒。第闻康德黎君之长子名坎思者,谓其弟妹曰:"柯林,汝扮作孙逸仙。柰儿,汝扮作马凯尼。我则为援救孙逸仙者。"未几,喧闹杂沓之声大作,马凯尼被扑于地矣,孙逸仙被援出险矣。于是鼓声咚咚,笛声呜呜,以示大赦罪之意;而合唱一歌,名曰《布列颠之前锋队》(*The Bri-tish Grenadiers*)。

广东省社会科学院历史研究室、中国社会科学院近代史研究所中华民国史研究室、中山大学历史系孙中山研究室合编《孙中山全集》第1卷,中华书局1981年版,第74~76页

△ 孙中山蒙难事件引起国际社会广泛关注,法律界专家并讨论此典型案例。孙中山《伦敦被难记》附录了当时的报刊文章。

伦敦《泰晤士报》发表荷兰学士Profes-sor Holland的文章《孙逸仙案》:

记者足下:因孙逸仙案而发生之问题有二:(一)中国公使之拘留孙某,是否为违法举动?(二)设其为违法举动,而又不允释放,则宜用何种适当之方法,俾将孙某释出?

第一问题之答语,固无庸远求。盖自一千六百又三年法国苏尔黎(Sully)为驻英公使时,虽有将某随员判定死罪移请伦敦市尹正法之事,然自是厥后,凡为公使者罕或行使其国内裁判权,即对于使馆中人亦久不行用此权。惟一千六百四十二年,葡萄牙驻荷公使蓝陶氏(Leitao)以见欺于马贩某,将该马贩拘禁于使馆,终至激起荷人之暴动,将公使馆搜劫一空。当时荷人威克福氏(Wicquefort)对于蓝陶此举深致评驳,盖蓝陶氏固尝在大庭广众中演说万国公法,非不知法律者也。今孙逸仙既在英国,自当受英国法律之保护,乃公使馆骤加拘禁,是其侵犯吾英国之主权者大矣。

第二问题虽不若第一问题之单简,然解决之方,要亦无甚困难。中国公使如不允将孙某释出,则英国借此理由,已足请该公使退出英国。如以事机急迫,恐饬令该公使回国之举或不免涉于迟缓,则以本案情节而论,即令伦敦警察入搜使馆,亦不必疑其无正当理由也。或谓使馆应享有治外法权,此治外法权一语过于简括,实则其意义不过谓使馆之于驻在国,为某种缘由之故,间有非该驻在国平常法权所能及耳。然此等享有权历来相习成风,业已限制甚严,且证诸成案,而于通行之享有权外,实不能复有所增益也。证诸一千七百十七年衮伦保(Gyllenburg)之案,可见使臣驻节于他国,苟犯有潜谋不利于该国之嫌疑,则该国政府得拘

捕其人,搜检其使馆。又证诸一千八百二十七年茄赖丁(Mr. Gallatin)之御人一案,只须驻在国之政府以和平有礼之通牒报告使馆之后,即可遣派警察赴该使馆拘逮犯案之仆役。又除西班牙及南美洲各共和国之外,凡使馆已不复能藏匿犯人,即政事犯亦不得借此为逋逃薮,是又各国所公许者也。至于公使馆而擅行逮捕人犯,私加羁禁,则驻在国之地方警察惟有斟酌情势所需,为实力之干涉,以资解决而已。

今孙逸仙坚称被中国公使馆诱劫于道途,且将舁赴轮舟,以便解送至中国,是中国官场对于此案所负之责任,固无庸深诘。中国官场悍然出此,岂尚能有辩护之余地乎?万一诱劫之情果属非虚,押解之谋见诸实责,则此案之情之严重,不言可知。而其出于公使馆僚属之急于见功,亦可洞见麦丁博士(Dr. Martin)在北京同文馆教授国际法有年,使臣在外应遵何道以行,中国政府岂犹茫然未之审也?——十月二十四日荷兰由奥克斯福发。

国际交犯法律研究者楷文狄虚(Mr. Cavendish)语某君之语曰:

孙逸仙一案,以予记忆所及,实无其他相同之例案可资引证。昔者桑西巴(Zanzibar,东非洲国名)谋篡君位之人犯,系自行走避于伦敦德国领事署,挟德政府相厚之情,冀为庇护;既而国际法之问题起,德人不允交出,遂移往欧洲大陆之德属境内。此与本案截然不同。盖孙逸仙系中国之籍民,其所入者系本国之使馆,其逮捕者系本国之使臣,其罪名则系谋覆本国之政府,凡此所述如悉系事实,则只须由英国外务部出而为外交上之陈辞,而无须为法律上之办理,盖按诸法律实无可引之条也。

《泰晤士报》刊载胡德氏(Mr. JtesG. Wood)投函,讨论法律问题:

荷兰学士所拟第二问题,虽揆诸情势,幸已无甚重要。然此端实大有足供研究者在。窃谓该学士所拟之答语,殊不足令人满意也。

该学士论及中国公使万一不肯将人犯释放条下,有云"以本案情节而论,即令伦敦警察入搜使馆,亦不必疑其无正当理由"云云。该学士既曰不必疑,则必有其可疑者可知;至于可疑者究竟何在,则该学士未之释明也。以该学士之所答,并不能谓为解决问题,只可谓之猜测而得一解决法耳。公使馆即或违法而拘留人犯,然伦敦警察并无入公使馆释放人犯之职权;万一有入公使馆而为此举动者,公使馆尽可以强力拒敌之,揆诸法律无不合也。以吾所闻,公使馆果有私拘人犯之事,则揆诸法律所可以行用之手续,惟有颁发交犯审讯之谕(Habeas Corpus。即保护人权之令,若被捕后不即交审,可发此谕交由公堂讯判,如无罪则二十四小时后即应保释)而已。顾事有难焉者,则此谕将交诸公使乎?抑交诸公使馆中之员役乎?设交诸公使或员役,而彼乃置诸不问,则可施以藐视公堂之处断乎?以予所知,实无成案可以援引也。

荷兰学士又谓公使之所居应享有治外法权,其实公使馆与轮舟不同,彼享有此权者乃公使之本身而非公使馆也。相传公使之本身及其家属随员等,于民事诉讼得享有完全蠲免权,是以此等问题者,乃个人问题,而非居处问题;乃若者可施、若者不可施诸公使及其家属随员等之问题,而非若者可施、若者不可施诸公使馆之问题也。惟其然也,故予所拟颁布交犯审讯令之办法,似不免牵涉而有碍于邦交也。

至引用成案,谓警察得持信票入公使馆拘捕在他处犯有罪案之人犯,如荷兰学士所谓"公使馆而擅行逮捕人犯,私加羁禁,则地方警察惟有为实力之干涉"云云。斯论也,实亦不足为万全之计,盖此等成案与孙逸仙案并无公同之点也。——十月二十七日胡德氏发。

1896年12月3日香港《支那邮报》有论云:

孙逸仙者,即近日被逮于伦敦中国公使馆,拟置诸典刑,视同叛逆者也。顾此人他日似未必不为历史中之重大人物，然未经正当之法庭加以审讯，自不得谓为与会党有关，且不得谓该会党之举动确在倾覆中国朝廷也。彼以孙逸仙为叛逆者，仅出于伦敦中国使馆与夫广东官场之拟议耳。然孙君固非寻常人物，以开通之知识而目击中国数百兆人之流离困苦，彼一般华人之中，且有慨然动念、奋然思起者矣。据中国官场之宣告，谓此等华人曾于一千八百九十五年十月间起而图乱，其为之领袖者，则孙逸仙也。

中国之不免于变乱，夫人而能言之；而其变乱之期之迫于眉睫，则无论居于外国之外人不能知，即寓于远东之外人亦罕有能知之者也。迨广州之变既作，以事机不密，倏就倾覆，而当事者仍漠然不动于心，至堪齿冷。他日变起，其可危必更甚于昔之金田军；盖其组织之新颖，基础之文明，较金田军尤数倍过之也。总之，领袖诸人以事机未熟，故暂图偃伏，非以偶然失败之故而遂尽弃其革命之计划也。

至革命派之缘起，虽无由追溯，而其大致要由不慊于满清之行事。近中日一战，而此派遂崭然露其头角。孙逸仙博士辈之初意，原欲以和平之手段要求立宪政体之创行而已，迨至和平无效，始不得不出于强力。然历观中国历史中之崛起陇亩、谋覆旧朝者，其精神意气大都豪悍不驯；而孙氏则独不然，秉其坚毅之心志，不特欲调和中国各党派，且将使华人与西人、中国与外国亦得于权利之间悉泯冲突焉。然而事有至难解决者，则一举之后必有种种继起之困难，而此等困难最足使任事者穷于应付也。孙氏岂不知有大兴作，不得不借外国之国家与个人为之援助，然而中华全国方无处不为排外之精神所贯彻，是则欲泯除而开导之，固不能不有需乎时日也。总之此等事业，其性质至为宏硕，而其举措又至为艰难。惟孙氏则本其信心，谓他日欲救中国，势不能不出乎此，而目前则惟有黾勉以图，冀其终底于成功而已。

孙氏诞生于火纳鲁鲁，受有英国完美之教育，且于欧美二洲游历甚广，其造诣亦至深。昔尝学医于天津，继复执业于香港。其躯干适中，肌肤瘦挺，容貌敏锐而爽直，举动之间毫无矫矜，而言语又极恳挚；至其知觉之敏捷，处事之果毅，尤足使人油然生信仰之心，是诚不可谓非汉族中之杰出者也。中国今日正与各国在专制时代无异，凡主张创行新政、革除腐败者，概被以叛逆之名，故有志之士欲传播其主义，势不得【不】出以慎密。孙氏于千八百九十五年之始著有政治性质之文字，发行于香港，而传播于中国南省。其于良政府与恶政府描述极为尽致，两两相较，自足使人知所去取。然而措辞至为留意，虽以彼狠若狼虎、善于吹求之中国官吏，亦复未从而指摘之。中国人士得读此书，无不慨然动念。未几，遂有秘密会社之发生，则孙氏与焉。

当中日战事未起以前，中国水陆两军，以上官之遏抑，已多怀怨望；即文官亦非无表同意者。况中国伏莽遍地，响应尤易。其初次起事之期定于本年三月间，时则火纳鲁鲁、新嘉坡、澳洲等处，纷纷输资回华。然人才尚形缺乏，军需亦未充足，遂改期至十月间。于时军械弹药陆续购备矣，香港之党人赴粤以攻广州矣，饷项亦甚形富足矣，外国之参谋官及军事家已延聘矣。日本政府虽无明白之答复，而党人则已请其援应矣。凡起事之谋，可谓应有尽有。不幸为奸人所算，泄其谋于当事，卒至全功尽覆。盖当时有侨寓香港之中国某富商，附和新党，知其集资购械等事可缘以为利，遂宛然以富商而为志士。既而知起事期迫，该商方为中日战事后某财政团之一，经营中国路矿等事，恐干戈一起则权利将受影响，遂不惜举党人之谋尽泄于粤官，而仍缘之以为利。党人之计既被所倾覆，孙氏即出奔于异国。此次以嫌疑被戮者凡四五十人，并悬赏以缉孙氏。

孙氏由香港至火纳鲁鲁，复由火纳鲁鲁至美国。驻美中国公使馆中人闻孙氏之绪论，颇有志于革新。既而赴伦敦，思欲以鼓吹驻美使馆者鼓吹驻英使馆。而不意美使馆有阳则赞成革命,阴则志香港富商之志,思缘以为利者,密白其事于驻英使馆。而孙逸仙被使馆诱劫之案,遂因以演成矣。此案虽由马凯尼一再辩护,而孙氏之始则被劫,继则羁禁,固已无可讳言。至孙氏之得脱于祸,实赖友人康德黎博士之力云。

《泰晤士报》载文讨论此案,抨击马凯尼。文曰:

欧洲各国方以目前为邦交辑睦、彼此相安无事之时,而岂知伦敦中国公使馆突然发见一案,其以破坏法律及成例,而足以惹起国际之交涉者,关系固不浅哉!孙逸仙被幽于中国公使馆之中,幸其财力犹足以暗通消息,俾其英国友人得施营救之计。英警署既派遣侦探密伺于公使馆之外,俾该使馆无由将孙氏运解至船。而外务大臣萨里斯伯又要求该使馆期以立释。幸而此案早破,得以无事。否则孙氏既被递解,就刑戮于中国,英之外务部必且致责言于中国政府,而勒令将本案有关之人一一惩办,其损害于邦交固何如哉!孙氏既被诱劫入公使馆,即由马凯尼勋爵出见,旋即被锢一室,直至英外部出而干涉,始克见释。夫马凯尼,英人也,乃亦躬与于此案。此案之失败固可预料,即幸而获免,然他日与于此案者亦必同受巨创,马凯尼此举不亦可异乎?闻中国公使当释放孙氏之时,谓渠之释放此人,期无损于使臣应有之权利。噫!此等权利似决非文明国所欲享有者也,设竟或使用此等权利,则其为不可恕,又岂待言?昔者土耳其使臣在伦敦诱阿美尼亚人入使馆,意在絷其体,塞其口,而舁送登舟,递解回国,冀为土耳其皇之牺牲。孙氏之案,毋乃类是乎?

马凯尼睹是论即复书该报曰:

贵报评论向极公正,乃本日社论中评某华人被诱于中国使馆一案,词连于予,殊失贵报公正之素旨。彼华人之自称姓名甚多,而孙逸仙其一也。贵报既历叙使馆与孙逸仙所述之案情,而对于予之行为则颇致微辞,是明明以孙逸仙之所言为可信,而以使馆之所言为不足据也。贵报引土耳其使臣在伦敦诱阿美尼亚人事为佐证,殊不知本案并无所谓诱劫,彼原名孙文、伪名孙逸仙所供之辞,如谓被捕于道途、被挟入使馆等语,皆至不足信者也。孙逸仙之至使馆,系出己意,且为使馆中人所不料。其初次之来在礼拜六日,即十月十号,二次之来在礼拜日,即十月十一号。治国际法学者对于孙逸仙被使馆拘留一节,无论作何评论,抱何见解,然必先知本案并无所谓诱骗,即其入使馆时亦并未尝施以强力或欺诈,此为本案之事实,而亦至可凭信者也。

1896 年 10 月 31 日《斯比克报》(*The Speaker*)发表《波德兰区之牢狱》一文,论曰:

马凯尼者,役于中国公使馆者也。此公使馆之受役者,以不慊于《太晤士报》之评斥,而投函更正,是亦犹土耳其大僚胡资氏(Woods Pasha)为土政府辩护之故,而现身于英国之报纸也。然此事出诸真正之东方人,则不特为情理所宜然,而亦足征其性质之特别;若出诸假托之东方人,则适足以供嘲笑而已。马凯尼之布告天下,谓孙逸仙医士之入公使馆并非由于诱劫;然使孙逸仙当时稔知彼延接者、招待者为何如人,孙氏固肯步入彼波德兰区之牢狱(以公使馆在伦敦之波德兰区,故名)而绝无趑趄瑟缩乎?马凯尼于此语乃不置一答辞,何也?况马凯尼既睹孙氏被捕,而乃绝不设法以冀省释,直待外务部出而为坚毅之要求始得出狱,又何故也?夫公使馆苟不欲解孙氏回国,何必系之于使馆中?马凯尼身在伦敦,且以迫于责任之故,遂不得不陷入此可怜之地位。若此剧而演于中国之广州,固不失为循法而行,至正至当也。马凯尼既遭失败,将使北京当道者病其无能,固应缄口结舌,自比于中国人之所为,而乃犹昂首伸眉,论列是非于伦敦《太晤士报》乎?且使此次被劫者而为德国人或法国人,则事之严重将不可问,幸而其人籍隶中国,闻者不过一笑置之。而报纸之对于此事,亦仅如闻李鸿章之忽焉而畀以相位,忽焉而以未奉召命擅自入宫,被太后之谴责而已。然而自今以

往，凡过波德兰区之牢狱者，不得不竦然以惧、哑然以笑也。（下略）

广东省社会科学院历史研究室、中国社会科学院近代史研究所中华民国史研究室、中山大学历史系孙中山研究室合编《孙中山全集》第1卷，中华书局1981年版，第77~85页

《龚星宪计擒孙文致总署总办公函》：

二十日复奉钧署巧电，内开香港交犯约指为谋反，辄不肯交，具文外部，宜商律师，具见堂宪审虑周详之意，当商据律师哈华托云："如以匪人多借香港为谋乱之地，请外部饬香港地方官概加严察而不专指孙文，非特无碍香港交犯约，且可补该约未备之辞。"外部侍郎山德生亦言："英不能准匪人借其属地谋乱友邦。"因即按哈律师言，于二十日照会外部堪纾荩系。又查该犯来英意在煽惑，英人固不为所动，即华人除使馆各员外，虽有在海口当水手者数十人，亦无被其诱惑之事，合并附陈。除一切情形节经电达，所有孙文与看管委员邓翻译廷铿问答节略另录呈览，统祈代为回明堂宪为荷。（英字第二十一号丙申九月二十九日）

吴宗濂《随轺笔记》第2卷，记事，光绪二十六年刻印本，第37页

《龚星宪计擒粤犯孙文复行释放缘由》：

光绪二十二年七月，准出使美日秘大臣杨子通星使函称："粤东要犯孙文，谋乱发觉，潜逃赴美，奉总督电令确查该犯行踪，并饬电知龚星使援香港、缅甸交犯约转恳英国代拿"等因，并附节略，叙其面貌年岁籍贯。八月十九日，复准通使电称："孙文于西九月二十三日即华八月十七日，由纽约搭船至英国梨花埔海口登岸"等语，时星使卧病已久，神志甚清，当遣参赞马格里婉询英外部，拟援香港及缅甸交犯约，请拿该犯。外部答以二约只能行于香港缅甸，不能施之他处，设竟代拿，必为刑司驳阻。

星使之犹子仙舟司马（心湛）乃雇包探赴梨花埔守候。旋据该探密报：孙文剪发作洋装，于八月二十四日登岸，即日乘火车至伦敦，下榻客店，有二西人随行。九月初四日，孙文行经使署之门，遇学生宋芝田，询其有无粤人在署。宋曰："有之。"孙即请见，乃进署门入厅事。英文四等翻译官邓琴斋刺史廷铿，粤产也，遂与接谈，该犯以异地遇同乡，分外惬意。自言姓陈号载之。继出金表，以觇时刻，刺史索观，则镌有英文拼切之孙字。刺史恍然，不动声色。孙约翌日再来，同赴海口探望粤商，刺史欣诺。

孙既去，急密告仙舟，转禀星使。星使与马格里、王鹏九两参赞密商办法，皆曰可拿。初五日午前，孙果贸贸然来。饭后，邓刺史请孙登楼，先至首层，观星宪之会客厅、签押房；继至二层，入李琴伯明府盛钟卧房，坐谈良久。适马参赞到，刺史遂告孙曰："君能更上一层楼，往顾弟房乎？"孙曰甚好。遂随刺史拾级而升。马参赞在前引导，先入预备之空房内，作开门待客状。邓指曰："此即弟房，请君先进。"孙刚涉足，错愕间，马参赞即将房门关闭，告曰："奉有总署及驻美杨子通星使密电，捉拿要犯孙文，尔即是也。既经到此，请暂留一日一夜，静候总署回电。"孙见已识破，无可如何，唯唯应命。星使遂饬邓刺史、武弁车焕章、谢邦清，造炮学生宋芝田及洋仆二名，日夜轮守。

初七日，接总署回电，力嘱慎密办理，不可为英所知，致被反噬，应如何措手，悉听主裁。初八日，星使嘱宗濂代拟电稿，言惟有专雇一船，径解粤省，否则只可释放，派探密跟，穷其所往，请示祗遵。此电去后，总署无复。十三日，星使又发电云："释放宜早，免有痕迹。"仍无复电，时署外已有人日夜守伺。十六日英国《格罗孛》夜报忽刊其事，不直使署所为，他报访事人接踵来访，邓刺史力辩其无，马参赞直认不讳。翌晨各报刊布，指为使署拐骗监禁，哗然而起，甚有以使署房屋绘为图画者，亦有以此事标题特印大字告白兜销报章者。使署门口，自朝至于日中昃，聚众至百数。英外部沙侯闻此消息，即柬请马参赞去，婉告曰："中英交犯约，

经曾前大臣议而未成,刻既无约可援,如解犯潜过英地,殊与公例不符,宜将孙文即日开释。”马参赞诺诺连声而退,急即回禀星使,不移时而外部总办及巡捕头果皆戾止,索领孙文。马参赞遂将孙文放出,交该总办及巡捕头,由后门坐车而去,盖避前门聚观之众也。是夜各报刻有孙文对答之辞,殊形荒谬。据谓邓刺史告以拟将其装入箱中运至船上,或先行毒死解华戮尸。此盖该犯臆造,借以骇人听闻也。西国久无此等刑法,见此数语,益笑中国之教化毫无。十八日,接总署复电,内称:“雇船解粤甚是,需款六千余镑即令汇丰拨解”等因,惜其时孙文已为英廷索去,无可挽回,当即据实电复。十九日,仙舟接短工洋仆查耳时来信,内言孙文起初几次着伊送信,优给金钱,伊皆一律缴呈马格里爵参赞,未得分毫奖赏。嗣孙复许酬英金五百镑送一密信,并嘱其事后离开使署,随孙度日。故伊甘冒不法,以洋信密报孙友坎特立及门森两英医。两英医因即在外设法派人伺守,并报外部及巡捕房,各报闻之,遂亦附和作不平鸣,致贵署不能不将孙文释放,曷胜怅怅。马爵参赞当时曾经恫吓,谓如有走漏风声者,当送官严办,余是以照实供明,听候惩治云云。仙舟司马以此信示马参赞,马参赞无计可施,徒形愤愤。各报议论纷如,痛斥马参赞及中国使署者又数日,而孙则致函日报,遍谢英廷、英报、英民,文过饰非,倾动众听。英国议绅之不明事理者,且举以诘责政府,拟请勒令使馆不得再用马格里,幸沙侯相顾全大体,片言解纷。星使又无所闻见,得以怡然养疴。更幸英外部允照星宪照会中所请各节,移知香港总督,严查不法,以戢乱谋,而杜后患。即日由星宪咨报总署,此案遂结。然传递密信之奸仆,以孙文所酬只有英金二十五镑,控诸刑司,又不得直,至今迄不甘服。孙逆亦以港督悬有厉禁,不敢回华,以身试法,故辗转窜匿,混迹东瀛,而我中国东南半壁,即借此得以谧安,则我星宪龚公之一纸公文,保全者诚大而远哉!粤民有知,尚其铸像以祀也可。时光绪二十五年八月,嘉定吴宗濂追识于汉皋铁路局之牟隐庐。

吴宗濂《随轺笔记》第2卷,记事,光绪二十六年刻印本,第39～40页

△ 孙中山获释后,与伦敦各报记者谈话,说明事件真相。

第一次与记者谈话全文如下:

记者协会的一位代表接着会见了孙逸仙。记者说:据说你是自愿去中国公使馆的——是如此吗?

孙逸仙:这不是真的。我在街上遇到一个中国人,是他带我进去的。我在中国公使馆附近行走,遇到一个本国人。他问我是中国人还是日本人,我说“我是中国人”。他问我是哪一个省的,我回答是广东。然后他说“你是我同乡,我也是广东人”。他同我走了一小段路,然后另一个中国人出现了。他是从我被囚禁的那所房子里出来的,那时我还不知道是中国公使馆。当这个中国人出现时,第一个说:“这是我们同国人。”我与他握了手。他不是广东人,没有讲广东话。我们谈到各种事情。他们说伦敦有许多中国人,哪一天我们一起去看望他们,第一个与我讲话的中国人我后来得知姓邓。我们谈了片刻后,第三个中国人出来,邓离开了。当我们慢慢地走过公使馆时,这两个中国人要我进去。我还来不及回答,他们就把我推进门内。我寻找邓,但他不在那儿。门马上关闭了,这两人逼我上楼。

〔记者〕其后发生了什么?

〔孙〕他们带我上了几层楼——我想是四层——直到这所房子的顶楼,把我关进一个房间,锁上门。我一进房间,一个白胡子先生——英国人——就走进来。我想他们称他为马格里。

〔记者〕他跟你谈了吗?

〔孙〕是的,他说:“对你来说,这里就是中国。”我没有完全明白这是什么意思。

〔记者〕我猜想他的意思是让你明白，在公使馆里，你实际上是在中国的土地上。

孙逸仙：也许是这样，但我当时没有明白，这位先生坐下来，问我的名字是否孙文。我回答我姓孙。

〔记者〕他问孙文，但你的名字是孙逸仙。

〔孙〕我的名字也叫孙文。这位先生继续说中国驻美公使已电告说孙文乘“麦竭斯底”号往英国，随后他走了，离开前告诉我，我得在此等候十八小时，直至与中国总理衙门通电，并收到他们的答复。他走后，我听到门锁上了。

〔记者〕你知道实际上是谁把你锁在里面？

〔孙〕我说不上。我听到门外不止一个人，他们好象上了一把新锁。

〔记者〕什么时候你第二次见到那位你所称为马格里的白胡子先生？

〔孙〕到今天才再次见到他。

〔记者〕此后又发生了什么重大事情？

〔孙〕次日邓来了。他说：“昨天我拘留了你，那是我的职责，公事公办，但是现在我是作为朋友来与你谈谈。”然后他补充道：“你最好承认你就是孙文，现在否认是没用的。一切都定了。”我回答：“我猜想现在一切已定，不是生就是死。”我也问道：“你能告诉我他们会怎样处置我吗？”我补充道，“我想他们不能从英国引渡我。”

〔记者〕他对此怎么说？

〔孙〕他说：“哦，我们不会这样做。我们要把你捆起来，堵住你的嘴巴，在夜间把你运到我们已租下的船上”。

〔记者〕你感到惊恐吗？

〔孙〕嗯，邓告诉我后，我的确有点恐慌了。我对他说：“那会有很多风险，抵达中国需要很长时间，在到达之前，我可能会让人知道他们的所作所为。”他回答：“哦，这你做不到。我们有四个人把守，把你锁在船里。”

〔记者〕他还说了其他事吗？

〔孙〕他还说：“如果我们不能把你偷运走，就会在这里杀死你。因为这里就是中国。”我提醒他我们是同乡，问他是否有办法救我。他许诺在哪一个晚上放我出去。随后他走了，(莞尔一笑)我没有再见到他。

〔记者〕你每天受到的待遇怎样？他们给你适当的食物吗？

〔孙〕我要时他们给我食物，我主要吃面包与牛奶。

另一位在场的先生问道：“你能跟我们谈谈你负责组织的革命吗？”对此，孙逸仙回答：“说来话长，以后再谈吧。”孙逸仙看来情绪甚佳，囚禁期的结束自然使他高兴万分。

从与康德黎博士的简短谈话中得知，为了与这个被囚者取得联系，曾采取各种各类足智多谋，稀奇古怪的办法。中国使馆的许多仆役是英国人，这可以解释好多问题，一个办法是把小条子藏在煤里带进房间。两天前孙逸仙也注意到一份晚报以同样的方式带了进来。报上有一段描述绑架的细节。因此，孙逸仙振作起来，因为他知道他被囚之事已公诸于众，他确信，如能得救，他不久就会获释。补充一句，孙逸仙的英语讲得非常好，尽管带有明显的外国腔。

原载伦敦《每日电讯报》1896年10月24日，录自贺跃夫译《孙中山伦敦蒙难获释后与记者的两次谈话》，《中山大学学报》1985年第4期

第二次与记者谈话全文如下：

门开了，进来一个中国人，年轻英俊，身材不高，面带笑容，穿着象英国人。康德黎博士

说,“这位就是孙博士。”然后把我们互相介绍给对方。他的真诚、坦率的面容使人立即被他所吸引。有些年轻的中国人的确好看,只是当青春的丰满被消磨掉,脸颊骨高凸时,相貌才变得瘦骨嶙峋。那些见过李鸿章的人会同意中国老年人的容貌不总是有吸引力的。

孙逸仙不存什么疑心,我觉得他是一个乐观的人,他很疲劳,想休息一下。但是我禁不住询问他的故事。对此,他插问道:“对不起,康德黎博士没有说您代表哪家报纸?”

“每日新闻。”

“那么,”孙逸仙笑道:“对您所想了解的一切我一定奉告。”

说话间,他拿起半张报纸,上有用墨水写的一行粗体字:“谨公诸于众,我,孙,被中国公使馆绑架七天,将从英国偷运回中国处决。不论谁拾到此纸条,请告知覃文省街四十六号康德黎博士营救。”这张报纸的反面也写了几个字:“请看另一面。”

“这是你被囚时写的吗?”

“是的,我把它扔到窗外。哦,您想从头听这故事。星期天早晨七点钟,我在街上见到一个中国人,他问我是日本人还是中国人。”

“是在波特兰区域附近吗?”康德黎博士解释说:“他不知道他在何处,因为在伦敦,他人生地不熟。”

孙逸仙接着说,“我告诉他,我是中国人。他说,‘哦,我们是同国人。’他开始与我交谈,我们一起走,边走边谈到中国等事。然后,我们来到一所房子前。另一个中国人走过来。第一个中国人把我介绍给他。他说:‘这是我们的同国人。’我们一起握手,谈了几句,随后又来了一人,我们同样握了手。他们二人各站在我左右两边,要我随他们进公使馆。我开始寻找第一个人,他已经走掉,见不到了。他们要我进去谈谈。我随他们走进,门立即给锁上了。我知道坏事了,我开始叫,我叫道‘邓’——这是第一个跟我说话人的姓——他告诉过我。但是没有用,我意识到我中计了。他们要我跟着上楼,因为我无法脱身,我想我最好还是跟他们走。他们把我送进一个房间,不久马格里进来了。”

“你指的是哈利戴·马格里先生吗?”

“是的,他向我说的第一句话是:‘你现在在中国,这里就是中国。’我不懂这是什么意思,我想问他,但他向我提出第二个回题,问我:‘你的名字是孙文吗?’我回答,‘我姓孙。’他说中国驻美公使已来电说‘孙文乘麦竭斯底号过来’,要求他在这里拘留我。然后,他说不久前有一份要求改革的上书送到总理衙门。他说我会认为这非常好。总理衙门需要我。他说,‘现在我已向总理衙门发了电报,你得留在此间等候答复。’我问他多长时间,他说十八小时。随后他走了,到今天我才再次见到他。”

“你以后的经历呢?”

“他走后,门马上给锁了,并安排了两三个人日夜监视我。”

“在房间里吗?”

“不,就在门外。我开始试图通过英国仆役送一些条子出去,但他们都躲开了。然后我把纸条扔到窗外。”

“这个房间是在这所房子的前面还是旁边?要不纸条就会落到路上。”

“不是,在后面。我想把纸条扔在另一所房子的屋顶上,但被发现了。窗户给拧紧了。此后我的一切东西都给拿走了——钢笔、墨水、纸,所有东西。次日晚上,深夜,邓来了。他说:‘我昨天所做是我的职责,但今晚我是作为朋友来与你谈谈。’我问他,他能告诉我什么,他说,我来到这里,生死攸关,他还说,一切都由公使决定了,如果我有什么要说,最好都告诉他。我说，'怎么，我是在英国。我认为我享有英国政府的完全保护。'他告诉我马格里已说过的同一件事——使馆就是中国，英国政府也无能为力。我问他他们要怎样处置我，他说他们想把我从这里偷运出去，把我捆起来，堵上我的嘴，装入箱子或袋中，趁夜间带到专门租下的轮船上。我对他说，'这样做很危险，在航行途中我能得到帮助。'他告诉我，这根本做不到，因为我会被关在房间里锁起来，象我在使馆一样看守着，我没有机会在途中与任何人联系。我问他，如果使馆干不成这个，下一步他们要做什么？他说我想偷跑出去是不可能的，也许他们会在使馆里杀死我，把我的尸体涂上防腐剂运回中国处决。"

"处决尸体？"我惊叫起来。

"哦，是的。"孙答道，"在中国，惩罚波及死者。随后，我对他说，'你是作为朋友而来，你能想什么办法救我吗？'他答应他会想办法放我出去。然后他走了，至今日下午前还发生了什么事我就不知道了。今日下午，邓来了，告诉我马格里想见我，我走下楼，当我见到康德黎博士和一两个我认识的其他先生时，我知道我有救了。"

他的故事结束了。但是还有几点情况我想了解一下。

"你是白莲教的成员吗？"

"哦，不是。那是一个完全不同的团体。我们的运动是新的，限于受过教育的中国人，他们大部分住在国外。"

"你们的运动在战前开始了吗？"

"是的，战前不久。"

"你们党某些人已被处决，是吗？"

"是啊，有十多个。他们由于种种罪名在中国掉了脑袋。"

我向他道了晚安。

原载伦敦《每日新闻》1896年10月24日，录自贺跃夫译《孙中山伦敦蒙难获释后与记者的两次谈话》，《中山大学学报》1985年第4期

△ 孙中山获释后，曾到苏格兰场陈述事件经过。

孙中山《在苏格兰场的陈述词》：

我，孙逸仙，陈述如下。

我来自中国，经由美国于一八九六年十月一日抵达伦敦，并往波德兰区覃文省街四十六号探访我的医学老教授康德黎博士。

他介绍我寄寓霍尔庞区葛兰旅店街八号。我来到英国，是为了继续我的医学博士论文。

本月十一日，星期天上午，当我走到波德兰区时，遇见一个身着唐装的中国人。他问我是日本人还是中国人，我对他说是中国人。接着他问我来自中国何地，我答称是广东省，他说他是我的同乡，我们就用粤语进行交谈。我问他姓名，他说是邓琴斋(Tang Kum Chai)。我们边走边谈，直至走近波德兰区四十九号，我不知此处即是中国公使馆。正当这时，门打开了，一个中国人走了出来。邓将我介绍给他，并说他是我的同乡，我和他握了手。另一个中国人从屋里走出来，他们邀请我进内一叙。我四面张望，而邓已不知去向。那两个人挟持我的双臂，把我挽入屋内，并关上大门。

他们将我带到楼上的一个房间，大概是三楼或四楼。他们带我上楼时并未使用暴力。我说我不愿去，他们说你必须上去。我看见他们把门锁上，晓得抵抗是没有用处的。我和那些人进入房间，随即来了一个留着灰白胡子的男人，他便是我现今所熟知的马格里爵士。他

说,你现在就在中国,这里就是中国。他接着说,你的名字叫孙文。我说,我姓孙。他又说,中国驻美公使来电说孙文乘“麦竭斯底”轮来英,并要求驻英公使在他到达之后加以拘留。你必须留在这里,直到总理衙门回复我们的电报为止。我问需要留多长时间,他答称大约要十八个小时。他走了,就把我关在房间里,并安排几个人守在门外。我始终呆在这个房间里,一直到今天下午五点钟为止。房里有床和马桶供我使用。当我需要食物时就敲门,门打开后便送进食物;如果我不提出要求,食物就不会送来。头两天窗户开着,我便写了一些便条投掷到邻屋,希望我的处境能为外界所知,有些便条被使馆人员所发现,于是他们将窗户拧紧,以防我打开。

在我被关押后的第二天或第三天晚上,邓前来找我,说:头一天拘留你是我的职责,但现在我要象朋友那样来和你交谈。我问他,我如今是在英国,中国公使能奈我何。他说,不,这使馆就是中国。我说,如果我能离开,我就要穿过街道到外面去,并会为取得别人帮助而叫喊起来。他答道,会把你绑起来,堵住你的嘴,装入箱子或袋子里,在夜间运上船。这里我要提及,邓初次来到我的房间时曾说,你在这里实处于生死关头。我问他这是什么意思。我说,我现今在英国,有英国政府的充分保护。邓是使馆的官方译员。

我问他,怎样把我从英国带走,邓说,已租下一艘船要把我带到中国,那可能是格来轮船公司的船只。我说,他们这样做要冒很大的风险,他答道,将有四个人在船上监视我,而且不准我在船上和任何人通信息。我又说,如果不能把我运走,他们下一步将会怎么办。他说,就在使馆里杀死我,将尸体加以防腐,再送回中国执行死刑。我问,他们为什么要这般残忍,他说,政府不惜以任何代价捉拿你,不论是死是活。

依照中国法律,人即使已死,仍要戮尸。

我对邓说,你象朋友那样来看我,能帮助我脱险吗?他说,今晚或明晚也许能办到。他走了,以后我再也没有见到他,也未发生过什么事。一直到了今天下午五点钟,房门打开了,一个中国人说要我下楼去见马格里爵士。我下楼去见他,当时他把这些钱币递给我,这是我用来包在便条里面的,被拘禁的头两三天我把它们投出窗外,被使馆人员所拾获。马格里爵士没有和我谈话,但我听到他对侦探长乔佛斯说,他代表中国公使行事,他将我交出,并未使公使馆拥有的外交特权或其他权利受到任何损害。

孙逸仙(签名)

以上陈述词是艾伦(P. S. Allen)和我本人在场时作出。曾向孙宣读,他说其内容完全正确。

侦探长乔佛斯(签名)一八九六年十月二十三日

广东省社会科学院历史研究室、中国社会科学院近代史研究所中华民国史研究室、中山大学历史系孙中山研究室合编《孙中山全集》第1卷,中华书局1981年版,第33~35页

△ **总税务司驻伦敦代表金登干在致总税务司赫德函中谈及孙中山被绑架事件**。

金登干致赫德函(伦敦,1896年10月23日):

当前的惊人新闻是中国公使馆的绑架案,此事无疑已电告中国了。马格里爵士今天在外交部一定有一段“难堪的时刻”。既然孙逸仙已经获释,公众将渴望得知关于他被捕和拘禁的进一步新闻。

中国第二历史档案馆、中国社会科学院近代史研究所合编《中国海关密档——赫德、金登干函电汇编(1874—1907)》第6卷,中华书局1987年版,第562页

10 月 24 日(九月十八日)　孙中山致函伦敦各报主笔,通过各报感谢英国政府、报界和民众为使其获释而做出的努力。

孙中山《致伦敦各报主笔函》:

致〇〇报主笔

先生:

望能借重贵报的版面,为英国政府致力于使我自中国公使馆获释而表示深切的谢忱。对报界的及时帮助和同情,亦谨表谢意。最近几天中所发生的实际行动,使我对充溢于英国的宽大的公德心和英国人民所崇尚的正义,确信无疑。

我对立宪政府和文明国民意义的认识和感受愈加坚定,促使我更积极地投身于我那可爱而受压迫之祖国的进步、教育和文明事业。

忠实于你的孙逸仙

十月二十四日于波德兰区覃文省街四十六号

广东省社会科学院历史研究室、中国社会科学院近代史研究所中华民国史研究室、中山大学历史系孙中山研究室合编《孙中山全集》第 1 卷,中华书局 1981 年版,第 35 ~ 36 页

10 月 25 日、27 日(九月十九日、二十一日)　金登干与赫德就中国驻英公使馆绑架案电报往来。

《金致赫第 642 号》(10 月 25 日星期日):

关于中国驻英公使馆绑架案,英国朝野舆论一致谴责马格里。

《赫致金第 778 号》(10 月 27 日星期二):

绑架案是怎么一回事?请简告事实。

《金致赫第 639 号》(10 月 27 日):

一个中国乱党名叫孙文,自广州逃往香港(转来伦敦),被此间中国公使馆扣留,在馆内拘押了十二天。经首相的断然要求,业已获释,并在警察巡官和康德黎博士陪同下移交外交部代表。这个被囚禁的人曾是香港的医科学生,康德黎认识他。由于康氏的努力,这个囚犯现已获得自由。这是一个耸人听闻的故事。《泰晤士报》和报界一致赞颂首相的果断行动,并谴责中国使馆的行为是严重滥用公使馆特权等等。

中国第二历史档案馆、中国社会科学院近代史研究所合编《中国海关密档——赫德、金登干函电汇编(1874—1907)》第 9 卷,中华书局 1987 年版,第 62、63 页

10 月 26—28 日(九月二十—二十二日)　孙中山在伦敦参观动物园和医学校等,增加对英国的了解。

10 月 26 日(九月二十日)　清驻英国公使龚照瑗照会英国外交部,要求香港总督严查不法之人,特别对孙中山的动静加意察查。

龚照瑗照会:

昔年发逆之乱,荼毒生灵,蹂躏地方之惨,实属罕有,该逆初亦起自广东。查广东省私会众多,欲图扰乱众安,由来已久,而近两年尤甚。且该私会多效一千八百五十一年发逆故智,以香港为谋议不法之区。……本大臣用特请烦贵大臣转饬香港地方官,目下于知为不法,以及疑为不法之人,一概特加严察。至现在伦敦之孙文,又名孙逸仙,又名陈载之,又名孙帝

像,并有他项伪名,如回香港,更请饬为加意察其动静。

11月4日英国外交部复照称:

本国政府于所有本国地方,如有藉以谋议与贵国政府或官员为难之事,深愿按例极力阻止。本大臣上年秋间,有人欲谋害广东官员,经香港总督闻知,立即查访确情,通知广东制台,伊甚感激。并将谋乱之为首二人逐去该岛。本国政府已经谕令该督,凡一切人等,有违犯投效外国律例者,俱应立即惩办。兹准来文,当即转行该督,饬其所有可疑之人,仍加慎查察,并尽其权力,预破一切乱谋。

陈锡祺主编《孙中山年谱长编》上册,中华书局1991年版,第126页

11月1日(九月二十六日)　盛宣怀上《条陈自强大计折》,陈练兵、理财、育才三大政,及开银行、设达成馆诸端。

盛宣怀《条陈自强大计折》:

奏为自强大计,当举其要,谨就管见胪陈梗概恭折仰祈圣鉴事。自海防事起,中外上下竞言自强,谠论嘉谟,日有献纳。上年经日朝之衅,荩臣志士,益慨然于强弱利钝之故,欲尽取欧洲之新法,变易华夏之旧习。朝廷深维至计,惟举其大者远者,于是有创办南北铁路之役。愚臣以为铁路者,所以速征调,通利源,为自强一端,非干路既成,即可坐而俟其强也。泰西诸邦,用举国之才智以兴农商工艺之利,即藉举国之商力以养水陆之兵,保农工之业。盖国非兵不强,必有精兵然后可以应征调,则宜练兵;兵非饷曷练,必兴商务然后可以扩利源,则宜理财;兵与财不得其人,虽日言练,日言理,而终无可用之兵,可恃之财,则宜育才。臣顷蒙召对,略陈愚虑,嗣军机大臣复奉旨传询,俾蠡蠡管窥测之微,仰见圣人兼听并观,迩言是察,不揣愚昧,谨以三事为我皇上条析陈之。

一曰练兵之要。中国三代,寓兵于农,唐宋以降,专用召募,兵民久分,各国皆然。近年东西诸国兵制,皆由募兵而复为征兵,事变所趋,中国岂独能不然哉,顾今日既糜饷千余万以养无用之绿兵,复糜饷千余万以养有用之练勇,发、捻平定二三十年,所谓有用之勇,一旦临敌,其偾事与绿兵等,方事之棘,各路添募,仓猝成军,臣所目睹,多有不能持枪施放者。盖募兵一事,无赖亡命,兼收并蓄,来无所考,其弊一。少壮从军,衰老除汰,去无所归,其弊二。闻警增募,类驱市人,不教谓弃,其弊三。事定遣散,多为盗贼,遂贻民害,其弊四。近者议裁绿营,而减兵不能汰官;议建洋操,而饷重不能多练。况勇饷与兵饷不同,新勇与旧勇又各不同,饷厚者不免相矜,饷薄者自甘废弛,军制愈纷,饷力愈绌,兵气愈弱。现除京营外,各省实存绿兵、练勇八十余万人,更新而不去旧,无此财力;制兵而不划一,非善治军。宜将天下划分十镇,海疆、边疆为重,腹地、僻地为轻,坚强朴实之地多征,膏沃柔脆之区少选,参酌西法,简练新兵三十万人,就各镇形势轻重差等,兵数多寡,征选户籍可稽。未经罪犯,年在二十以上二十五以下,体质身干合格者,录为常备兵,入营教练,期以三年,退为预备兵;亦期三年,退为后备兵;亦期三年,退为民兵;期以五年,除其兵籍。自预备兵以下平时在家服农,有事以次征集,预备兵每年一次招集屯营,与常备兵合操,后备兵每年一次招集便宜地方,使之演习,皆视道理[里]远近给路费。民兵不集操,在籍者皆免本户徭役,每岁十月由各镇拣派选兵官分赴各属,会同州县验选合格者注于籍,随时征充常备,壮者入营而老者退籍,老者退而壮者又复入营,历三年而一兵之饷得二兵之用,历六年而一兵之饷得三兵之用,九年以后岁额三十万人之饷常得一百二十万人之用,兵皆土著,游惰不录,其利一。更递进步,室家可归,其利二。事至征召,人皆练习,其利三。事毕归农,不流为匪,其利四。各镇营制饷章统

归一律，各营枪炮器械统归一式，举绿营勇营悉去之，以其岁饷三千余万两练常备兵三十万人，重订饷章，只期核实，不必过优，岁约不逾二千万两，其余以备洋教习薪水、预备后备兵调操路费及酌留绿营之饷，计无不足。此事为强弱关键，虽加筹款项，亦所应为，况就饷练兵，尤难濡缓，但持之贵坚，行之宜渐，或每镇先练三分之一，练成后再行添练，以足额为止，裁革绿兵营勇亦如之。至绿营尚有城守、防汛之责，护饷、解犯等差，或酌留若干属于州县，若如各国警察巡捕之意，而责成整饬之，自无偏废之虞。应请特简知兵重臣，会同兵部、户部查明兵数饷数，并采取英、德、俄、法、美、日诸国练兵之法，决择参酌，厘定章程，奏准施行，永为定制。

一曰理财之要。理财有二义，开源、节流尽之矣。今之广制造，兴矿政，以开源也。纱布各厂，成本之重不足敌洋产，五金各矿，收效之速不足济急需。今之并局卡，裁冗费，以节流也。减并者百一，无裨国计之大，节裁者锱铢，何当中饱之巨。言常用则岁出岁入不相抵，言通商则输出输入不相抵，言洋债则竭内外之力而更无以相抵。欲求足国，先无病民，欲求商利，在挽外溢。加税之议，事未就绪，闻西人以厘金为词，盖窥我国用之绌，必不能停收厘金也。应机决策，莫若径免天下中途厘金，加关税为值百抽十，令彼无所借口。厘金既免，即仿行西国印税之法，办理得宜，计加收之关税，新收之印税，合之当倍于厘金。而免厘则出口土货易于流通，加税则进口洋货或稍清减，取益防损，利在无形，所谓足国而不病民，且阴以挽外溢之利者此也。西人聚举国之财为通商惠工之本，综其枢纽，皆在银行，中国亟宜仿办，毋任洋人银行专我大利。中国银行既立，使大信孚于商民，泉府因通而不穷，仿借国债，可代洋债，不受重息之挟制，不吃镑价之亏折，所谓免外溢以足国者，此其一也。墨西哥国以九成之银铸钱运行中国，易我十成之银，岁耗以亿万计。近来中外臣工多议自铸银元，广东、湖北、北洋、南洋先后铸造，分两轻重悉准墨银。臣愚以为国家圜法，自古及今皆自为制度，随人趋步，各国所无。既不能废两为元，各库出入仍需元宝，必致无银可铸。查光绪十二年十月，海军衙门奏请将应放南北洋经费及东三省饷项，均按二两平核发，是饷需改用京平已有成案。今宜在京师特设银元总局，以广东、湖北、天津、上海为分局，开铸银币，每元重京平九成银一两，再铸金钱及小银钱，使子母相权而行。凡出款俱用官铸银币，各省关收纳地丁钱粮、盐课、关税、厘金，俱收官铸银币，元宝、小锭概不准用，惟收款仍照库平十成银计算。库平较京平，定以每百两加平六两，十成银较九成银每百两应加色十两，除各库上兑津贴银一两，定以每百两加色九两，如应交库平足银一百两者，实收银币一百十五元，无轻重高下之别，无减平扣色之弊，易简理得，妇孺难欺。每年度支八千余万，户部约可盈余平色银一千二百万两，较向来各省拨解平余，多收当不下千万，所谓挽外溢以足国者，又其一也。此外商务，巨细万端，设施有序，应请特简通达中外商务之大臣专司商政，会同户部，取法邻国，实见施行。兴起商学，鼓舞工艺，利源无外溢，藏富于商民，君孰与不足，国何患不强。

一曰育才之要。西国人才之盛皆出于学堂，然考其所为学堂之等、入学之年、程课之序，与夫农工商兵之莫不有学，往往与曲台之礼、周官之书、左氏公羊之传、管墨诸子之说相符，盖无人不学，无事不教。本三代学校之制，特中国去古既远，寖成文具，而泰西学堂，阇合道妙，立致富强，益以见古圣人之道，大用大效，小用小效，文轨虽殊而莫能外也。近日刑部侍郎李端棻推广学校一折，洞见本源，当蒙采择。窃谓各府州县骤难设学堂，宜令各省先设省学堂一所，教以天算、地舆、格致、制造、汽机、矿冶诸学，而以法律、商税为要；先设武备学堂一所，教以筑垒、测地、枪炮制造、弹丸发送、队伍分合、马骑控御诸学，而以兵律戎机、有勇知方为要。在下之趋向，全视在上之用舍，同文馆、广方言馆出洋学生，糜费不少而得人不多，文科之八股试帖,武科之刀弓石,不待督责而莫不致力,其明证也。今不能尽改科举之制,似宜专设一科,裁天下之广额为新学之进阶,明定功令,使文武学堂卒业者皆有出身之正途,齐仕进于科第,则闻风兴起,学校如林,人才自不可胜用。应请特简通知时务学行俱懋之大臣专司学政,会同礼兵二部,提挈纲领一新海内之观听,有志之士不自奋于有用之学者,未之有也。以上三端,参酌欧美致富致强之术,实不外圣经足食足兵之谟。举而措之,要在知人用人而已,所虑拘牵旧制,难以变动;又或慨然于物穷则变,意在振兴,而尤虑天下督抚心志不齐,难以统筹全局。恐年复一年,外人眈眈视我,一无足恃,肆彼要求,得步进步,无兵则不能保守利权,无饷则不能充养兵力,二者互为掣肘,甚至洋债不能再借,边土不能自保,至其时始悔七年之病不蓄三年之艾,殆已晚矣。自古国家政事之张弛,强弱之机括,皆系于君臣之谋虑,一转移间,其效如见。臣惟国耻不可忘,邦交不可恃,伏愿皇上鉴覆辙之在前,审宇宙之大势,发愤自强,毅然宸断,勿敷衍而畏难,勿回惑于疑议,王大臣等皆公忠体国,卧薪尝胆,同赞圣谟,国富兵强,远人自服,此薄海臣庶所延颈企踵以俟之者也。臣管见所及,谨冒昧渎陈,伏乞皇上圣鉴训示,谨奏。

盛宣怀《愚斋存稿》卷1,思补楼藏版1939年版,第3～10页

盛宣怀《请设学堂片》:

使命不辱,专对称能,自非学人,莫任斯选。现环球通商,皇华载道,泰西各国来华使臣,类能尊主庇民,克举厥职,虽凭借国势,要其才行多有本原。日本维新未久,观其来者,亦往往接武西士。中国遣使交邻,时逾廿载,同文之馆培植不为不殷,随使之员阅历不为不广,然犹不免有乏才之叹者何欤?毋亦孔孟义理之学未植其本,中外政法之故未通其大,虽娴熟其语言文字,仅同于小道可观,而不足以致远也。

臣上年在津海关道任内,筹款设立学堂,招选生徒,延订华洋教习,分教天算、舆地、格致、制造、汽机、化矿诸学,禀经直隶督臣王文韶奏明开办。本年春间,又在上海捐购基地,禀明两江督臣刘坤一筹款议建南洋公学,如津学之制而损益之,俟筹款就绪,再当陈奏。综厥课程,收效皆在十年之后,且诸生选自童幼,未有一命之秩,既不能变更科举,即学业有成,亦难骤膺显擢,予以要任,相需方殷,缓不济急。日本明治初元,鹿儿岛、马关战屡失利,诸藩皆择遣藩士翘楚,厚其资装,就学外国,今当路诸人率出于此。拟请略取其意,在京师及上海两处各设一达成馆,取成材之士专学英、法语言文字,专课法律、公法、政治、通商之学,期以三年,均有门径,已通大要,请命出使大臣奏调随员悉取于两馆。俟至外洋,俾就学于名师,就试于大学,历练三年,归国之后,内而总署章京,外而各口关道使署参赞,皆非是不得与,资望既著,即出使大臣、总署大臣之选也。其入馆之法,两馆各以三四十名为额,京官取翰林、编检、六部司员,外官取候补、候选州县以上,道府以下,令京官四品以上、外官三品以上各举所知,出具切实考语保送,特简专使学政大臣考取,分发京师、上海两馆。其常年经费,延请洋教习及馆舍、膏奖、书籍、食用各项,每年两馆约需银十万两,请由臣在所管招商轮船、电报两局内捐解以伸报效。其设馆之地,京师由专司学政大臣酌定,上海附于南洋公学。详细章程,俟奉谕旨后由专司学政大臣核定,奏咨照办。

抑臣更有陈者,孔门以德为首科,西学以修身为根本,必先贞固乃干事之材,未有华士可当重远之寄,保送之人必以志操坚卓、器识深稳为指归。勿震声华,勿牵私故,庶几行已有耻,可使四方。此则内外诸臣所共知,而在臣特为鳃鳃过虑者也。谨附片具陈。伏乞圣鉴训示,谨奏。

盛宣怀《愚斋存稿》卷1,思补楼藏版1939年版,第11～13页

盛宣怀《请设银行片》：

银行仿于泰西，其大旨在流通一国之货财以应上下之求给，立法既善于中国之票号、钱庄，而国家任保护，利权无旁挠，故能维持不敝。各国通商以来，华人不知务此，英、法、德、俄、日本之银行乃推行来华，攘我大利。近年中外士大夫灼见本末，亦多建开设银行之议，商务枢机所系，现又举办铁路，造端宏大，非急设中国银行，无以通华商之气脉，杜洋商之挟持。议者谓国家银行当全发帑本，简畀大官，通行钞票，由部造发，如英、法等国财赋皆出入于银行，是户部之外府也。然中外风气不同，部钞殷鉴未远，执官府之制度，运贸易之经纶，恐窒碍滋多，流弊斯集，或欲委重西人，取资洋款，数千万金咄嗟立办，其词甚甘，其权在彼，利害之数未易计度。臣惟银行者商家之事，商不信则力不合，力不合则事不成，欲慎始而图终，必积小以成大，拟请简派大臣，遴选各省公正殷实之绅商举为总董，号召华商招集股本银五百万两，先在京都、上海设立中国银行，其余各省会、各口岸以次添设分行。照泰西商例，悉由商董自行经理。臣前在上海，与开设粤、闽、浙、沪、江、汉各海关官银号之绅商候选道严信厚议及银行之事，严信厚顾全大局，情愿以其独开之银号归并公家之银行，使其气局宽展，并照汇丰银行规制，以精纸用机器印造银票，与现银相辅而行，按存银之数为印票之数，以备随时兑现。各省官司向银行借贷，应照西例，由总行禀明户部批准以何款抵还，方能议订合同。欧洲国债数千百万，皆由银行筹办，印发借券，应收年息，归行取付，大信不渝，集事自易。嗣后京外拨解之款可交汇，以省解费，公中备用之款可暂存以取子息，官造银元尚不能通行尽利者，可由银行转输上下，官得坐收平色之利。银行用人办事，悉以汇丰章程为准，则合天下之商力以办天下之银行，但使华行多获一分之利，即从洋行收回一分之权。并照西例，俟有余利，酌量提捐归公，预定章程遵守，商民既交得其便，国家即阴受其益。俟将来官商交孚，内外政法变通尽利，再行筹设国家银行，与商行并行不悖，庶几早见措施，以免空言无补。谨附片具陈。伏乞圣鉴训示，谨奏。

盛宣怀《愚斋存稿》卷1，思补楼藏版1939年版，第14～16页

11月4日（九月二十九日）　英国财政部法律顾问卡夫受内务部委托调查孙中山被绑架事件真相，孙中山到财政部向其做了陈述。卡夫记录后呈报内务部，认为孙所陈述与事实相符。

孙中山《向英国律师卡夫所作的陈述词》：

十月一日，我从梨花埠来到伦敦。在梨花埠，我没有去探望我的任何同胞。我有理由估计到我的行动已受到注意，因为我知道中国政府经常在监视我。我在梨花埠尽量不露形迹。我在美国时便已获悉，有人在特别注意我。我抵达伦敦后首先到赫胥旅店投宿，在那里住了两三天。

到达后的当天上午，我首先去拜访康德黎博士。我到达伦敦时很迟，大概是深夜十二点钟。我和康德黎博士商量往何处下榻，他领着我到葛兰旅店街八号，即我目前的住所。

在伦敦最初那几天，我经常去看望康德黎博士和孟生博士，几乎每天都去康德黎博士家。我和孟生博士有过一次关于去中国公使馆的谈话。我问他，如果我到那里去是否明智。他说“不”。我回想，我首先提出的问题是：“这里的中国公使是谁？”接着又问他：“你以为我去使馆访问任何人是明智的吗？”而孟生博士说：“不。”我没有问使馆在哪里。我并不知道使馆的地址，直到我在那里被捕才知道。我没有问过康德黎博士或孟生博士，使馆在什么地方。

初到伦敦的那些天,我的时间主要是用于游览。我曾到南甘星敦博物院和大英博物院,有一天还到过水晶宫。

星期六,即十日,我到过摄政公园、动物园和植物园。我去那里时是上午十一二点钟,一直逗留到下午三点钟。然后,我去到霍尔庞,四点钟左右返回寓所。从那以后,我除了只在附近进餐外,再没有外出。

星期日那天,我在八点半或九点起床。我在寓所吃早餐,十点半或十一点外出。我打算到康德黎博士家去。我乘公共汽车到牛津广场,然后步行到波德兰区。这是我惯常的走法。约在十点半或十一点我到达波德兰区,在那里遇见了邓。以前我和他素不相识。我是在街上遇见他的。见到一个本国同胞,我颇感惊奇。他走近我的身边,问我是日本人还是中国人。我说,我是中国人。接着他问我的省籍,我说:“我是广东省人。”我们互通姓名,我说“我姓孙”,他说他姓“邓”。我问:“在伦敦有多少中国人?”他说:“有很多。”我问他们居住在哪里,他说:“噢,有的住在码头,有的住在东区(theeast)。”我问他住在何处,他指着对面,即离公使馆远一点的地方,说:“那就是我的住所,那里就是。”接着,我们正好走到使馆门口附近,在那里停下脚步。我们走得很慢。我和他只交谈了几分钟。然后出来了另一个中国人,邓对这人说我是他们的同乡,于是我们互相握握手。我们渐渐走近使馆的门阶,第三个人走了出来和我交谈,要求我入内谈谈。这时邓已不知去向,他从小路走开了。我没想到已经来到使馆,我寻找邓,是要问他这是什么地方。当邓离开我们并让我和那两个中国人在一起时,我们正站在门廊内;而当那两人要求我入内谈谈时,我就开始寻找邓。他们说:“噢,让我们进去吧。”还动手挽我,但并未真正使用暴力,他们的态度是友好的。他们半挽着我进去,我还把他们当作朋友。进入屋内时,我听得门被锁上了。我看见里面有不少中国人,一些就在大厅里。我记不起当时是否有英国仆役在场。当那最后一个中国人走出来时,正门原是开着的。在我入内和被锁上门以后,那两个人就要求我上楼。门上锁时我已开始有些怀疑,还想找邓解释此事,但他并不在场。接着那两个人开始强迫我上楼,他们的语调变得生硬起来,从我进屋后他们的友好态度就变了。我得出结论,我已落入了圈套。他们不客气地说:“上楼去。”我说:“这是怎么一回事?”他们说:“不必担心,上楼吧。”这时大约是十一点钟。我走进了一个房间,我想这是二楼,在那里歇了一会。当我进入房间时,里面有一两个中国人。我不知道他们的姓名,他们没有和我交谈。我只在那里停留了很短的时间。接着又要我登上另一层楼。我被那两个带我入屋的人弄到那里,另外还有几个人在前后跟着。进入另一间房子后,只剩下了我一个人。

一个英国人(马格里爵士)走进房来,找我谈话。在场的只有我们两人。这英国人讲的头一个话题是:“对你来说,这里就是中国。”这句话他重复了两次。我们两人都坐下,他问我:“你的名字叫孙文吗?”我说:“我姓孙。”他说:“我们接到中国驻华盛顿公使来电,说孙文已乘‘麦竭斯底’号来英国。”他问我,在“麦竭斯底”号轮船上有没有别的中国人。我说:“没有,只有我一个中国人。”我过去从未见过这个英国人。对此,我完全可以肯定。

我晓得马格里爵士曾投书报界,说我在星期六来过使馆。我可以肯定,不论是星期五或星期六我都没有到过那里。我以前也从不曾到过那里。

马格里爵士说:“不久前你曾经上书总理衙门,那会受到很大的重视,而现在总理衙门正需要你,你必须在这里等待我们收到复电。”我问他要等多久,他说:“要有十八个小时,我们才能收到复电。”然后,他要求我把行李取来。我说:“我的行李在我的朋友家里。”他要我写信给旅店,我说:“我并不住在旅店。”他问我住在哪里,我说:“孟生博士知道我住在哪里,你可以为我递交一封信给孟生博士吗？他会把我的行李妥贴地捎来。”他说：“行，我们可以为你办这件事。”于是他把墨水和笔递给我，我写好了信，他要求我在封口前读一读。我写的是：“我被监禁(confined)在中国使馆里。”他说：“我不喜欢‘监禁’这个字眼。”我说：“那我该怎么写？”他说：“简单地写上‘把我的行李送来’。”我说：“他们不知道我在什么地方，是不会把行李送来的。”第二封信我是这样写的：“我在中国使馆，请将我的行李送来。”他说：“发出这信之前，我必须请示公使。”他拿着信走了。以后直到我离开使馆时，再也没有见过他。他走后，门关上并换了新锁。门外有两三个人日夜守卫。窗户用四五根铁条接连的竖杆隔住。不久，他们派一个仆人来点灯。到了傍晚，又有一个英国女仆进来整理床铺，我没有和她谈话。她是一个中年妇女，我不知道她是谁。

我认识了柯尔，那天我见到他。我没看见那上锁的人，是在门外上锁的。

星期一，我和柯尔交谈了一会。有两个英国仆役轮流监视我。我给他们几张字条。我还把一些字条抛到窗外，但被使馆人员所拾获，自此以后窗户就拧紧了。就我所知，那些人把我给他们的便条交给了马格里爵士。我把钱币放进一些便条里以增加重量，因为那些仆役说他们无法离开使馆，我便叫他们把便条抛出窗外，我把钱币放在里面好使它们够重。后来当我离开使馆时，马格里爵士把这些钱币交还给我。

我被锁在房里时，看到了一些中国仆役。我没有打算让他们帮助我。我再次见到邓，但记不起在哪一天，那是他们拾获我抛出去的便条之后。邓来找我，对我说，他得到了我写给康德黎博士和孟生博士所有的信件。于是我吃了一惊，知道那些仆役已经把我出卖，同时我想到，如果仆役们不能帮助我，我就别无渠道与外界联系。邓对我说：“你来到这里，实生死所关，你知道吗？”他接着又说：“什么都不承认对你是没有好处的，你当然就是孙文了。”我一言不发，于是就开始谈一些别的事情。他称赞起我来，说：“你的名字在中国是众所周知的，你非常出名，人人都知道你。”这些话是用中国语说的。说完这些话后，他开始对我说，他拘留我是公事公办，但现在就象朋友那样来和我谈话。我问他，他们打算把我怎么样。我说：“我不认为他们在这里能够办成任何事情。我不认为英国政府会因政治罪名而把我交出去。”他说：“对，我们并不打算要求英国政府交出你，我们是要把你送去中国。”我问：“用什么办法？”他说：“我们将要堵住你的嘴(他打手势)，捆将起来，装入袋中，把你带到我们已租下的轮船上。”我想，他说的是属于格来轮船公司的一艘轮船。我说：“那是一个重大的谋害事件，对英国也将是一种严重的违法行为，我在船上也许能得到一个机会将消息传出去，让人们知道这件事。”他说：“你不会有机会这样做，我们在船上就象在这里一样囚禁你，有几个人监视你，把你锁在房里，我们不会让你在船上和任何人交谈。”他还说：“如果我们不能把你偷运走，就会在这里杀死你。”他说：“使馆就是中国，我们在这里可以为所欲为。”然后他又提出要帮助我，说：“我得设法让你出去。”还说他们打算在使馆杀死我，再把我的尸体送回中国去受刑罚，去履行死刑。于是我问他：“为什么要这般残忍？”他说：“这不是我们的意愿，这是中国政府的命令。中国政府不惜以任何代价捉拿你，不论是死是活。”接着他告诉我，我是没有指望的。我说：“你说你要象朋友那样行事，却没有帮助我。”他说，那正是他来找我谈话的本意——如何帮助我脱险。我问他我该做些什么，公使有什么打算。我问他，我是否可以见见公使。他说：“不行，公使身患重病。”然后，他提出要我写一信替自己辩解，说我不曾参加广州谋反，这样他就可以为我向公使说情。我的笔和墨水已经被拿走，我说：“我非常乐意写，你的考虑好极了。”接着，他给我墨水和纸，我问他怎么不给我毛笔，因为我用中文写会比英文更好些。他说：“写给公使是没有作用的，我要你写给马格里爵士。公使只不过是摆样子的,而马格里事事通晓。我要你写信给马格里,请求他宽恕。"随后,他就开始口授。他要我首先说明,我与广州谋反一事无关;说我参加谋反是不真实的。他说,最后一件事是"你亲身前来这里,打算请求公使帮助,使你的名字在国内不受牵连"。我把这些话写了下来。我这样做,因为我考虑到这是我得以离开那里的唯一途径。我认为他们会把我递解回中国,而从未想到会重获自由。

且莫提监禁了,我不能埋怨我受到的待遇。他们根据我的要求供给食物。

我几乎忘记计算时日,因为我每天晚上都难以入睡,我是如此焦虑不安。

在星期五或星期六,我第一次得知已经替我将那些信送了出去,柯尔告诉我这件事。几天前我曾经请他帮助,搭救我的性命。大概是在星期五早晨,我指望另一个仆人进来,但来的是柯尔。我和他交谈,说:"你能帮助我做点事情吗?"他说:"我不知道你想做什么。"然后我告诉他,这是一起政治事件。"我是一个好人,并不是疯子。"我把我的处境比作亚美尼亚人(Armenians),说明与社会主义者毫无关系。我说:"如果你能把信带出去交给我的朋友,我想,我就能够在英国政府帮助下脱险。"他说:"我不知道政府是不是会帮助你。"我说:"把我关在这里,如此严密地监视我,这是非法的。"我要求他认真考虑这件事,再告诉我是不是愿意帮助我。我说:"象你早先那样许诺我是没有用处的,还是告诉我,你究竟是否愿意帮我的忙。"他说:"好吧。"

我等到第二天早晨(即星期六),他把一张纸条扔进房里。当时有一个中国仆役在房外监视,门锁上后,我读了柯尔扔进房来的那张纸条。他在纸条上说,他愿意为我送信,要我把信写好,但不要在桌子上写,因为他们从钥匙孔中能瞧见我,可以在床上写。我在我的名片上写了几个字,由他送给康德黎博士和孟生博士。我得到答复,收到康德黎博士一张名片,上面并有孟生博士的签名。这时我的心情愉快一些,但仍有些怀疑。接到这张名片后,我又收到了康德黎博士的几张名片,都是柯尔送来的。孟生博士的签名不能使我完全振作起来,我考虑到,他们可以随便从什么地方弄到康德黎博士的名片,因此,我要求柯尔去请康德黎博士写几个字给我。于是,康德黎博士在一张小纸条上写了几句话给我。

叫我下楼之前,我并不知道我会获释。

当我进入使馆到离开之前,只见过马格里爵士一面。我没有从他那里得到任何讯息。离开时,他没有和我谈过话。在我写了那份书面报告之后,我曾和邓谈过一阵子。我既不责怪他用这种手段把我拘留到使馆,也不责怪他对我提及他本人拘留我的事情。

我所写的那份书面报告是不真实的。我之所以这样做,是因为邓说过,如果我写下那些话,他就可以设法帮助我出去。那些话是他吩咐我写上的。他要我这样说,我从中国逃了出来,打算拜见任何一位中国驻外使节,请求他们为我解脱嫌疑。他要我写这报告,说如果按这个方式写好,他可以帮助我脱险。当时,我没有别的指望,所以就照他的吩咐做了。他对我说,我是从美国来,并要我写上我曾经到过中国驻美使馆,为着去见那里的公使。我在报告中写了这些内容,还写上驻美公使不愿倾听我的意见,所以我来到英国向这里的中国公使提出请求。

我和邓交谈时,他没有提及任何轮船的名称,但是他提到了格来轮船公司,说那个公司的人是马格里爵士的朋友。

离开使馆后,我和侦探长乔佛斯等人去到苏格兰场,康德黎博士陪同前往。在苏格兰场,我没有和康德黎博士同在一间房,而是进入另一间房。房里有一位绅士,他要求我提供一份陈述词。我没有说,"我要求提供一份陈述词"。我是应邀到苏格兰场的,是侦探长乔佛斯要求我去的。我在苏格兰场作了一次简短的陈述。

那时我十分虚弱。我在使馆时很少睡眠。我想,我在苏格兰场大概是逗留了一个小时。要求我陈述的那位绅士把我说的话记录下来。他只是听不清楚时才在很少几点上向我提问。

我现年三十岁。在邓问及我是不是日本人之前,我常常被人误认为日本人。

绑架我的那两个人,从服饰上看,我以为他们是商人。进入那座屋子以后,我感到惊奇,他们怎么会有这样大的房屋。在我们进入这屋子之前,我和这两个中国人很少交谈,因为他们的方言与我并不相同。

我可以肯定,在星期日我被带入使馆之前,我从来没有到过那里。那一次,是我到使馆唯一的一次。那么,我简直无法想象,马格里爵士以前曾见过我进入使馆。

孙逸仙(签名)

广东省社会科学院历史研究室、中国社会科学院近代史研究所中华民国史研究室、中山大学历史系孙中山研究室合编《孙中山全集》第1卷,中华书局1981年版,第37~45页

11月6日(十月初二日)　总理各国事务衙门密函两广总督谭钟麟、广东巡抚许振祎设法于新加坡、西贡、香港等埠,密探孙中山踪迹。

11月26日(十月二十二日)　香港《德臣西报》转载《神户记事报》文章《中国的改革》,称孙中山的勇气足以使整个民族复兴。

《中国的改革》:

孙逸仙将很可能成为加载史册的风云人物,他就是近日伦敦清使馆企图绑架,并以叛徒罪处死的那个人。……他是一个杰出的人,对于中国广大民众悲惨的境况有深刻的认识……当今对中国有深切了解而又具大无畏革命精神者,舍孙医生别无他人。仅此勇气就足以使其整个民族复兴。……他中等身材,削瘦而结实,谈锋敏锐,具有中国人少见的坦率性格,谈吐诚恳,机敏果断,一经接触就使人确信,他在各方面都是他自己民族中出类拔萃的人。虽然他有沉静的外表,如果命运对他公正的话,他迟早都会对中国产生深远的影响。……毫无疑问,有相当多支持这次举事的人抱着不可告人的动机,因为在中国这种人太多了。他们早在三月份就坚持要仓促举事,当时虽然已经从檀香山、新加坡、澳大利亚以及其他地方筹集到资金,但仍然缺乏合适的人选,武器亦准备不足,幸亏更高明的意见占了上风。要是更高明的意见在十月份亦能占上风的话,也许不至于那样糟糕……他那些向来不大相信非暴力方式的同盟者们,策划了一次大胆的武装暴动。这次暴动尽管成功了,但那只是暂时性的,因为他们没有为下一步行动作准备。……多亏孙逸仙在香港就读时的老师兼朋友康德黎医生,中国有史以来最杰出的人材之一,才得以通过英国执法机构的干预而免遭鞑虏之毒手。举凡认识康德黎医生的人——他在世界上很多地区都很出名——都认为从来没有像他那样正直高尚的仁义之人。孙医生得遇好人,在康德黎医生的保护下,他定能一心一意地以他的热情和一丝不苟、直截了当的方式,为他选定的事业而奋斗,直到他为转变中华帝国的非人状况所作的努力,取得令人满意的成果为止。

黄宇和《孙逸仙伦敦蒙难真相》,上海书店出版社2004年版,第104~105页

编者按:澳大利亚黄宇和院士根据文章中关于康德黎医生和1895年10月广州起义的记述,推断出文章出自陈少白之手。

11 月 28 日(十月二十四日)　有人写信给《德臣西报》,欲纠正该报前两天刊载的《中国的改革》一文造成的"错误印象"。

该信称:

先生:

为了纠正最近因为孙逸仙医生被伦敦清使馆拘禁而造成的错误印象,请允许我告诉您,革新派的领袖是杨衢云,一位真金般高贵,白璧无瑕的进步人士,一位彻底的爱国者和革新派人物。他被称为护国公,孙逸仙医生不过是革新运动的组织者之一……

附记:姓名住址暂不奉告,望原谅。1896 年 11 月 28 日于香港

黄宇和《孙逸仙伦敦蒙难真相》,上海书店出版社 2004 年版,第 106 页

编者按:黄宇和院士根据谢缵泰参加广州起义的历史和他的英文水平,推断出文章出自谢缵泰之手。

12 月 6 日(十一月初四日)　根据各有关方面复奏,命各省将军、督抚对盛宣怀建议实力举办。

《德宗景皇帝实录(六)》:

谕军机大臣等:前据盛宣怀奏,条陈自强大计,并请开设银行,设立达成馆各折片,当经谕令军机大臣、总理各国事务衙门、户部妥议具奏。兹据该王大臣等悉心核议,逐条具奏,朕详加披阅。除指驳各节应毋庸置议或应暂行缓议外,其练兵一条,为各省将军、督抚专责,不论勇营、绿营,当此饷项支绌,均应大加裁汰。现在各省仿照西法新练各军,暨上海、湖北制造枪炮两局厂,务须督饬该管将领、承办局员,认真讲求,操练则毋袭皮毛,器械则务求划一,并按照此次所拟办法,若者宜减定成数,若者宜增创新章,体察情形,斟酌办理。理财一事,户部实任其难,厘金既未能遽停,印花税亦骤难仿办,加税之说,迄今各国尚无成议,惟有开设银行,或亦收回利权之一法。前已谕令盛宣怀,招商集股,合力兴办。银行办成后,并准其附铸一两重银圆十万元,试行南省,如无窒碍,再由户部议订章程办理。育才为当今急务,节经谕令各直省添设学堂,实力举办。其武备学堂,能否于各省会中一律添设,并著该将军、督抚等,妥筹具奏。京师、上海两处,既准设立大学堂,则是国家陶冶人材之重地,与各省集捐设立之书院不同,著由户部筹定的款,按年拨给,毋庸由盛宣怀所管招商、电报两局,集款解济,以崇体制。以上三条,经该王大臣等逐条核议,均属切实可行。著户部暨各该将军、督抚等,查明议准各节,实力举办。其有前奉谕旨,未经复奏者,即著迅速复奏。总之办事须求实际,徒法不能自行。该将军、督抚等,奉到此旨,务须脚踏实地,见诸施行,毋得粉饰因循,一奏塞责。原折著抄给阅看。将此各谕令知之。

《清实录》第 57 册,中华书局 1987 年版,第 185 ~ 186 页

12 月 24 日(十一月二十日)　御史宋伯鲁奏乡会试第三场并各项考试策题,宜专问时务。礼部驳议后,受到皇帝批评。

《德宗景皇帝实录(六)》:

又谕:御史宋伯鲁奏,乡会试第三场,并各项考试策题,宜专问时务。著礼部议奏。寻议驳。

《清实录》第 57 册,中华书局 1987 版,第 194 页

次年二月十一日上谕:

又谕:御史宋伯鲁奏,奉旨交议事件,请饬各部院毋得轻心驳斥等语。向来臣下条陈事

件，奉旨交该管各部院议奏，自应准情度理，斟酌尽善，固不得偏执成见，概行议驳，亦岂得不论可否，率行议准。嗣后遇有交议事件，各该衙门务当权衡事理，秉公定议。至陈奏各员，亦不应逞其臆见，形诸奏牍，是非所在，自难逃朝廷洞鉴也。

朱寿朋《光绪朝东华录》第4册，中华书局1958年版，总3941页

12月29日（十一月二十五日）《时务报》经理汪康年延请章太炎担任该报撰述，章太炎致书汪康年，提出办报主张。后因宗旨不合，时有龃龉。

章太炎《致汪康年书》：

穰卿仁兄姻大人阁下：泰春解遘，目击道存，吴越既隔，相见日浅。撢揽大著，词旨瑰丽，复中义法。与某氏公报，体分雅郑，虽无夔旷，听音立辨。方今风教浇讹，群喙异响，小雅不废，赖有兹编。怀欲著论，遥和钧韶，搦管笔豪，复无佳处。然辞义所趣，故以孰哉。远裔种族匪殊，亲仁善邻，宜捐小忿，刺隙视文，或殊擿埴。移书粗昧，傥昭所尤。顷戎夏交捽，鼙鼓未息，吾侪坐谈九州，虑非亟务，要自不为田巴响吐王伯，趣以洮汰疑滞，解释槃结，亦掌故之一官已。

大著宗旨，不欲臧否人物，趯非教令，斯诚定、哀微辞，言者无罪。抑商榷法制，无过十端，数册以往，语欲屈竭，则绣其鞶帨矣。刍荛之见，调宜驰骋百家，掎摭子史，旁及西史，近在百年，引古鉴今，推见至隐。昔太冲《待访录》原君论学，议若诞谩，金版之验，乃在今日。斯固玮琦幼眇，作世模式者乎？如鄙见可采，尚有数首，即当写奉。证今则不为厄言，陈古则不触时忌，昔人以三百五篇谏者，其是谓欤？手肃，即颂纂祉不宣。姻愚弟制章炳麟顿首。十一月二十五日。

汤志钧编《章太炎政论选集》上册，中华书局1977年版，第3～4页

章太炎《口授少年事迹》：

梁启超设时务报于上海，遣叶浩吾至杭州来请入社，问："何以知余？"曰："因君前有入强学会之事。"

丁文江、赵丰田编《梁启超年谱长编》，上海人民出版社1983年版，第65页

冯自由《中华民国开国前革命史》：

强学会章程分投于各书院，征求会友。章以该会宗旨在于富国强兵，乃纳会费十六元，报名入会。岁丙申，夏曾佑、汪康年、梁启超发起《时务报》于上海，耳章名，特礼聘为记者。章梁订交即在此时。章尝叩梁以其师宗旨，梁以变法维新创立孔教对，章谓变法维新为当世之急务，惟尊孔设教，有煽动教祸之虞，不能轻于附和，是即章梁二人不能水乳之原因也。

冯自由《中华民国开国前革命史》上编，上海书店1990年版，第112页

本月 美国传教士林乐知在《万国公报》发表《拘禁逸犯》一文，攻击孙中山发动广州起义，在伦敦蒙难后揭露清使馆非人道待遇是"谤毁星使，不遗余力，种种悖谬，其罪亦重"。

林乐知《拘禁逸犯》：

粤人孙文，即孙逸仙，早年游学欧洲，颇谙新政，而以医学为专门之业。中东难作，襆被回华，上书于某大宪幕府，屏而不用，即在粤中鼓煽狂言，目光如豆。诸人随声附和，深以丧师辱国为当轴咎，遂有群不逞之徒，推波助澜，谋为不轨。幸而事泄，粤督下令名捕，香港英总督亦搜出违禁军械甚夥，不肯居逋逃主之名。孙文势蹙计穷，恐膏天朝之斧钺，遂乃改容易服，重遁外洋。今秋文网稍宽，孙文渐在美洲与人晋接，中国使美大臣杨子通星使行将设

阱以捕之,孙文觉有异,附舟遁英,中国使英大臣龚仰蘧星使接准美使电音,适值卧病在床,委英员麦参赞(嘉理)为政,商诸粤籍随员某某二君,伪与之通乡谊,迤逦引入使署后户,重键遽下,即饬从役扭登第四层楼,严行禁锢。闻已与怡和公司船主商明将乘某船,开行之期,以棉絮塞其口,捆闭车中,黄夜登船,械送回华,以伸国法。孙文大惧,作就西函,自窗隙投下,冀人拾得以献其师,哀求营救,适为使馆中人所见,毁其函而钉其窗。既而服役于使馆之西人,受孙密函,杂诸煤灰中倾倒出外,事遂闻于英政府,立即备文索取。龚星使答以事须电问总署,英外部沙士勃雷侯词旨益峻,总署亦电嘱星使姑交沙侯,孙文乃如鸟脱鞲,如鱼纵壑,且敢连篇累版刊录西报,谤毁星使,不遗馀力,种种悖谬,其罪亦重。本馆以事关中英睦谊,特为节译西报撮记如右。

《万国公报》第95册

△ 孙中山本月经常往大英博物馆阅览图书,同时撰写《伦敦被难记》。

△ 盛宣怀附片奏陈筹建南洋公学及达成馆舍。

盛宣怀《筹建南洋公学及达成馆舍片》:

再,本年春间,臣禀明两江督臣刘坤一筹款在上海议建南洋公学,本拟在臣所管招商轮船、电报两局集捐筹办。嗣以需才孔亟,经臣奏请在京师及上海两处各设一达成馆教成才之士,以收速效。所需经费拟先其所急,每年在轮、电两局集捐十万两解济。至南洋公学之费,岁需约五六万两,即当另行筹捐举办。款巨日长,借筹鲜策,至今尚未就绪。现奉王大臣议复奏准达成馆经费由户部拨给,所有臣拟捐集之款自当还充南洋公学之用,俾得赶紧兴建,庶几早一日开学,即早一日成才。至达成馆为国家育才大政,京师首善之地,天下英才所共归向,自宜发帑供支,以崇政体。上海中外交会,既奉议准,并设是馆,实与南洋公学相辅而行。盖公学诸生及其卒业,本应分设各学专门学堂,以资深造。故达成馆专学政法、交涉,在今日为济时之急务,在他日即为专学之一门。上海达成馆经费似可仍归轮、电两局集捐项下与南洋公学通融取给,如有不敷,亦由臣设法筹捐。西国各处学堂类由官民绅商协力所成,其要在通一国之才力物力以办一国之事。故政出大公而事无不举。臣区区之诚,窃取于此。现方筹建公学屋宇,拟将达成馆舍一并建造。俟奉王大臣议颁章程,即行遵照办理,期于民智日开,人才蔚起,以仰副皇上侧席求贤之至意。是否有当,谨附片具陈。伏乞圣鉴。谨奏。本月二十四日奉朱批:"该衙门知道。钦此。"

盛宣怀《愚斋存稿》卷1,思补楼藏版1939年版,第21~22页

△ 罗振玉等发起成立务农会。后因经费未集,同志未多,乃于次年5月(四月)出版《农学报》为之倡。

汪诒年《汪穰卿先生传记》:

设立务农会发行《农学报》　是会由如皋朱闻樨(祖荣)、会稽徐仲凡(树兰)、上虞罗叔蕴(振玉)、吴县蒋伯斧(黻)诸君所创设,而先生力为之助。诸君之意,以近年西学大兴,有志之士锐意工商诸政,而于农学绝不讲求,未免导流塞源,治标忘本,因创设务农会以开风气,以浚利源。先生之意,以农桑种畜为我国自有之利,与商务之须求诸人者不同,又但须取材于地,与商务之与人争衡者亦不同,故于诸君创设此会,视为切要之举,尽力提挈。……盖创设之始,立愿至为宏大,旋以经费未集,同志未多,旷日持久,殊非善策,因拟先办《农会

报》,于光绪二十三年四月出版,藉以通消息,资研究云。

汪诒年《汪穰卿先生传记》第6卷,1938年杭州汪氏铸版,第7页

《务农会公启》:

一、本会筹集款项在江、浙两省地方购田试办,惟需款浩繁,尚冀四方同志解囊慨助,以成此举,所购之田,即作为会中公产。

一、同志捐助之款,统由时务报馆代收,按旬登报,以征信实。

一、拟聘请化学师一人,辨别土宜,并酌购外洋机器农具,为中国所不可少者,以佐人力之不逮。(泰西人工极贵,故事事须用机器,中国工价甚廉,可不藉机器之力,然人力不胜之处,亦非机器不可。)

一、农之为义,兼耕牧言,本会除树艺五谷外,博采中外各种植物,一一试种,兼及饲养牲、鱼等事,以广利源。

一、每年收款除开支薪水等项外,陆续添置田亩,翻译农书,并刊刻农学报章,专译各国农务诸报,及本会开办后一切情形。将来试办有效,即开设制造糖、酒等厂,禀请设立农务学堂。

一、每年出入款项,汇录登入本报,以杜浮销,报章未行以前,则登《时务报》。

一、此举虽用西法,然耕植、饲养,仍用本处农人,并不夺其固有之利。

一、海内同志愿入会者,请将台衔、住址开寄时务报馆,以便遇事公同商酌。

一、试办之时,如有聪颖子弟情愿从学者,可至本会学习,不收束脩,自备饭食,将来学成,即可派充各处分教习等职。(西国农部各员,无不由农学学堂出身者。)

一、此系初拟简要章程,俟开办有期再订细章。

上虞罗振玉　会稽徐树兰　如皋朱祖荣　吴县蒋黻　公启

翦伯赞、刘启戈等编《中国近代史资料丛刊·戊戌变法》(4),
上海人民出版社、上海书店出版社2000年版,第428页

《务农会章程》:

农学为富国之本,中土农学,不讲已久。近上海同志诸君,创设农学会,拟复古意,采用西法,兴天地自然之利,植国家富强之原。甚盛举也。兹蒙寄到开办章程,谨登诸报,以供众览。

一、农居四民之一,虽与工商并称,然必地面生材饶裕,方能讲求工作,推广贸易,则农实为工商之本。中国壤土之沃甲地球,乃汉唐以后,民趋末富,不究根源,致士夫不辨粟麦,农民贱于舆台,土壤不辟,水利不修,耕畜之技日拙,收获之效逾微,使再阅数十年,将并从前之农法、农理尽失靡遗,可惧孰甚!中国患贫久矣,谋富者颇不乏人,要不出开矿、制造、经商等事。此固当务之为急,然循流溯源,则农尤先务。同人不揣固陋,立会海上,讲求此事,将以广树艺、兴畜牧、究新法、浚利源,上以酬朝廷饥渴之意,下以尽草野芹暴之忱,海内贤达,尚同此怀。

二、农学门径广博,约举其要,厥有六端:曰农、曰圃、曰林、曰泽(水产物及取水藻为肥料之类)、曰畜牧(豢养六畜及养鱼、育蚕、养蜂之类)、曰酿造(造酒、制糖、榨油、焙茶、纺绵、剥麻、制果、割漆、制丝、熬樟脑、作染料之类),凡此诸端,皆所讲肄。

三、古人农事最重,周官所载,任土辨物,理教粲然,后世以农为贱业,于是有农事无农学,一切辨土宜、兴水利、制肥料、防螟蝗等事,虽叩之躬亲南亩者,亦茫然不能措对,不知其法,遑论其理。今本会翻译欧美、日本各种农书、农报,创立报章,俾中国士夫咸知以化学考地质,改土壤,求光热,以机器资灌溉,精制造之法之理,所有办法别具细章。

四、《易》占丽泽,《诗》咏他山。凡兴大利,贵合众知众,同人以蚊负之身,任鳌戴之重,

惟愿所冀同志日集,共襄盛举,倘在遐方,亦可时惠尺书,遥商庶事。凡愿与会者,乞赐示衔名、住址,俾按先后列入报章。

五、本会应办之事,门类繁多,赀用甚巨,势难预筹。兹先捐集款项,创立报章,其他各事,俟创办时酌订章程,先期登报,以期集事。

六、中国旷土所在弥望,满、蒙、西藏等处无论矣,各行省内地若山、陕、川、粤,未辟之利,随在皆是,即腹内各省,江、皖、湘、鄂,人烟稠密之所,亦多弃地,盖因粤匪乱后,水利就湮,荒莱失治,又沿海、沿江、沿湖,涨地日出不穷。若皆理而治之,其利不可胜计。本会拟筹款开辟各地,先自就近之地始,将来所辟之田,即为本会公产,以备兴办学堂等一切正用。

七、种植畜牧之法,土法之迂缓粗浅,泰西之灵捷精善,有识者共知之。然无征不信,共喻为难。本会俟得地后,相厥土宜,如沙地宜棉,坞地宜桑,下泽宜稻,高寒之土宜麦与高粱,草莱灌聚之地宜牧之类,悉用新法试办,一二年后成效可观,旁观益知效法。又古法之区田、代田,本朝亦有试行者,得谷多寡,言人人殊,如能试办,亦资阅历。如会外之人曾经以新法试办者,乞函示情形,受益无量。

八、中国农器,仍二千年之旧制,而日益苦窳。泰西所用机器,则皆精巧灵捷,有火力、马力、人力之别。火力所费不赀,且中国人工甚贱,视西国工值迥不相侔,火机暂可不用。而马力、人力各器具,则不可少,如中国犁耕,仅及数寸,而西国之犁,则深至五尺(每具价不过十余元)。凡是之类,不胜枚举,本会购买各种器具,试验果灵捷合宜,即如式仿造,以利民用。

九、农田得谷之多寡,纺织得丝之美恶,牛羊牧养之羸硕,固关人力,亦须先求善种。泰西凡农田所在之处,皆有售嘉种所。畜蚕之家,必先以显微镜视蚕身必无病,方许传种。畜产亦先求善种,使之配合。本会一本西人成法,设售谷所,验蚕种处,及购求西国大马与各畜。

十、树艺、畜牧渐著成效,即设厂制造,如前项所述造糖、酿酒各事,推广利源。

十一、事无巨细,非学不成,况农学事理繁颐[赜],尤必开学肄习,讲求光、热、图、算、水、化、动植物等学,而化学、动植物学尤要,必须聘化学师一人,化验土质,动植物学师一人,研究各物体性。先立一堂,日渐推广,必使农田所在,皆有学堂,负耒之民,咸知新理、新法,所有细章尚容续拟。

十二、泰西一艺一物之微,必有赛会,各操所业,以相比赛,褒勤警惰,厥意甚善。本会亦拟分种植、畜牧、制造各类,设赛会所以验良楛,以求新理。

翦伯赞、刘启戈等编《中国近代史资料丛刊·戊戌变法》(4),
上海人民出版社、上海书店出版社2000年版,第429~431页

梁启超《农会报序》:

通商数十载,海内之士抵掌谈洋务者项相望,综其言论,不逾两途:一曰练兵,以敌外凌;二曰通商,以杜内耗。百废不举而言练兵,平日则购所无之物于人以糜费,临事则馈所有之物于人以资敌。其明效大验,天下所共闻矣。劝商固今之急图也,然闻之万国商务赢绌之率,则恒视出口土货之多寡为差。工艺不兴而欲讲商务,土产不盛而欲振工艺,是犹割弃臂胫而养其指趾,虽有圣药,终必溃裂。今之言商务者,大率类是也。地球抟抟,百物盰盰,人取其精,以食以居。愚者天陵,智者天媚。雍冀之间,古号天府,两京三都之所艳述,芳草长木之所灌聚,今几不毛焉。红人宅墨洲数千载,全墨榛莽,舍兽蹄鸟迹外,更无长物。白人取而代之,仅四百年,遂以富庶甲天下。等一地也,而转移之间,荣瘁霄壤,则地力之尽与不尽也。中国今日,动忧人满,然以地之方积计,其每里所有人数,与欧洲英、法、德、哇、比诸国相比例,其繁盛未彼若也。西国地文学家谓,尽地所受日之热力,每一英里,可养至一万六千

人。今以中国之地,养中国之人,充类尽义,其货之弃于地者,岂可数计?蒙盟各部,奉、黑、吉各省,青海、西藏、苗回各疆,琼澳各岛,其万里灌莽,未经垦辟者不必论。即湘、鄂腹地,江南天府,闽、粤泽国,以余所闻见,其荒而不治之地,所在皆是。乌在其为人满也?不宁惟是,即已治之地,亦或淤其沟洫,芜其隰岸,溉粪无术,择种不良,地中应有之利,仍十不得五,又乌在其为人满也?故西人推算,中国今日之地,苟以西国农学新法经营之,每年增款可得六十九万一千二百万两(见李提摩太所著《八星之一·总论》),虽生齿增数倍,岂忧饥寒哉!昔管子轻重之篇,史公货殖之传,于种植畜牧,视为重图。子舆氏以好辩闻天下,其言仁政,则必自五亩之桑,百亩之田始,乃至鸡豚狗彘、材木鱼鳖,靡纤靡巨,津津道之。盖信乎治天下之第一义,舍是末由也。秦汉以后,学术日趋无用,于是农工商之与士,划然分为两途。其方领矩步者,麦菽犹懵,靡论树艺;其服袯襫、役南亩者,不识一字,与牛犁相去一间,安望读书创新法哉?故学者不农,农者不学,而农学之统,遂数千年绝于天下,重可慨矣!本会思与海内同志共讲此义,遵丽泽之古训,仪合群之公理,起点海上,求友四方。将以兴荒涨之垦利,抉种产之所宜;肄化学以粪土疆,置机器以代劳力。志愿宏大,条理万端,经费绵薄,未克具举。既念发端经始,在开广风气,维新耳目,译书印报,实为权舆。故远法《农桑辑要》之规,近依《格致汇编》之例,区其门目,约有数端:曰农理、曰动植物学、曰树艺(麦、果、桑、茶等品皆归此类)、曰畜牧(牛、羊、彘、驼、蚕、蜂等物皆归此类)、曰林材、曰渔务、曰制造(如酒、糖、酪属之类)、曰化料、曰农器、曰博议(海内通人有贻书撰文论农务者,皆附印报中,谓之博议)。月泐一编,布诸四海。近师日本,以考其通变之所由;远摭欧墨,以得其立法之所自。追三古之实学,保天府之腴壤,其诸务本之君子,或有乐于是欤。

梁启超《饮冰室合集·文集之一》,中华书局1988年版,第130~131页

是年　杨衢云在南非约翰内斯堡建立兴中会南非分会。

冯自由《华侨革命开国史》:

杨衢云于乙未重阳广州一役失败之后,即漫游越南及南洋群岛、印度、南非洲各地。曾在南非洲之约翰尼士堡及彼德马尼士堡两埠设立兴中分会,得同志黎民占、霍汝丁、王炽、王进、陈妹、何炽、马子方、马康、何益、江均、何禧、梁伯佳等数十人。经衢云热烈宣传,会务颇形发达。丙申十月衢云扬言将回国起义,众多醵金助之。民占且贱售其商店事业从行。及至香港,衢云以港地不能立足,遂之横滨,以教授英文自赡。民占居港日久,旅囊告竭,竟郁郁以终。嗣后南非党员皆寂然无闻,独有约翰尼士堡埠党员霍汝丁(字胜刚)于民初返国,曾投资于李萁所创办之江南福群实业公司,后数年复开设萃文书庄于香港荷理活道六十号,专经营书籍文具事业。该店至今犹存,南非洲兴中会史事,独此一人知之。

中国社会科学院近代史研究所近代史资料编辑组编《华侨与辛亥革命》,中国社会科学出版社1981年版,第88页

谢缵泰《中华民国革命秘史》:

一八九七年十月二十日,我收到杨衢云一八九七年八月二十八日的来信,把他回国的日期通知我,并且告诉我,在约翰内斯堡(Johnnesburg)成立了一个秘密革命党。

章开沅等主编《辛亥革命资料新编》第1册,湖北人民出版社2007年版,第163页

编者按:《孙中山年谱长编》依据此段史料,将杨衢云在南非约翰内斯堡设立兴中会分会事系于1897年,而根据华侨革命开国史》的记载,此事应在丙申(1896年)十月前。故置于是年。

1897 年(光绪二十三年·丁酉)

1 月 3 日(丙申年十二月初一日)　海关总税务司赫德在致总税务司驻伦敦代表金登干函中评论孙中山伦敦被拘禁事件。

赫德《致金登干函》(北京,1897 年 1 月 3 日):

至于孙逸仙博士,人们不该忘记他在广州图谋不轨,并且利用英国领土(香港)给友好的邻国埋下祸根,因此他根本不值得同情。如果他在中国被逮住,很可能被"凌迟"处死。另一方面,中国公使馆的行动是全然错误和不正规的,怎样处理也不算过分。同时你应该记住,中国政府对于它用的人的这股热情不是不高兴而是高兴,因此,马格里那一伙人将得到北京官方的极高赞许!

中国第二历史档案馆、中国社会科学院近代史研究所合编《中国海关密档——赫德、金登干函电汇编(1874—1907)》第 6 卷,中华书局 1987 年版,第 600 页

1 月 19 日(十二月十七日)　针对洋商制造土货,给事中褚成博奏请饬筹抵制。

《德宗景皇帝实录(六)》:

给事中褚成博奏:洋商制造土货,括我利权,请饬筹抵制。下所司议。寻总理各国事务衙门奏,该御史奏请酌度土宜,设厂制造,官助商本,逐渐推广一节,自足浚利源而杜外溢,应即照行,并应照原奏所拟各章程办理。惟各厂中如有弊混,必须附有股本者始能入厂查询。原奏所称无论何人,均准赴厂辨诘,恐滋纷扰。至督辖大吏,原当竭力护持,若有人举发弊端,而该管大吏不为查理,或竟为回护,自应量予处分,以警玩泄。请饬各省将军、督抚,认真举办,其南北洋大臣,能否各筹二三百万两,以为倡导,并请饬下王文韶、刘坤一,迅筹办理。从之。

《清实录》第 57 册,中华书局 1987 版,第 213 页

编者按:总理衙门议奏见 1897 年 3 月 26 日(光绪二十三年二月二十四日)条。

1 月 21 日(十二月十九日)　孙中山撰写的《伦敦被难记》在英国出版。

孙中山《伦敦被难记·序》:

近者,予被逮于伦敦中国公使馆,颇为当世所注意。予且因是结纳多数良友,泰西学子藉为法律问题之讨论者尤众。予若不以案中实情布告当世,则予之职为未尽。顾予于英文著述非所长,惟冀读者恕其谫陋,勿加督责。而遣辞达意尤得吾友匡助之力为多,使非然者,予万不敢贸然以著作自鸣也。

西历一千八百九十七年孙文识于伦敦

广东省社会科学院历史研究室、中国社会科学院近代史研究所中华民国史研究室、中山大学历史系孙中山研究室合编《孙中山全集》第 1 卷,中华书局 1981 年版,第 55 页

冯自由《孙总理纠正伦敦被难记第一章恭注》:

《伦敦被难记》英文本为孙总理于丙申年(民元前十六年)在伦敦清使馆被囚出险后所作。书中第一章叙述自身所经历之革命事由,甚为简略。余文则记载被囚情形及师友营救出险经过。考其第一章全文所述,曾投身主张君主立宪之少年中国党及纠合全体党员向清廷联名上书请愿立宪,并在澳门入党,上海设总部等事,皆与总理生平言行完全不符。此种政治运动,亦向为总理所深恶痛绝,决无冒昧参加之理。此书在民元以前并无译本,故鲜为世人所注意。余于辛丑(民元前十一年)春始在横滨总理寓处见之。时余及粤籍留学生郑贯公、冯斯栾、李自重、王亮畴诸君方发起广东独立学会,日往还于东京、横滨之间。常假前田

桥一百二十一番地总理寓处为聚谈所,总理实赞助甚力。余获读此书第一章后,深为诧异,乃向总理请示如此措辞之理由。总理曰:英人最富于保守性质,世有约翰牛(John Bull)之称,其宪法号称不流血的和平宪法。若与之谈急激之革命手段,彼国人必不乐闻,故不得不从权以此立言。且香港为其殖民地,时有禁压党人行动以交欢清政府情事。吾党每次向粤进攻之出发点,始终不能离开香港,故亦不能坦白陈述,以妨碍进行,容日后至相当时期方可据实修正云云。余心为之释然。兹将民智书局出版之《伦敦被难记》第一章译文加以修正,其辞句有与英文原本意义相差太远者,则为误译英文少年中国党(Young China Party)作兴中会一语。两者宗旨:一主张和平渐进之君主立宪,一主张激烈急进之革命排满,性质互异,有同冰炭,读者如不了解总理当日对外措辞之困难,而混为一谈,离题万丈矣。

冯自由《革命逸史》第3集,中华书局1981年版,第121~122页

1月31日(十二月二十九日)　孙中山在牛津大学演讲。

3月23日《纽约时报》在题为《为新中国而呐喊的孙逸仙博士》的述评中介绍了孙中山在伦敦的一次演说的演说词。

演说词如下:

在中国的古老时代,人们对公众事务还有说话的权利,因此国家才有了相当的繁荣和富足。那时,王冠并不是世袭制的,而常常从不称职的王子头上转交给并不是皇室成员的杰出人士。接下来的若干个朝代,民主被看作是荒谬的和无用处的,这样就阻碍了社会的进步。然而,也只是到1644年满清夺取了皇家政权之后,才开始了极端暴政的时代。然后,对诸如地理学、法律、历史和科学的学习和研究被全面禁止了,学生们被限定获得仅仅比会话术好不了多少的知识。现在对权力的批评就是极大的叛逆罪,国家的税收则是委托给这样的人,即只要他能够上交给政府预期的数额,他就可以尽情地榨取人民并随意享有更多的财富。

郑曦原《帝国的回忆:〈纽约时报〉的晚清观察记》,三联书店2001年版,第357页

编者按:根据上海师范大学邵雍教授查实,目前国内有关孙中山的文集均为收录这篇演说词。《孙中山年谱长编》介绍:孙中山曾于1897年1月31日和3月11日分别在英国牛津大学与圣马丁镇厅演说。这篇演说词是否在牛津大学发表,待考。

2月22日(丁酉年正月二十一日)　维新派梁启超、康广仁、徐勤等在澳门创办《知新报》,宣传新学新政,鼓吹变法图强。

梁启超《致穰公书》(光绪二十二年十月二十一日):

顷偷闲到澳门数日。澳报已成,集股万元,而股商必欲得弟为之主笔。弟言到沪后常寄文来,而诸商欲弟到澳一行,是以来此。此间人皆欲依附《时务报》以自立,顷为取名曰《广时务报》。中含二义:一、推广之意;一、谓广东之《时务报》也。其广之之法,约有数端:一、多译格致各书、各报,以续《格致汇编》;二、多载京师、各省近事,为《时务报》所不敢言者;三、报末附译本年之列国岁计政要。其格式,一依《时务报》,惟派往广东各埠者,则五日一本十五叶,派往外省者,则两本合订一本,去其上谕、辕报各条。似此,体例亦尚完善。公谓可以否?至其股东,则皆葡之世爵、澳之议员,拥数十万者也(有一曹姓者,伯爵也;一何姓者,子爵也。皆华人而兼西籍者)。此事,欲以全力助成之,令彼知我实能办事,则它日用之之处尚多也。惟将来销报,仍借《时务报》为之代理,但使能得三千份,即可支持。……近日报务日兴,吾道不孤,真强人意。惟广东督抚于"洋务"二字,深恶痛绝,不能畅行于粤耳。

上海图书馆编《汪康年师友书札》第2册,上海古籍出版社1986年版,第1846页

汪颂谷《任公事略》:

二十三年丁酉正月,设《知新报》于澳门。是报初名《广时务报》,旋改名"知新",以何君易一、徐君君勉主其事,而任公遥领之。略如彼时傅兰雅所主办之《格致汇编》之例,专译西国农矿、工艺、格致等报,而以言政治之报辅之,亦间载重要之时事。

丁文江、赵丰田编《梁启超年谱长编》,上海人民出版社1983年版,第69页

梁启超《〈知新报〉叙例》:

东西各国之有报也,国家以之代宪令,官府以之代条诰,士夫以之代著述,商民以之代学业,郁郁乎!洋洋乎!宗风入于人心,附庸蔚为大国,何其盛也。齐州之大、神裔之繁,而华文之报,未及三十,致远恐泥,可观者希。自曩时间有翻述《西国近事》、《格致汇编》,惟彼二种,颇称美善,虽匪语于大备,乃有助于多识。数年以来,译印中止,志士惜焉。去年结集同志,设馆海上。负山填海,绵薄滋惭。顾承达人,谬见许可。曾靡胫翼,已走陬澨。岂非恒饥之子不择馔而食,去国之客见似人而喜者耶。篇幅隘短,编志漏略,记事则西多而中少,译报则政详而艺略,久怀扩充,未之克任。濠镜海隅,通商最早,中西孔道,起点于斯。二三豪俊,继倡此举。公拟略例,属为弁词,盖闻伐木之义,每感怀于友声,横流之柱,或危凛于独木,洛钟见应,闻喜欲狂。若夫报章所关,与国消息,义具前论靡取缀疣。谨依来书,略标义例。

予与好辩,孔图卒赖其功。贾生建策,孝景始感其言。言之若罪,闻者足与。录论说第一。

大哉王言,如丝如纶。录上谕第二。

创巨痛深,知耻不殆。齐威不忘在莒,勾践每怀会稽,海隅逖听,拭观新政。录近事第三。

周知四国,行人之才,知己知彼,兵家所贵,观螳蝉之机心,识棒喝之妙用。译录西国政事报第四。

生众食寡,是曰大道。智作巧述,不耻相师。译录西国农学、矿政、商务、工艺、格致等报第五。

梁启超《饮冰室合集·文集之三》,中华书局1988年版,第1页

吴恒炜《知新报缘起》:

不慧于目,不聪于耳,不敏于口,曰盲、聋、哑,是谓三病。此古今之达忧,天下之大患也。吾尝披藻火,佩明月,抱韶乐,怀金玉,游于无明之邦,临于不闻之乡,登于反舌之场。为之夸色,若则默然勿睹也;为之奏声,若则隆然勿听也;为之敷言,若则漠然勿辨也。岂不痛甚矣哉!虽然病一人耳犹可言也,病一家耳犹可言也,病一邑病一方犹可言也,若胥古今之远,疆域之广,帝王之尊,士夫之贵,工商之庶,渔农之盛,妇女之众,苗獞之夥,普天下血气之伦,而一一中盲聋哑之毒,岂可言哉!嗟乎!享其灾,而乐其殃者,今中国四万万人是也。

古之人有在于是者。周严监访之刑,秦苛偶语之令。严关而守,固自得矣,卒不免田园故宫囚虏孙子。遂至师师圆首,惨遭殃鱼之灾,苍苍海隅,同受崩榱之痛,为天下发指,后世僇笑者,岂偶然哉!是故眼目不明,口耳不灵,则木僵之人也;情意不孚,箴讽不闻,则寄生之君也;声气不辟,时势不谙,则闭化之民也;因华[革]不通,中外不审,则缀疣之国也。今日之中国殆类之矣。盍亦反其本矣。

然犹曰:此周秦之前事,非今日之所患也。请试言其近者。英之据港也,禁商会矣,是奴之也。法之灭安南也,征口税矣,是贩之也。俄之挟高丽也,持太阿矣,是仆之也。此外而暹罗,而琉球,而南洋诸岛,固中国之旧藩也,相继比肩而去矣。此皆吾党之所闻知,天下之所

目击也。夫为奴为贩为仆,人情所不愿也,然无一二得脱焉,彼慧我盲之,彼聪我聋之,彼敏我哑之也。彼将伪为是以诡我,使我奋心并力而为之,世世子孙勿相去也。亦既为之矣,彼且谀我焉。我且自誉焉,岌岌乎递瓜代之时,杌杌乎处第及之势者,是不可为之寒心哉!今不早图,病将不起,求为盲聋哑,直不可得。孔子曰:清斯濯缨,浊斯濯足。自取之也。今此之病,中国自取之也。

夫中国其度温带,其土腴厚,其氓聪秀,其教美备。数千年来轩、顼之治,放华之化,素王之学,儒术之懿,份份郁郁,熙熙敖敖,固神明之伦也。其土地固非西比里、葛逻巴之荒壤比也,其种族固非亚非利加、昆斯阑得之野人比也,其开辟最古,固非美州之新国也,其形势巩合,固非欧州之离漫也,其聪明睿知,固非屈法、德、英、美诸儒之下也。所积既厚,所借既众,使振而刮之,更而张之,内则有自主之权,外则成合纵之势,终则进大同之治,致大平之化,于于焉且登慧土,游聪城,嬉敏国矣。纵不能是,庸昔瞀焉、隆[瘽]焉、瘖焉,乐趋污晦蔽塞之恶途,忍为懵昧闇默之僇民哉!人虽下愚,必艴然不屑为也。吾有知其不然矣。然坐是不慧不聪不敏者何也?

日曜相丽,所以彰其明也;雷电相章,所以昭其声也;气浪相嘘,所以宣其言也。人之生生灏气之中,咄咄造化之域,受灵于天,流形于地也,固无异也。眼目口耳,固自若也。同是眼目口耳耳,存之则强,亡之则弱,直须时耳。使今有人焉,乘冯冯之虚,登录录之场,悬千金号于众曰:吾请今为斗盲之戏。表一木于其中,使盲者右其西,而不盲者左其东,鼓而前,钲而退,一午为度,胜者与千金,盲胜者倍焉。由此观之,不待交绥,可决其必败矣。何也?理势相背也。我虽内之有父母之亲,妻孥之昵,昆弟之谊,宗族之戚,外之朋友之游,师徒之接,宾主之欢,蛮貊之交,上之阴阳之奥,造化之微,人物之理,古今之赜,下之学术之原,政治之要,中外之情,存亡之运,以迄宫室舟舆,衣裘什器之名,兴居饮啄、喜笑哀乐之故,皆冥焉若囚,懵焉若仇,俯焉若伛,莽莽无所闻所见所言也。而彼所困者,为之合群立约,集款开会馆,图演说,延医构器,萃天下眼目之众,竭万民耳目之能,无不剖之剔之,啖之犁之,毅然务三病之尽去。出而窥我,此彼之所以强,而我之所以弱也。一身一家一邑一方且然矣,况举环球数十雄国,五州千数兆人群,剽锐精悍,浚给迅办,不盲不聋不哑之众,驰驱我不慧不聪不敏之国,蹂躏我不见不闻不言之民者乎!斯时也,彼将穷我所困者甚而愚之,吾虽屈伸扶伏崩角碎首,乞除盲聋哑不可得矣,岂不哀哉!人虽至愚,必不屑为也。然坐是不免于盲聋哑者,又何也?岩壑之渺也,沃沮之沉也,蟠沙之漠也,炎瘴之阴也,苔艾芜蔚,菁葱芬荫,挺拔枝蔓于其上,而斤钺斫凿之,苦不免于荛者,何也?鹏、鹄、鲲、鹍、鸿、雁、鹰、隼呜呜徊翔于其中,而弹矢罗网之害,不免于禽者何也?猛虎、庞驼、暴狼、巨象、恶蛇、毒蟒、鲲、鲸、鳄、鲰,蹄迹窟穴于其下,而椎槛之痛,饵罟之患,不免于佃人渔人者何也?无知也。无知则愚,愚则盲,则聋,则哑,则虽有剥削之惨,无从而诉,虽遭割宰之痛,无从而听,虽受醢俎之辱,无从而觉,即有助者,不能拘也。人三才之美,五行之秀,百物之灵,万类之长也,固不慧不聪不敏若是,其去草木、禽兽、鱼介者无几耳!此有志之儒,抗愤之士,所以撼膺呕心,太息而长涕也。然人坐是不闻不见不言者,则又何也?不通故也。

穷山隆隆,阻水溶溶,兽蹄鸟迹,交错厥中。一里五里,蛮蛮异风,行人断绝,亘世不通,土司之故国也。涂径绵梗,行路蹇焉,回川阻深,涉津苦焉。智者知其然也,坦其津途而车马之,则一瞬可至也;疏其渊源而舟楫之,则千里可达也。智者犹虑其塞,恶其缓也,制为铁路以迅之,作为轮船以济之,则万里之人,可半日而遇也,则四方之贡,可踵足而集也。是俄之筑西卑里铁路也,由中至英直七日之程矣。法之开辟苏彝士运河也,由欧至亚,省二万里之路矣。此无他焉,道路通故也。道路不通,将有戆山之名,不免愚溪之诮矣。是苗獞之俗,土司之国也,如之何以尧、舜、禹、文之旧都,诗、书、礼、乐之儒国而法彼也?由斯观之,道路通之,其福如此,道路塞之,其祸如彼,况于人乎?

呜呼?瞽瘇瘖哑,先王谓之无告,天下谓之僇民,此仁者所当矜悯,而加察之,收恤而调护之也。人生何幸,而有此不幸,斯亦已矣。不道之徒,又从蓄而货之,少者千百,多者亿万,多者兆万,其至多者,乃至数十兆数百兆万,一一重征之,供其般淫,供其挥霍,不足则朝货一焉,不足则夕货一焉,不足则今日货一,明日货一焉,又不足则尽货之而不悔,务饱其欲乃止。以为是非吾之骨肉,非吾之子孙,绝不有恸也。然骨肉子孙亦将卒不免也。不宁惟是,父兄、子弟、师徒、亲友,且相卒罗致,转徙贩鬻于欧美诸国,以货利焉,日久盈溢且遭摈绝。呜呼,岂不痛哉!不通之病,有如此。

慈父之于子也,无不爱焉,友兄之于弟也,无不爱焉。痛矣疴痒,无不调治焉,起居出入,无不提携焉。逮其少长,其父兄且誉人曰:若子若弟,将为吾门之阿东,我家之汝南也。于是求聘天下之达人,明敏辨悟有道术者为之师,为之傅,日与子弟共晨夕以教导之,启悟之,使求通也。子弟日见通事,闻通言,谈通议,前后左右,罔非通人也。比及少壮,使游通域,交通士,所接所寓,罔非通也,所行所止,罔非通也。迟之一年,迟之三年,迟之五年十年,虽欲不通,弗能得矣。是由置身火车之上而发电焉,不能不速也;顿足飞船之中,而鼓轮焉,不能不捷也,否则塞矣。何也?教之者非其人,而求之者非其道也。是由骑牛而渡昆仑,航栝而浮渤海,不能一日至也。一家之于子弟,尚犹如此,况君之于民,民之于国乎?不求所以通,则民非其民,国非其国也。今不可不察也。

不审鹿马,不谙麦菽,不辨黑白,不明分寸,性质壅蔽,固不过矣,吾犹不为大惧也。雕斲其颅,系挛其腰,钳穿其耳,缚束其趾,血脉凝滞,固不通矣,吾犹不为大惧也。俳于帖括,痒于册页,优于词歌,奴于刀石,非谓通乎?仆于声音,困于笺传,皂于金石,厮于章句,非谓通乎?徒于簿书,胥于资限,利于旧规,固于成制,非谓通乎?人且哓哓然,谓是可通于政,政学何以不举?谓是可通于教,教学何以不隆?举凡医学、图学、星学、地学、〈地学、〉使[史]学、礼学、机器、格致诸学何以不精?何以不成?吁!通其古,而塞其今,通其习,而塞其变,将以求慧、求聪、求敏,适以求盲、求聋、求哑也。以此求通,何异废大章而犹奏土鼓,居朱明而不释重裘。圆枘而方其凿,北辕而南其辙也,岂不悖哉!岂不惧哉!

智者窥累于未坠,保危于未亡,是以徙薪之忧,履冰之戒,践聋之惧,捧龟之叹,罔不夙夜而敬忌,旦暮而悚惕,戚戚焉自弃于蔽也。天下大势,方倒悬矣,一人纲之,十人从而掣之,十人轩之,百人从而轭之,百人轧之,千人从而棼之,千人治之,万人从而搏之,务尽闭天下之目,塞天下之耳,钳天下之口,使屈颈折膝,俯头就命,驯不我逆,恋不我背,而后快于心焉。然潜渊无珠,鲛人不采,童山无木,樵者不禁。是以崖壑佳丽,硕人为之息心;花鸟鸣春,行路为之玩志,得忘所存,苦乐所系也。是故惧人之议,其后相提携而去之,为之粲其绨绣,丰其钟鼎,燏其金石,瑰其珠玉,美其仓囷,翚其闬闳,淫其声乐,俊其仆妾,以招携绥来之,苟有利其私便其情而已,他非有所爱顾也。天下之人,闻其风而说之,莫不悬揣奔走。挟天下之大,聚天下之众,劝其父兄,率其子弟,励其戚友。自童而长,自长而壮,自壮而老,少而习焉,长而安焉,乐为盲为聋为哑,争起而俱应焉。投骨于地,众狗争之;投饵于渊,众鱼争之。标之愈高,束之愈狭,驱之愈促,争之愈力。于是骙肝呕心,焦精弊思,昼夜不休,寝食不息。痒不通之力,耗不通之气,研不通之业,炫不通之誉,且不知手之足之,舞之蹈之,忘乎为盲为聋为哑也。且以为是未足三者之量,未竟三者之功,弟子虽饥,不容少懈也。登垄断者,临尊御卑,因利乘便,早以豔其脑、握其吭,抚其背、断其臂,从而鞭挞之,驱驰之,束缚阖辟之,进退而贵贱之,生死而荣辱之。槛系之牛,圈笠之豕,唯唯受命耳。于是逐臭效颦之风畅,长眉高髻之俗成矣。彼岂不盼左顾右,叫后呼前,自鸣得意哉!愚一国矣,环中诸国,术安施而盲聋哑之哉!

龙之角于渊也,虎之斗于山也,鼠之战于堂也,鹊之格于林也,扬沉风涛,蹴踏云雾,弱者固败,强者固胜矣。庸知捕者张其弧,施其众,牙其锅,芒其刀,即从掩其后乎?主人诚安矣,上之无畏,下之无怖,北其宫,而朝委裘,夕偃息焉,东其闼而兵盲者焉,西其户而钥以聋者焉,南其室而阍以哑者焉,自云金汤之固,不朽之业,与人无患,与世无争也。山积厚宝者,玉人为之震颜,厨具八珍者,庖人为之染指。遇室[美]于途,登徒不逃目;锄金于野,华歆不释手。慢藏为诲盗之券,卧榻妒邻夫之鼾。一旦无道,而有力者如乔[跻]、跖之伦,炊熄尘泥,风起烟浪,揭竿制梃,曲拳锯牙,呼啸而来。铤其闼,破其户,火其室,潴其宫。辕辙于其域,而笙鼓于其中。势必敛其重器,蕴其舆橐而后去。守者逯焉闵焉,相顾瘆瘆,相望荏荏,病莫能救也。倒悬如此,岂非自贻伊阻哉!非徒倒悬已也,又苦溃裂。无他,故愚焉而已耳,不通而已耳。

曰越,曰暹,曰缅,曰韩,曰波兰,曰波斯,曰阿剌伯、阿富汗、俾路芝、麻达加诸国,无论矣。亚非利加宇宙之大洲也,澳大利亚海外之巨岛也。五印度、土耳其亚洲之旧都,回部之雄国也。始则其教术非不强大也,治化非不隆茂也,令望非不赫濯也,其版图之广,非不逮中国,且敌欧洲也,其户籍之众,非不及中国,且逾欧洲也,黯黯惨惨,蒙蒙茫茫,瞬息百年间,若君若臣,若士若民,相跗踵接,为怀、愍,为徽、钦,为张、孔,为朱、郑,为舆台,为僮妾,为象驼,为犬羊,垢面蓬髻,柔项揉首于欧洲独夫民贼者,不开民智也。民智之开,彼印土之君若臣,非不自知也。然语开铁路,则塞之也;语行轮船,则塞之也;语尽地利,则塞之也;语联外交,则塞之也;语改官制,则塞之也;语变科举,则塞之也;语设教会,则塞之也;语立学堂,则塞之也;语采新法,革旧习,则塞之也。举凡著一书,撰一说,立一义,举一事,有益民智者,则无不塞之也。此何故也?岂独性异人哉!恶夫我独而民众,我愚而民智。将不为我役也,宁甘心为他人役,誓不使民役我也。且庸知之智,有补于国何如也?且庸知压之愈力,其智愈出,抑之愈严,其智愈广,摧之缚之愈固,其智愈锐而强。驯至事变一动,子[子]婴临轵道之灾,夏桀蹈夏台之悔,民乃袖手谈笑,莫之援救焉。夫父母之邦,桑梓之国,生死在焉,岂有咏葛衰,诵来苏,为父师抱器之奔,报牧野倒戈之效哉!不得已也。曷不观台湾乎?此不通之大祸也。

欧强于北也,美富于西也,日振于东也,人慑其廉甲兵,迅舟舆,速置邮,奇技能矣,非也。人震其精贸迁,阜货贿,饶盐铁,蕃农牧矣,非也。此由后之效,非由今之急也。诸国之兴,道有急于是者,开民智也。欧洲尝残削于罗马矣,美洲尝并弱于英法矣,日本尝迫挟于三国矣。其危坠险殆,固与今日之土耳其、非洲、印度等也。大创以后,乃始知强弱之不相敌也,仁暴之不相胜也,文野之不相抗也,智愚之不相衡也。于是恍然若思,曝然若觉,毅然举平日愚民之情,愚民之术,愚民之具,愚民之禁,相与感泣流涕,荡涤而扫除之。萃天下之士庶,合天下之大众,注其精神,鼓其血气,决其壅焉,拔其滞焉,刮其蔽焉,始获今日之富强,振百年之国威也。向使诸国守此不变,今虽以残亡可也。此通之大福也。

由前而谈,土、印诸国,塞之其祸如此。由后而谈,欧美诸国,通之其福如彼,二者诚中国之鹄哉。夫祸福自求,前覆作后车之儆;舍从惟大,乐取博他人之美。灵王胡服,赵国以强;单于用汉法,奴匈[匈奴]以大。金人禁学南装,《春秋》恶用彝礼。

孔子曰:三人同行,必有我师。在择取舍审而已。嗟乎!明太祖者,我孔子之罪夫,中国之蠡贼也。禁著私书,禁谈国事,禁止直言,禁倡清议,妄兴文字之大狱且百余人,钳以祖庙之成规且三百载。诡其名实,阳托圣门。距杨辟墨之议,恶其害己,阴行秦皇焚书坑儒之诈。读史者咸怒其卤莽灭裂,而不知其心术之叵测,为大可惧也。于是宗旨既谬,是非大淆。濮土桑间,明堂杂奏。夜光鱼目,后车斋色。唯诺相嘘,荡成风气。泄沓相竞,孳其谬种。逮至国朝纪昀之徒,从其风而扇之,鼓其浪而扬之,海内学士大夫又从而加谀焉,钳其口舌,囚其手足,沁泌焉甘为奴隶,而莫敢侮。直至今日,士气益衰,民风益靡矣。道咸以来,迭经〈营〉大创,同光以后,渐移民俗。然中国变法垂三十年,海军兴矣,船厂设矣,电线杆矣,车道筑矣,山矿采矣,租界开矣,钱币铸矣,图书译矣。制造之厂,招商之局,同文之馆,格致之院,罔不办矣。公使之职,翻译之员,领事之官,教习之聘,罔不举矣,其仿西法,而图中兴,与日本同。然甲午之役,军师熸,要害失,韩藩亡,台岛弃,巨款偿,口岸割,卒赧然见弱于日本者,何也?日本求通之道胜,中国求通之道失也。处今之时,当今之势,通之之道,将如何?悖今而反古,则有执礼误民之灾;废中而遵西,则有用彝变夏之谤。开议院,则势涣而滋乱;倡教会,则道高而难成;广学堂,则费重而莫举;扩善社,则事庞而效浅;编部曲,则谣杂而近俚;演传奇,则意谲而恶陈;通翻译,则力薄而缓时;穷游历,则势孤而伤费。此由后之效,非由今之急也。今虽欲求通,杳不可得也。且也,天下至大,人民至众,官萃于朝,兵萃于行,士萃于庠,农萃于乡,工萃于坊,商萃于场,舟车不常,家室无方,孰能不胫而骧,不翼而翔,一一口之舌之,扬之张之哉?若夫收已涣之精神,不特合众,省诵读之日力,无事闭门,可诇古今,可审中外,可瞻风俗,可察物理,可谙时变,可稽敌情,可新学术,可强智慧。茹其新,吐其陈,畜其直,丰其益,不踧户域,而眼目口耳,罔不通焉者,非无其道也。

先王知其然也,遒人徇路,木铎有权。太史采风,辕轩远使。《诗》之风雅,审民俗之情;《周官》诵方,察四国之慝。唐宋以降,滥觞于邸抄,嘉庆以来,创始为报馆。名曰新闻,从风披扇文章,并述政俗攸存。小之可观物价,琐之可见土风。清议流传,补乡校于未备,见闻通畅,穷宇内之大观。至若外国农务、商业、天文、地学、教会、政律、格致、武备,各有专门,竞标宗旨,习其业者,随而购阅,发有新义,即刊报章。耳目咸通,心思愈扩,无阂民情,有裨政教。朝夕可达,均邮电之捷。闻见相助,同赛会之益。是以欧美两洲,类分二千三百余种,欧洲诸国,日售千四百余万张。且日本国报,有报王之称,瑞士开会,敦嘉客之请,可谓隆矣!诸盛强新闻报之力也。

报者,天下之枢铃[钤],万民之喉舌也。得之则通,通之则明,明之则勇,勇之则强,强则政举而国立,敬修而民智。故国愈强,其设报之数必愈博,译报之事必愈详,传报之地必愈远,开报之人必愈众,治报之学必愈精,保报之力必愈大,掌报之权必愈尊,获报之益必愈溥。胥天下之心思知虑,眼目口耳相依与报馆为命,如室家焉。是以英之霸也,《太晤士报》日五六十万,甲海外焉。日之新也,《朝日报》日十五六万,名亚东焉。中国人数号称四百兆,非谓不庶矣,出报之处,乃不逾□□[三十](一作"十地",编者),分报之类,多不逾四十,销报之处不逾十万,阅报之人,不逾百万。顺天为首善之区,而阅报者寡其人,河洛为中原之壤,而传报者窘其步。且旬月之内,从而折阅者有焉,期年之间,从而中止者有焉。且其中十余种为教报,阅外国者,仅百十耳。比而较之,直百万倍之二千人之一。譬犹诸天之微尘,沧海之一滴耳。其去欧、美诸邦何霄壤也?且求足以寓。甲午之变,公车上书万八千言,千三百人,车声辚辚,震盖中外,古今诸国,所未有也。虽计绌于半途,事遂于不谏,而通塞之运,已渐启矣。京师士夫,于是有强学会之设。今官书局是也。旬月之间,沪上继焉。今《时务报》起重而振之。比及中年，流演海隅，加以江学提倡，湘民于变，鄂省札谕，斯风弥畅，魁哉伟矣！然广厦万间，众榘非一木之任，畛途千里，致远非跬步之劳。孤掌不能独鸣，只轮未能并发。何则群独之势殊，南北之情暌也。况铁路未周，邮政未便乎！夫赠人以言，匪丈夫之登陇，因文见道，喜吾党之有邻。此澳门《知新》之报，所以继上海而应之也。

今维粤省，泰西之孔途，岭南之重镇，中原之外府也。人民之庶，户口之众，商贾之富，市廛之盛，甲他州矣。十余年来，报馆之设，不为少矣，报章之销，不为罕矣。第宗旨既乖，毫厘斯谬。风雅不作，徒取芍药，王道不说，只惭刍荛。淆变是非，指鹿以为之马，艳说骈至，购椟而遗其珠。徒陷人心，徒隳风化，徒害政术，徒芜教学，徒亵国体而已。勿怪有识者唾秽而尘垢之，至等秉笔政于市侩无行者，相伯仲也。彼且矜然喜以市侩无行自傲也，岂不异哉！嗟乎，不为通之，将以塞之！

《诗》云讹言莫惩，《书》戒无稽勿听。今之作者，无或取焉。《春秋》经世振先王之雅言，百二宝书译环球之近事，异闻必录，不袭王言，百病备陈，无取深讳，倡提圣学，无昧本源，采译新书，旁搜杂事，审其技术，穷其新理，则明者势不抱曲学，而愈愚矣。察其土俗，知其形势，则□[勇]者势不泥旧章而解蔽矣。明其律法，谙其机能，强者势不能执成法而振弱矣。三病之祸，亦已祛矣，岂不懿与！虽然以中国人民四百兆之众，内地十八省之大，设报之所宜有二千，分报之类宜有二万，每类之数宜一千，日出之数宜二千万。比而较之，二十人仅有一分，二万人仅购一种。乃中土之广，而沪仅一焉，吾粤之庶，而澳仅一焉。维此晋、郑焉，依藉收唇齿之助。知我罪我，分任口舌之谤。其犹一稗一糠之微，一蚊一虻之劳也。思以二三报馆之权力，以变易天下也，吾知势甚难也。第以孤愤所存，不忘内热，因其行事，托之空言。不议之讥，匪吾所闻，扩而充之，眷怀来者。有志之士，同类之伦，其将奋然兴起，而将伯之乎！中国二千年，将坠之圣教，四百兆日盛之生灵，庶有赖耶！余日望之。嗟乎！后有作者，斯义以明，宜立报科，用光斯道，吾党之幸！天下之幸也！

郑振铎编《晚清文选》，上海书店 1987 年版，第 582 ~ 589 页

张元济《致汪康年书》（光绪二十二年三月二十五日）：

《知新报》亦大佳，惟嫌其太无含蓄。非不知作者苦衷，欲自附于忠言药石之义。然明者不言而知，其半明半昧，忽明忽昧者，以此入之，每易激其回护之私，而坚其退阻之志。其仇我者更无论已。且议论时政（如纪铁路事），臧否人物（如载公度事），均足以触当道之忌，于事仍无所济。且此等寻常报中类能言之，鄙义莫若不载。京外近事并上谕，亦皆删去。专记外国新政新学，似乎较有裨益。虽与原订章程不符，然天下事，贵求真是，不患其变也。兄如谓然，请转达为幸。该报似不宜于都中求售，恐反累及贵报也。

上海图书馆编《汪康年师友书札》第 2 册，上海古籍出版社 1986 年版，第 1688 ~ 1689 页

3 月 1 日（正月二十八日） 孙中山在伦敦《双周论坛》上发表《中国的现在与未来——革新党呼吁英国保持善意的中立》一文，揭露清朝政府的贪污腐败，呼吁英国支持中国改革运动。

人们都承认中国的现况和未来的情势，是很难令人满意的。但是我敢于设想，欧洲人并没有充分认识到腐败势力所造成的中国在国际间的耻辱和危险的程度，也没有认识到中国潜在的恢复力量和她的自力更生的各种可能性。

我想引证一些事实。这些事实只有中国人才能充分知道和完全理解，这些事实的全部意义只有经过详细的描写才能明白。中国天然灾祸的发生，也是由于人为的原因。中国人

对于开发广大的国内资源和制止外患,似乎是无能力或者是不愿意这样做;但这也并不是出于中国人的天性,而是由于人为的原因和人工导致的倾向引起的。革新党的存在,正是为了除去和反抗这些原因和倾向。

大家经常忘记了中国人和中国政府并不是同义语词。帝位和清朝的一切高级文武职位,都是外国人占据着的。在对于中国人的行为和性格(这是满族统治者所造成的)作批评的时候,尤其是在估计到内部改良的机会的时候(假设我们革新党人所希望的根本改革政府是可能的话),便应当对于上面所说的事实给予应有的重视。这一点只是在这里提一提,但是在对于我所要描绘的中国官僚生活的性质加以考虑的时候是值得记住的。

不完全打倒目前极其腐败的统治而建立一个贤良政府,由道地的中国人(一开始用欧洲人作顾问并在几年内取得欧洲人行政上的援助)来建立起纯洁的政治,那么,实现任何改进就完全不可能的。仅仅只是铁路,或是任何这类欧洲物质文明的应用品的输入(就是这种输入如那些相信李鸿章的人所想像的那样可行的话),就会使得事情越来越坏,因为这就为勒索、诈骗、盗用公款开辟了新的方便的门路。当我引用过去这样腐败的具体事件作为例子,并根据我个人的知识和经验,为了揭发这种骇人听闻的、几乎难以置信的事情的本质,用一些也许会引起人厌倦的详情细节来写出中国大众和官场的生活的时候,才会明白革新党的言论,对于这种情况是丝毫没有夸张。

由于中国的成文法还算好,同时绝大多数违法的事情都被曲解得符合于死的字眼,因此短时期住在中国的英国官员,既然他们大半只能用那些利于掩盖真实情况的人作为他们的通讯员,对于事情的真相只能得到极不完备的知识,就不足为怪了。的确,知道真相的英国人是有的,但是他们绝大部分实际上已经变成中国贪污官僚阶层的成员,像许多我能够指名道姓的说出来的人,他们与中国官僚一模一样,比起来还可能超过。至于我本人,在我决定学医以前,我早就和中国官僚阶层有密切的往还,我的朋友们也曾急于劝我捐个一官半职走入官场,就象在最近十年内我认识的很多人所做的一样,这就足够说明我具备了充分的机会和客观的条件来研究我正在写出的这些题目。

中国人民遭到四种巨大的长久的苦难:饥荒、水患、疫病、生命和财产的毫无保障。这已经是常识中的事了。说到这些困难,就是前三种,在很大的程度上都是完全可以预防的,即是就产生苦难说,它们本身也只是些次要的原因,这一点还有许多人不很清楚。其实,中国所有一切的灾难只有一个原因,那就是普遍的又是有系统的贪污。这种贪污是产生饥荒、水灾、疫病的主要原因,同时也是武装盗匪常年猖獗的主要原因。

官吏贪污和疫病、粮食缺乏、洪水横流等等自然灾害间的关系,可能不是明显的,但是它很实在,确有因果关系。这些事情决不是中国的自然状况或气候性质的产物,也不是群众懒惰和无知的后果。坚持这说法,绝不过分,这些事情主要是官吏贪污的结果。懒惰和无知也是促进这些事情的原因之一,但是,懒惰和无知本身在很大的程度上也是官吏贪污所造成的结果。

首先拿由于黄河泛滥引起的洪水一事来看。有个官叫做河道总督(黄河的管理人),他下面有一大群属员,他们的特定职务就是查看堤防是否适当和坚固,保护和修整两边堤岸,抓紧时间来防止灾难事故。但是实际上这些官吏没有薪金,并且曾经花了很大一笔钱买来他们的职位,因此他们必然要贪污。当河堤决口不得不修补的时候,就有许多搞钱的方法。这样洪汛水灾的到来,就是他们经常的心愿。他们不但不注意来防止这些可怕的、使得很多省份全部荒芜和数以千计的生命损失的灾难的来临,还有为了他们无情贪欲的需要,在自然灾害来慢了的时候,甚至不惜用人为的方法来造成洪水的灾害。当雨量还不够使河水多得冲决河堤的时候,他们会派遣一些人去损坏河堤,造成“一个不幸事件”,这是十分寻常的事。这就是各色各样谋利的方法中的一个法子。首先,为了修整河堤,他们会收到一笔费用,再从【中】克扣工人的工资,使用比起定额的人数较少的人,骗取金钱。另外,还在材料的价值上作贪污的打算,等等。这样,稻田被破毁了,造成粮食缺乏,就导致了大面积的灾荒。这样,救济费就从政府和慈善人士两方面不断交来,救命钱绝不是用十足的数目到达渴求救济的老百姓手中的,最后,经常用“公务酬劳”的名义来一个提升,藉以奖励这些雇工修补了一段堤岸的官吏们。

从下文就可知道,几乎中国所有的官员都晓得最好是完全不支取他们那少量的薪金,只是让它存在政府里,作为抵销罚薪的用途。

这一切事情可能非常难于令人相信,但是在中国,这是人人都知道的。人民有这样的谣谚:“治河有上计,防洪有绝策,那就是斩了治河官吏的头颅,让黄河自生自灭。”

就中国的灾难原因来说,既不可指责是由于人口过多,也不可说成是自然原因所引起的任何粮食恐慌;那是由于缺点很多与不适当的交通方法,再加上铁路、公路稀少,不完善的、阻塞的水道,更由于在这些上面还有额外地方税(厘金)无限榨取人民的结果。所有这些原因应当首先理解为都是由于贪污所造成,我们官僚生活中的乌烟瘴气犹如死海上的浓雾一样,唯有它那微弱的燐光才把笼罩在阴暗中的北京清廷衬托出来。

现在广西是荒年。过去广西是中国产米粮最多的省份,有些别的省份都从它那里得到支援,现在,这里产大米的田地已经变得不能耕种了。这样,因为租税过高,以致使得农民久已感到除了生产出他们自己实际需要的消费量和应付地方上的直接需要以外,再多产就不合算了。甚至连“自由贸易”,虽然只是局部的,而且是由外面加来的,在这种情况下,它的目的也被破坏了。因为在外国通商谈判,允许暹罗和安南大米免税进口以前,广东的米是完全由广西供给的。现在外米免税进口,而广西米必须要付出一笔巨额的厘金,它就在市场上站不住了,就造成了肥沃的土地荒芜到成为没有耕种的价值。实际上土产稻米的成本比洋米贱得多,那么,使得广西农民破产流离死亡的就是厘金。饥饿的原因应当也是厘金,不是别的。

再就是有一个地方发生了饥荒,可是离这里不远的地方粮食却丰收,这又是常有的事。就因为缺少铁路或适当的道路,饥民就得不到别的地方多余的食物来维持生命。虽然在下面另外一处我还要把这件事加以详细的讨论,但在这里我可以说,妨碍着铁路线应有的发展的,不是象一般人所设想那样,由于群众间有土生土长的迷信,实在的是由于官吏的贪污,以及清朝人怕革命,加上投资不安全,是大家都知道的。那么,为什么水道运输和交通上极其良好的天然有利条件并没有得到更多的改进,在实际上废置无用呢?这个原因可以从下面一些事情中来推论,下面我亲身经历的事只是一个典型例子吧了。

当我正在广东北江上韶关城里,要乘船到离城三十英里到四十英里的英德去,船费通常大约是五到六两银子(十五到十八先令),但是由于船夫们高明的预见,害怕水警强收贿赂、非法拘禁,无一例外地,全体船夫都不肯搭载我,纵使出到二十两银子(三镑)也是这样。要理解这一点,必须说明,一切船夫都有依法帮助政府沿河一镇又一镇地同警卫在一起解送囚人的义务,他们也受到等待囚人和押送者随时动身的约束。这种官司,经常是造成讹诈中最令人难于辩解的藉口。警察并不说要钱,他们只是来到港口命令船夫:“候着!因为有个囚犯要带回。”可是终究没有什么囚犯,但是这有什么要紧呢?除非船夫们为了得着允许开回去,那就要送上足够大的一笔贿赂,否则他们就会一直等候一月还多的时间,直到真有一个囚犯要送时为止。对于这种现象的害怕,是船夫们拒绝我的原因。还可以用这样的事实来证明:一经我说服他们,我是英德知县的亲信并且可以保证免于水警的勒索时,立即有只船,只要四两银子(十二先令)的微小船费就把我载去了。

有一些已经对海关行了贿赂的商人租用货船(海关下才是河警),他们是免了这种勒索的,但是他们不得不付出极高的关税和贿款,合起来的总负担,能够使一切贸易——对外来的和本地的——完全瘫痪。

依法定来看,税额并不太高,但是一想到同一制品必须要上很多次的税,每个税关都是一个繁杂的贿赂中心时,就不难想象在物品还没有到达消费者面前时,物价是怎样的增长了。在路程很近,例如从佛山到广州(大约十二英里)的两地中间,按规定有一个税关和至少有四个到五个搜查站。这样,除非付足贿款,否则在检查过程中货物会遭到故意的毁坏,而且会被延误拘留和受到难于忍受的指责,使得商人生活非常痛苦,赚钱的生意成为不可能。例如查到一个已经完税的盛着油的瓶子,若是税单上只提到油没有说瓶子,这个业主就要遭到"企图偷运玻璃器具"的责罚,并且认为欺骗海关,受到监禁,直到付足了贿赂为止。

河道商业和内地交通的这种干扰,不仅仅在中国国内带来灾难,就是对欧洲的贸易影响实在也是很大的。目前中国在她的海岸和扬子江通商口岸上多有商业,但这些商业仅仅及于这些口岸附近的狭小地带,外国货很少达到内地。倘若从伦敦到布来顿送货,不只是要上很多次税,而且拖累到这些商人有坐监牢的危险,并且在四五个中间站上还要受到各种非法的敲诈。试想一下,这对于英国贸易效果又是怎样呢?由于内地苛捐杂税制度的实行,对英国在中国商业所产生的影响,可以从广州到韶关距离大约二百哩地运送英国货物的遭遇来看。在进入广州以前,他们要上百分之五十的海关税,从广州出城以前不得不先给广州当局付出一笔厘金,在佛山(出城十二英里)他就必须纳税,再过去约三十里在西南(广东一地名)要上税,以后再过三十里或四十里进入北江的芦苞要纳税,再到达韶关又要纳税(落地税),除了这五个为了搜集税款而设的正规站外,还有很多个"检查站",有如上述,这些地方也要逼交贿赂的。自然,货物到达内地后,它的价格显然要超过百分之百,除了生活上绝对需要的工业制造品外,实在就是卖不出去,这也是自然的。

就是在这种情况下,中国还被看成是英国货物的好市场,设若这些过度的税收和贿赂制度一齐消灭了,这对于英国贸易的利益岂不是更好了吗?

如果说水患和饥荒都是人为的原因,而不是由于自然的原因,疫病也同样可以证明是人为的。近来中国疫病流行,不应当比任何其他地方更为普遍。中国气候是很合卫生的,无论如何,对本地人来说是这样,而且在乡村里人民一般地都是很健康的。疫病的发生只是在城镇里,由于这些城镇中完全缺乏卫生组织和官办的防疫组织所引起的。清帝国乡区的每一部分几乎都完全免于疫病流行,有的这些乡村的疫病,是从那些人烟过于稠密、污秽到极点、难以言语形容的污水供应的城市中传入的。

从水的供应的情况来说,很容易了解,官吏贪污对城镇这种不良的卫生条件是唯一的原因。按欧洲人用这个词的意义来讲,可以说在整个清帝国里就没有水的供应。例如在某些事情上比另外的地方较好些的广州和上海。沟内污水直接流入河里,而人民就从这些污水的河里提取他们的饮用水!十年以前广州要修水道,想用清洁的水来供应城市,曾经发起过一个中国人组织的公司,对于这样一个计划,至少应当得到当局的默许,但是官吏们的贪欲并没有因疫病的可怕而放松一点。一个著名的官员,在他允许开工以前要索很大一项贿赂,使得公司无力支付，不得不放弃了这项事业。几年以前广州本地商人又组织了另外一个公司，叫做“肥料公司”，承包市内街道的打扫和清洁工作，把所得的渣子变成肥料。这个计划使得民众非常喜悦，他们召开了行业公会的会议，并且通过他们的代表表示愿意为倡议的清扫工作出资，公司也将要从销售肥料中赚得一笔利润，无疑地，这当是一项兴旺的事业了。但是在这里，官吏又出来干涉并且索取巨额贿赂，这样一来，这项事业又不得不停止了。

为公共卫生服务大于为股东利润服务而兴办的金融和工业企业，尚且还是要因为地方当局的贪污使得流产，纯商务性质的经营必然会遭到同样的命运，就不足为奇了，未来资本家们不愿冒险在这样的国家里把他们的金钱拿来投资，这也就更不足奇了。在这个国家里，财产和生命以及公共卫生同样是为行政当局所漠不关心的，但是这些正是应当受到这些当局的保障的。

通过上文提到的盗匪的产生，可以更直接地感觉到，在全国每个角落里贪污都使得生命财产毫无安全保障。这些盗匪大多数是解散了的士兵，武装着留下来，并且饥饿着，离他们的家常常是几千里。不错，政府是允许给每个兵一定的回家路费的，但是这项钱一般都由官吏来掌管，官吏们却把士兵解散了事，任其自行设法，自行设法便意味着对群众的掠夺，但是也有另外一种盗匪，如果一般只在县长治理境域以外去掠夺，就受到县长的保护。要是篇幅允许，我能举出若干奇怪的细节来作为这种情况的例证。但我不得不转到另外的事情上去，这里只要简单提一下：这些最坏的盗匪中有些人还是在皇家服现役的兵士，他们把军服翻转来干他们的掠夺的勾当，当其受到追捕的时候又把衣翻过一面，以便躲在制服内没有人敢于干涉他们。在城市，在乡村，有钱的人都自有护卫，同时大工厂和农庄的主人、客船等等不仅要对政府纳税，又要给匪首们缴纳一种例规年金，作掠夺的防御和保护的报酬。被认为从事警务工作的人员警察，甚至于那些城镇士兵，往往就是勇敢而广大的盗掠的组织者。

最近广州发生了这样一类事件：当时警察局长和他的属下抢劫了地方上的蚕丝制造厂，抢走了他们可以拿走的东西，在要求赔偿的时候，总督处罚了祸首，这祸首并不是匪首，就是向他提出请愿书的人。

这些罪恶的来源是贪污，而这种贪污又是根深蒂固遍及于全国的，所以除非在行政的体系中造成一个根本的改变，局部的和逐步的改革都是无望的。在现在的统治下，任何一个要想诚实的官吏，都不得不跟着那些不诚实的人的足印走，不然就得完全脱离官场的生活退休下来。他必须接受贿赂，才能支付他上级对他索取的贿赂，而且必然要纵容两种贪污：在他的下属们中间的，以及比他的职位或官阶更高的那些人中间的。

当我把进入官僚生活的道路以及升官的各种方法作一些介绍的时候，那就自然明白，这一切是怎样地不可避免的了。

在中国有四种进入官场和获得提升的途径：科场出身；兵弁出身；保荐贤才；捐班出身。

这些作官的道路，第一项是最古老的，而且无论如何也是最纯正和最好的。在多年以前，就是从清朝开国以来，科场考试都是老老实实地实行着的，而读书人在他学习终了考试成功以前总是不会开始他的贪污事业的。但是近年来即使在这些地方，贪污也偷偷地爬进去了。因此现在由有学问而诡诈的老师冒充“学生”下场顶替考试，已经全然不是什么不平常的事了。这些老师们在各色各样的化名下，一次又一次地去经过考试赚钱来生活。主考官们受贿的事也不少见。

当学生在本乡考上秀才（初级学位），每隔三年期间为了第二级和第三级学位，他必须到省会和首都受试。在给他第三级学位时，这个学生就成为一个候补的官员了。就在这个时候,行贿的行为每每就开始了。没有这种行为,就是最出色的应试生员,那怕是很卑贱的职位也得不到,只好当一个白丁闲在家里。得到了第三级学位后,还有一次考试在北京举行,这就是殿试,殿试的结果,清帝把应试员生分为三等:一是当翰林院学士,留在北京;二是给官职;三是清帝所不取的。这第三类人要是不退休回家生活,就得采取上面所指出的许多贿赂途径之一,才能去作官。在北京以外的地方行政长官和一切地方官吏,按照被录取的程度,都从第二类来抽调。这些人中每个人就立即送赴某一省的省会,接受知县的官职,还有资格得到省当局给他适合于他的任何委任。

一到省里,他们就得马上向省督抚以及他的僚属行贿,因为一次可以把若干的候补人送到同一个区域内,少数的官缺自然就只能给能出最高贿赂的人了。即使这里没有竞争职位的人,候补的人也必得要对巡抚行贿,因为只要他拒绝行贿,巡抚就无限期地把任用他的事情搁置起来。就是清帝的特令派他一个特殊的地区,也不能挽救他的命运。一个很有家庭声势的候补官虽然可以要求北京吏部提出抗议,但就是在这种情况下,巡抚只要回答"某某太年青"或"太无经验",和"已经派员暂行代理(意即无完期的代理),以便该员对于官厅和行政事务多加学习"。要是他即刻赢得一个官职,到三年终了自然要升迁,那在每一省又有一连串的"功过考核",这样就可能使刚上任一二年的人也有获得升迁的机会。这个三年一次的功过考核,对巡抚说来是很有利的差事。他领导下的官吏们有功与否,是要看他们给他行贿的多少来判定的。而任何一个拒绝对巡抚行贿的人,就注定会被判决为"不合连任",受到解职处分,何况对巡抚的决定是没有诉愿反对权的。在这种情况之下,一个诚实的人鄙视官场的贪污,必然会引退;一个坏人就会用购买的办法再去作官,直接打开一个新的贪污门路。

在每次升任之前,官员必须受到清帝的召见,但这是一个费用很大的事。因为一个人奉召到京是先要去登记的,一直要等到他对守门人行了贿赂才能正式报到,才认为他已经到了北京,依照手续报了到。就是在李鸿章进京朝见时,他也不得不付出巨额的门包和贿赂,数逾百万两,这是大家都知道的事情。我用直接注意到的两件事例来说明,或者可以使英国的读者更深切地感到,贪污恶习是怎样冷酷地、无耻地公开着的。

一个江苏的巡抚,他是恭王的密友,凭藉他的巨大声势不给守门人的贿赂就进了北京城。当他见到他的皇族朋友时,恭王叫喊道:"什么时候你来了的?我不能承认你的来到,因为我不曾在崇文门报告上见有你的名字。"这样他就只好退回,并且照常例加倍给了守门人的贿赂,然后恭王才接见了他。更显著的是左宗棠的事情。他是清朝大将军中大的一个,他曾经在新疆镇压了回民武装暴动(就是战败了回族人民的反抗清朝的革命运动),他为清朝皇帝取得了约有中国一半大的土地。清帝对他很尊重,因此清帝要见他,就传下一道特诏,召他到北京进见。当他来到城区,守门的人要八万两银子的贿赂,他完全拒绝支付。就是他也因此便没有得到合法的通传。他在北京候召见,等了几个月过后,清帝传另外一道命令问他何以还没有来。左宗棠说明了这回事,并附带说,因为他把自己的财产和家财都充着兵费了,他实无法支付这笔贿款,他恳求皇帝大恩免除他的负担。在回文里,清帝说:"这个(门上的贿赂)是惯常古制,总督、大将军和其他员工一样必须服从。"后来因为左宗棠实在没有钱,他的朋友发起了一次认捐,清皇太后还也亲自捐出总额中的半数。

为了使读者可以更明白清帝对于贪污的态度,我想读者会原谅我这段冗长的插话的。

自然,从此就没有一个新升任的地方首长想到逃避支付这笔贿赂!这种贿赂是进见清帝的不二法门,对清廷大送门包和贿赂之后,他才会得到召见并且取得新的官职——例如道台和知府。每次提升,要取得委派的人,都必须通过和上文所述相似的过程,只有每一次比前一次都要付更大的代价,而这些委派实际上却是无薪给的。依法规,每个委任状都带有薪给,这是的确的事。但是这些薪给,不仅比维持公务所必需的支出要少得多,又为了种种理由也很少有人依照规定去领取,这些理由的有力也就不难体会了。任何官吏的薪金,在从省库支出以前,必须经过很多人的手,并且对每一个人都必须付一定的手续费,使得受领人只能收到原薪的百分之三十到四十。官吏受罚全年薪俸是十分平常的事,除非他能证明不曾领取薪金,还存在省库内,他就不得不十足支付罚款。因此每年可以收入百镑的官员,如罚薪一年,因为提取了他的薪给,就要损失百分之六十到七十的没有收入过的款项。

因此,虽然一切国家的官职,无论是文是武,都定有薪给和开支用款,这叫做"养廉金"。可以说,无一例外地,一切官吏所处的境况在某些程度上有点象英国饭店中的工作人员,他们慷慨地付出代价而且无偿地工作着,只是为了享有特权,可以收受小费。这样说丝毫不夸张。

不难理解,新道台一回到他的管理地区,必然开始压榨他管理下的所有人员,这不仅是为了弥补他自己的开销和生活费用,还要支助他的亲戚族人和下属,也要为了再过三年后他提升时付贿款的需要。

就是这些通过勤修苦炼,虽然似乎无用却是诚实钻研的科考,窄狭而比较还算干净的作官的道路的这部分人尚且如此,那么,那些通过其他不正当的门路而求得官职的人,所要花的费用多得就更不用说了。

由军功的提升也许是最快的。

李鸿章就是由这一条道路走上官位的。在他第三场考试及格后,他既不"外放"(地方官)也不"留京"(北京翰林院的成员),立即回家,凭着曾国藩的父亲的势力参加军队,在几个月中就提升作福建的道台,依提升的常法要达到这个位置须得六年的时间。他就连福建也始终没有去过,在大约不到一个月他又被提升了,这回是江苏的抚台(巡抚)。当他作曾国藩的军事顾问或秘书时,前江苏巡抚被杀了,李鸿章有了自荐候补的机会。曾国藩本是喜欢和赏识他的,发出了一封奏折到清帝那里去恳求任命他。但是一经考虑,曾国藩就认识到这样做未免过于偏私,因为他想,这意味着使一个道台直接提升到抚台,这个经历在平常情况下至少应当要九年时间。因此他派遣了第二个使者去抽回这封奏折,但是迟了,因为李鸿章早预见到有这种事情,先就注意关说第一个送文的人急速投交。

凭着戈登将军和其他外国人的帮助,李鸿章从太平天国的手中夺回了地盘。不久,他就被提升为总督。李曾经累积了怎样大量的财富是远近皆知的,就用不着在这里多提了。正在中日战争开始以前,我在天津,有很好的机会看到他发财致富的方法之一,就是各级文武官员从整个国家各部分成群而来请求任命,但是就在他们的呈文到达李鸿章以前,他们必须支付大量的贿赂给李的随员。

在军职分配以后,发出任命状,这是由衙门的书办掌握的,受任官员对于这个任命,必须要支出一笔价值和任命相当的款项。官员取得任命状,就立即开始对下属作出出卖委任状的勾当。但是在军队里,只有那些有某种军职的人才能收买委任状,但是我们立刻会看到,军职也能用很多奇怪的方法来取得。例如,一个平生从来没有参加过战争的提升为上校,是毫不罕见的。我要从我亲身观察到的一些事例中直接引证出一个来,作为这种迁升的可能性的最好的解释。

从我的家乡出来一个青年去投了军,凭着他的苦战和真正的功绩,升到了准将的职位。

但是每次升迁,都有他的兄弟随他一道提升,我姑且称他的兄弟为×,这位兄弟和他已数年不见面,而且是在远远的一个鸦片窟里平平安安地充任着厨司的职务。事情是这样的:在每次有他立功的战役后,他报告了一些臆造的勇敢事迹,说是由这位兄弟完成的,而且他的报告被信以为真。有一天,这个从来没有见过一次战争的鸦片窟的厨司,从公报上读到他的名字,并且使他惊讶的是发现他已经在清帝国军队里得到了上校的军级。

从各方面看来,兵役对于官员是很有利的。他们召募任何他们喜爱的人,而且他们经常谎报比起实在在军队里的人要多得多的名额来吃缺额。就是在李鸿章的比较诚实的官员之下,也对于额定的在役人员抽提缺额,大约额定在役人员的百分之七十,才是各部队的实力平均数。而在别的地方,书面上号称百人的,往往意味着实际只有四十到五十个人。在检阅的日期里,军官们在白天雇用足数的闲人来充当,使得军队看起来完全是正常的。但是除了伪造士兵的办法以外,进款还有另外来源,就是这些活着的士兵必须穿着制服和吃饭食,而粮食和衣服都是由军官用扣克的方法供给的,以致于政府每月给每个士兵五两银子,大约只有一两五钱或者少于一两五钱送到士兵的荷包里。这一切都是关于"勇士"们的。他们在战争时只是受雇,在战斗时刻一过就遭到遗弃,不论他们在什么地方,而且几乎常常没有路费回家,这样就使得武装强盗的补充人员在整个清帝国中随处都是,至于在和平时候的常备军,除了满人守备队外,都是受着非常恶劣的待遇,所以他们的力量只存在于公文中。这些人入伍了,按常规取得他们的供给,大约是每月三先令,就和兵役没有任何更多的关系了。那几个在城上执行职务的兵士,是完全依靠贿赂为生的。另一方面,满人军队在满人的领导下给养是好的,但是这些军队却不作战,他们只是守护城市,防止中国人"反叛"(防止革命)。他们居住在从中国人住居的城市中分划出来的角落里,他们常常无故欺压这些中国人,因此在中国人和满人士兵之间,战斗是经常发生的。又因为这些满兵不受民律审判,他们的暴行就经常受不到惩罚。自然,驻防兵和道地的中国人之间是不和气的。

在中国军职的迁升,只意味着买官职和买肥缺,这大概已经是够明白的了。但是另外一件事情,还可以帮助我们把它弄得更清楚一些。中国军队里的将军们惯于讲到要提升大量士兵,但这些士兵只存在于他们的想象中。他们弄出一大批提升的名册,上面写着一些最通用的中国人的名字,但这些人实际上都是不存在的。文书里的伍长李四或兵卒张三,继续按规定晋级。所以将军就储有一整套,具备各种军职、各种军阶的空头任命状,以备卖给新来谋事的人,假如他们的姓氏就是李或张,并且愿意照市价付款,这笔买卖就成功了。也有愿意得钱而不愿提升的兵卒,惯于改换他们的名字和出卖他们的任命状给市民,这些平民渴望取得军阶,于是就用收买和冒充的两种方法达到他们的目的。"兵役升迁"和第四种进入官场生活的途径(单纯购买),实际上并没有多大分别。

进入官场的第三个方法"保荐贤才"是更糟的了,几乎没有单独考虑的必要,因为"保荐贤才"必须要有官员的记录,这些官员是毫无例外地贪污,靠行贿收贿为生的。所以除了他们推荐他们自己的家属和族人外,他们只能从那些用黄金打开了他们的眼睛的人当中来挑选"贤才"。

第四个作官的道路,就是纯粹的购买,这是完全受到法律认可的,并且一年比一年更普及。即使如张某前驻美公使那样地位的高官,也没有通过考试,而他的第一次官简直就是买到手的。在政府财政困难和为了特殊目的而需要资金的任何时候,就推行"捐例",来出卖给那些捐了一定数额金钱的人一个官品。常常还有人组织专门为购买官职而支付贿赂和别的费用为目的的公司,这就是县官制造有限公司(或叫打屁股公司,这是指未来的官员们用以向老百姓榨取金钱的方法说的)，它的成员之一取得了任命，其余的伙伴和他分享公务上的贪污战利品。另外一些不曾加入公司的未来的官员们，可以向公司借钱去买官，数年内还清本钱和利息。

要买通一条作中国文官的职务的路，比起从考试进身花费要更大得多，在其他方面这两类候补官员获得晋升的机会实际上是相等的。当某个知县品级以及委任状一经买成了便层层升迁，随着规定一样办理，正如上文已经叙述过的一样。

我努力说明白这件事情：贪污行贿，任用私人，以及毫不知耻地对于权势地位的买卖，在中国并不是偶然的个人贪欲、环境或诱惑所产生的结果，而是普遍的，是在目前政权下取得或保持文武公职的唯一的可能条件。在中国要作一个公务人员，无论官阶高低如何，就意味着不可救药的贪污，并且意味着放弃实际贪污就是完全放弃公务人员的生活。

因此把新血液注入官僚阶层并不能使情况好转，因为官僚存在的条件就是不要有诚实的可能性。也不能希望从普及教育着手来改良，因为人民无知，不仅是官僚阶层公认的利益，而且官僚自己也是绝对无知的。他们之中有些人甚且不能书写和阅读。即使是经过考场考试的，也是受到了一些毫无实益的"文学和文学上的文章格式"的训练的人，也完全没有世界情况的知识。他们甚至不知道他们自己国家的需要和希望；连由受到可怜待遇的书记用这些官员自己的名义执行的法规，他们也不知道。

由于上面已经说过，关于军队及军职任命和得官的情况，似乎无须解释就会明白。在土生土长的中国人中，并不缺少身强体壮、勇敢而忠心爱国的人，只是因为无可救药的贪污制度的风行，这个制度受到他们满人统治者的保护，使得中国变成任何国家毫不费力的战利品，并且给我们何以很容易地败于日本人的手中作了解释。我在这里可以略提一下在英国海军朗司令领导下，海军的重新建立受到打击一事。他失败的唯一原因，是由于中国海军中不能容忍一个不贪污的官吏存在，因【而】他遭到了阴谋和一连串的侮辱，实际上逼迫他不能不辞去职位。从中日战争爆发以前不久发生的一件事中，可以看到官吏贪污是怎样地影响了中国抵御外侮的准备工作。一个青年海军军官，我的密友之一，他在不久气愤辞职了，告诉我说，他不得不签署一个几吨煤灰的受货单，是作为火药来付款和订约的！我可以补充一点说，炮舰的官员们实际上享有偷关越境的专利权，在这里面他们在作一个巨大而且有利的生意；又海军南方舰队是完全并且专门用来担任运送清朝官吏和他们的眷属的，他们要到什么地方就可以到什么地方，另外一个用途就是走私。

在英国，有人以为只要能说服李鸿章等人，使他们相信铁路、电话，欧洲陆军和海军组织等的效用，启发中国人民，并设法把整套文明机器输入中国，那么中国的新生就会开始，这真是和使吃人的野兽改用银制餐具，想藉此把它们改变成素食者是同样的荒唐！

两个具体的例子比起论证也许更能使人信服。

三十年来，欧洲的新发明创造品曾经输入中国。我们在天津、福州和上海，都有兵工厂和船码头的开设，在天津和南京有军事和海军专门学校，现在电报遍于全国，天津、山海关中间有铁路，在沿海和沿江都有属于官办和商办的汽船。但是从具备这些近代的设备中，没有得到一点进步的效果或是希望。在兵工厂里没有完成过实际工作，只是曾经产生了一大批派用人员和"散工"(临时工作人员)。各部门常设的专家首长、工程师等等待遇很不好，而且在他们通晓的工作的处理上，也绝对没有发言权，只是完全由上级官员统治着。这些官员不仅是完全无知，在他们迁调离开以前连学习的时间也没有，他们的职位就被别人来代替了。这些暂时的官员们发出矛盾的命令，熟练的工头必须遵守，以致于无论任何产品的制造和设计,唯一的结果只是浪费材料而已。但这还不是常有的事,因为武器和军火的输入可以使官吏们获利更厚,他们既可赚钱,又可以得手续费。

电报起初是由清政府允许商人经营,但是后来落入清政府手中,从那个时候起,一切地方局长的任命都是通过亲属关系或"势力",而且从来也没有制过年终结算表。和河道的情况一样,藉口整修也是生意中很有利可图的一部分。但是当某一新站成立时,因为材料是由中央当局供应的,所以几乎没有利润可图。在这里有一个使外国人惊异的奇怪现象,在供应时虽然一切规格相同,但乡村电报杆要比城镇上的电报杆短矮得多。我曾亲眼看到过一个足以解释这个短矮电杆的事例:主管人在建立电线杆以前,就把每根电杆锯下几尺,并且把材料卖给地方上的木匠。有人想是土人的迷信和保守主义造成了铁路和电报企业的最大障碍,但是其实不是这样。当电报线路初次在湖南架设起时,电线杆和电线立刻被百姓拉倒,公开的报道说:人民群众的心情上过于排外,以致不能容忍这样一种革新。私下而真正的原因完全不是这样,主管人没有给够工人的钱就是一个原因,工人群众发动了叛变,毁坏他们没有受到报酬的工作成果。排外的人是官吏而不是群众,是清朝人而不是乡下的中国人;而且就是这些官吏,英国曾保护过他们不曾落在太平天国的手中,他们搧[煽]起了反基督教的叛乱和屠杀,事后把一切责任归罪于人民。周汉,著名的排外煽动家,是一个道台,在中国受着官府的重视有如伟大的英雄一般。天津铁路局是受人民重视的,并且运输量也很大,可是它破产了。因为它在任意胡行的官吏掌握之下,行政人员也争着去拿钱贪污,其结果自然是铁路局破产。并且中国的资本家,他们懂得其中的道理是怎样的,就不轻易对任何同类的经营投资了。既然目前计划中的铁道是完全由中俄联合投资的,就不难预见,那些偿付并控制这条路线的人将是哪国的人了!

招商局原来是著名商人唐廷枢(景星)建立的,起初没有让官吏参加。本来,业务好象有希望成功似的。但正如一切民间事业一样,在露出有利可图的苗头时,那清政府就要接收管理起来了。自然,这个招商局目前是和其他清政府部门一样地腐败了。而每位船长必得要购买他们的任命状。这样就证明了,用输入物质文明的方法不能改良中国,只有用根绝官吏贪污的办法才行。这种官吏贪污,越来越坏,十年以前被认为骇人听闻的事,目前是十分平常。在最近以前还没有为出卖官职而制定一个固定的价目表的事情,现在当局的大官变得这样无耻,就是前任总督李瀚章——李鸿章的兄弟——对于两广(广西、广东)的每个官职曾定下一个正规的价格表。

全体人民正准备着要迎接一个变革。有大多数的诚实的人们,准备着而且决心要进入公共民主的生活。军队是这样的腐败,即使不是大部分受到了同情革新党的感染,政府也不可能依靠它了,只有从清朝的士兵,或者从鼠目寸光的,自私自利的外国干涉者看来,革新党才会是任何可怕的东西。我写这篇文章的一个主要目的,实在就是要向英国人民证明,让我们成功,这也是为了欧洲的利益而特别是为了英国的利益;并且也说明,例如本论坛八月号Z君文中所建议的,保护现在政府的政策是完全错误的。该文作者说,英国应当保卫中国现有的政权,使其免受本国人和外国人的打击。可惜有件事情他没有认识到,那就是只有清朝和仰赖现有制度维持生活的官吏,是敌视其他种族的。并且他又没有认识到,如果是由真正的中国人自治,他们就会和外国人和平相处,并且也将和世界人民建立起友好关系。

要适当地写出革新党的目的和观点,单单这件事就需一篇专论文章。这里只须要说,目前我们所需要的援助仅是英帝国以及其他列强善意的中立,就可使得目前的制度让位于一个不贪污的制度了。纵使贸易暂时停顿,但不久也必会大有进展。同时,中国天然富源的开发,会增加整个世界的财富。中国政府的行政和军事的改革,会使它对于外来的打击(或是从帝俄来)成为不可战胜的力量。中国如能免于分裂,那么,象由于土耳其的分裂而引起的欧洲的严重纷扰,也就可以避免了。

广东省社会科学院历史研究室、中国社会科学院近代史研究所中华民国史研究室、中山大学历史系孙中山研究室合编《孙中山全集》第1卷,中华书局1981年版,第87~106页

△ 张之洞奏请在湖北设立武备学堂。

张之洞《设立武备学堂摺》(光绪二十三年正月二十八日):

窃照光绪二十一年闰五月二十八日奉上谕:练陆军,整海军,立学堂,皆应及时举办。等因。钦此。又光绪二十二年十一月初二日奉上谕:武备学堂能否于各省会一律添设,著妥筹具奏。等因。钦此。亟应钦遵办理。

臣查自强之策,以教育人材为先,教战之方,以设立学堂为本。湖北地据长江上游,南北枢纽,又将来铁路所发端,尤为用武之邦。当此时势多艰,自当开设武备学堂,以储将材而作士气。臣于上年回鄂后,即经钦遵前旨,力筹举办。一面电致外洋,选募洋员教习,一面规画筹款,建堂招考学生等事。查近年外洋各国讲求兵事,益为精密。向来中国学堂所教,多系俊秀幼童,及各营兵勇。文理既昧,气质亦粗,断难领会精要。且资地寒微,出身尚远,数年之中,断不能遽膺文武官职,安望其展转倡率,广开风气。况所教学生,若仅可充末弁、兵勇之选,则一堂之经费,数年之功力,止能成就弁勇百余名。多设,则为数不赀,少设,则无裨实济。大率外洋武备学堂分为三等。小学堂,教弁目。中学堂,教武官。大学堂,教统领。学术深浅难易以此为差。今中华为救时之计,虽不能遽设大学堂,而教武官之学堂,则不可缓。取材精,而经费省,用功约,而收效多。今拟专储将领之材,专选文武举贡生员及文监生、文武候补候选员弁以及官绅世家子弟,文理明通,身体强健者,考取收入学堂肄业。缘上项诸人,皆科名仕宦中人,将来效用国家,引伸会通,展转传授,上则可任带兵征战之事,次亦可充营务、幕府、军械局所之官。盖此辈即或未能有冲锋决胜之才,然于考核弁兵、筹备饷械、整饬制造各局、察阅炮台营垒诸事,则固优为之矣。裨益多而收效速,似乎无逾于此。尝惟兵事为国之大政,古者学校中人,无不先习射御,与我朝八旗文员兼习骑射之意相同。而司马法一书列入礼家,故卿士大夫皆为军官,伍两卒旅悉入乡校。春秋传云:虽有文事,必有武备。此先圣身体力行之效,经义昭然,以至孔门诸贤多能戮力行间,执戈卫国。唐宋以后,文武分趋,殊失古人教士良法美意。泰西诸国,民皆为兵,将皆入学,颇于古义有合。今拟合文武为一途,虽云因时制宜,实则反经复古也。

查武备学堂功课分讲堂、操场两事。讲堂以明其理,操场以尽其用。讲堂功课,如军械学、算学、测绘地图学、各国战史、营垒桥道制造之法、营阵攻守转运之要。操场功课,如枪队、炮队、马队、营垒工程队、行军队、行军炮台、行军铁路、行军电线、行军旱雷、演试测量、演习体操等事,皆须次第讲习通晓,始有实用。经臣于上年电致出使德国大臣许景澄,向德国兵部商派都司法勒根汉、千总根次二洋员来鄂教习。曾与德兵部议定,到华后法勒根汉加给副将衔,根次加给游击衔,令其体制较优,以资表率管束,并议定归总办道员节制。惟学生百余人,教习仅止两人,不敷讲授。叠据该洋员坚请添募数人,以资协助。现经电商两江督臣刘坤一,于江南自强军诸洋员中,调拨洋员三人来鄂。乃法勒根汉挑选甚严,仅留德守备斯忒老一员,令入武备学堂,随同教习。尚短一员,允候随后再行访募。其余何福满、赛德尔两员,派入护军营洋操队教练弁勇。其功课章程,令洋教习酌拟,总办道员核议转禀,由臣核定

饬办。洋教习课程余暇,即令其诵读四书,披览读史兵略,以固中学之根柢,端毕生之趣向。另派华教习经理考选学生百二十名,并选派粤、津学堂出身久充教习者十二员为领班学生,按照洋教习讲说课程,译成华文、华语,转述指授。诸生入堂以后,无论何项功名,统为学生,均须恪遵规矩,虚心受教,违章者即行屏除。除火食、操衣均由学堂供给外,每名月给赡银四两,分定月课、季课、年终大课,以考其优劣。如果将来学有成效,拟请援照直隶、江南奏定学堂年限章程请奖。并择委差缺,以示破格鼓励。

兹于湖北省城内东偏黄土坡地方,购地建造武备学堂。该堂未造成之先,暂借铁政局及该局附近暂赁房屋为栖止之所,派委署江汉关道湖北候补道蔡锡勇总办该学堂事宜。令该道督同洋教习妥定课程,认真激劝。并委奏调分省知府钱恂、浙江候补知府联豫,充学堂提调。令其考核经费,约束学生,整饬一切。责令各该员等与洋教习商酌协助,随时维持,以期有实效而无流弊。

查武备学堂岁费甚巨,鄂省之力本难办此。然当此时艰事急,闲暇不易得,人材不易成,若再一因循,蓄艾已晚,反覆焦思,不能不勉力为之。现拟暂在盐务杂款及银元局赢余项下设法凑拨。惟此系国家经武储材之要政,傥若零星凑补,勉强支持,亦为非体。将来尚须筹定常款,奏明办理,以期经久。(硃批)该衙门知道。(钦此)

国家清史编纂委员会·文献丛刊《张之洞全集》(3),武汉出版社2008年版,第412~413页

3月13日(二月十七日)　严复在《直报》上发表《辟韩》一文,批判韩愈《原道》,抨击君主专制制度及封建伦常观念。《时务报》于4月12日(三月十一日)转载后,引起张之洞批评。

严复《辟韩》:

往者吾读韩子《原道》之篇,未尝不恨其于道于治浅也。其言曰:"古之时,人之害多矣。有圣人者立,然后教之以相生相养之道,为之君,为之师,驱其虫蛇禽兽而处之中土。寒,然后为之衣;饥,然后为之食。木处而颠,土处而病也,然后为之宫室。为之工以赡其器用,为之贾以通其有无,为之医药以济其夭死,为之葬埋、祭祀以长其恩爱,为之礼以次其先后,为之乐以宣其湮郁,为之政以率其怠倦,为之刑以锄其强梗。相欺也,为之符玺、斗斛、权衡以信之;相夺也,为之城郭、甲兵以守之。害至而为之备,患生而为之防。"如古无圣人,人之类灭久矣。何也?无羽毛、鳞介以居寒热也,无爪牙以争食也。如韩子之言,则彼圣人者,其身与其先祖父必皆非人焉而后可,必皆有羽毛、鳞介而后可,必皆有爪牙而后可。使圣人与其先祖父而皆人也,则未及其生,未及成长,其被虫蛇、禽兽、寒饥、木土之害而夭死者,固已久矣,又乌能为之礼乐刑政,以为他人防备患害也哉?老之道,其胜于孔子与否,抑无所异焉,吾不足以定之。至其明自然,则虽孔子无以易。韩子一概辞而辟之,则不思之过耳。

而韩子又曰:"君者,出令者也;臣者,行君之令而致之民者也;民者,出粟米麻丝、作器皿、通货财以事其上者也。君不出令,则失其所以为君;臣不行君之令,则失其所以为臣(此句一作"而致之民");民不出粟米麻丝、作器皿、通货财以事其上,则诛。"嗟乎!君民相资之事,固如是焉已哉?夫苟如是而已,则桀、纣、秦政之治,初何以异于尧、舜、三王?且使民与禽兽杂居,寒至而不知衣,饥至而不知食,凡所谓宫室、器用、医药、葬埋之事,举皆待教而后知为之,则人之类其灭久矣,彼圣人者,又乌得此民者出令而君之。

且韩子胡不云:民者,出粟米麻丝、作器皿、通货财以相为生养者也,其有相欺相夺而不能自治也,故出什一之赋,而置之君,使之作为刑政、甲兵,以锄强梗,备其患害。然而君不能

独治也，于是为之臣，使之行其令，事其事。是故民不出什一之赋，则莫能为之君；君不能为民锄其强梗，防其患害则废；臣不能行其锄强梗，防患害之令则诛乎？

孟子曰："民为贵，社稷次之，君为轻。"此古今之通义也。而韩子不尔云者，知有一人而不知有亿兆也。老之言曰："窃钩者诛，窃国者侯。"夫自秦而来，为中国之君者，皆其尤强梗者也，最能欺夺者也。窃尝闻"道之大原出于天"矣。今韩子务尊其尤强梗，最能欺夺之一人，使安坐而出其唯所欲为之令，而使天下无数之民，各出其苦筋力、劳神虑者，以供其欲，少不如是焉则诛，天之意固如是乎？道之原又如是乎？"呜呼！其亦幸出于三代之后，不见黜于禹、汤、文、武、周公、孔子也；其亦不幸不出于三代之前，不见正于禹、汤、文、武、周公、孔子也！"

且韩子亦知君臣之伦之出于不得已乎？有其相欺，有其相夺，有其强梗，有其患害，而民既为是粟米麻丝、作器皿、通货财与凡相生相养之事矣，今又使之操其刑焉以锄，主其斗斛、权衡焉以信，造为城郭、甲兵焉以守，则其势不能。于是通功易事，择其公且贤者，立而为之君。其意固曰，吾耕矣织矣，工矣贾矣，又使吾自卫其性命财产焉，则废吾事。何若使子独专力于所以为卫者，而吾分其所得于耕织工贾者，以食子给子之为利广而事治乎？此天下立君之本旨也。是故君也臣也，刑也兵也，皆缘卫民之事而后有也；而民之有待于卫者，以其有强梗欺夺患害也。有其强梗欺夺患害也者，化未进而民未尽善也。是故君也者，与天下之不善而同存，不与天下之善而对待也。今使用仁义道德之说，而天下如韩子所谓"以之为己，则顺而祥；以之为人，则爱而公；以之为心，则和且平。"夫如是之民，则将莫不知其性分之所固有，职分之所当为矣，尚何有于强梗欺夺？尚何有于相为患害？又安用此高高在上者，朘我以生，出令令我，责所出而诛我，时而抚我为后，时而虐我为仇也哉？故曰：君臣之伦，盖出于不得已也！唯其不得已，故不足以为道之原。彼佛之弃君臣是也，其所以弃君臣非也。而韩子将以谓是固与天壤相弊也者，又乌足以为知道者乎！

然则及今而弃吾君臣，可乎？曰：是大不可。何则？其时未至，其俗未成，其民不足以自治也。彼西洋之善国且不能，而况中国乎！今夫西洋者，一国之大公事，民之相与自为者居其七，由朝廷而为之者居其三，而其中之荦荦尤大者，则明刑、治兵两大事而已。何则？是二者，民之所仰于其国之最急者也。昔汉高入关，约法三章耳，而秦民大服。知民所求于上者，保其性命财产，不过如是而已。更骛其余，所谓"代大匠斫，未有不伤指"者也。是故使今日而中国有圣人兴，彼将曰："吾之以藐藐之身托于亿兆人之上者，不得已也，民弗能自治故也。民之弗能自治者，才未逮，力未长，德未和也。乃今将早夜以孳孳求所以进吾民之才、德、力者，去其所以困吾民之才、德、力者，其无相欺、相夺而相患害也，吾将悉听其自由。民之自由，天之所畀也，吾又乌得而靳之！如是，幸而民至于能自治也，吾将悉复而与之矣。唯一国之日进富强，余一人与吾子孙尚亦有利焉，吾曷贵私天下哉！"诚如是，三十年而民不大和，治不大进，六十年而中国有不克与欧洲各国方富而比强者，正吾莠言乱政之罪可也。彼英、法、德、美诸邦之进于今治者，要不外百余年、数十年间耳。况夫彼为其难，吾为其易也。

嗟夫！有此无不有之国，无不能之民，用庸人之论，忌讳虚骄，至于贫且弱焉以亡，天下恨事孰过此者！是故考西洋各国，当知富强之甚难也，我何可以苟安？考西洋各国，又当知富强之易易也，我不可以自馁，道在去其害富害强，而日求其能与民共治而已。语有之曰："曲士不可与语道者，束于教也。"苟求自强，则六经且有不可用者，况夫秦以来之法制！如彼韩子，徒见秦以来之为君。秦以来之为君，正所谓大盗窃国者耳。国谁窃？转相窃之于民而已。既已窃之矣，又惴惴然恐其主之或觉而复之也，于是其法与令猬毛而起，质而论之，其什八九皆所以坏民之才，散民之力，漓民之德者也。斯民也，固斯天下之真主也，必弱而愚之，使其常不觉,常不足以有为,而后吾可以长保所窃而永世。嗟乎!夫谁知患常出于所虑之外也哉?此庄周所以有胠箧之说也。是故西洋之言治者曰:“国者,斯民之公产也,王侯将相者,通国之公仆隶也。”而中国之尊王者曰:“天子富有四海,臣妾亿兆。”臣妾者,其文之故训犹奴虏也。夫如是则西洋之民,其尊且贵也,过于王侯将相,而我中国之民,其卑且贱,皆奴产子也。设有战斗之事,彼其民为公产公利自为斗也,而中国则奴为其主斗耳。夫驱奴虏以斗贵人,固何所往而不败?

王栻主编《严复集》第1册,中华书局1986年版,第32~36页

张之洞《牌示》:

示谕两湖、江汉、经心书院诸生知:上海《时务报》前经本督部堂饬发院生阅看,以广见闻。但其中议论不尽出于一人手笔,纯驳未能一致,是在阅者择善而从。近日惟屠梅君侍御驳《辟韩》一篇最好,正大谨严,与本督部堂意见相合,诸生务须细看,奉为准绳。切切,特谕。

汪诒年《汪穰卿先生传记》,1938年杭州汪氏铸版,第19页

3月26日(二月二十四日)　从总理各国事务衙门奏,命各省将军、督抚集股设厂,自浚利源而杜外溢。

《光绪朝东华录》:

总理各国事务衙门奏:光绪二十二年十二月十七日军机处交片,本日给事中褚成博奏洋商改造土货请饬筹抵制一折,军机大臣面奉谕旨:该衙门议奏。钦此。钦遵抄录原折交臣衙门。查原折内称,上年与日本定约,准在内地改造土货,各国援照条约,皆可一律仿行,从此华人自有之利权尽归外人掌握。查改造土货,莫大于丝、纱两宗,丝销外洋,皆由内地运去,纱销内地,反自外洋贩运。如系就内地改造,则工价较廉,获利自巨。日本请于苏杭设埠,其注意不外乎此。即西人乘机奋起,其肯綮亦不外此。若不设法抵制,势必喧宾夺主,绝我生机。上年署两江总督张之洞深知缫丝为织绸之本,纺纱为织布之本,因先于苏州、镇江、南通州、无锡、金匮等处劝谕绅商开设纱厂,又拟拨款专在无锡开设丝厂,以冀逐渐推广。总督刘坤一回任后,亦以此为当务之急。伏思洋人每争一利,必合上下财力惨淡经营,而华商势涣情揆,力分财绌,自非官力为护持,壹志齐心,痛除向来官商隔膜锢习,断难与彼族争权,应请旨饬下南北洋大臣,各先筹款二三百万,在内地广设丝纱机厂以为倡导,并饬下各将军督抚,酌度土宜,一体兴办。奉天、直隶等处,又宜添设织造呢羽、毡毯之厂。其紧要关键,首重得人,应令严定章程,公举殷实廉干商人分任厂务,由官认真督查,不准丝毫瞻徇。并准本省各官暨京外大小官绅量力附股。每届年底,将章程、款目由总厂详刊送阅,如有弊混,不论何人,皆准赴厂辩诘,并许附股之人赴京呈控,查实后除经管之人勒赔重处,并将督辖之大吏量予处分等语。臣等查丝、纱为土货大宗,欲设厂制造抵制洋商,自非官商合力,广筹巨款,不能集事。上年闰五月间钦奉谕旨,令多设织布、织绸等局,广为制造。即据署两江督臣张之洞、江苏抚臣赵舒翘电称,将息借商款银二百二十六万两移为开办商务局之用,先于无锡设缫丝厂,兼开茧行。此外各厂拟设于上海或苏州,至织布、纺纱机厂,约费银一百万两,筹款另议。各省督抚臣先后陈奏,类能仰禀圣谟,设局招商,各就本省物产之宜,量筹制造,似于向来官商隔膜之弊已渐次消除。惟办理经年,究竟筹款若何,设厂几处,有无成效,迄未奏咨。即张之洞、赵舒翘拟移息借商款开办商务局究竟已否办成,亦无续报。该给事中请由各省将军督抚酌度土宜,集股设厂,官助商本,逐渐推广,自足浚利源而杜外溢,应照行。原奏所称,公举殷实廉干之人分任厂务,由地方官认真督查,并准官绅量力附股,至年底将章程、

款目详刊一节,前年十二月间臣衙门议复御史王鹏运设立商务局折内,拟由各商公举殷实稳练之绅商派充局董,仿照总税务司贸易总册式样,年终由督抚咨送臣衙门以备参考,业经奏准通行遵照在案。此次丝、纱各厂,应仍由各省将军督抚查照前奏办理,各厂中如有弊混,自应将经管之人勒赔重处。第须附有股本,始能入厂查询,原奏所称不论何人皆准赴厂辨诘,恐滋纷扰。至督辖大吏,原当竭力维护,严剔弊端,但只能握其要领,不能琐屑躬亲,似难深悉厂中有无弊混。若有人举发而该管大吏不为查理,或竟回护,自应如该给事中所奏,量予处分,以儆玩泄。相应请旨饬下各省将军督抚,各就本省情形切实筹办,毋得徒托空言。至南北洋大臣能否各筹二三百万两以为倡导,应并请旨饬下王文韶、刘坤一迅筹办理。得旨:如所议行。

朱寿朋《光绪朝东华录》第4册,中华书局1958年版,总3943~3945页

3月(二月)某星期三　孙中山在英国人克雷格斯寓所与几位外国人谈话,他向一位俄国人推荐他的英文著作《伦敦被难记》,后来该人将此书译成俄文在《俄国财富》上发表。

孙中山《与〈伦敦被难记〉俄译者等的谈话》:

谈话者:那么,您相信在中国有可能爆发一场进步的人民运动吗?

孙逸仙:噢,当然啦。目前中国的制度以及现今的政府绝不可能有什么改善,也决不会搞什么改革,只能加以推翻,无法进行改良。期望当今的中国政府能在时代要求影响下自我革新,并接触欧洲文化,这等于希望农场的一头猪会对农业全神贯注并善于耕作,那怕这头猪在农场里喂养得很好又能接近它的文明的主人。

谈话者:您希望在中国有什么样的制度来取代现在的制度呢?

孙逸仙:我希望有一个负责任的、有代表性的政体。此外,还必须使我们的国家对欧洲文明采取开放态度。我不是说,我们要全盘照搬过来。我们有自己的文明,但是,因为无法进行比较、选择而得不到发展,它也就停滞不前了。时至今日,这种文明已经和人民群众完全格格不入了。

谈话者:换句话说,您是希望中国大体上能出现日本那样的变化了?

孙逸仙:对。不过,日本的文明其实就是中国的文明,它是从中国传入日本的……

俄国人:嗯,您的党控制的那些秘密会社聚集了许多会员吗?

孙逸仙:要知道,这些会员的人数我恐怕算不准,但我可以告诉您,在我们的中心省份湖南和湖北,有四分之三以上的居民都加入了秘密会社。

谈话者:四分之三的居民?!

孙逸仙:是的。东南各省也遍布着许多秘密组织,甚至在中国的其它地方,这些组织都在蓬勃发展,尽管不象上述省份那样起到举足轻重的作用。这些秘密组织的所有成员,看来正准备拿起武器;但是,要有武器才行,此外还多少需要把握住各种有利的时机。无论如何,人民的起义只不过是一个时间问题而已。

广东省社会科学院历史研究室、中国社会科学院近代史研究所中华民国史研究室、中山大学历史系孙中山研究室合编《孙中山全集》第1卷,中华书局1981年版,第87~88页

春　康有为第二次到桂林讲学,与唐景崧、岑春煊等在桂林建立圣学会,创刊《广仁报》,提倡今文经学,鼓吹维新变法。

《康南海自编年谱》:

正月十日到桂林,再寓风洞,拟筑桂林马路,以山路不合,未成。然用日本伊豆人力车即可行也。

与唐薇卿、岑云阶议开圣学会,史淳之拨善后局万金,游子岱布政捐千金,蔡仲岐按察希绅激昂高义主持之,乃为草章程序文行之,假广仁善堂供孔子,行礼日,士夫云集,威仪甚盛。既而移之依仁坊彭公祠,设书藏、讲堂、义学,规模甚敞。日与学者论学,义学童幼尤彬彬焉。暇则游山,桂林山水极胜,去城七里,有中洞者岩若一室,两面皆通,俯瞰诸岫,石笋巉然,吾欲于此结精舍焉。四月兴安会匪大作,陷灌阳,各县蠢动,劝史抚于桂林戒严,不顾也。与唐薇卿谋请其归乡办团,以圣学会行之,唐薇卿慷慨自捐数千金募勇,吾乃夜叩蔡臬门,请其假军械焉,时五月杪也。

翦伯赞、刘启戈等编《中国近代史资料丛刊·戊戌变法》(4),上海人民出版社、上海书店出版社2000年版,第136~137页

龚寿昌《康有为桂林讲学记》:

康有为以部曹的身份第二次来桂,负有时名,又得臬台蔡希邠的支持,对于讲学各事,更容易顺利开展。当时从学的又增加了陈太龙、赵元本、倪育万、万言、陈康侯、何化龙等。马君武(当时名马同)亦常来听康讲学,学术界思潮受到很大的影响。

康有为讲学的内容,常讲的是《春秋公羊传》,注重讲孔子改制,刘歆伪经通三统、张三世等微言大义及《礼记礼运篇》大同的意义。并讲《荀子非十二子篇》学术的派别,《庄子天下篇》庄子的尊孔,《墨子》、《史记》、《宋元学案》等。尤注意在讲中国学术的源流和政治革新的趋势和他本人所著的《孔子托古改制考》、《新学伪经考》。此外,康还著有《桂学答问》、《分月读书课程表》,指导阅读中西书籍的门径。受学的门弟子,除听讲学和读《公羊传》外,并点读《资治通鉴》、《宋元学案》、《朱子语录》。还要依课程表选读,作札记或写疑义问难,由康解答。讲授时,听讲者即时笔录,并指定况仕任、龙应中两人编定送阅,批答后互相传观。

康有为的门徒梁启超在湖南长沙和谭嗣同、黄遵宪、熊希龄组织南学会,成立时务学堂,办有《湘报》(日刊)和《湘学报》(旬刊)。康则拟在桂林组织圣学会,成立广仁学堂,办《广仁报》,来提倡新学,开通风气。在创办时,得到臬台蔡希邠等的赞助,曹驯虽不赞同,也不敢公然反对。圣学会筹备组织期间,借用西华门爱经善堂。成立后,迁至依仁坊彭公祠(今工商联合会)做会址。开会、讲学常在会内。此外还捐助和购买了很多中西图书,供人阅览。使地方人士多欲讲求经世有用之学,改变科举时代专重八股文的思想。广仁学堂也附设在会内,由康的门人曹硕(广东南海人)主办。课程为经学、中西历史、中西地理、《宋元学案》、《朱子语类》、《公羊传》等。学生每日做札记或写游记、日记,并参加听讲和学习礼仪。当时应考入学的有:况仕恩、陈文、靳汝端、靳永祚、龚寿昌、谢宗韩、吴小濂、李承麟、龙仲修、龙季光、王乐宾、秦一俊、况仕任等廿余人。

《广仁报》由康的门人武陵赵廷飏,南海曹硕,广西桂林况仕任、龙应中、龙朝输等任主笔,系周刊式,每月出版两期,线装成本,土纸木刻。内容有:论著、时事、新闻、地方要闻、中西译述、杂谈等。论著多以外患日亟,非变法维新不能挽救为中心问题,意在唤起国人发愤图强,开通风气。论著有:《世变日亟士人宜速求自保论》、《教案于西人有利说》、《筹桂刍言》、《闻德兵毁即墨孔庙残圣象[像]布告士林书》等。

中国人民政治协商会议广西壮族自治区委员会文史资料研究委员会编《广西文史资料选辑》第1辑,1961年内部印行

圣学会在当年4月8日(三月初七日)正式开会。光绪二十三年四月十六日《知新报》

第十八期《圣学开会》:

广西近日风气大开,皆由该省大吏士绅,踊跃提倡,故一切善举,次第兴办。现大吏既于经古书院添设算学、时务之课,近又于省中广仁善堂,开设圣学会崇奉孔子。史中丞先拨万金,以为经费,会中拟购置书籍,刊刻报纸,广设学塾,翻译西书各事。凡入会者不论名位学业,皆以尊孔教、救中国为宗旨,随时捐赀,不计多少。定于三月七日开会,届期自臬道以下,首府首县,及各候补人员,阖城士绅,皆集会场,崇祀孔子,鼓乐行礼,极一时之盛,可为中国第一美举。闻主是事者,中丞以下,按察使蔡,盐法道向,尤为着力,巨绅则唐薇卿中丞捐赀最多云。又会中拟先开报馆,名曰《广仁报》,两日一次,唐中丞为之叙其缘起,已于前日中旬出报矣。

翦伯赞、刘启戈等编《中国近代史资料丛刊·戊戌变法》(4),上海人民出版社、上海书店出版社2000年版,第379页

光绪二十三年八月十一日《知新报》第三十期《桂林圣学会续闻》:

迩来时局日艰,识时务者,罔不争相淬厉,痛深国耻,以合群之力,挽将倒之澜,然详于政事,略于教宗,倡彼新学,忘我旧德,保教保种之道,犹有未尽者焉。洞识政教分合之故,表明素王制作之功,御外侮,翼圣道,惟桂林之圣学会得之。顷闻桂中官绅,或捐书,或捐器,或捐款,布政游公智开捐廉一千元,唐中丞景崧,岑京卿春煊,各捐款为时务课加奖,而佽助图书,尤以唐中丞为最。发挥光大,惟恐后时,有月课以试士,有日报以言学,且报费甚廉,月取洋一钱,将来风气日开,见闻日广,桂地虽僻,有此会而士人藉以通知时务,讲求经济,他日人士之成,孔教之不坠者,官绅提倡之力也。

翦伯赞、刘启戈等编《中国近代史资料丛刊·戊戌变法》(4),上海人民出版社、上海书店出版社2000年版,第380页

蔡希邠《圣学会序》:

曾子曰:君子以文会友,以友辅仁,岂不然哉。夫孔子言道二,仁与不仁而已。中庸仁者人也,郑康成以为与人相偶,偶者,会也。天有会,地有会,鱼鸟有会,珠玉有会,草木有会,鬼神有会,体有会,气有会,日月有会,声色有会。天之会,五星集于房;地之会,江河朝宗于海;鬼神之会,黄帝会万灵于明庭,岁终会聚万物而蜡飨之;鱼会于渊,鸟会于林,玉会于山,珠会于渊,草会于泽,木会于数[薮];质点相会而成体,元气相会而成化,日月相会而成望,颜色相会而成文,声音相会而成乐,人类相会而成国,学者相会而成教;举天天之中,物物之内,不能有一而无二也,则不能无会也。有所会而后有所成,不会则散,散则毁矣。其会大者其成大,其会寡者毁而不成,是故会无量无算数无思议之空气而成为天,会无量无算数无思议之土而成为地。易曰,大哉乾元乃统天,乾元者,会其有极也。

禹会诸侯于涂山,执玉帛者万国,名其地曰会稽,此古今莫大莫古之会诸侯,为大会之魁也。武王大会于孟津,诸侯八百,而著王会之图;周公始建都于洛,四方民大和会;宣王大会诸侯于东都,会同有绎赋车攻之诗,大会之次也。齐桓兵车之会六,衣裳之会九,会阳谷、会宁毋、会贯泽、葵邱,孔子称其仁。武王、周公、宣王、齐桓皆大会魁也。春秋于会无讥,而郑伯逃会则恶之为彝狄,是春秋之义会为中国,逃而不会者为彝狄。记称乐群而恶离群,孔子曰:吾非斯人之徒与而谁与?若不会,则孤寡独夫为不祥之实,乃谦逊之词,詈骂之词,人情所憎恶,故孔子作春秋,以为彝狄也。

孔子弟子三千,为士人大会之魁祖,墨子徒属从死者百八十人,澹台渡江弟子三百,孟子从者数百,吕氏春秋记孔墨之弟子徒属弥满天下,充塞天下,古今会至之大者。后汉张兴、蔡宗、郑元弟子皆万人,曹曾楼望九千人,其余数千人者不可数,大学生多至四万。贞观太学生亦至万人,程、朱、陆子讲学皆五六千人,盖自古大会为圣学极盛之轨。若博士倚席不讲,生

徒散匿于山谷,黉舍鞠为园蔬,闵马父不悦学,则为圣学最衰之候,而国亦随之。若夫香山九老会,司马温公耆英会,皆为元夫硕人盛事。王阳明开惜阴会,其弟子传之。泾县有水西会,宁国有同善会,江阴有君山会,贵池有光岳会,太平有九龙会,广德有复初会,江北有南谯精舍会、先正罗文恭石莲洞会,新安有程氏世庙会。湛甘泉传白沙之学问九十九会,与阳明相埒,其后徐华亭开灵济宫会者九千人,为最大矣。若高忠宪公同善会,刘蕺山证人会,汤文正公志学会,皆一时名贤,盍簪讲学,发扬大道,激厉后士圣学之先,古今称盛焉,皆会之功也。今小雅废矣,圣道欲坠,学者自咿唔求爵禄外,无嘉会讲学之事,斯仁人君子之所忧也。

泰西一切学术庶业,皆由会出。意人以三千金之教会,而遍环球之大地也。英人以十二万金之商会,而灭万里之印度。世俗有文昌会、关帝会、观音会,乃独无孔子会。椎埋奸宄之徒,攘窃禹、武、周公、孔子之会名,而士夫乃反逊让而避之。夫今制大合天下举人而试之曰会试,京邑谓之都会,省城谓之省会;凡都会、省会郡邑之地,皆有士夫汤沐,商贾辐辏各大会;其乡人经营室馆而名为某省之会,某郡之会,某邑之会,故会馆弥满于天下。其岁时宴集,则会同年,会同门,会同乡,皆杂沓数百,云萃鳞集,自京师连直省皆是也。

且夫小人有会而君子无会,开宴有会而讲学无会,外国有会而中国无会,杂鬼神有会而孔子无会,此于国势政教盛衰所关,非细故也。昔京师士夫开强学会书局,人才萃焉。事既上闻,圣上嘉悦,升为官局,领以大臣,岁拨巨帑,可谓盛举矣。今桂之士夫,追同善证人志学之坠绪,发先正涑水阳明念庵之余风,大陈图书,广开学会,庶几传孔门大教,而不坠春秋彝狄之贬,其将传之天下,吾乐从之游而观其成焉。学者其为不悦学之闵马父,逃会之彝狄,孤寡独夫,离群索居,窾启之小人耶?抑其从禹、武、周公、孔子、朱子、陆子、阳明、高忠宪、刘蕺山、汤潜庵诸先生后耶!

翦伯赞、刘启戈等编《中国近代史资料丛刊·戊戌变法》(4),
上海人民出版社、上海书店出版社2000年版,第436~438页

△ 章太炎在上海与梁启超谈论孙中山伦敦被捕事,称许其革命主张。

朱希祖《本师章太炎先生口授少年事迹笔记》:

因阅西报,知伦敦使馆有逮捕孙逸仙事,因问梁启超:“孙逸仙何如人?”梁云:“此人蓄志倾覆满洲政府。”……心甚壮之。

《制言》半月刊第25期(太炎先生纪念专号)

章太炎《致陶亚魂柳亚庐书》(1903年):

鄙人自十四五时,览蒋氏《东华录》已有逐满之志。丁酉入时务报馆,闻孙逸仙亦倡是说(指排满,编者),窃幸吾道不孤,而尚不能不迷于对山(指康有为,编者)之妄语。

汤志钧编《章太炎政论选集》上册,中华书局1977年版,第191页

章太炎《民国光复》演讲:

是时上海报载广东人孙文于英国伦敦为中国公使捕获,英相为之担保释放,余因询孙于梁氏,梁曰:“孙氏主张革命,陈胜、吴广流也。”余曰:“果主张革命,则不必论其人才之优劣也。

汤志钧编《章太炎政论选集》下册,中华书局1977年版,第840页

4月8日(三月初七日)　南洋公学成立。该校由盛宣怀于上年4月30日(三月十八日)筹建。本日南洋公学师范院正式开学。该院是中国近代师范教育之始。10月15日(九月二十日)南洋公学外院(小学)成立。

盛宣怀《筹集商捐开办南洋公学【情形】折》(光绪二十四年四月二十四日):

窃世变日棘，庶政维新，事务万端，非人莫任，中外臣僚与夫海内识时务之俊杰，莫不以参用西制兴学树人为先务之急。臣于光绪二十二年冬间，附奏请设达成馆片内，曾经陈明，在上海地方筹立南洋公学。嗣以捐款难集，而达成馆之请，已奉总理衙门王大臣等议复，应由户部拨款办理，钦奉谕旨饬遵。又经臣奏明，将原拟捐设达成馆之款，还充南洋公学经费在案。臣惟师道立则善人多，故西国学堂，必探原于师范；蒙养正则圣功始，故西国学程，必植基于小学。中外古今教学宗旨，本无异同。特中土文明之化，开辟最先，历世愈远，尚文胜质，遗实采华。而西人学以致用为本，其学校之制，转与吾三代以前施教之法相暗合。今日礼失而求诸野，讲西学，延西师，学堂之规模近似矣。然臣前年创设天津头二等学堂，旁求教习，招选学徒，大抵通晓西文者，多懵于经史大义之根柢；致力中学者，率迷于章句呫哔之迂途。教者既苦乏才，学者亦难精择。窃喟然于事半功倍之故，盖不导其源，则流不可得而清也；不正其基，则构不可得而固也。初议筹设南洋公学，拟照天津分设头二等两学堂，继念京师达成馆未有开办之期，沪馆虽无所依仿，不可不先行设法筹办。况师范小学，尤为学堂一事先务中之先务，既病求艾，相需已殷，急起直追，惟虞弗及。查有奏调三品衔分省补用知府何嗣焜，学术湛深，不求闻达，臣与纵论西学为用，必以中学为体，考核成功次序，极为精邃，志气尤坚卓，不致始勤终惰。当经派委该员总理南洋公学事务，即于上年二月间，考选成才之士四十名，先设师范院一学堂，延订华洋教习，课以中西各学，要于明体达用，勤学善诲为指归。复访日本师范学校有附属小学校之法，别选年十岁内外至十七八岁止，聪颖幼童一百二十名，设一外院学堂，令师范生分班教之。比及一年，师范诸生，且学且诲，颇得知行并进之益；外院生亦多颖异之姿，能志于学。今年复将二等学堂先行开办，名曰南洋公学中院，以次续开头等学堂，名曰南洋公学上院。上中两院教习，皆出于师范院，则驾轻就熟，轨辙不虑其纷歧。外院之幼童，荐升于中上两院，则入室升堂，途径愈形其直捷。师范院诸生，挑充教习，至速以一年后为准。外院生分四班，满三年，挑升中院之四班。中上两院，各分四班，岁转一班，阅八年而卒业。夫人才盛衰之机，全视在上之取舍。伏查光绪二十三年二月，安徽巡抚邓华熙奏建二等学堂，总理衙门议复折内有云：所称头等学堂教习，诱掖生徒，精益求精，应如何优以仕途各节。查同文馆学生，每届三年，大考一次，择其学业精进考取前列者，量予保奖。或分部学习，或分发省分，或由出使大臣调充参赞翻译等官。近且有径请简派出使大臣者，仕途不为不优。又各教习殷勤讲授，应照新疆设立俄文馆章程，分别有无官职，奏请奖叙各等语，均经核准钦遵。今皇上复准总理衙门、礼部议奏定经济特科岁举之制，俾天下新设学堂、书院所教有用之学，皆得学成而各尽其用，宇内学子，莫不争自濯磨。窃惟时事之艰大无穷，君子以致远为重。环球各国，学校如林，大率形上形下，道与艺兼。惟法兰西之国政学堂，专教出使、治政、理财、理藩四门，而四门之中，皆可兼习商务，经世大端，博通兼综。学堂系士绅所设，然外部为其教习，国家于是取才。臣今设立南洋公学，窃取国政之义，以行达成之实，于此次钦定专科，实核内政、外交、理财三事。嗣后每年年终大考后，当将学生名籍及考定等级，详细造册，咨送各该省学政，存候乡试年分，调取录送。惟各教习不乏体用兼赅之选，职在课徒，调取不及，施教至劳，荣途转隘。拟请将此项教习内愿应经济科岁举者，由臣出具切实考语，咨请学政录送。其本系举人，准与经济科举人一体应经济科会试。此外拟仍请援照新疆设立俄文馆章程、同文馆学生大考前列章程，三年期满，由臣会同南洋大臣、江苏巡抚，择教诲有方、造就最广者，分别保奖，以仰副皇上甄陶才俊之至意。至公学四院常年经费，以轮、电两局岁捐银十万两，量入为出，仅可相当。虽初办两年内，上院未开，约可节存银五六万两。惟开办之费，除学堂基地由臣捐购外，其余建造房屋，置备仪器图书，以及一切器具,共需十数万金。初拟劝捐办理,近来商民交困,物力艰难,似兹巨款,未易集腋而成,只能先将节存余款动用,计不敷之数尚多,而将来如办理译书之费,既在常年经费之外,卒业学生出洋游学之费,亦当预储于八年之内,始有设措之方也。谨将现定公学章程,缮具清单,恭呈御览。所有筹集商捐、开办南洋公学缘由,理合恭折具陈,伏乞皇上圣鉴训示。谨奏。

五月十九日奉朱批:该衙门知道,单并发。钦此。

盛宣怀《愚斋存稿》卷2,思补楼藏版1939年版,第18页

4月20日(三月十九日)　康有为、梁启超等倡言孔教,章太炎与之意见不合,认为狂妄,写信向其师谭献说明双方分歧之所在。

章太炎《致谭献书》(光绪二十三年三月十九日):

夫子大人函丈:沪滨拜别,神气惘然。抵鄂后,未奉手札,想履道贞吉,吐言为经,定符私颂。麟自与梁、麦诸子相遇,论及学派,辄如冰炭。仲华亦假馆沪上,每有议论,常与康学牴牾,惜其才气太弱,学识未富,失据败绩,时亦有之。卓如门人梁作霖者,至斥以陋儒,诋以狗曲(面斥之云狗狗)。麟虽未遭谩诟,亦不远于辕固之遇黄生。康党诸大贤,以长素为教皇,又目为南海圣人,谓不及十年,当有符命,其人目光炯炯如岩下电,此病狂语,不值一笑。而好之者乃如蛣蜣转丸,则不得不大声疾呼,直攻其妄。

尝谓邓析、少正卯、卢杞、吕惠卿辈,咄此康瓠,皆未能为之奴隶。若钟伯敬、李卓吾,狂悖恣肆,造言不经,乃真似之。私议及此,属垣漏言,康党衔次骨矣。会谭复笙来自江南,以卓如文比贾生,以麟文比相如,未称麦君,麦忮忌甚。三月十三日,康党麇至,攘臂大哄,梁作霖欲往殴仲华,昌言于众曰:昔在粤中,有某孝廉诋康氏,于广座殴之,今复殴彼二人者,足以自信其学矣。噫嘻!长素有是数子,其果如仲尼得由,恶言不入于耳邪?遂与仲华先后归杭州,避蛊毒也。

《新学伪经考》,前已有驳议数十条,近杜门谢客,将次第续成之。《墨子闲诂》,新义纷纶,仍能平实,实近世奇作,麟顷已购一通,前携至鄂中者,望将书价径寄报馆(每部二圆二角)可也。浙中风气未开,学堂虽设,人以儿戏视之。老儒□□,少年佻达,溺于雕虫,不可振起,前邪后许,实鲜其人。鄂中地大物博,求友稍易,有可寄寓,俯求引导为幸。握管烦懑,中心成痗。肃此,恭请道安!即祈玄鉴。受业制章炳麟敬上。三月十九日

其师谭献在4月30日(三月二十九日)日记中写道:

得章生枚叔书,乱离瘼矣,士人不图树立,无端为门户之争,竭心力而成战国世界,冷眼一笑,热心尤当一笑。

汤志钧编《章太炎政论选集》上册,中华书局1977年版,第14~15页

4月22日(三月二十一日)　湖南维新派言论机关《湘学报》(始名《湘学新报》)在长沙创刊,湖南学政江标督办,唐才常主编,宣传维新变法。

尚秉和《辛壬春秋》:

唐才常,字佛尘,湖南浏阳拔贡生。貌雄奇魁梧,为文一洒千言,汩汩不穷。甲午后创湘学报,言变法,与梁启超时务报,并风行海内,而持论雄迈尤过之,一时学者风气得以转移。

翦伯赞、刘启戈等编《中国近代史资料丛刊·戊戌变法》(4),上海人民出版社、上海书店出版社2000年版,第89页

江标《湘学报序》:

呜呼,变法其宜哉,今策之者,曰通商、兴工、采矿、铸铁、练水陆之军,谋舟车之捷,斯固然矣。余惟三代之时,道与器合,选举与学校合,故人人有干城腹心之寄。汉唐而降,选举离于学校,上下市以虚文,必待士之卓然树立于千万人中,数百年内者,于是始有宋韩、范,明王文成,本朝曾、左诸公,能使人不诟文章、经济为两途;余则如植鹄于数百步外,虽使后羿关弓,养由穿札,俱在不可知之数。于是反让西人建学育才诸法,符契周官,而曰吾华学者,苶苶退归,殆难挽救,呜呼,存华唏矣。

使者奉天子命,视学楚南,丁时局之多囏,恫皇舆之失纽,揽衣盾涕,于兹三年,思以体用赅贯之学,导湘人士,惧未有当也。恭值朝廷屡有整顿书院广求实学之议,勉设舆地、算学、方言学会于校经书院,犹惧乡曲儒士擿埴于途而不知返也,乃取门下诸生粗有所得之卮言,分学凡六:曰史、曰掌故、曰舆地、曰算、曰商、曰交涉,每月约得百叶,分三期刊布,蕲与海内切劘,颜曰湘学新报。

点线相切而成世界,水火气电相摩荡而成地球,国与国政教相抵逐而成强弱,人与人心力相迸奋而成政教。普之得赉赐,微泯耳,一愤发而师丹胜败之机决。美之加利生,竖儒耳,一痛斥买奴而南北花旗之局判。然则人患无志,无患弗成,人患无学,无患弗强者。才薄力绵,诚不足语涓滴江河之效,然心力所结,毁誉胥忘,言游抑末之讥,老氏贵虚之论,思矫其失而未能,世之君子幸进而教之。光绪二十三年岁次丁酉三月,赐进士出身五品衔翰林院编修国史馆协修提督湖南全省学政元和江标叙于长沙使院。

《湘学报》第1卷(光绪二十三年三月二十一日)

4月23日(三月二十二日) 章太炎由于与康梁等意见不合,致信汪康年,表示要离开《时务报》。

章太炎《致汪康年函》:

报馆一席,断难姑留。投我木桃,在他人或未忍此,况彼自谓久要乎?久要而犹不免于此,则复合之后何如也。凡事离之则双美,合之则两伤。常以笔墨相交,则纪念自生,恐又自此开衅,不如早离为要。

汤志钧编《章太炎政论选集》上册,中华书局1977年版,第16页

4月30日(三月二十九日) 以御史管廷献奏银行官设,流弊宜防,命王文韶、张之洞奏陈官办银行利弊。

《德宗景皇帝实录(六)》:

谕军机大臣等:前据盛宣怀条陈自强大计,请开设银行。业经谕令招商集股,合力兴办。兹据御史管廷献奏银行官设流弊宜防一折,缕陈原定章程,窒碍多端,有不可解者六条,大致谓银行不必冠以中国字样;官款拨存,亦须指定抵还的款;及殷商担保,汇兑官款,须交实银;设立商会公所,止议商务,不得干预金矿等务;银行设有拖欠,与国家无涉。自系慎始图终,预防流弊起见。平心而论,银行之设,固属富强要图,然兹事体大,中国情形,与东西各国亦有不同,现当创办伊始,自应通盘筹划,计出万全。该御史所指官设银行各流弊,固宜防范,惟中国不自行举办,一任外人在内地开设,攘我利权,亦非长策。著王文韶、张之洞会同盛宣怀悉心妥议,究竟官设银行利弊若何,彻始彻终,详细具奏。并将该御史所奏,逐条声复,以凭核办。

《清实录》第57册,中华书局1987版,第267页

5月21日(四月二十日)　杭州求是书院正式开学。该书院系浙江巡抚廖寿丰筹设,杭州知府林启在蒲场巷普慈寺旧址创办。此为杭州创办近代教育的开始。

《德宗景皇帝实录(六)》(光绪二十三年七月辛卯):

浙江巡抚廖寿丰奏:浙江省城专设求是书院,兼课中西实学,下所司知之。

《清实录》第57册,中华书局1987版,第313页

廖寿丰《为遵旨开办求是书院兼课中西实学事奏折》(光绪二十三年六月十七日)

头品顶戴浙江巡抚臣廖寿丰跪奏,为浙江省城专设书院兼课中西实学恭折奏明立案,仰祈圣鉴事。窃臣于上年二月间遵旨议复臣工条奏时务折内,陈明设学堂一条,谨当随时劝导举行。嗣经中外诸臣将书院变通推广,先后奉旨通行各省遵办。窃维居今日而图治,以培养人材为第一义,居今日而育材,以讲求实学为第一义;而讲求实学,要必先正其志趣以精其术业,大学格致诚正修齐治平之道,舍古今中外而不易者也。欧美诸邦,学堂各千百计,自髫龄入小学,以次而中学,而大学,犹是家塾、党庠、州序、国学之制也。若船学、若矿务、若种植、若制造,犹是讲武、训农、通商、惠工之政也。苟事事物物务求其实,朝考夕稽,弗得弗措,何学之不成,亦何事之不举。乃积习相仍,时变日亟,病词章、帖括之不足恃,而群慕西学;窃恐规摹形似,剽窃绪余,借一二西语、西文以行其罔利梯荣之故智,不独西学无成,而我中国圣人之教且变而愈忘其本。此臣之所大惧也。

查浙江杭州省城,旧有敷文、崇文、紫阳、学海、诂经、东城书院六所,今方以制艺取士,势难骤为更张,另设则无此经费,惟有酌筹改并,因势倡导。择庠序有志之士,奖进而培植之,庶趋向端而成就易。泰西各学,门径甚多,每以兵、农、工、商、化验、制造诸务为切于时用,而算学则其阶梯,语言、文字乃从入之门。循序以进,渐有心得,非博通格致不得谓之学成。屏一切模糊影响之谈而课其实事,庶他日分布,传习愈精而成才愈众。臣叠与司道筹议,并饬杭州知府会商绅董,就普慈寺后现有群屋量加修治,专设一院,名曰求是书院。即委该知府林启为总办,延一西人为正教习,教授各种西学,华教习二人副之,一授西文,一授算学,委监院一人管理院中一切事宜。一面购置仪器图籍,由地方绅士保送年二十以内之举、贡、生、监,饬据该总办考取复试,接见询问,择其行谊笃实,文理优长,并平日究心实务而无嗜好习气者,于本年四月二十日送院肄业。但予奖赏,不给膏火,学以五年为限,并明定规约,妥立课程。每日肄业之暇,令泛览经史国朝掌故及中外报纸,务期明体达用。以孔孟程朱为宗旨,将有得之处撰为日记,按旬汇送查考,每月教习以朔日课西学,总办以望日课中学,年终由臣通校各艺,分别等第,勤者奖,惰者罚,不率教者斥,优异者存记。选翻译之人译述各种有用之书,为振兴学校之助。

所有常年经费并教习、翻译、监院及司事人等薪脩工资并奖赏火食等,每年需银五千余两。此外尚有随时购置仪器图籍暨学生纸笔一切杂用不在此数。除将东城书院每年膏火银一千两全数拨用外,于各书院奖赏存典生息项下岁提息洋三千元有奇,及各局裁省减并共洋四千有奇,合计尚不及万,均未动支正项。当此开办之始,规模不敢过侈,俟经费稍充,再图展拓,省外各府署,经臣分札饬办,如宁波、绍兴、金华、湖州、台州、严州、海宁等属,或就书院加课,或设学堂专课,各视经费多寡,议章开办,亦均未请动帑项。臣当随时督察,冀收实效。将来该书院学生学业成就,如有才能超异者,由臣咨送总理衙门以备器使,各府属学生有可用之才,由该府禀请调省考验,一体咨送,以广出身,而资鼓励。

中国第一历史档案馆编《光宣年间浙江兴办新式学堂史料(上)》,《历史档案》2004年第2期

汪诒年《汪穰卿先生传记》:

是年，先生又以故乡尚无讲求实学之校舍，会闻某僧寺以事没入官，乃冒暑回杭，亲谒各绅，议改某寺为学堂，命名崇实，草拟章程。事为某某二绅所尼，不果行。然先生不为所阻，仍时时游说于官绅间。其后巡抚廖縠似（寿丰）、杭州林迪臣太守（启）韪其议。二十三年丁酉遂有求是书院之设。延聘英文、算术诸名流为教习，杭州有讲求实学之所，盖自此始。时当局之意，欲以管理之事相属，先生力辞不就，荐某君以自代。其功成不居如此。是院设立未久，二十七年更名求是大学堂。后又改为浙江高等学堂。数年之间，人材之出于此中者颇不少。

汪诒年《汪穰卿先生传记》，1938年杭州汪氏铸版，第2卷，第8～9页

6月（五至六月） 孙中山受伦敦红十字会总医生柯士宾之嘱托，将其所著《红十字会救伤第一法》译成中文，本月出版。

孙中山《〈红十字会救伤第一法〉译序》：

英医柯士宾君，伦敦城赤十字会总医员也，著有《救伤第一法》一书，言简意赅，剖理精当，洵为济世之金针，救人之要术。其书已译有法、德、义、日四国文字，要蒙各国君后大为嘉奖，鼓励施行。去冬，与柯君往游英君主云塞行宫，得观御跸之盛。柯君道君主仁民爱物之量充溢两间，因属代译是书为华文，以呈君主，为祝六十年登极庆典之献。旋以奏闻，深蒙君主大加奖许，且云华人作挑[桃]源于英藩者以亿兆计，则是书之译，其有裨于寄英宇下之华民，良非浅鲜。柯君更拟印若干部发往南洋、香港各督，俾分派好善华人，以广英君主寿世寿民之意。呜呼！西人好善之心，可谓无所不用其极，此其一端也。

译毕，爰记数言，以弁卷首。

广东省社会科学院历史研究室、中国社会科学院近代史研究所中华民国史研究室、中山大学历史系孙中山研究室合编《孙中山全集》第1卷，中华书局1981年版，第108页

△ 孙中山自获释后，直到本月准备离开英国前，在伦敦参观、考察、读书、交友，对欧洲社会加深了认识，为其提出三民主义奠定了一定基础。

孙中山《建国方略・有志竟成》：

伦敦脱险后，则暂留欧洲，以实行考察其政治风俗，并结交其朝野贤豪。两年之中，所见所闻，殊多心得。始知徒致国家富强、民权发达如欧洲列强者，犹未能登斯民于极乐之乡也；是以欧洲志士，犹有社会革命之运动也。予欲为一劳永逸之计，乃采取民生主义，以与民族、民权问题同时解决。此三民主义之主张所由完成也。时欧洲尚无留学生，又鲜华侨，虽欲为革命之鼓吹，其道无由。然吾生平所志，以革命为唯一之天职，故不欲久处欧洲，旷废革命之时日，遂往日本，以其地与中国相近，消息易通，便于筹划也。

中山大学历史系孙中山研究室、广东省社会科学院历史研究所、中国社会科学院近代史研究所中华民国史研究室合编《孙中山全集》第6卷，中华书局1985年版，第232页

6月30日（六月初一日） 梁启超与汪康年、麦孟华等以发起成立不缠足会，先由时务报馆创办，后归大同译书局办理。

汪诒年《汪穰卿先生传记》：

一为设立戒缠足会 是会由先生与梁卓如及高安邹殿书（凌瀚）、长沙张伯纯（通典）、达县吴铁樵（樵）、浏阳谭复生（嗣同）、临桂龙积之（泽厚）、顺德赖弼彤（振寰）、南海康幼博（广仁）、香山张玉涛（寿波）、顺德麦孺博（孟华）诸君公同发起，章程二十条，由吴君、梁君二

人起草，邹君、谭君、龙君加以增删。其简章第一条曰："此会之设，原为缠足之风，本非人情所乐从，徒以习俗既久，苟不如此，即难以择婚。故特创此会，使会中同志可以互通婚姻，无所顾虑，庶几流风渐广，革此浇风。"第二条曰："凡入会人所生女子，不得缠足。"

第三条曰："凡入会人所生男子，不得娶缠足之女。"第四条曰："凡入会人所生女子，其已经缠足者，如在八岁以下，须一律放解，如在九岁以上，不能放解者，须于会籍报明，方准其与会中人婚娶。"(下略)

是会于二十三年六月初一日由时务报馆创办，梁君所拟章程既定稿后，南皮张孝达尚书时为两湖总督，特为作序，以重其事。其时各处士流致函会中，表示赞成，或条列疑义相与磋商者，几于日有数起。至于开列姓名，请为隶名会籍，或且以劝导为己任，愿列名于会董者，尤不可数计。会务之发达，真有不崇朝而遍远近之概。遂由时务报馆改归大同译书局办理(此译书局系梁君与诸同人集赀创设，戊戌五月总理各国事务衙门奏改为译书官局，旋奉旨赏梁君六品衔办理译书局事务)。至二十四年八月政变后，大同书局被官封闭，不缠足会因之停办，会员册籍亦遂失散焉。

汪诒年《汪穰卿先生传记》，1938年杭州汪氏铸版，第6卷，第4～5页

梁启超《戒缠足会叙》：

眼、耳、鼻、舌、手、足，受诸天，受诸父母。有一不具若残缺者，谓之废疾，谓之天之戮民。古王之制刑也，为劓、为戮、为刖，将以天戮，戮不肖以威天下，仁者犹或讥之，恶其伤天而残人类也。男女中分，人数之半，受生于天，受爱于父母，匪有异矣。虽然，人类之初起，以力胜者也。力之最悬绝不相敌而势最易分者，莫如男女。故男子之强悍者，相率而倡扶阳抑阴之说，尽普天下之女子而不以同类相待。是故尘尘五洲，莽莽万古，贤哲如鲫，政教如海，无一言一事为女子之计。其待女子也有二大端：一曰充服役，二曰供玩好。由前之说，则豢之若犬马；由后之说，则饰之若花鸟。禀此二虐，乃生三刑，非洲、印度以石压首使成扁，其刑若黥；欧洲好细腰，其刑若关木；中国女子缠足，其刑若斮胫。三刑行而地球之妇女无完人矣。缠足不知所自始也，要而论之，其必起于污君、独夫、民贼、贱丈夫。苟以恣一日之欲，而敢于冒犯千世之不韪。其行事则商受之剖孕斮涉，其居心则刘鋹之斗兽戏蛇。以孔教论，所谓作俑其必无后。以佛法论，所谓地狱正为此人。嗟夫，天下事良法每惮于奉行，而谬种每易于相袭，以此残忍酷烈轻薄猥贱之事，乃至波靡四域，流毒千年。父母以此督其女，舅姑以此择其妇，夫君以此宠其妻。龀齿未易，已受极刑，骨节折落，皮肉溃脱，创疡充斥，脓血狼藉；呻吟弗顾，悲啼弗恤，哀求弗应，嗥号弗闻。数月之内，杖而不起，一年之内，舁而后行。虽狱吏之尊，无此忍心，即九世之仇，亦报不至是。顾乃以骨肉之爱，天性之亲，徇彼俗情，为此荼毒。呜呼！可不谓愚人哉？可不谓忍人哉？昔五季、两宋之间，此风虽盛，然犹不过教坊乐籍，用以饰狐媚，博缠头，羡涎所浸，祸及今日。世胄豪富，竞相夸尚，良家清裔，视为固然。刑戮其所生而不以为怪，倡优其门户而不以为耻。匪直不可闻于邻国，乃真所谓失其本心。岂人之性恶耶？所习者然耳。且中国之积弱，至今日极矣，欲强国本必储人才，欲植人才必开幼学，欲端幼学必禀母仪，欲正母仪必由女教。人生六七年，入学之时也，今不务所以教之，而务所以刑戮之、倡优之。是率中国四万万人之半，而纳诸罪人、贱役之林，安所往而不为人弱也。吾闻之《春秋》之义，以力陵人者，据乱世之政也。若升平世、太平世，乃无是矣。地球今日之运，已入升平，故陵人之恶风渐销，而天然之公理渐出，非洲、印度之压首，欧洲之细腰，今其地好义之士，各合变力，思所以豁去之。殆将变矣，而吾中国满蒙旧俗，幸未染此，后妃崇贵，同屣依然。世祖章皇帝，制作之圣人也。顺治十七年，特下制书，普论海隅，痛改

积习。其为法也,其女若妇有抗旨缠足者,其父若夫杖八十,流三千里。大哉王言!将救此一方民矣。徒以旧污太深,奉行不力,沿谬蹈敝,仍数百年。《易》曰:"穷则变,变则通,通则久。"于是豪杰之士,毅然思所以易之者。虽然,持藻火以入裸国,则濩落而无容。恳只柱以砥横流,则力薄而易败。故斯义虽立,而丕变为难。顺德赖君弼彤、陈君默庵,今之人杰也,鉴此魔习,誓救众生,广集群才,力辟宏会,义取易简,例必谨严,昏姻相通,故相攸可无他虞。妇学继开,则风流将以益广。振臂一呼,而同志谷应者已数百户。呜呼!岂非人心所同然,天理所可信者邪?非常之原,黎民惧焉,及其成就,海内翕如也。三十年后,吾神明之裔,必有二万万人。奉两君而尸祝之者,世之君子,请应吾言以俟之。

梁启超《饮冰室合集·文集之一》,中华书局1988年版,第120页

梁启超《试办不缠足会简明章程》:

一、此会之设,原为缠足之风,本非人情所乐从,徒以习俗既久,苟不如此,即难以择婚。故特创此会,使会中同志可以互通婚姻,无所顾虑,庶几流风渐广,革此浇风。

以上立会大意一条。

二、凡入会人所生女子,不得缠足。

三、凡入会人所生男子,不得娶缠足之女(此指入会后所生男子而言,若会前年已长大,无不缠足之女可娶,或入会人尚少,择配不易相当,则不在此例)。

四、凡入会人所生女子,其已经缠足者,如在八岁以下,须一律放解,如在九岁以上,不能放解者,须于会籍报明,方准其与会中人婚娶。

五、凡入会者,书其姓名、年岁、籍贯、居寓、仕履,及妻之姓,子女之名(凡未定婚者皆报名,已定婚者无庸报名),以备刊登会籍之用(其式另列附张)。

六、凡入会后,所生子女,当随时陆续报名,以备续刊会籍。

七、凡入会报名后,由本馆赠劝女学歌一本,以为入会之据。

以上入会章程六条。

八、凡会籍以姓分册,百人为一册,每年刊印一次,分致入会之家。

九、开会之始,由同志各持一籍,劝人入会,谓之草籍。草籍不以姓分册,岁终将草籍缴至总会,排比族姓,刊定清册,谓之正籍。

以上会籍章程二条。

十、本会总会设于上海,暂借时务报馆开办。各省会皆设分会。各州县市集,就入会人多之处,随时设小分会,其所在之地,陆续登报布告。

十一、各总会分会,随地皆立主会、副主会,以有功德于本会者为之。或由董事公举,无定员,主厘订会例,稽查清册,若不兼办女学刻书等事,不受薪水。

十二、各总会分会,皆设董事,无定员,主劝人入会,并商略会例,督办会办,皆以同志领之,不受薪水。

十三、总会设司事四人,分会设司事二人,小分会设司事一人,主收各处报名单。(一)排比族姓,刊刷会籍。(二)将会籍分致入会之家。(三)并登记捐资人姓名。(四)刊印每年出入清册。(五)司事酌给薪水(若入会人多事繁冗,则随时议增设司事)。

十四、本会草籍以五十人为一册,凡有在本会领出草籍劝人入会满一册者,即推为董事。满十册者即设小分会。

十五、各会司事由主会董事择人而用。

以上开会章程六条。

十六、本会之设建会所，请司事印送会籍及劝女学歌等事，费颇浩繁，不能不设法佽助，然亦不宜强人捐钱，方准入会，凡入会者，愿捐则捐，不拘多少，即少至数百钱亦可，即不捐亦可。

十七、此会若推行日广，则需费益多，入会之时，收捐甚微，仍恐不敷开销，海内达人，好行其德，务望慷慨见助，以赞厥成，天下幸甚。

十八、凡助资一百两以上者公推为主会，十两以上者公推为副主会。凡主会、副主会每年皆将姓字台衔汇登报章。其助资至五百两以上者，他日在会馆中，设立木主祀之，千秋俎豆，以志盛德。

十九、本会每年集资若干，开销若干，皆列清单，附会籍后，分致入会之家，并登报章，以昭大信。

二十、本会所收入会捐及助资，除按年实销开列清单外，如有余资，或设女学校，或设妇孺报馆，或设妇婴医院，或设恤嫠局，皆由临时酌议，惟他日所有一切利益，惟会中人乃得均沾。

以上经费章程五条。

不缠足会董事　张通典　邵凌瀚　吴樵　龙泽厚　谭嗣同　赖振寰　张寿波　康广仁　汪康年　梁启超　麦孟华同启

翦伯赞、刘启戈等编《中国近代史资料丛刊·戊戌变法》(4)，
上海人民出版社、上海书店出版社2000年版，第433～436页

张之洞《戒缠足会章程叙》：

今世士君子为中国谋富强、计安危者，会中国民数，率皆曰四万万人。呜呼！中国果有四万万人哉。山泽民数，阴阳不齐，以男女各半为通率，禹迹九州之内，自荒服狭乡极贫下户外，妇女无不缠足者，农工商贾畋渔转移职事之业，不得执一焉。或坐而衣食，或为刺绣玩好无益之事，即有职业者，尪弱顷侧，跰躃却曲，不能植立，不任负载，不利走趋，所作之工，五不当一(机器纺纱织布局，司机者一人常管数机，须终日植立奔走，缠足者不能为也；机器缫丝局其司盆者，亦须久立，缠足者亦不便)，与刑而废之、幽而禁之等。是此四万万人者，已二分去一，仅为二万万人。男子二万万，其吸洋药者，南北多寡相辅，大率居半，又十分去五，仅为一万万人。此一万万人中，其识字读书有德慧术智者，十人中止二人，又十分去八，仅为二千万人。以中国幅员之广，而所资以出地产，尽人巧，上明道术，下效职事，旁御外侮，其可用之民仅如此，裁足当日本之半，甚矣其危也。

古之欲强国者，先视其民，一曰众其民，二曰强其民，三曰智其民。今日智民在兴学，强民在戒烟，众民在使男女皆可资国家之用。兴学之举，朝廷有明诏矣。戒烟之举，余于抚山西时，设两局力行于省会，官弁吏士，戒者日多，余去晋后，旋即废罢。今江湖诸省，政令不如山西之易行，惟先于书院之士、挑练之兵、新募之勇行之，其余俟以渐变化之耳。若禁缠足之议，则同治初年，南海桂君文耀尝上书言之而未行也。

梁君卓如合南北之贤者数十辈，倡为此会，并为之说，其意美矣，其言创此事者之不仁，亦已痛切矣。然特言其拂乎天理也。请更言其害于家、痛于国者：不任职事，家食自窘，一也。贫者困于汲爨抱子，富者修饰愈甚，疾病愈多，终身若负械而行，不能自脱，家政废，医药繁，二也。水火兵乱，不良于行，不能逃免，三也。尤酷者人子之生，得父母气各半，其母既残其筋骸，痺其血脉，行立操作，无不勉强，日损无已，所生之子女自必脆弱多病，噫。吾华民之禀赋日薄，躯干不伟，志气颓靡，寿命多夭，远逊欧美各洲之人，病实坐此。试观八旗满蒙不缠

足,广东沿海不缠足,其人气体之强,即胜各省,信而有征,四也。洪范六极,以弱终之。今以洋药弱之于既生以后,而又以母气不足弱之于未生以前,数十百年以后,吾华之民几何,不驯致人人为病夫,家家为侏儒,尽受殊方异族之蹂践鱼肉,而不能与校也。夫远不合古圣人礼经服舄之制,近不奉今圣人会典衣饰之法,而甘自同于雕题镳耳之蛮俗,以自蹙其类,周礼所谓怪民,王制所谓异服,孟子所谓戕贼,汉法所谓不道,兼而有之,此其可怪,殆有甚于吸洋药者矣。

且夫父母非不慈其子也,为其戾俗而难嫁也。是故俗之可染,可以胜礼;俗之所锢,可以抗令。今傥请诸朝而禁革之,则必有以不知务沮之者。然非齐之以法,则私禁亦终不行。然则为之奈何。曰:记不云乎,化民成俗必由学。是惟志士仁人,日以强华族、化游惰、足民食之义,提倡海内,朝廷之外,十九省之广,感发必多。父兄儆其家,耆绅晓其乡,其俗已动于学,然后以法从之。于是各约同乡京官合词上请于朝,重申顺治十七年圣谕惩罚之条,罪其父母夫男,并著为令:自光绪二十年以后,所生之女,凡缠足者,不准给封为命妇;不缠足之妇女,为人所欺者,以良贱相殴论。如是则此俗革矣。吾不惟伤此中华二万万妇女废为闲民僇民也,吾甚惧中华四万万之种族从此嵬琐疲苶以至于澌灭也。

今年七月初五日,湖北、湖南两省人服官广东者,潮州府知府李士彬、韶州府知府陈武纯等二十二名,联名公禀,乞余下禁妇女缠足之令于两湖。事虽未能猝行,人心之憬悟振奋,已大可见,是此会之效也。诸君子既为此会以救二万万之妇女,何不更立戒烟会以救一万万之男子。除此两害,虽不能比于抑洪水,驱猛兽,其功当不在韩昌黎之下。愿梁君更播吾说于十九省,以吾之所惧者动下。

光绪二十三年七月,南皮张之洞书

国家清史编纂委员会·文献丛刊《张之洞全集》(12),武汉出版社2008年版,第380~381页

宋恕《书不缠足会后》(1897年7月):

五大洲之民俗,其出人意表者多矣!而最难索解者莫如我大清境内汉族妇女之缠足一事。恕尝苦索其解,久而后得之。今者岭南、江表士大夫创不缠足之会,可谓千载一时、大慈大悲者矣。然而阳春和寡者何也?其诸病源之去非会中人所能为力欤!

夫汉族妇女之所以尽心力于缠足一事者非愚也,非忍也。夫使病源于愚,则妇女之智者必不为,今智者亦为之,则病不源于愚也审矣。夫使病源于忍,则妇女之仁者必不为,今仁者亦为之,则病不源于忍也审矣。然则受病之源安在?

宋恕曰:闻见之虚影迷误其羞慕,古今之实形隔绝于耳目,斯受病之源欤!所谓闻见之虚影迷误其羞慕者何也?一曰听歌,二曰观剧。今自通都名城下至三家之村莫不有鬻歌者。其歌词状古美妇女若才妇女、若贵妇女必曰"三寸之足",状古丑若蠢、若贱妇女必曰"盈尺之足"。而汉族数百兆夫男妇女殆无一人未曾听歌,歌词虚影深入人心。若夫曾观剧者亦殆居五分之四,而剧者状古美若才、若贵妇女亦必短其足,状古丑若蠢、若贱妇女亦必长其足。剧相虚影深入人心,里巷以为谈助,父母与有荣辱,人之好名,谁不如我?女之孝者较多于男,安得不尽心力于此也哉!所谓古今之实形隔绝于耳目者何也?一曰妇女无学,一曰旗、汉不杂处。汉以来女学久废,妇女能读书者万不获一,未曾读书,故于歌、剧所状,信之若考据家之于六经三史,理也,势也。夫人非仙灵,安有不披一简、不开一卷而知古美妇女若才妇女、若贵妇女之皆非缠足者哉!安知姚、姒、子、姬、刘、李、赵、朱之代皆无缠足之令者哉!安知儒、墨诸教皆无缠足之训者哉!夫常人之情,举止服饰莫不慕贵,今夫天下为人母之最贵者莫如皇太后、皇后、公主矣,次则亲郡王、贝勒子、镇辅国公、将军之命妇也,又次则旗籍大臣内而枢院、阁部,外而将军、督抚之命妇也,然而皆非缠足者也。然而旗、汉不杂处,自非曾

居游京师及生长于驻防之区者,毕生未闻旗人之名,何况其形,彼又安知旗籍命妇之皆非缠足者哉!彼又安知亲郡王以次之命妇皆非缠足者哉!彼又安知皇太后、皇后、公主之皆非缠足而同符唐、虞、三代者哉!且即使居游京师及生长于驻防之区,而旗、汉仍不杂处,闺门寡出,婚嫁不联,罕获亲炙,终难浃洽,所以鲜相慕效者也。

今欲挽此病源则有二策:上策非会中人所能为力也,是在九重慨然追三代之典,师东邻之制,下教育之令:令民男女六岁皆入学。次策则惟有列名公请诸行省尚书、侍郎会奏:请整饬乐部、增立新令:嗣后演剧惟娼妓许状缠足,自非娼妓慨[概]不许状缠足,犯者重惩。剧者革,则沿门鬻歌者自将徐革矣。又请变通旗籍旧章:凡旗人之贫而愿致力于农工商者许其出外与汉民杂处,一体归州县辖治,则病源亦可渐清。诸君子倘以为然乎?或曰:"子之所画皆必不行之数也。"曰:"然哉。然吾姑妄言之,子姑妄听之而已。且夫孔、孟、庄、墨之书皆姑妄言之书也,百世之下闻风兴起者亦皆姑妄听之徒也,宁独宋恕好为空谈?且宋恕何谈非空?又岂独论缠足一事哉!"

胡珠生编《宋恕集》(上册),中华书局 1993 年版,第 269 ~ 271 页

7 月 1 日(六月初二日)　孙中山乘努美丁号轮船由英国前往加拿大。

7 月 11 日(六月十二日)　孙中山抵达加拿大蒙特利尔市。后在温哥华、维多利亚等地活动。

7 月 14 日(六月十五日)　黄遵宪拜访翁同龢,谈论对时局之意见。

《翁同龢日记》:

(六月)十五日　……晚黄公度来辞行,明日起身矣,长谈:

第一事开学堂;二事缓海军,急陆军(十五万已足);三事海军用守不用战(合船无用,朗喊哩亦无用)。

三大可虑:一教案,一流寇,一欧洲战事。有一于此,中国必有瓜分之势。

论人材少许可(于晦若、沈子培、姚子良,沈尚能办事。朱之榛、盛杏孙、郑苏盦、梁(启)超、叶畅勇、杨文骏,并好才)。

陈义杰整理《翁同龢日记》第 6 册,中华书局 1997 年版,3015 页

8 月 2 日(七月初五日)　孙中山乘印度皇后号轮船前往日本。

△《经世报》(旬刊)创刊。宋恕主笔,章太炎、陈虬等任撰述,馆址设杭州,上海设分馆。至同年 12 月,共出十六册。

宋恕《〈经世报〉叙》(1897 年 7 月 20 日):

今赤县之民有恒言曰某学经,某学史,某学理,某学数,某学文,某学诸子,某学经世。经世别为学之一宗,于是世之昧于经、昧于史、昧于理、昧于数、昧于文、昧于诸子之学者,莫不以经世为逋逃薮,于是世之明于经、明于史、明于理、明于数、明于文、明于诸子之学者,激而避经世之名若污。污之诚是也,彼逋逃者污之欤?宋恕曰:"始污经世者,别经世为学之一宗者也。"夫古无所谓经学、史学也,学者学经世而已矣!理者,经世之的;数与文者,经世之器;而经、史、诸子者,经世之师承也。

世谓:“孔门分科以教,惟政事一科为学经世。”呜呼!殆不然欤?宋恕曰:“理者,经世之的,德行则理学也,孔门莫不学,而颜、闵诸氏所得最较深。数与文者,经世之器,言语、政事则数学也,孔门莫不学数与文,而宰、冉、言、卜诸氏所得最较深。彼颜、闵诸氏,深于经世之理,而于数与文较浅,故不著书,不谈道统,不问国政,彼盖以大道既隐,天下为家,无可谈之道统,无可问之国政,著书徒劳,不如其已,枉尺如见南、拜跖,寓志如《春秋》、《尚书》,则又未能,故寂寂然,所谓“至悲无声”者欤!宰、冉诸氏,深于经世之数,而于理与文较浅,故弗能忍,而汲汲焉欲试其言语、政事之长,言、卜诸氏,深于经世之文,而于理与数较浅,故小大毕识,孜孜穷老,功乃反在颜、闵诸氏上。然则四科何一非经世之学也欤?

孙宝瑄曰:“训诂者,学之始,词章者,学之终,均不得别为一宗之学。”宋恕曰:“然哉然哉!”训诂者,四科之始,即经世三学之始;词章者,四科之终,即经世三学之终。刘汉以后,训诂、词章家争据孔门之文学,李唐以后,治训诂、词章而不若人之徒,或乃悍然自居于孔门之德行以傲朋俦,于是纵横家遂敢妄附孔门之言语,法家遂敢妄附孔门之政事,而孔门经世之三学于是乎绝矣!《诗》曰:“为民不利,如云不克。”彼法家之政事,非治民也,克民也。夫至以克民为经世之学,则昧于学者之以为逋逃薮,而明于学者之污之也固宜。故曰:“始污经世者,别经世为学之一宗者也。”

今白种诸国,大小学校,莫不以经世为学,以三学为教。日本崛起黄人,兴学尤锐,师白而宗儒,行之二十余年,举国男女几莫不粗通三学,略涉孔书,专精之士百万有余,报馆八百,学会繁殊。赤县之民相形大愚。异哉!四科之教几绝于此土而骤兴于彼都,素王之旨积晦于乡邦而复明于遐区也。

鸣呼!向使平仲不阻,子西不争,先师裂土,改制新民,四科之教遍于群儒,步汤蹈武,放癸诛辛,祖述二帝,揖让千春,岂有商鞅、李斯之臣,杨广、朱温之君,流贼、宦者之氛,完颜、奇渥之运,至于弑烝称“圣”、屠掠号“仁”,一夫咆哮,万里荆棘者哉!

虽然,四科之教几绝于此土,抑岂无一线之延?素王之旨积晦于乡邦,抑岂无空山之悟?自赵宋南渡,中原人荒,惟浙东西,豪杰特盛,若陈止斋氏、叶水心氏、陈同甫氏、王伯安氏其尤著者。而梨洲先生奋乎百世之下,直接孟氏之传,伟哉《待访》一录,其于素王之旨如拨云而露日,四科之教庶纲举而目张矣!鸣呼!向使浙中先哲得位行道,遵素王之旨,昌四科之教,革盈后之法,反姬前之政,则彼日本欤、白种欤,将天我,师我,而何有鹿豕视我、戎蛮待我之今日也欤!

今赤县之民渐知耻矣!夫不耻者昏,徒耻者懦,耻莫若学,学莫若会,立学会莫若基报馆。诸君子是以辟斯馆、创斯报也,其诸知耻者欤?其诸非徒耻者欤?!《诗》曰:“风雨如晦,鸡鸣不已。既见君子,云何不喜。”故抑奋笔为陈古破俗、证邻颂献,以表四科一学,以表儒嫡在浙,以表斯馆乃基学会,斯报非逐市利;以告我浙人及非浙人,以告我赤县人及非赤县人:继自今其勿复敢轻浙人!其勿复敢轻赤县人!其极无浙无非浙,无赤县无非赤县,所谓太平之世远近若一,则斯报之终事也夫!

《诗》曰:“毋金玉尔音而有遐心!”凡我浙人,凡我赤县人,其诸无恶于斯报而乐与相应以有成欤!

胡珠生编《宋恕集》(上册),中华书局1993年版,第273~275页

8月16日(七月十九日)　孙中山由加拿大抵达日本横滨。

陈少白《兴中会革命史要》:

不久,孙先生从伦敦脱险出来,离开英国,经美国加拿大乘皇后船来日本。到横滨登岸,天还没有亮,他到我家里来,我还没有起来。我在报上和孙先生的信中,知道他避[被]难的详情,又早已接到他的信,要来日本。见面之后,觉得异常快乐。

柴德赓、荣孟源等编《中国近代史资料丛刊·辛亥革命》(1),上海人民出版社、上海书店出版社2000年版,第42页

8月28日(八月初一日)　《实学报》在上海创刊,旬刊。王仁俊任总编,章太炎任总撰述。

王仁俊《实学报启》:

一、本报之设,以讲求学问,考核名实为主义,博采通议,广译各报,内以承三圣之绪,外以周知四海之为,故名《实学报》。

二、本报用石印装订成册,每月刊布三次,每册约三十叶。

三、本报分四大纲:曰天学,浑盖通法律历要义,以及中西算理,一切权衡度量之属隶焉。曰地学,山川形势,边防险要以及万国图志,五洲矿产之属隶焉。曰人学,圣贤教术,朝野掌故,中外制度约章,因革异同,以及礼乐兵刑工商之属隶焉。曰物学,格致体用动植形性以及光化声汽重力之属隶焉。其目五十有奇(目繁另载),凡中外通人论著,未经刊行译出者,均分隶四类,俾他日订成各书。

四、本报恭录上谕,摘采章奏之涉及实学者,除冠列四类前,不复分隶,不讥朝政,不议官常,其一切琐事新闻,概不登载。

五、本馆所聘皆学行俱优,才堪经世之士,所撰论说,勿偏激,无迂腐,总蕲同志观摩,勉为有用之才,将以扶植世运,启牖民智。虽报馆设在租界,并不假外人为护符,提倡维持,则海内宏达,与有责焉。

六、本报翻译东西各报悉照原文,稍加润饰,词达理举,总以不失本意为主。

七、编录各项统由本馆总理酌定,但本报论说期于敬业乐群,集思广益,五洲方闻,如有撰述不吝赐教,当谨署大名,列入名编。或于本报论说有所咨询,有所匡正,倘以爵里姓氏见示,定当酌刊报后,以表大公。

八、中外学人,如有颛门名家新著新译,裒然成编,或有心问世,或无力付雕,果以稿来,即付收条存馆,每期附印,俾成完帙,先于报尾条叙著书大纲,以慰劬学之心,以餍阅者之望。

九、海内如有新悟一理,新得一法,新成一器,及新设书院学堂章程,如蒙邮示大概,当随时列报,藉资考镜,余则一概谢绝。

十、本馆译西报内其人名地名不习见者,依《时务报》例,作中西合璧表附于报后。

十一、本馆创办此报,需款甚巨,现已禀道存案,凡所刊报及译刻书籍,不许他人翻印及改换面目,如违送办。

右刊报凡例十一则。

《时务报》第36册,光绪二十三年七月二十一日

章太炎《实学报叙》(1897年8月12日):

世言地球以上之野马,谓之空气,然而轻养淡绿各负其质,无往而非实也,必并与其空气而涤除之,则爈火不然,喘蠕不生,而大块或几乎息矣。由是观之,空不足持世,惟实乃可以持世。微生之物,细若蛮触,游息尘埃,自相战斗,是惟有实质,故相遇而触,学者挟其所有,是丹非素,或诡戾至不可听,要亦有其一至之见,桄充脢臆,故能持之有故,言之成理,犹愈于漂薄无所邸者,而况职志六籍实事求是之学乎?

繄古九流，皆出于周官之掌故，遭秦灰烬，高文荡如。汉世抱残缺，遗术犹略可睹。陵夷至于魏、晋，浮屠稍炽，以嘘枯吹生为能事。恨大圜之束缚，而欲摧破去之，共球一撮，则愈不暇留意，终于典章不讲，艺术不考，嫿点九能，如含瓦砾，而实学亡矣。唐、宋以降，政法程度，举不能逮先民，惟畴人操算，稍上合乎周髀，斯则硕果不食，于五际为革政之世。今日之能以欧罗巴学上窥九流者，其芽蘖在是也。惜夫溟渤以外，听远音者闻其疾而不闻其舒。至于小雅尽废，四夷交侵，创痍既深，乃流嘶哽咽以道之，则已日莫途远。救时之彦，于是为置学堂。然一行省数千里，就学者廑以百数，俗儒鄙夫，蔽所希闻，大共非訾者，犹十而三四。高材之士，则又跂梧鼠、非螣蛇，涉猎五技，不忍攻苦。又不欲居浅陋、闻格致矣，以希腊、巴比仑之古教炫之；问古教矣，以佛说炫之。乃曰黄赤青黑，惟吾目是视；角征[徵]穆羽，惟吾耳是听。综其所论以施之西学，则正负乱；以施之中学，则名实乱。然则彼且以此涂智者之耳目，而况中人乎？

吴王子有忧之，曰：吾不暇计夫陵谷之变迁与仓海之为大陆也，又不敢诋娸古人，以为其学不埃及若也，又不忍以阿含楞严驭西学也。吾行求其拙，吾学求其实而已。虽然，彼戆愚朴陋与高言孟行者，吾无若彼何矣。吾党之士，或学矣而未达，或怏郁愤悱而未遂，则吾将与之共蹈于实学之域。史官既绝，天府既息，讲学于宦奥，户外莫应，将效夫西人之建藏书楼欤。吾不能，将设学会以美致来者，姱于江南则已隘，大淮以北，大汉以西，千里重趼而至者，则未有南荣趎其人也。曩者纂《格致古微》，以廓《畴人传》、《瀛海论》之义，既栻之木觚以询贤哲矣。今欲一言而播赤县，是惟报章。大坂之报，一日而籀读者十五万人；《泰晤日报》，一日而籀读者三十万人。以中国拟之，则不可倍蓰计已。抑以报章比于书藏学会，则犹有轩輖焉。是故以译书为鹄的，以译事为乏，相为鞞辅，以成是报。章子曰：伟哉造物者，其以子为此互史也。

夫报章者，诚史官之支与余裔，故迈人之职，击铎哗扣，风听胪言，以陈之王史氏，其歌谣为国风，其成事为百二十国之宝书，此行之自上者也。遭世混浊，淄缟罔辨，金匮石室之气浊，而山林之气清。于此有人焉，则上为素保氏，下为素撣人象胥，取六艺之学、中外之闻，辨程其短长，为一书，或旬而纪，或月而纪，此行之自下者也。

夫报章者，诚史官之支与余裔也。刘子骏有言："墨家者流，盖出于清庙之守。"其在周初曰史佚，其后曰史角，然则墨翟学于史氏。故其声、光、热、重之学，奭然为诸子最。今为《实学报》，其必念夫墨子而后二千余年，旁魄熔凝以有是篇，必奭然为纪事之书最。且子以其目言，圜则九重则曰天，黄垆息壤则曰地，五种孳乳则曰人，牵牛纪始则曰物，其称谓不辨。而自大圜以内，重黎之所绝，苍牙之所别，化益之所录，尽此矣。是其名也，亦可以言实矣。

夫烈缺辟历，蛰伏地中，莫见其形，而所在有电，故忽然而焚大槐，曰惟气实故。火球丽天，以黑斑为原质，八行星虽巨，皆掔曳惟命，曰惟力实故。今子言实学，将不惟嘤喋苛事之是求，共厚积广流以为言学者依倚也，则吾有望于子。

王子曰：然哉然哉！如君所祈割，吾有志也，而犹未届焉。虽然，吾尝闻于墨子矣。鹤夜半而鸣，天下震动，异于蛙黾之聒聒者，吾虽无似，彼坚郗之口，玉卮之辨，鼓其浮虚，初发难于名物训诂，而终施及于格致者，则烛之审矣。彼上悖于六经，下不契于诸子，吾为此惧，不能忍而与之终古，以有此报也，庶有瘳乎，其诸饰巧说玩琦辞者，亦与之更始乎。

光绪二十三年岁在丁酉七月之望，余杭章炳麟枚叔甫叙。

汤志钧编《章太炎政论选集》上册，中华书局1977年版，第28～31页

张元济《致梁启超书》：

近见《实学报》、《经世报》,皆有显与《时务报》为敌之意,此皆例有之阻力,执事幸勿为所动也。《经世报》言多粗鲁,姑勿论。而《实学报》则最足以动守旧者之听,且足以夺貌新者之心。济料其声势必将日大。然一二十年后,民智大开,又必不辨而自屈,则又何必沾沾于目前之是非也。其以天地日月例夫妇,仍不过八股之学。《华盛顿传》后极赞民主,与其《平议》宗旨,大相矛盾。如此之类,不胜枚举,又安能自成一家乎?非谓异我者即在所必摈,东西报馆岂无异趋。所恨者,以爝火之微,而亦欲与日月争明。使为守旧之徒,犹可言也,而伪在此似新之辈。夫处今之世,即合此十百有志之士,通力合作,犹恐未必有济。况复显分畛域,同室操戈!济处局外,且深怨愤,而何论公与穰卿之身当其际者乎?虽然,出一言,行一事,而天下翕然,则已为大同之世矣,而今尚非其时,济敬以两言相勖曰:"勿与之相竞,勿因此自馁。"迟之既久,必能共明。且此之接踵而起者,何一非公与穰卿之私淑弟子乎?此亦公自知之也。

汤志钧编《章太炎年谱长编》上册,中华书局1979年版,第56页

9月20日(八月二十四日)　为设立通艺学堂,刑部主事张元济等呈文总理衙门,恳请奏明立案。

张元济等《为设立通艺学堂呈总理各国事务衙门文》:

刑部主事张元济、工部主事夏偕复、内阁中书陈懋鼎、内阁中书王仪通,呈为援案设立通艺学堂,讲求文字术艺之学,恳请奏明立案事。窃维时事多艰,储才宜亟,迭经中外臣工条奏,钦奉谕旨,推广各省学堂,并令官绅集资创办。凡有知识,人人思奋。本年正月,职等联集同志,分筹款项,于琉璃厂赁居民房,延聘教习。先习外国语言文字,业经具呈声明,并蒙发给同文馆书籍,各在案。数月以来,悉心研究,觉其条理之密,孳乳之蕃,字句之后先,词气之轻重,例繁类杂,融贯为难。自非深于华文,无以究洋文之精奥。又其推算之学,格物之理,制气尚象之法,体国经野之规,各有专门,足资借镜。而非博通中国古今之沿革,亦无由考求而得其会通。向来士族儒流,多鄙视别国方言为不屑,而习攻翻译者,大抵闾阎寒贱、性识暗钝之人,毋惑乎互市数十年,欲求一二通达中外文字学术之人而寥寥罕觏也。职等设立学堂,来学者多系京员及性质聪颖之官绅子弟,其于中学均已具有规模。现在定立课程,先习英文暨天算舆地,而法、俄、德、日诸国以次推及。其兵、农、商、矿、格致、制造等学,则统俟洋文精熟,各就其性质之所近,分门专习。一俟筹款稍充,再行延洋教习,广购仪器,分建藏书、译书等馆,以期考核精审,温故知新。并遵照光绪二十一年五月总理衙门议复刑部侍郎李瑞棻推广学校章程,选派优等学生游历外国,扩其才识,或再入各国大学堂肄业,期底大成。

伏查二十一年十二月总理衙门议复御史陈其璋推广学堂一折,准令官绅集资创建,奏明办理。今试设半年,规模渐立,来学日众,自应援案呈请具奏。惟是风尚初开,向学伊始,若不稍加奖励,无以鼓舞人才。而教习一途,足以胜任者本难多得,各省学堂争相延订。而此间限于经费,修脯歉薄,欲得博涉多通之士以为师资,于事尤为不易。查上海广方言馆、广东同文馆高等学生,均经总理衙门随时调考,优者保奖留馆供差。将来学堂所有成业学生,有情愿投效同文馆者,可否援照此案,准其随时报名,积有人数,即由总理衙门、同文馆定期调考,分别录用。又查本年二月总理衙门议复安徽巡抚邓华熙筹添学堂一折,准令所聘教习仿照十八年新疆设立俄文馆章程,三年期满著有成效,有官人员保加升阶,无官人员比照同文馆作为翻译官。再留三年,始终不懈,准以府经历、县丞归部铨选。将来学堂所聘教习,可否援照此案,三年届满,请由总理衙门考验确实,一律奖叙。如蒙允准,则教者自能实心指授,

而学者亦必日起有功，似于育才之道，不无裨益。所有设立学堂渐有端绪，应请奏明立案，及援案恳予奖劝等情，理合具呈吁请。伏乞恩准施行，谨呈。

张人凤编《张元济全集》第5卷，商务印书馆2008年版，第1～2页

《总理各国事务衙门奏片》（光绪二十三年十一月二十四日）：

臣衙门于本年正月间，接据刑部主事张元济等呈称：联合同志，分筹款项，赁房开馆，学习西国语言文字，请发给同文馆书籍等因。当经照准拨给在案。

兹于八月二十四日复据张元济等呈称：设立通艺学堂，来学者多系京员及官绅子弟，现在定立课程，先习英文及天算舆地，其兵、农、商、矿、格致、制造等学，俟洋文精熟，各就性质之所近，分门专习。伏查二十一年十二月总理衙门议复御史陈其璋推广学堂一折，准令官绅集资创建，奏明办理。今试办半年，规模粗立，来学者众，自应援案呈请具奏，并援案请将学堂教习比照成案，酌给奖叙，暨学堂成业学生仿照广方言等馆学生例，调考录取等因。臣等查近日中外交涉事宜条目日繁，需才益亟。仅恃臣衙门之同文馆、上海之广方言馆、广东之同文馆及南北洋闽厂学堂数处，学生有限，诚不足应各省之取求。前议推广学堂，通行各省，而官绅创办尚属寥寥。该员等居京师首善之地，筹款设立学堂，自行讲习，造就人才，留心时务，志趣实属可嘉。其所请酌奖教习一节，应比照安徽成案，略与变通。拟俟三年期满著有成效，由该学堂出具考语，禀由臣衙门核办。有官人员准其保加升阶，无官人员准其作为监生，一体乡试。再留三年，始终不懈，准以府经历、县丞归部铨选。其成业学生愿投效同文馆者，应准其随时报名，听候调考。惟必须由该学堂出具凭单，将学生所习何业、成就分数、考试等第，详悉注明，由同文馆查核，再行调考，以防冒滥。所有京员集资自建学堂缘由，理合附片具陈。伏乞圣鉴训示。谨奏。

朱寿朋《光绪朝东华录》第4册，中华书局1958年版，总4008页

9月23日（八月二十七日）　直隶总督王文韶奏请创设育才馆。

《德宗景皇帝实录（六）》：

直隶总督王文韶奏，创设育才馆，分课中西经史策论及天文、地理、格致、图算一切根本之学，以期渐收得人之效。下所司知之。

《清实录》第57册，中华书局1987版，第342页

9月（八月）　孙中山会见日本志士宫崎寅藏、平山周等。

陈少白《兴中会革命史要》：

孙先生住在我的房子内，倒也很好，又因当时驻横滨的中国领事，是一个自了汉，不会与我们为难，所以冯镜如几个人，也就依旧高兴帮同孙先生重新活动起来。

有一天，宫崎把香港的事情办妥，再来横滨，到我家里来，那时我已到台湾去了。当时时光很早，孙先生还没有起来，听得有人叩门，就披衣出来相见。宫崎见了，说明来意，孙先生说陈某已往台湾，宫崎大为失望。及问孙先生的姓名，孙先生对他说了，他眼见面前的人，就是革命党的大首领孙逸仙，又高兴得了不得，当面说明一向仰慕的话，并把从前访我的事实来意，详细说出。孙先生早从我这里知道这段事由，知道他就是宫崎寅藏，也非常快乐，就请他坐下，自己进房盥洗，重新出来，同他谈了半天。从此以后，宫崎就不绝的到横滨来见孙先生，又请孙先生同到东京去，介绍见他生平最佩服的一个前辈犬养毅。

后来犬养毅又介绍孙先生认识一个进步党员平冈浩太郎。平冈是九州岛福冈煤矿的主

人，家里很有几个钱，甚爱慕孙先生之为人，遂请孙先生到东京居住，好多识几个政客伟人，所谋更加活动。并且知道孙先生境况不佳，所有房饭各费，悉由他一人负担。又因为孙先生一个人在东京起居不便，就请宫崎的朋友平山周作伴，照料一切。两个人住在一起，门上的名称，也就用平山周三字。孙先生不懂日本话，平山周能略解英文，还可靠他当翻译。

柴德赓、荣孟源等编《中国近代史资料丛刊·辛亥革命》(1)，上海人民出版社、上海书店出版社 2000 年版，第 43 页

《追怀孙中山先生座谈会》：

平山周述国父伦敦蒙难后抵日本情形云：明治三十年（一八九七年）夏天，听说孙先生到了横滨，犬养派我和宫崎、可儿三人前往迎接，这是我和孙先生初次会面。当我与参谋部宇都宫太郎少佐（后升为大将）会面的时候，我听他说，中国有一个人叫孙文，是提倡革命的。后来我到中国去，在船上看报，载有孙逸仙的名字，我想或者就是此人。抵达上海，逢人打听，都说不知道。有一天，我往书店里去买书，忽然看见有孙文著的《伦敦蒙难记》一书，当时我即买了一本，读完之后，知道孙文是广东人，以及他的大概经历。

不久我返抵日本，晤见宫崎，详谈此事，他道："若往横滨访问陈少白，就可以知道孙文的消息。"于是我们二人一同去横滨，专访陈君。到了他的家里，有一个人出来对我们说："陈少白现在往台湾去了。"我们就问他孙文的消息，他道："我就是孙文。最近将要到安南去，联合同志，往中国内地去革命。"第二天我们忽接到他的信，说他不去了，要住在日本。所以我同宫崎、可儿三人往横滨陪他到东京，与犬养相会。从犬养的家中辞出后，我们请孙先生住在数寄屋桥旁的对鹤馆内，在馆内来客姓名簿上签名时，孙先生要写一个假名，想到我们来时，路过有乐町中山侯爵邸前，孙先生就在旅馆名簿上写"中山樵"三字。那时得到住在东京有乐町的片山荣次郎帮助，在麹町平河町租了一栋房子，我们就请孙先生住在那里。不久，外务省的小村知道此事，他道："中日战争方告结束，现在要把反清朝的革命党人庇护在日本，恐有问题。"后来犬养对大隈侯爵谈及此事，准由东京府发给《居留地外侨许可证》，孙先生才得在日本平安居住。

从明治三十年（一八九七年）十月起，孙先生在平河町住了一个多月，又迁到早稻田鹤卷町的高桥琢也家里住，租高桥的房子是犬养介绍的，大约住了一年光景。后来我和宫崎往中国去调查各地情形。我们抵达上海，宫崎往南方去，我往北方去。到了北京我遇见山田良政，那时他是海军武官泷川君的助手。

丘权政、杜春和选编《辛亥革命史料选辑》上册，湖南人民出版社 1981 年版，第 20～21 页

宫崎寅藏《三十三年之梦》：

次晨早起，便驰往陈白寓所。见着那个和蔼的侍女，打听在否。她说："还未起床，我去叫他起来。"我止住了她，在庭前徘徊，等他起床，独自陷入了妄想之中。忽听"吱嘎"开窗的声音，不由得抬头一望，见有一个身穿睡衣的绅士伸头向外探视，见到我便微微点首为礼，用英语说了一声"请进"。我仔细一看，这个人正是在照片上见过的孙逸仙先生。于是身施一礼，走进门去。被让到客厅落座以后，他也拉过一张椅子和我对坐。他刚刚起来，口未漱，脸也未洗，对他这种态度随便的样子，我首先感到惊讶，又觉得他有点轻率，不够稳重。我立即递过名片，道过初次见面的寒暄。他说从陈白那里已知道我的情况，并问我广东方面情势如何。我说明无暇详查该地情势而回来的理由，并且告诉他今天能获见一面的喜悦。他复述了从陈白处已听到先二兄的事情以及我和陈白相识的经过。又说今天的相会是上天的安排，对我仿佛早已以心相许，毫无隔阂。这时我的喜悦可想而知了。但是对他的举止动作的轻忽，略失庄重之处，则不免感到有些失望。少时侍女来说漱口水准备好了，他说了声暂且

失陪,便走出客厅去。这时我心中觉得有些迷惘,沉思着一连串的问题:这个人能够肩负起四百余州的命运吗?他能够身居四万万群众之上掌握政权吗?我帮助这个人究竟能否完成一生的志愿呢?的确,我正是以外貌来权衡豪杰与平庸。

少时他又出来了。梳好了头发,换上了衣服,凭几端坐,这种风度,实在比得上一个好绅士。然而,我想象中的孙逸仙并不是这个样子。是的,我心里仍然觉得有些美中不足。我认为"应该更有些威仪"。啊!我犯了东洋面相学的老病而犹不自觉。

我首先发问道:"我早已听闻你是以中国革命为志的。但还不知详情。我希望能够详细领教你那所谓革命的宗旨,以及方法手段。"他徐徐开口说道:"我认为人民自治是政治的极则。因此,我的政治主张是共和主义。单以这一点来说,我认为就有责任从事革命。何况满虏执掌政权已经三百年,以愚民政策为治世的要义,以压榨人民的膏血为官吏治民的能事。积弊日深,卒致造成今日的衰弱不振,坐令大好山河,陷入任由他人宰割攘夺的悲境。有志之士,谁忍袖手旁观?故我辈力量虽小,仍冒险犯难,欲乘变乱起事,以谋自立。但不幸而遭受失败的挫折。"

静若处子的他,想不到竟如脱兔一般。不,一言重于一言,一语熟于一语,终于显示出深山虎啸的气概。他继续说道:"可能有人说,共和政体不适合中国这个野蛮国家。这只是一种不了解情况的说法。所谓共和,是我国治世的真髓,先哲的遗业。我国国民之所以怀古,完全是因为追慕三代之治。而所谓三代之治,的确掌握了共和的真谛。不能说我国国民没有理想的资质,不能说我国国民没有进取的气概。其所以怀古,岂不正是抱有伟大理想的证据吗?岂不是大有发展的征兆吗?试看没有受到满虏恶政的荒村僻地,他们现在就是自治之民。他们拥戴尊长听讼;设置乡兵防御盗寇,一切共同利害,都由人民自己协商处理:凡此种种,岂不已证明了中国人民已实行着一种简约的民主之治?今天如有豪杰之士兴起,打倒满虏,施行善政,与民约法三章,人民定必欢欣景从,讴歌企待的。倘如此,则能以爱国之心而振兴,以进取的气概而蹶起。

"而且共和政治不仅因为它是政治的根本原则,适合于中国国民的需要,并且在进行革命上也是有利的。征诸中国古来的历史,每当国内发生变乱,地方豪杰便割据要地,互相争雄,有时长达数十年而不能统一。无辜的人民因此不知要遭受多少灾祸。在当今的世界更难保没有外强乘机以谋私利的。避免这种灾祸的方法,只有实行迅雷不及掩耳的革命。同时,还在于使各地素负众望的人各得其所。这样使有声名威信的人成为一地之长,然后由中央政府妥善驾御,就可以避免纷乱而安定下来。所以说,共和政治对进行革命也是有利的。"

他用一种难以形容的悲壮的语气和态度继续谈道:"现在竟把我国广大的土地和众多的人民当作俎上之肉,如被饿虎取而食之,则将增加其蛮力而雄视天下。如果为道义之士所用,便足以用人道而号令宇内。作为一个世界上的平民和人道的维护者,尚且不能坐视,何况我生于此邦,与它直接痛痒相关呢?我才疏学浅,本不足以担当大事。然而,现在不是以此重任来要求他人而袖手旁观的时候。因此,我才自告奋勇,愿为革命的前驱,顺应时势的要求。如果上天庇佑我党,有豪杰之士前来援助,我立时让出现在的地位,愿效犬马之劳。如果无人,只好奋力肩此重任。我确信,为了中国苍生,为了亚洲黄种人,更为了世界人类,上天一定会佑助我党。你们来和我党缔交就是一例。征兆已经出现,我党一定发愤努力,不负诸位的厚望。也请诸位拿出力量援助我党,实现吾人的志业。拯救中国四亿的苍生,雪除东亚黄种人的耻辱,恢复和维护世界的和平和人道,关键只在于我国革命的成功。如果中国革命成功,其余问题均可迎刃而解。"

他的谈话言简而意赅,并且句句贯义理,语语挟风霜,其中又仿佛洋溢着无限的热情。他的谈吐虽不巧妙,但绝不矫揉造作,滔滔不绝地抒发其天真之情,实似自然的乐章,革命的旋律,使人在不知不觉间为之感动首肯。当话毕以后,其情则宛如稚子,如村姑娘般天真纯朴,胸中已无一事之凝滞。至此我才感到无比的羞愧和后悔。我的思想虽是二十世纪的,但内心却还没有摆脱东洋的旧套,徒以外表取人而妄加判断,这个缺点不仅自误,而且误人之处也很多。孙逸仙实在已接近真纯的境地。他的思想何其高尚!他的见识何其卓越!他的抱负何其远大!而他的情感又何其恳切!在我国人士中,象他这样的人究竟能有几人?他实在是东洋的珍宝。从此时起,我已把希望完全寄托在他身上了。

我对孙先生说还有一个同志南万里,便如醉如痴地回到旅馆,带他重到孙先生的寓所,围桌闲谈。我们谈到日本的政党和人物,欧美的国是,中国的现状,以及宗教哲学等。谈愈深时,情亦愈浓,绵绵缕缕不知所穷,直至薄暮,始约再会之期,然后辞归旅馆,不久又离开旅馆,赶往东京。

林启彦译《三十三年之梦》,花城出版社 1981 年版,第 121 ~ 124 页

孙中山《与宫崎寅藏等笔谈》:

宫崎:陈白先生之事,弟从亡兄弥藏之书信闻之。弟着横滨之时,家兄已逝,亦不可寻。陈白先生之事,弟心窃求陈白先生而不得,适渡清之前数日面曾根俊虎君,此人诏[绍]介陈白兄。后闻曾根氏之风闻,弟心甚痛之。

孙:共与陈君见过几次?

宫崎:二次。

孙:有谈及亚洲大局否?

宫崎:然。

孙:有谈及现与弟议之事否?

宫崎:陈先生示先生之著书。弟先略闻先生之事,是赖家兄之书信。

孙:先生有对陈君言过贵政府欲相助之意否?

宫崎:不敢言,唯诏[绍]介于犬养君。今依犬养君闻之,陈君未遇犬养君。

孙:弟意欲招陈君回来共商此事,先生以为如何?

宫崎:甚是。

孙:他日举事,弟必亲督士卒攻城袭【地】,而陈君当留日本与贵政府商办各事。

宫崎:甚可也。犬养君曰:“设广东语学堂甚可也。”必不可不设之,唯曰广东语学堂,清人或觉有心广东,故表曰中国语学堂,里实学广东语亦【可】也。

孙:甚好,陈白君优于办此等之事。如其有意,弟当早招之回日,克日举办。

宫崎:犬养君曰:“设学堂之事,中日孰可?”

孙:以日为妥。唯举事之便有设于中国,然少不稳当。

宫崎:诚然。

孙:但欲学广东【语】,则必设于广东。惟如犬君之所虑,则有不宜也。

又前贵国人士设商业学堂于上海,清人皆传此实日本欲侦探清国之情形起见,今又步其后尘,则必生疑矣。弟等又有意于兹。

宫崎:此学堂主即是荒尾精君,昨日先生见其书,可见其志。唯多数人不知其深意,而疑惧之矣。可慎也。

孙:学堂设于东京甚好。因可招我辈同志过来,名为教习,内可商议举事之策。

宫崎:甚可也,甚可也。

孙:望对犬养君言此意。

宫崎:敬承,敬承。

曾根君曾谋弟于学堂之事,弟就二三友人谈之,皆可其说,而不可其人。弟知于是[于是知]撰人之要。

孙:正是。

宫崎:现时曾君名望坠地,弟甚痛之,唯当事用之,亦有用之人物也。曾君之意,想是承陈君所嘱;陈君久有此志,因限于力,故谋及曾君也。

孙:或然,非预谋之人。

宫崎:先生之心事,弟等肘[忖]度之,唯少忍而侍[待]机可也。弟等举全力尽先生之事,先生之事【即】东洋之事,东洋之事则世界人权之问题也。先生负此重任,须持重也。"德不孤,必有邻也。"诚哉言也!

《孙中山全集》第1卷,中华书局1981年版,第176~178页

冯自由《兴中会时期之革命同志》记丁酉年(1897年)与孙中山认识之日本人士:

宫崎寅藏　日本熊本　学者　兴中会　丙申

号滔天。与孙总理及陈少白相识在丙申年后,日本志士赞襄吾国革命事业者,以此君为最努力。从戊戌年至民十四总理逝世,未尝少懈,著有《三十三年之梦》,述参加吾国革命颇详。

平山周　日本　学者　兴中会　丙申

与宫崎同时结识孙总理,戊戌政变,尝至北京救梁启超出险,后偕毕永年赴湘、鄂各省交结秘密会党,至丁未(一九〇七年)因事与总理不合,往还渐疏。

冯自由《革命逸史》第3集,中华书局1981年版,第38页

△ 陈少白在台北建立兴中会台湾分会。

冯自由《华侨革命开国史》:

兴中会会员杨鹤龄有族弟名心如者,亦兴中会员。乙未九月广州失败后,即赴台湾台北谋生,充任台北永乐町洋行买办。陈少白于丁酉年(民国前十五年)至台湾访之,遂结识侨商容祺年、吴文秀、赵满潮等数人,共组织兴中分会。惟因会员不多,未设会所,即以心如居宅充之。自后此地会员对于祖国无所表见,心如于民国后留滞台湾多年,从未返国,乡人亦多莫知其消息。民三十四年我国克复台湾,从此华侨二字之名称可废除矣。

中国社会科学院近代史研究所近代史资料编辑组编《华侨与辛亥革命》,中国社会科学出版社1981年版,第88~89页

陈少白《兴中会革命史要》:

不一日到了台北,创立了一个支会,找进了五六个会员。

柴德赓、荣孟源等编《中国近代史资料丛刊·辛亥革命》(1),上海人民出版社、上海书店出版社2000年版,第53页

△ 孙中山移居东京,广泛结交犬养毅、平冈浩太郎等日本朝野人士。常与宫崎寅藏等讨论中国革命问题。

宫崎寅藏《三十三年之梦》:

到了东京,先访木翁(即犬养毅,编者),以孙先生之事相告,他说:"这是份大礼物,怎能

不会他一面?”然后又到外交部谒见××次长汇报情况,他命我们先写一份报告。我回答说:“我们已经把秘密结社的实物带来,请径自接见面谈。”他吃惊地说:“你们这样搞可……”不过官老爷是官老爷,我们是我们。不管官老爷如何吃惊,我们也要做我们应做的事。后来终于仰仗木翁、平翁(即平冈浩太郎,编者)的帮助,在东京租了一所房子,以南万里聘请语学教师的名义,迎孙、陈两位同住于此。

林启彦译《三十三年之梦》,花城出版社1981年版,第124~125页

《追怀孙中山先生座谈会》:

可儿长一述其赞助国父革命经过云:……不久我返回东京,孙先生自伦敦经加拿大抵达日本,我们到横滨迎接他来东京与犬养会谈,请他住在牛逾[込]鹤卷町高桥琢也的一栋房子,租金每月十三元,与孙先生同伴的还有陈少白、杨衢云二人。起先由宫崎陪他在东京附近游览名胜,并经犬养介绍与大隈晤见。又由平山陪访大教育家福泽谕吉,及到熊本参观陆军大演习。当时生活费用,都由朋友帮助,我记得矿业家渡边元和朝鲜金玉均,都对先生帮助不少。

丘权政、杜春和选编《辛亥革命史料选辑》上册,湖南人民出版社1981年版,第22~23页

冯自由《兴中会时期之革命同志》记丁酉年(1897年)与孙中山认识之日本人士:

犬养毅　日本　政治家　进步党　丁酉

日本进步党领袖,由宫崎介绍孙总理相识,吾国革命党人历年在日本活动,大得其助。

平冈浩太郎　日本　煤商　进步党　丁酉

九州福冈煤矿东主,由犬养毅介绍与孙总理相识,丁戊间总理移居东京,概由平冈负担费用。

冯自由《革命逸史》第3集,中华书局1981年版,第48、49页

孙中山《建国方略·有志竟成》:

时日本民党初握政权,大隈为外相,犬养为之运筹,能左右之。后由犬养介绍,曾一见大隈、大石、尾崎等。此为予与日本政界人物交际之始也。随而识副岛种臣及其在野之志士如头山、平冈、秋山、中野、铃木等。后又识安川、犬塚、久原等。各志士之对于中国革命事业,先后多有资助,尤以久原、犬塚为最。其为革命奔走始终不懈者,则有山田兄弟、宫崎兄弟、菊池、萱野等。其为革命尽力者,则有副岛、寺尾两博士。

中山大学历史系孙中山研究室、广东省社会科学院历史研究所、中国社会科学院近代史研究所中华民国史研究室合编《孙中山全集》第6卷,中华书局1985年版,第232~233页

8至9月间(七至八月间)　孙中山为查证是否被剥夺在香港的居留权致函港英政府辅政司洛克哈特。

孙中山《致洛克哈特函》:

亲爱的洛克哈特先生:

据若干可靠消息说,由于我试图把我那悲惨的同胞从鞑靼的桎梏下解救出来,香港政府已剥夺了我的居留权利。我曾询问在伦敦的许多英国朋友,是否确有其事。他们说,英国法律及惯例都无此做法。但是我在香港的中国朋友却对这一疑问作出了肯定的回答。请你告诉我,此事是否属实?果真如此,我就将诉诸英国公众和文明世界。

永远忠实于你的孙逸仙(签名)

于日本横滨山下町五十三番地文经商店

广东省社会科学院历史研究室、中国社会科学院近代史研究所中华民国史研究室、中山大学历史系孙中山研究室合编《孙中山全集》第1卷,中华书局1981年版,第174~175页

洛克哈特10月4日复函称：

孙逸仙先生：顷接来书，备悉一是。来函系未注明寄发日期者。

兹奉上峰命函复先生。本政府雅不愿容许任何人在英属香港地方组织策动机关以为反叛或谋危害于素具友谊之邻国。兹因先生行事诚如来书所云："吊民伐罪，为解除国人备受鞑虏专制暴虐之羁绊。"凡若所为，有碍邻国邦交，自非本政府所能容许者。如先生贸然而来，足履斯土，则必遵照一八九六年所颁放逐先生出境命令办理，而加先生以逮捕也。谨此奉复。香港辅政司史超活路克。一八九七年十月四日

陆丹林《革命史谭》，《近代稗海》第1辑，四川人民出版社1985年版，第504～505页

9月　汪康年与曾广铨等创办蒙学公会，并创办《蒙学报》，于11月24日（十一月初一日）起发行。

汪诒年《汪穰卿先生传记》：

设立蒙学公会发行蒙会学报　是会由先生与湘乡曾敬贻（广铨）、仁和叶浩吾（瀚）、吴县汪甘卿（钟霖）三君公同发起。立会之本旨分四大宗：一曰会，合天下心志，使归于群，相与宣明圣教，开通锢蔽。一曰报，立法广说，新天下之耳目，而为蒙养之表范。一曰书，为图器、歌诵、论说，便童蒙之诵习，而浚其神智。一曰学，端师范，正蒙养，造成才，必兼该而备具。公议先以书、报为起点，以会、学为归宿。而《蒙学报》遂于二十三年十一月初一日发行。其报例：第一条曰：本报分两大纲，一为母仪训育之法，其目凡四：一曰养育，一曰劝诵，一曰仪范，一曰演习；一为师教通便之法，其目凡六：一曰课字，一曰数理，一曰方名，一曰智学，一曰史要，一曰时事。第二条曰：本报以启蒙为主，故专取浅明通便之法，以图说、歌诀为第一要义，期于演说易晓，玩象可知，其图说、问答用白话，歌诀、论略用文理，务期先后序进，一意贯承云云。

汪诒年《汪穰卿先生传记》第6卷，1938年杭州汪氏铸版，第7页

梁启超《蒙学报演义报合叙》：

人莫不由少而壮，由愚而智。壮岁者，童孺之积进也；士夫者，愚民之积进也。故远古及泰西为善为教者，教小学急于教大学，教愚民急于教士夫。嗟夫！自吾中国道术废裂，舍八股、八韵、大卷、白折之外，无所谓学问。自其就傅之始，其功课即根此以立法，驱万万之儒童，使之桎梏汨[汩]溺于味根、串珠、对偶、声病、九宫、方格之中，一书不读，一物不知，一人不见，一事不闻，闭其脑筋，痽其手足，窒其灵性，以养成今日才尽气敝之天下。斯义也，吾昔论学校幼学一编，即已重忧而长言之矣。抑士夫之所谓学问者，既惟是光方乌钧渡挽是讲是肄，是切是磋。此学也，农学之无救于馁，工学之无救于窳，商学之无救于困也。然天下之学，既无有出此之外者，则彼农也，工也，商也，以为学也者，固非吾人所当有事焉耳。于是乎普天之下皆不学。今言变法，必自求才始，求才必自兴学始。然今之士大夫，号称知学者，则八股、八韵、大卷、白折之才十八九也。本根已坏，结习已久，从而教之，盖稍难矣。年既二三十，而于古今之故，中外之变，尚寡所识，妻、子、仕宦、衣食，日日扰其胸，其安能教？其安能学？故吾恒言他日救天下者，其在今日十五岁之童子乎！西国教科之书最盛，而出以游戏小说者尤夥，故日本之变法，赖俚歌与小说之力。盖以悦童子，以导愚氓，未有善于是者也。他国且然，况我支那之民不识字者，十人而六，其仅识字而未解文法者，又四人而三乎？故教小学教愚民实为今日救中国第一义。启超既与同志设《时务报》，哀号疾呼，以冀天下之一悟。譬犹见火宅而撞钟，睹入井而怵惕，至其所以救焚拯溺，切实下手之事，未之及也。既又思为

学校报,通中西两学,按日而定功课,使成童以上之学童诵焉。自谓得此,则于教学者殆庶几矣,而于教小学、教愚民二事,昧昧思之,未之逮也。岁九月归自鄂,而友人叶君浩悟、汪君甘卿,有《蒙学报》之举,门生章生仲和及其哲兄伯初,有《演义报》之举,两日之间,先后见告。即闻之,且忭且舞,且喜不寐,呜呼!其或者天之不欲亡中国,故一败之辱,而吾国人士之扼腕攘臂,思为国民效力,为天下开化者。趾相错,自今以往,而光方乌钓渡挽之凶焰,或可以少熄,中国之人亦渐可教矣乎。斯固救焚者之突梯,拯溺者之桔槔也。他日吾学校报成,使童孺诵蒙学报者,既卒业而受焉,则荀卿之所谓始于为士,终于学圣,其由兹矣。岂曰小之云乎哉?

《饮冰室合集·文集之二》第56~57页

《蒙学公会公启》:

立会本旨

蒙养者,天下人才之根柢也,根本不正,萌芽奚遂?是以屯难造物,受之以蒙,圣经遗制,规利宏远。某等痛愤时艰,恐善良种子播弃藩落,受人蹂躏,用是仰体圣心,立为蒙学公会,务欲童幼男女,均沾教化为主。

…………

本会创始先办书报,后立学堂;报则由同志集垫款项,开馆译印;书则辑译兼资,其有海内通人著作,图器书论,极便蒙学者,务求函示本会,或全付刊印,或甄录报端,以裨教益。

本会力微任重,书报开风化之源,立学期成才之众,关系责望,均属非轻,总求同志日多,策力交竭,广为劝导,助成此举。凡与会者乞赐示姓名、里址。按期录登报后,目曰会友题名录。

本会志在集益,凡同志与会,务求于本会所立各章及书报论说、歌诀,各种义例,或专拟章程,赐教不逮;或纠正错误,函示精详者,均当录报尾,编为博议,以资法则。

本会初办虽只书报二端,然体例宗旨,不可不博而精,且印译书报取其精详赅备,师资之益,解助之惠,不能无望于斯世之贤达。与会同志分为三端:一为议事之会友,凡定章编书之事属焉;一为捐助之会友,凡集赀垫款,购赠书器之事属焉;一为兼议事与捐助之会友,凡书章与集垫听自择而任焉。

本会先办书报,通系同志集款垫办,概不在外劝捐,将来立学拟分二馆:一曰童蒙师范学,一曰幼童养育学,再加扩充,拟设中等专门之学。庶成才日多,上之可备国用,下之不失本业,心期之副,力薄为难,集腋之功,当资众举。届期开办如集资不充,再由同志订章广募,其在立学之先,捐助书报之用者,皆以集垫资本论,以余款按期划还。

翦伯赞、刘启戈等编《中国近代史资料丛刊·戊戌变法》(4),
上海人民出版社、上海书店出版社2000年版,第458~459页

10至11月间(九至十月间) 梁启超联合维新派人士集资在上海大马路泥城桥西首创办大同译书局,由康广仁、康幼博任经理。

《任公先生大事记》:

上海大同译书局创于丁酉年九十月之间,戊戌奉谕改为官书局,未成而政变,集资仅五六千金。印出之书大部者《经世文新编》,余十余种均小册子,有《俄皇大彼得变政考》等书,《日本书目志》四册,康南海著亦由大同译书局印行。

丁文江、赵丰田编《梁启超年谱长编》,上海人民出版社1983年版,第71页

梁启超《大同译书局叙例》:

译书真今日之急图哉。天下识时之士，日日论变法。然欲变士，而学堂功课之书，靡得而读焉。欲变农，而农政之书，靡得而读焉。欲变工，而工艺之书，靡得而读焉。欲变商，而商务之书，靡得而读焉。欲变官，而官制之书，靡得而读焉。欲变兵，而兵谋之书，靡得而读焉。欲变总纲，而宪法之书，靡得而读焉。欲变分目，而章程之书，靡得而读焉。今夫瞽者虽不忘视，跛者虽不忘履，其去视、履固已远矣。虽欲变之，孰从而变之，无已，则举一国之才智，而学西文，读西籍，则其事又迂远，恐有所不能待。即学矣，未必其即可用。而其势又不能举一国之才智而尽出于此一途也，故及今不速译书，则所谓变法者，尽成空言，而国家将不能收一法之效。虽然，官译之书，若京师同文馆、天津水师学堂、上海制造局，始事迄今，垂三十年，而译成之书，不过百种，近且悉辍业矣。然则以此事望之官局，再自今以往，越三十年，得书可二百种。一切所谓学书、农书、工书、商书、兵书、宪法书、章程书者，犹是万不备一，而大事之去，固已久矣。是以愤懑，联合同志，创为此局。以东文为主，而辅以西文；以政学为先，而次以艺学。至旧译希见之本，邦人新著之书，其有精言，悉在采纳，或编为丛刻，以便购读；或分卷单行，以广流传。将以洗空言之诮，增实学之用，助有司之不逮，救燃眉之急难，其或忧天下者之所乐闻也。

一、本局首译各国变法之事，及将变未变之际一切情形之书，以备今日取法。译学堂各种功课，以便诵读。译宪法书，以明立国之本。译章程书，以资办事之用。译商务书，以兴中国商学，挽回利权。大约所译先此数类，自余各门，随时间译一二，种部繁多，无事枚举。其农书则有农学会专译，医书则有医学会专译，兵书则各省官局，尚时有续译者，故暂缓焉。

一、旧译之书，或有成而未刻，刻而已佚者，随时搜取印布，或编为丛书，以便新学购读。

一、中国人所著或编辑之书，有与政教艺学相关，切实有用者，皆随时印布。

一、海内名宿，有自译自著自辑之书，愿托本局代印者，皆可承印，或以金钱奉酬，或印成后以书奉酬，皆可随时商订，同志之士，想不吝见教。

一、本局所印各书，行款装潢，悉同一式，散之则为单行本，合之则为丛书，收藏之家，至为便益。

本局系集股所立，不募捐款，印出各书，译费印费，所縻甚巨，已在上海道署存案，翻印射利者究治。

梁启超《饮冰室合集·文集之二》，中华书局 1988 年版，第 57 ~ 58 页

10 月 26 日（十月初一日）《国闻报》在天津创刊，严复、夏曾佑等主编，宣传维新变法。与上海《时务报》分掌南北舆论界的领导地位。戊戌变法后遭清政府查办，1898 年 12 月被迫停刊。

严复《〈国闻报〉缘起》：

光绪廿三年之夏，馆之主者，议创《国闻报》于天津。略仿英国《太晤士报》之例，日报之后，继以旬报，越五月而后成事。报将出，客有造室而问曰：《国闻报》何为而设也？曰：将以求通焉耳。夫通之道有二：一曰通上下之情，一曰通中外之故。为一国自立之国，则以通下情为要义；塞其下情，则有利而不知兴，有弊而不知去，若是者国必弱。为各国并立之国，则尤以通外情为要务；昧于外情则坐井而以为大小，扪籥而以为日圆，若是者国必危。道光之季，既通道于欧墨各洲；咸同以来，若广州、若福州、若上海、若天津，各以次设立报馆。自上年今大冢宰孙公奏设《官书局汇报》于京师，而黄公度观察、梁卓如孝廉、汪穰卿进士继之以《时务报》，于是海内人士，似稍稍明于当世之务，知四国之为矣。踵事而起者，乃有若《知新

报》、《集成报》、《求是报》、《经世报》、《萃报》、《苏学》、《湘学》等报。讲专门之业者,则有若《农学》、《算学》等报。虽复体例各殊,宗旨互异,其于求通之道则一也。虽然,凡此诸报,其撰述事例可略分为二类:大抵日报则详于本国之事,而于外国之事,则为旁及;旬报则详于外国之事,而于本国之事,则为附见。阅报之人,亦略可分为二类:大抵阅日报者,则商贾百执事之人为多,而上焉者或嫌其陈述之琐屑;阅旬报者,则士大夫读书之人为多,而下焉者或病其文字之艰深。夫若是,则于求通之术,其或有未尽矣乎?抑吾尝闻之:积人而成群,合群而成国,国之兴也,必其一群之人,上自君相,下至齐民,人人皆求所以强,而不自甘于弱;人人皆求所以智,而不自安于愚。夫而后士得究古今之变,而不仅以旧德之名世为可食也;农得尽地利之用,而不徒以先畴之畎亩为可服也;工得讲求艺事,探索新理,而不复拘拘高曾之规矩为不可易也;商得消息盈虚,操计奇赢,而不复斤斤于族世之所鬻为不可变也。一群之民智既开,民力既厚,于是其为君相者,不过综其大纲,提挈之,宣布之,上既不劳,下乃大治。泰西各国所以富且强者,岂其君若臣一二人之才之力有以致此哉?亦其群之各自为谋也。然则今日谋吾群之道将奈何?曰:求其通而已矣。而通下情尤以通外情为急。何则?今之国,固与各国并立之国,而非一国自立之国也。

吾试言吾民不通外情之弊。今欧美教士,足迹遍天下,大都蒙犯霜雪,跋涉险阻,耗资财,劳筋骨,以求其所谓尽人事天之道,此不独在吾中国然也。而吾民之相遇者,视其劝善之书,则以为收买人心矣,得其治病之药,则以为迷拐人口矣,此不通西儒之所谓教也。游历之士,或登高山,涉大川,地学之家,或搜古迹,考物产,以求其所谓博物穷理之学,此亦不独在吾中国然也。而吾民之相遇者,睹其筹笔之记载,则以为侦探矣,见其测量之仪器,则以为厌术矣,此不通西士之所谓学也。尤其甚者,见其男女之交际,而或疑为淫乱,见其贵贱之杂坐,而或讥为野蛮,此不通西士之礼俗也。其诸类乎此者,更仆不可以悉计。坐是不通之弊,于是平居无事,则互相猜忌,积不相能,仓卒之间,毫毛之事,群然而哗,激为事变。数十年来,如闹教案,杀游士,不一而足。上烦九重之虑,下竭举国之力,仅而后安。不通外情,其流弊乃至于此,可胜痛哉!可胜悼哉!然则求吾民通知外情之道将奈何?曰:欲通知外情,不能不详述外事,欲详述外事,不能不广译各国之报。此《国闻报》馆之所为继诸家而起也。本馆取报之例,大要有二:一、翻译;一、采访。翻译之报,若俄、若英、若法、若德、若美、若日本、若欧、墨其余诸国。萃取各国之报,凡百余种,延聘通晓各国文学之士,凡十余人。采访之报,如天津本地,如保定省会,如京师,如河南,如山东山西,如陕甘新疆,如奉天吉林黑龙江三省,如前后藏,如内外蒙古;外国如伦敦,如巴黎,如柏林,如森彼得堡,如纽约、华盛顿。访事之地,大小凡百余处;访事之人,中外凡数十位。

本馆编报之例,大要亦有二:凡寻常之事,无论内地边地,中国外国,义取观览明晓者皆登之每日续印之报;至重要之事,亦无论内地边地,中国外国,苟足备留存考订者皆登之。十日合印之《汇编》。阅兹报者,观于一国之事,则足以通上下之情;观于各国之事,则足以通中外之情。上下之情通,而后人不自私其利;中外之情通,而后国不自私其治。人不自私其利,则积一人之智力,以为一群之智力,而吾之群强;国不自私其治,则取各国之政教,以为一国之政教,而吾之国强。此则本馆设报区区之心所默为祷祝者也。

王栻编《严复集》第2册,中华书局1986年版,第453~455页

《国闻报馆章程》:

(一)本馆出报两种:日报每日印一张,计八开,用四号铅字排印,名曰《国闻报》。旬报十日印一册,约计三万言,用三号铅字排印,名曰《国闻汇编》。

(一)日报首登本日电传上谕,次登路透电报,次登本馆主笔人论说,次登天津本地新闻,次登京城新闻,次登保定、山东、山西、河南、陕西、甘肃、营口、牛庄、旅顺、奉天、吉林、黑龙江、青海、前藏、后藏各处新闻,次登外洋新闻。至东南各省新闻,东南各报馆言之甚详,本馆一概不述。

(一)日报另出附张,不取分文。先登告白,次登每日上谕,宫门抄,京外各衙门奏折。其所印奏折,四围留空白,以便阅报诸君将来汇齐,裁订成册。

(一)毁谤官长,攻讦隐私,不但干国家之律令,亦实非报章之公理。凡有涉于此者,本馆概不登载。即有冤抑等情,借报章申诉,至本馆登之告白者,亦必须本人具名,并有妥实保家,本馆方许代登。如隐匿姓名之件,一概不登。

(一)日报每月售制钱三百文,旬报每册售制钱一百五十文,一年计三十三册,定阅全年者,每分售制钱四千文。外埠寄费,按照路之远近酌量加费。凡代本馆经售各报者,其报资按八折计算,即以二成作为代售经费。但各代卖之人,向阅报人取值,不得多于本馆所定之数。

王栻编《严复集》第2册,中华书局1986年版,第455~456页

严复《〈国闻汇编〉叙》(亦名《天津国闻报馆启》):

图书所载,四五千年红黑黄白之族,民皇帝王之政,兴亡倚伏,狎主扶舆,何莽然其不一致也!然求其公理,蔽以一言,不过相通则治进,相闭则治退而已。相通之用奈何?横胪异说,校其旨趣,以甲例乙,以丙例丁,博涉深思,择其至当,一家之学,万国之书,乃相待而得定论焉。

神州建国,群圣相承,大义微言,既明既习。惟彼欧美,政教如海,方我震旦,凫鹄异涂,名言所隔,阻于人天,丐灵舌人,传者万一。于是沉思之士,钩考为劳,比例之功,末由托始。洎乎甲午之役,世变益亟。并世贤达,群谋译报,图效桑榆,寡妇惜纬,单禽填海。凡为同种,共谅其心。任士所劳,尽于此矣。徒以川原绵隔,旧习湛久,么弦孤唱,收效实难。西士斯宾塞尔有言:人生于群,如质之点,难以一点,化其全质。然而运会所铸,积微成著。知能信守,有天有人,造化之机,借斯作径。道在吾党,毋狃其习,毋欺其意,毋馁其气;维新守旧,择善而从。其说行,时也;其不行,亦时【也】,二者将各有所宜,而吾所能为,独无妄而已矣。其言如此,此以见民智之事,会异观通,独难为功,而众易为力也。不佞等被服儒术,遭遇清时,或少丁多难,远涉瀛寰;或长识通方,悟兹求野。于旁行斜上之书,畴人子弟之学,生有微尚,粗启津涂,际此时艰,不敢自闷,愿从诸君子后,补苴一二焉。夫记七十二家之封禅,微管所以治齐,绎百二十国之宝书,左邱于焉翼教。事有古今,贵通则一。凡百君子,幸而教之。

王栻编《严复集》第2册,中华书局1986年版,第456~457页

△ 译书公会主办的《译书公会报》创刊。总理为恽积勋、恽毓麟,协理为董康、赵元益等,总主笔为章炳麟及杨模,总翻译为黄存嘉。1898年5月24日(光绪二十四年初五)出版最后一期。

《译书公会报·启事》:

本公会志在开民智、广见闻,故以广译东西切用书籍、报章为主,辅以同人论说。今首先译出之书,为《五洲通志》、《交涉纪事本末》、《拿破仑失国记》、《维多利亚载记》、《威林吞大事记》、《英国史略》。……所译各报,如英《泰晤士报》、《律例报》、《东方报》;法《非轧罗报》、《勒当报》、《国政报》;美《自立报》、《纽约报》、《铁路报》;日本《政策报》及东报之最著名者若干种。……七日为期,全年四十六册。

汤志钧编《章太炎年谱长编》上册,中华书局1979年版,第56页

章太炎《译书公会叙》:

九域之民不同,其食味、别声、被色均也。声浪之清浊,由其水土;语言文字之乖牾,由其习俗。象鞮不通,气不得齐和,中外相视,于是乎若光音天人。通之以地籁。地籁既通,其赫蹏犹未能户知,中外相视,于是乎若桃梗。悲夫!古者东方介氏之国,犹能与牛马言;今其头颅肱胫,吾与之同出于一范,闻其言,若伯劳鼓造,睹其文字,若虎所攫画之虢。若是者何也?

亡所造作,则自东方大瀛以至四海均律不变;骊骍之鸣,九万里一也。有所造作,则邻屋比畛之间,其发于嗌亢者殊,其表识亦殊。学士所诵,大匠不与知;大匠所诵,驵侩不与知。然则审人之音之难于审牛马之音也,知人之文之难于知牛马之蹄远也,脑气撼之矣。令吾中国无《尔雅》、《爰历》,则三古以上,吾且不能审诗商、协书名,况异域乎?

章炳麟曰:互市以来,所传译泰西书,仅逮四百种,兹无错愕也。是四百种者,既剞劂刻镂,不遍流布,拘学佼夫至不能举其目,兹亦无错愕也。虽然,瞽者美瞀者,瞀者美明者,五大洲之册籍,吾不能博发而扬诩之,吾则瞀矣。且新理日出,岁无留故,一息炭养更,其事立变。若乔木之移阴,若蛇蚹蜩翼之移壤,而吾犹守旧译,以成世之暗智,其焉能与之终古?吴越之间,有《大明》、《采艺》之诗人焉,闻之曰:"夫善稻与伊缓也,大卤与大原也。昔三王之季,犹能得其主名,于今世则何有。以吾圈属群徒,逑众力以任是也则可。"夫古者百二十国之宝书,于今为蓝皮书,藏之金縢,比崇于方明,吾无得而译焉。其他舌人所述,有轶事,无完史,有葱岭以西,无大漠以北。故列国之要最,肘腋之隐患,一切不省,吾迮而补之,公法、律令、学政、官制、格物、商务,著于笘籥者,故有其书或陈迹矣。或少半未卒译,吾校之以秘逸,正之以新理。横革之书,在巴黎者百五十万卷;其他称是,未度于内海,撣人、外史,口耳所不及,吾求之雒通、译之渊泉而不涸竭。虽然,创夫竹帛之成,而不得流布于震旦,以餍蟫鱼之腹,如囊者四百种之效也。乃取夫东西朔方之报章,译以华文,冠之简端,使学者由唐陈而识宧奥。盖自辖轩使者之职以溯秘书,其陈义略备矣。

嗟乎!五十年以往,士大夫不治国闻,而沾沾于声病分隶,戎士视简阅仅若木熙,无一卷之书以教战者,怀安饰誉,其祸遂立见于今日。故定武之书,郊居之赋,天地以弱文化之国;绿耳之骑,大黄之矢,天地以弱用武之国。一旦变易,官无其法,法无其人,人无其书,终于首施两端,前却失据,悲夫!以草莱数人,仅若稊米,而欲紬五洲书藏之秘,以左政法,以开民智,斯又夸父、精卫之续也。独尝借观于邻国,日本得王仁以《论语》、《千字文》传,其后经术艺文,遂什伯百济。泰西政艺,各往往取诸希腊、罗马,而文明远过其本。然则译书公会者,安知不如微虫之为珊瑚与蠃蛤之积而为巨石也。呜呼!斯又夸父、精卫之志也。

汤志钧编《章太炎政论选集》,中华书局1977年版,第44~46页

《上海新立译书公会章程》:

一、本公会之设,以采译泰西东切用书籍为宗旨。考各国书籍,浩如烟海,中国从前所译各书,仅等九牛一毛;兹已向伦敦、巴黎各大书肆,多购近时切要之书,精延翻译高手,凡有关政治、学校、律例、天文、舆地、光化、电汽诸学,矿务、商务、农学、军制者,次第译成,以餍海内同志先睹为快之意。至日本为同文之国,所译西籍最多,以和文化中文取径较易,本会尤为此兢兢焉。

一、本会集股二十份,每股规元银五百两,官利暂提周年六厘,三年后将所获赢余按股均分。

一、会中延请总理一人,协理一人,英文翻译三人,法文翻译二人,德、俄、日本翻译各一人,西文总校一人(邃于英法文字者),中文总校一人,复校二人,初校三人,写字四人。

一、译书之法，凡翻译能中西并通者，则亲自涉笔，否则一人口授，一人笔述后，仍互相勘校，务与原书语气不差累黍，事迹不少增损，方为定本。原书具在，海内通人，仍可复核，而知本公会煞费经营之苦心。

一、所译各书略仿抛而毛而藏书报之例，每一星期将译成之书汇订成册，以三十页而率，用三号铅字精印，俾各自为卷，以便折订。

一、泰西新政史策等书，大都荟辑时报而成，兹择西报之最要者如英《泰晤士》、《律例报》、法《勒当报》、德《东方报》、《法国政报》五种，缬其菁英，汰其鄙委，译附书籍之后，以备留心时务者浏览。俟岁星一周，即将以上各报，考核同异，订为西历系年录，另行发售。

一、中国已译各书，如兵法、军械、格致、制造、算数、化学、矿质、医理等书，已粗具崖略；若各国刑律，仅见《法国律例》一书，未臻详备，他如各国条约及职官表、度量权衡考，尤所罕见，本会当求善本，一一详译刊行。

一、江浙商务出口之货，以丝绸为大宗，近年华商折耗，苦累已极，日本蚕务蒸蒸日上，由其加意考核，广译西书也。今本会广译东方蚕桑各书，并刊简明善本绘图列说，遍飨村农，或亦中国收回利权之一助云尔。

一、本会意在挽回风气，富国保民，而愿大力棉，时虞绝膑，如荷当代巨公鉴此微忱，慨输廉俸，用相引掖，俾底于成，本会当书列尊衔于报端，以申感激，所有译出各书，当照送一部，借酬盛意。

翦伯赞、刘启戈等编《中国近代史资料丛刊·戊戌变法》(4)，
上海人民出版社、上海书店出版社2000年版，第459～460页

10月(九月)　由岳麓山长王先谦领衔呈报巡抚陈宝箴批准立案，熊希龄、谭嗣同、唐才常等在长沙创办的时务学堂开学。熊希龄任提调(校长)，梁启超、李维格分任中西文总教习。宣传民权学说，培养维新人才。

《湖南时务学堂缘起》：

今日之事岌岌哉，一蹶再蹶，输币割地，刳肉饲虎，身肉有尽，而虎欲无餍，他日之患害，其十倍于今日者，且日出而未有已也。故不攘夷，则无中国。虽然，今之所谓夷者，非若汉唐之间，匈奴、回鹘之族，游牧之种，水草之性，无有典章制度，才术械器，可以虚威詟而制梃治也。其政治具有条理，其学问具有本末，其富强者皆其外见之迹。而其所以富强，千纲万目，皆经数十国、数百年、数千万人互为讲求，转相仿效，而始有今日。攘云攘云，盖其难哉。彼日本以攘夷立国者也，庆应末叶，举国之士，列眦攘臂以言锁港，及明治维新，幡然改图，广开学校，悉师西法，十年之后，风气大成，遂有今日。而推原功首，则一切更革，皆由尊攘党人为之倡；盖攘夷之道，未有善于是者也。

吾湘以士气闻天下，通商数十载，西人足迹交遍于中国，惟于楚地，几不敢越半步，论者谓志气之盛，魄力之厚，视日本之言锁港者，殆将过之。于是海内海外，遂咸以守旧目湘士。然偶闻吾乡先辈，若魏默深、郭筠仙、曾劼刚诸先生，咸于天下不讲西学之日，受怨谤，忍尤垢，毅然慨然以倡此义，至今天下之讲西学者，则靡不宗诸先生，乌在湘人之为守旧也。且如日本前事，虽守旧何害，其守愈笃者，其变亦愈诚，吾湘变，则中国变，吾湘立，则中国存，用可用之士气，开未开之民智，其以视今日之日本，宁有让焉，宁有让焉！

今事变益急，天子宵旰殚虑，惟广立学校，培植人材，为自强本计。累降纶綍，布此义于天下，江淮闽浙，秦晋鄂蜀，闻风兴起，云鳞泚萃，而吾湘以雕敝之余，未克具举。今值制军张

公、中丞陈公、督学江公,咸以一时通人,提倡新政,嘉惠斯土。吾湘士及今不思自厉,上无以宣圣天子作育之化,中无以答贤有司宏奖之雅,下无以塞薄海豪杰敬畏想望之心;是用簪萃同人,共昌斯举。将聘达人以主讲授,选聪俊以充生徒,藏书籍以备观摩,置图器以资试验。常年之费,岁以数万,亦既呈请大吏,将东征筹饷部议加增盐厘已收未缴之项,拨归堂中,藉充岁费。然草创伊始,购造房屋,购置书器,需费极繁,开办不易。盖闻千金之裘,非一腋所集,万间之厦,非独木所支,凡我同志远念敌王所忾之义,近思维桑与梓之情,大为强国保种之谋,小为育子克家之计,其诸有乐于是欤!维持大局,提倡盛举,食毛践土,咸有责焉已耳。昔道咸之乱,惟我湘士翼戴王室,厥功最高,天下称之;自今以往,其祸害益烈,其待才益急,其戡定益难。惟我湘士,其宁能自弃焉,奖掖之而裁成之,是在君子。

《知新报》第32册,光绪二十三年九月初一日

皮名振《皮锡瑞年谱》:

义宁陈右铭中丞宝箴抚湘,设时务学堂于长沙,聘新会梁卓如启超任总教习,吴县李绂琴维格教西学。分教则有浏阳唐黻丞才常、石棣杨葵园自超、番禺韩树生文举、归善欧云樵榘甲、东莞叶仲远觉迈。

翦伯赞、刘启戈等编《中国近代史资料丛刊·戊戌变法》(4),
上海人民出版社、上海书店出版社2000年版,第192页

陈宝箴《时务学堂招考示》:

为出示招考事:照得国势之强弱,系乎人才;人才之消长,存乎学校。中日议和以来,内外臣工,仰体时艰,深维图治之本,莫不以添设学堂为急务,章奏迭陈,慨蒙俞允。上年六月总理衙门议复李侍郎端棻推广学校折内奏称,各省另建书院,果使业有可观,三年之后,由督抚咨明该衙门,请旨考试录用。学生出洋时,由督抚给予文凭,到洋后,由出使大臣一体照料。嗣官书局议复开办京师大学堂折内,又拟援甲申年礼部议准设立算学科之例,请立时务一科,包算学在内,乡会试由学堂咨送与考,中式名数,定额从宽。又本年二月总理衙门议复安徽邓中丞华熙请建二等学堂折内复称,各省省城另设二等学堂,如学成则拔其尤者,升送头等学堂肄业,并准作为监生,一体乡试。其三年大考,取前列者,准照同文馆例,或分部学习,或分发省分,或由出使大臣调充参赞、翻译等官,或各省府州县自设学堂亦可拣派前往,充当教习,六年差满,量予保奖各等语。均经钦奉朱批依议钦遵咨行,到本部院在案。现在京师既将立大学堂,天津、上海等处亦已奏设头等学堂,朝廷求才,至为迫切,士大夫周知时局,亦各宜感激鼓舞,亟为蠲除锢习之谋。

湖南地据上游,人文极盛,海疆互市,内地之讲求西学者,湘人士实导其先。曾文正督两江,创议资遣学生出洋;左文襄建福建船厂,招子弟习西国语言文字,及新奇工艺,以时出洋;宏识远谟,早收明效。曾惠敏崛然继起,遂能力争俄廷,不辱君命。而魏默深《海国图志》之书,郭侍郎使西以还之著作,皆能洞见隐微,先事而发,创开风气,尤为海内所推。盖知彼知己,乃谋国者之急务,然必具朴诚忠勇之质,方备折冲樽俎之用,庶不至沾染洋风,舍己从人,艳彼教而忘根本也。

洞庭、衡岳之间,蕴积日深,必有英奇魁杰,继轨前修,出而任匡救之重,以图报国家者。本部院仕湘有年,习与此邦人士相处,重其各怀忠款,动识先几,当用嘉慰。前年奉命抚湘,披寻文物,笃爱弥新,缕缕之怀,其与二三豪俊相期待者,愈有加而无已。惟念大雅之士无待转移,后起之贤有资造就,从前各书院均为成材而设,其于学业始基之士,无由别辟径途。若于龆龀之年,预储远大之器,必使兼通中外,勿坏厥基,方足以期振兴而求精进。事繁费重,

创造为艰。上年十二月间,正在筹虑之际,适据前国子监祭酒王绅先谦等呈请设立时务学堂前来,当经本部院批准先行立案。本年复据诸绅商同筹拨定款,作为常年经费,并由诸绅捐集巨金,创建学舍,及购备书籍、仪器等事,规模颇备,可期宏远。本部院为经久起见,并拟于矿务余利及其它款项下,逐年酌量提拨定款,以供学堂经费,及将来诸生出洋学习之用。现今核定章程,学生以一百二十名为限,均由各府厅州县学官绅士,查报汇册考试。惟早一日开学,即早收一日之效,而建造学舍,需时颇迟。本年议定暂时租衡清试馆开办,延聘中西学教习择期开学,一面拓地建堂,拟先行考取六十名入堂肄业,其余六十名,俟下次行文各府厅州县录送学生来省,再为定期牌示补考,以足其额。当此需材孔亟之际,本部院期盼至殷,诸生体验时事,必能相与奋发,以成本部院区区之至愿。将来各府厅州县官绅士庶闻风兴起,各集捐款,设立学堂乡塾,为国家造就有用之材,本部院方于湘人士有无穷之望焉。

查泰西各学,均有精微,而取彼之长,辅我之短,必以中学为根本。惟所贵者不在务博贪多,而在修身致用。诸生入学三四年后,中学既明,西文习熟,即由本部院考选数十名,支发川资,或咨送京师大学堂练习专门学问,考取文凭或咨送外洋各国,分住水师、武备、化学、农学、矿学、商学、制造等学堂肄业,俟确有专长,即分别擢用。其上者宣力国家,进身不止一途;次者亦得派称使馆翻译、随员,及南北洋海军、陆军、船政制造各局帮办;即有愿由正途出身者,且可作为生监,一体乡试。中国自强之基,诸生自立之道,举莫先于此矣。兹于乡试后先行招考,合特出示晓谕,为此示仰通士绅人等一体知悉。须知此次学堂,务期迅获实效,力矫从前虚应故事积习,庶于大局有裨。本部院积诚相见,必不惜加意维持,以勉求补救于万一,勿视为寻常变通学校之比。所有投考诸生,定于八月廿八日会同提督学院在学署内扃试,查照后开章程,听候考试,先期报名,由学堂董事汇册,毋得迟延自误,切切特示。

《湘学报》第16册,光绪二十三年八月二十一日

《湖南开办时务学堂大概章程》:

一、学堂地基已购定省城北门外侯家垅高岸田数百亩,前临大河,后倚冈阜,颇踞湖山之胜。惟建造需时,现已暂租民房,先期开办。

一、学生定额一百二十人,按府分派,由绅董禀请(抚、学)院会同招考扃试,择取十二岁至十六岁(初定年限系自十四岁起至二十岁止,继思年愈幼则气质语言较易更变,故改从此)聪俊朴实子弟,入堂肄业。其报名投考者,距省近之府县,由绅士保送,距省远之府县,由官绅保送。除第一期考试已取录学生四十名外,第二期应定正月下旬,第三期应定二月下旬,陆续考取,三期限满,即行截止,迟到者概不收考。

一、学生投考,距省近者,必须保送绅士带领同到学堂报名(如系巨绅所保,则须有亲笔信为凭),距省远者,以府县官印文为凭,报名时自行填写三代、籍贯,及平日所读书籍名目,以便核察,所有甘、保各结,均略仿江南储材学堂章程列式于后。

一、外府州县官绅保送之学生,必须确查该生性情资质,果堪造就,方可给予投考文凭。学生来往川资,暂时由外府州县官绅垫发,考试取录后,即在学堂公款内拨还。惟保送咨文内,必注明平日所读何书,所长何学,详加考语,以备查核而杜冒滥。

一、学生考取入堂,试习三月,由总教习会同总理绅董严加甄别,以定去留。其有好学深思,通达经史时务,而口齿不合于西文者,姑准留堂肄业,专精中学一门。余若资质鲁钝,性情执拗,举动浮薄者,无待三月甄别之期,随时屏退。

一、学生所学,中西并重,西文由浅及深,按格而习,中文则照总教习所定课程,读专精之书,及涉猎之书。一年后再分门教授,各随其性之所近,令治专门学问。

一、学生入堂,以五年学成出堂为限(初议限以三年,继思西文颇繁,期迫恐难收效,故改为五年)。倘有畏难逃学,借故请假,或有意滋事,希冀斥退,别图生理者,照四川中西学堂例,除将该生屏退外,仍追缴历年膏火银两,有父兄者,惟该父兄是问,无父兄者,惟该保送人是问。

一、学生每月所作日记课文,由总教习分教习评定后,汇交总理绅董详阅,照单榜示,抚院学院每年年终,定期临堂,命题考试。

一、学生出路,俟五年期满,由(抚、学)院会同大考后,果其学有明效,应遵照总理衙门奏定章程,给予科名仕进之阶,或作为生监,一体乡试,或咨送京师大学堂及出洋学习,或保荐为使署翻译、随员,与南北制造等局,差遣委用,以示鼓励。

一、教习勤恳善诱,学生学业有成,应照总理衙门奏定章程,由抚院奏请奖叙升途,其余管堂等员,勤于将事,劳而不倦,亦由抚院择尤保奖。

总理绅董及管堂绅士,各立稽查学生功过册一本,每日所查学生用功勤怠,笔之于册,每月月终与总教习分教习所汇分数,比较参观,再定赏罚。

一、中西课程及堂规章程,别立专条,另有刊本,兹不赘。

《湘学报》第25册,光绪二十三年十一月二十一日

梁启超《三十自述》:

十月,湖南陈中丞宝箴,江督学标,聘主湖南时务学堂讲席,就之。时公度官湖南按察使,复生亦归湘助乡治,湘中同志称极盛。未几,德国割据胶州湾事起,瓜分之忧,震动全国,而湖南始创南学会,将以为地方自治之基础,余颇有所赞画。而时务学堂于精神教育,亦三致意焉。

梁启超《饮冰室合集·文集之十一》,中华书局1988年版,第18页

梁启超《湖南时务学堂学约》:

一曰立志。《记》曰:"凡学士先志。"孟子曰:"士何事?曰尚志。"朱子曰:"书不熟,熟读可记;义不精,细思可精;惟志不立,天下无可为之事。"又曰:"学者志不立,则一齐放倒了。"今二三子俨然服儒者之服,诵先王之言,当思国何以蹙,种何以弱,教何以微,谁之咎欤?四万万人,莫或自任,是以及此。我徒责人之不任,我则盍任之矣!"己欲立而立人,己欲达而达人。""天下有道,丘不与易。"孔子之志也!"思天下之民,匹夫匹妇,不被其泽,若己推而纳之沟中。"伊尹之志也!"如欲平治天下,当今之世,舍我其谁?"孟子之志也!"做秀才时,便以天下为己任。"范文正之志也!"天下兴亡,匹夫之贱,与有责焉。"顾亭林之志也!学者苟无此志,则虽束身寡过,不过乡党自好之小儒;虽读书万卷,只成碎义逃难之华士。此必非良有司与乡先生之所望于二三子也。朱子又曰:"立志如下种子,未有播荑稗之种,而能获来牟之实者。"科第衣食,最易累人。学者若志在科第,则请从学究以游;若志在衣食,则请由市侩之道。有一于此,不可教诲,愿共戒之。先立乎其大者,则其小者不能夺也。此为大人而已矣。立志之功课,有数端。必须广其识见,所见日大,则所志亦日大。陆子所谓"今人如何便解有志?须先有智识始得"。此一端也。志既立,必养之使勿少衰。如吴王将复仇,使人日聒其侧,曰:"而忘越人之杀而父乎?"学者立志,亦当如此。其下手处,在时时提醒,念兹在兹。此又一端也。志既定之后,必求学问以敷之,否则皆成虚语,久之亦必堕落也。此又一端也。

二曰养心。孔子言:"仁者不忧,智者不惑,勇者不惧。"而孟子一生得力,在不动心。此从古圣贤所最兢兢也。学者既有志于道,且以一身任天下之重,而目前之富贵利达,耳目声

色，游玩嗜好，随在皆足以夺志。八十老翁过危桥，稍不自立，一落千丈矣。他日任事，则利害毁誉，苦乐生死，樊然淆乱，其所以相撼者，多至不可纪极；非有坚定之力，则一经挫折，心灰意冷，或临事失措，身败名裂。此古今能成大事之人所以希也。曾文正在戎马之间，读书谈学如平时，用能百折不回，卒定大难。大儒之学，固异于流俗哉！今世变益亟，乱机益剧。他日二三子所任之事，所历之境，其艰巨危苦，视文正时，又将过之；非有入地狱手段，非有治国若烹小鲜气象，未见其能济也。故养心者，治事之大原也。自破碎之学盛行，鄙夷心宗谓为逃禅，因佛之言心从而避之，乃并我之心，亦不敢自有，何其颠也。率吾不忍人之心，以忧天下救众生，悍然独往，浩然独来，先破苦乐，次破生死，次破毁誉。《记》曰："国有道，不变塞焉，强哉矫。国无道，至死不变，强哉矫。"孟子曰："富贵不能淫，贫贱不能移，威武不能屈，此之谓大丈夫。"反此即妾妇之道。养心之功课有二：一静坐之养心，二阅历之养心。学者在学堂中，无所谓阅历，当先行静坐之养心。程子以半日静坐，半日读书。今功课繁迫，未能如此，每日亦当以一小时或两刻之功夫，为静坐时。所课亦分两种：一敛其心，收视返听，万念不起，使清明在躬，志气如神；一纵其心，遍观天地之大，万物之理，或虚构一他日办事艰难险阻，万死一生之境，日日思之，操之极熟，亦可助阅历之事。此是学者他日受用处，勿以其迂阔而置之也。

三曰治身。颜子请事之语曰："非礼勿视，非礼勿听，非礼勿言，非礼勿动。"曾子将卒之言曰："定容貌，正颜色，出辞气。"孔子言："忠信笃敬，蛮貊可行。"斯盖不得以小节目之也。他日任天下事，更当先立于无过之地。与西人酬酢，威仪言论，最易见轻，尤当谨焉。扫除习气，专务笃实，乃成大器。名士狂态，洋务膻习，不愿诸生效也。治身之功课，当每日于就寝时，用曾子三省之法，默思一日之言论行事，失检者几何，而自记之。始而觉其少，苦于不自知也；既而觉其多，不可自欺，亦不必自馁。一月以后，自日少矣。

四曰读书。今之服方领、习矩步者，畴不曰读书，然而通古今达中外能为世益者，盖鲜焉。于是儒者遂以无用闻于天下。今时局变异，外侮交迫，非读万国之书，则不能通一国之书。然西人声、光、化、电、格、算之述作，农、矿、工、商、史、律之纪载，岁出以千万种计，日新月异，应接不暇。惟其然也，则吾愈不能不于数十寒暑之中，划出期限，必能以数年之力，使学者于中国经史大义、悉已通彻；根柢既植，然后以其余日肆力于西籍。夫如是而乃可谓之学。今夫中国之书，他勿具论，即如注疏、两经解、全史、九通，及国朝掌故、官书数种、正经正史、当王之制，承学之士，所宜人人共读者也。然而中寿之齿，犹惧不克卒业。风雨如晦，人寿几何？若从而拨弃之，则所以求先圣之道，观后王之迹者，皆将无所依藉。若率天下人而从事于此，靡论难其人也；即有一二劬学之士，断断然讲之，而此诸书者又不过披沙拣金，往往见宝，其中精要之处不过十之一二，其支离芜衍或时过境迁不切于今日之用者，殆十八九焉。而其所谓精要之一二者，又必学者于上下千古，纵横中外之学，深造有得，旁通发挥，然后开卷之顷，钩元提要，始有所获；苟学识不及，虽三复若无睹也。自余群书，数倍此数，而其不能不读，与其难读之情形，亦称是焉。是以近世学者，虽或浏览极博，研究极勤，亦不过扬子云所谓"绣其帨鞶"，刘彦和所谓"拾其芳草"，于大道无所闻，于当世无所救也。夫书之繁博而难读也既如彼，其读之而无用也又如此，苟无人董治而修明之，吾恐十年之后，诵经读史之人，殆将绝也。今与诸君子共发大愿，将取中国应读之书，第其诵课之先后，或读全书，或书择其篇焉，或读全篇，或篇择其句焉，专求其有关于圣教，有切于时局者，而杂引外事，旁搜新义以发明之，量中材所能肄习者，定为课分，每日一课。经学、子学、史学与译出西书，四者间日为课焉；度数年之力，中国要籍一切大义，皆可了达；而旁证远引于西方诸学，亦可以知崖略矣。夫如是则读书者,无望洋之叹,无歧路之迷,而中学或可以不绝。今与二三子从事焉,若可行也,则将演为学校报以质诸天下。读书之功课,凡学者每人设札记一册,分专精、涉猎两门,每日必就所读之书,登新义数则。其有疑义,则书而纳之待问匭以待条答焉;其详细功课,别著之学校报中。

五曰穷理。瓦特因沸水而悟汽机之理;奈端因苹果落地而悟巨体吸力之理;侯失勒约翰因树叶而悟物体分合之理;亚基米德之创论水学也,因入浴盘而得之;葛立理尤之制远镜也,因童子取二镜片相戏而得之。西人一切格致制造之学,衣被五洲,震铄万国,及推原其起点,大率由目前至粗极浅之理,偶然触悟,遂出新机。神州人士之聪明,非弱于彼也;而未闻有所创获者,用与不用之异也。朱子言大学始教,必使学者,即凡天下之物,莫不因其已知之理,而益穷之,以求至乎其极。近世汉学家笑之,谓初学之人,岂能穷凡物之理?不知智慧日浚则日出,脑筋日运则日灵,此正始教所当有事也。特惜宋儒之所谓理者,去实用尚隔一层耳。今格致之书,略有译本。我辈所已知之理,视前人盖有加焉,因而益穷之。大之极恒星诸天之国土,小之及微尘血轮之世界,深之若精气游魂之物变,浅之若日用饮食之习睹,随时触悟,见浅见深,用之既熟,他日创新法制新器辟新学,皆基于是。高材者勉之。穷理之功课,每刚日诸生在堂上读书功课毕,由教习随举目前事理,或西书格致浅理数条以问之,使精思以对;对既遍,教习乃将所以然之理揭示之。

六曰学文。《传》曰:"言之无文,行而不远。"学者以觉天下为任,则文未能舍弃也。传世之文,或务渊懿古茂,或务沉博绝丽,或务瑰奇奥诡,无之不可;觉世之文,则辞达而已矣。当以条理细备,词笔锐达为上,不必求工也。温公曰:"一自命为文人,无足观矣。"苟学无心得而欲以文传,亦足羞也。学文之功课,每月应课卷一次。

七曰乐群。荀子曰:"人之所以异于禽兽者,以其能群也。"《易》曰:"君子以朋友讲习。"曾子曰:"君子以文会友,以友辅仁。"直谅多闻,善相劝,过相规,友朋之益,视师长有加焉。他日合天下而讲之,是谓大群;今日合一堂而讲之,是谓小群。杜工部曰:"小心事友生。"但相爱,毋相妒;但相敬,毋相慢;集众思,广众益。"学有缉熙于光明。"乐群之功课,俟数月以后,每月以数日为同学会讲之期,诸生各出其札记册,在堂互观,或有所问,而互相批答,上下议论,各出心得,其益无穷。凡会讲,以教习监之。

八曰摄生。《记》曰:"张而不弛,文武不能也;一张一弛,文武之道也。"故君子之于学也。藏焉修焉,息焉游焉。西人学堂,咸有安息日,得其意矣。七日来复,先王以至日闭关,商旅不行,此古义之见于经者,殆中西同俗也。今用之,起居饮食,皆有定时,勿使过劳。体操之学,采习一二。摄生之功课,别具堂规中(以上八条堂中每日功课所当有事,以下二条学成以后所当有事,而其基础皆立自平时,故并著之)。

九曰经世。庄生曰:"《春秋》经世。"先王之志,凡学焉而不足为经世之用者,皆谓之俗学可也。居今日而言经世,与唐宋以来之言经世者又稍异。必深通六经制作之精意,证以周秦诸子及西人公理公法之书以为之经,以求治天下之理;必博观历朝掌故沿革得失,证以泰西希腊罗马诸古史以为之纬,以求古人治天下之法;必细察今日天下郡国利病,知其积弱之由,及其可以图强之道,证以西国近史宪法章程之书,及各国报章以为之用,以求治今日之天下所当有事,夫然后可以言经世。而游历、讲论二者,又其管钥也。今中国所患者,无政才也。《记》曰:"授之以政,不达,虽多亦奚以为。"今中学以经义、掌故为主,西学以宪法、官制为归。远法安定经义治事之规,近采西人政治学院之意,与二三子共勉之。经世之功课,每柔日堂上读书功课毕,由教习随举各报所记近事一二,条问诸生以办法,使各抒所见,对既遍,然后教习以办法揭示之(凡在堂问答皆以笔谈)。

十曰传教。微夫悲哉!吾圣人之教之在今日也!号称受教者四万万,而妇女去其半焉;不识字者,又去其半之半焉;市侩胥吏又去其半之六七焉;帖括贱儒,又去其半之八九焉。此诚庄生所谓举鲁国皆儒服,而真儒几无一人也。加以异说流行,所至强聒,挟以势力,奇悍无伦。呜呼!及今不思自保,则吾教亡无日矣。今设学之意,以宗法孔子为主义。子贡曰:"不得其门而入,不见宗庙之美,百官之富。"彼西人之所以菲薄吾教,与陋儒之所以自蔑其教者,由不知孔子之所以为圣也。今宜取六经义理制度微言大义,一一证以近事新理以发明之,然后孔子垂法万世,范围六合之真乃见。《论语》记子欲居九夷,又曰"乘桴浮于海"。盖孔子之教,非徒治一国,乃以治天下。故曰:洋溢中国,施及蛮貊,凡有血气,莫不尊亲。他日诸生学成,尚当共矢宏愿,传孔子太平大同之教于万国。斯则学之究竟也!传教之功课,在学成以后。然堂中所课,一切皆以昌明圣教为主义,则皆传教之功课也。

《时务报》第49册,光绪二十三年十二月初一日

梁启超《湖南教育界之回顾与前瞻》(1922年9月1日于第一中学大讲堂的讲演记录稿):

今日,在此同贵省教育界诸君聚会一堂,我觉有很大的荣幸和感慨。

我不是湖南人,更不是湘省教育会中人,但我常觉梁启超的名字与湖南教育界有关系,在湖南同胞,或者也有同样的感想。所以,我很愿意把从前在湖南所办的教育事业与诸君谈谈。

我来湖南办时务学堂,在二十五年以前,我才满二十四岁,当时中国教育状况,只有北京同文馆、广东的广东方言馆,是专造翻译人才的,要想学洋鬼话翻译的才去入学,否则是不入这种学堂的。我现在每每回想到此,觉得太奇,但那时却视为天经地义。而那时学生,除要学洋话外,还要求学问的,即是湖南的时务学堂。所以时务学堂不仅在湖南占先进的地位,即在全国也是占先进的地位。

以现在的教育原理和方法来看,那时的教育极幼稚,极可笑,而如时务学堂,只分中文、西文两部,中文部设经史等课,西文部设格算等课,所谓时务学堂以为是教时务的学术的学堂。校址即在现在小东街的泰豫旅馆,第一班学生四十名,寄宿讲演都在其内,我是总教习,当时时务学堂的大概情形,就是如此。

不过,我觉得于湖南教育,而且于全国教育界有莫大影响的,在师弟同学间的精神,能够结合一气,一群人都有浓厚的兴味,联合各方面来做事。

当时湖南的抚台是陈右铭先生(即陈宝箴),他是曾文正(曾国藩)的门生,当代的大理学家,专讲宋学的古文,气象庄严而不顽固,对于时局,很热心图谋,造成一个新局面,我们,以一群青年在他的旗帜下大活动,是很高兴做事的,故朝气很大。他有一位公子陈伯严(陈三立)先生也很喜欢赞助我们,而学台系江建霞(江标)、徐仁铸,臬台系黄公度(黄遵宪),都是开明的,地方官如此,地方绅士则有熊秉三(凤凰人熊希龄)、谭复生(浏阳人谭嗣同)、皮鹿门(善化人皮锡瑞)、欧阳瓣姜诸先生。熊、谭皆系青年,而有猛进精神,皮和欧阳都是老先生。

那时的青年都有进取思想,高谈时局,研究满清怎样对不起汉人及中国两千年来的专制恶毒,这班青年都是向这两个目标去,而我们在湘做的事,分作四项是:一、办时务学堂;二、组建南学会;三、发刊《湘报》——日报;四、发刊《湘学报》——杂志。南学会是公开讲演机关,讲演社会上不以为奇的话。时务学堂则专研究怎样贯彻我们的主义。湘报与南学会同一作用。湘学报与时务学堂同一作用。

那时,我们研究国家政治,亦甚可笑,公然把世界各国分作三等,列为一表是:一、头等国——共和国家;二、二等国——君民共主的国家;三、三等国——君主专制国。

诸如此类的事很多,不可胜举。在这种时候,作新法运动的青年,皆不认识ABCD……所说的话,完全由于自造,故有些好,有些不行。当时,更有一个发狂的举动,就是想运动湖南独立。但是怎么能够使湖南独立?对陈右铭怎样说这些?依照陈伯严所想的办法,由我对陈右老写一封长信,大致说:"旅顺、大连、台湾……都被洋人强夺去了,北京不守,清帝蒙尘,湖南须独立建都,作为留种之地。"此本是我们青年的妄想,陈右铭自然不肯依从。但他的心里,也很感动,想打主意,救北京政府,这皆是我们二十五年前在湖南的离奇思想和举动。

当时时务学堂学生四十人中,最大的是戴修礼,最少的是蔡艮寅(即松坡,就是今天葬于岳麓山之蔡锷),所讲的经是春秋公羊传,每天除教授这些学术外,学生须预两本札记,发表感想,隔日轮流交教师批评。我就借题发挥,宣传主义,而学生发愤求学,又很守规矩,两三月后,就得舆论赞许。王湘绮先生来考试学生公羊传,也颇称赞,以为读书得间。学生因在学堂天天所研究的,都是政治上的学问,所谈论的都是很新奇的理想,过了半年,皆已同化。不过在学堂时,未与外界亲近,校外的人不知内容,故不发生什么影响。及至年假放假后,学生回家发狂似的宣传起来,风声所播,全湘人皆知道了,于是目为大逆不道。有的攻击我们,有的劝诫我们,由是新旧大开战,南学会、《湘报》平日言论是很和平的,以此时也和社会奋斗起来了,当时王葵园、叶奂彬皆攻击我们,作我们的劲敌。那种奋斗精神都是我所佩服的。假满开学,学生家庭就不准他们再来时务学堂,而学生与家庭奋斗,比老师与社会奋斗更烈。

我在时务学堂,每天除讲三四点钟的学外,还要同学生谈话,及作种种运动,一天到晚忙个不停,因此成病,就往上海就医。本拟病好后再回湘讲学,因病好时,北京有维新的动机,我们就乘这个机会把大本营移到北京,我同谭复生都到北京去了。

我们去后,两湖总督张之洞要取消时务学堂,陈右铭却极力维持,后因我和谭去了,没有得力的人主持,加以戊戌变政失败,右老去职,复生遇难,熊秉三被地方官看管,这学堂当然不能永久维持,后改为求实学堂,后又改为高等学堂。

戊戌之役,我亡命日本,时时务学堂曾办了三班,第一班四十人吃我的迷药最多,感化最深,第二班,我也教授过,第三班,我全未教过,其中有十余人,要到日本来找我,因为家庭不许,他们差不多带宗教性质的,与家庭奋斗,借钱逃出来,有的到上海,便无钱吃饭的,有的衣服破烂好像叫化子的,当他们出门时,他们不知我在日本何处,一直跑到上海,打听了我的住址,通信告我,我就想尽方法筹钱接到日本,日间尚住在一间房子,继续讲时务学堂的功课外,又学学日本文,晚间共同睡在一个大帐子内。过了八个月,唐拂尘先生在汉口图谋革命,十余同学,回汉帮助,竟不幸死难者八人,余三人,一人后来病死,一人是蔡艮寅,一即范静生,吾党元气,在这一次损伤甚大,至今思之犹觉恸心。

回想我在湖南时的时务学堂,以形式与知识而论,远不如现在的学校,但师弟同学间精神结合联成一气,可以养成领袖人才,却比现在的学校强多了。现在的学校,表面虽好,却如做买卖的杂货店,教职工是卖货者,学生是买货者,师弟间不发生关系,造就一班水平线的人才即可,要想造就特别人才,是难能的,希望以后的湖南教育界注意现在时势的需要,采取新式的完备的办法,不要丢却了从前的精神。

本题原为"湖南教育之回顾与前瞻",因为时间匆促,只能略略述完回顾三段,候至教育会，再将前瞻的意思贡献。

长沙《大公报》1922 年 9 月 3 日

编者按：此稿不见梁启超文集，其记录稿经网友在长沙《大公报》上发现，刊于历史千年网上(http://lsqn.cn/mingren/wenhua/201004/232375_4.html)。

唐才质《湖南时务学堂略志》：

时务学堂设于长沙小东街(今中山西路)刘文恪公旧邸。湖南之有学堂，以此为最早，丁酉、戊戌(1897—1898)间，有最高学府之称。当年主湘政者：巡抚陈宝箴，按察使黄遵宪，前后学使江标、徐仁铸等，皆具有维新思想；所聘中文教习梁启超、韩文举、叶觉迈等亦皆有名学者。学堂筹办之始，熊希龄总其成，湘绅蒋德钧、谭嗣同、唐才常及陈抚之子三立等力赞助之。丁酉夏历十月中旬，梁、韩、叶三先生联袂抵长，新派团结日固，声势益盛，旧派虽相视侧目，然亦无如之何。于是订章程，立学约，不出旬日，学堂之规模毕具。

当时所聘教习，分中文与英文授课。中文教习三人，总教习梁启超(字卓如，一字任公，广东新会县人)，分教习韩文举(字树园，广东番禺县人)、叶觉迈(字湘南，广东东莞县人)，皆康有为弟子。英文教习二人：总教习李维格(字峄琴，江苏吴县人)，分教习王史(字峙云，福建龙溪县人)。另聘学堂总理与监督各一人，总理熊希龄(字秉三，湖南凤凰厅人)，监督杨自超(字葵园，安徽石棣县人)。戊戌春，梁先生因事赴沪，添聘中文分教习欧榘甲(字云樵，广东归善县人，亦康有为弟子)、唐才常(字佛尘，湖南浏阳县人)二人(乃梁先生自沪来函约聘者)。

中文教习梁、韩、叶三先生，丁酉夏历十月到湘，遂招致头班学生四十人，先行开课。戊戌春夏间，陆续招收二班及三班学生各数十人。凡年龄成长、文字通顺者，皆在考取之列。与外课生合计，全堂师生二百余人，聚居讲学，意气风发，是时务学堂开学后之极盛时代。

时务学堂课程以孟子、公羊为主，兼亦宣讲孔子改制之说，旨在为中国改良政治创造条件。梁先生讲学时，自言吾辈教学法有两面旗帜：一是陆、王派之修养论；一是借公羊、孟子发挥民权之政治论。自今观之，此种教法虽甚幼稚，但在当时对于启发同学之意志，却仍有一定作用。韩、叶两先生支持此教学法，相习不变。又胪举清朝失政，鼓励诸生黾勉求学，为国致力。在当日，对于学术与政治改革问题，仍表现一定进步性。梁先生去湘后，欧、唐两先生担任第二班学生讲席，一面讲演西儒学说，一面阐明中国经世致用之学，使学生皆自期许，有慨然以天下为己任之志。唐才常先生服膺王船山之学说，日以王船山、黄梨洲、顾亭林之言论，启迪后进；又勖勉诸生，熟读《黄书》、《噩梦》、《明夷待访录》、《日知录》等书，时共研习，发挥民主民权之说而引申其绪，以启发思想。

回想当年同堂诸生，为学求益，事迹至多，其最大者约有如下数端：时务学堂成立，师生情谊融洽无间，诸生有事求教，可往教习室个别谈话，听取训诲，或数人集体会谈，亦无拘束，其获益一也；学堂功课以写札记为常课之一，忆梁先生初至主讲，甚为振奋，每日在讲堂四小时，夜则批答学生札记，每条或至千言，往往彻夜不寐，诸生阅报、听讲，者[读]书、自习，遇有心得，可抒意见，教师亦随时批答指导，其获益二也；戊戌春，吾省士夫创设南学会讲学，假孝廉堂为会所，以每星期日为讲期，或谈学术，或论政治，或研讨国内外时事，延揽学者名流，轮流讲演。是年夏历二月初一日为开讲期，官绅士民集者甚盛，时务学堂诸生多往听讲，在学问上与思想上取得极大转变，其获益三也。

诸生入堂，一面讲学，一面论政，意志非常兴奋。旧派与学生初无恶感，亦无异言。及遇假期，诸生多数归省，出札记示亲友，传播反对清政，以及主张学术革命之积极言论，于是旧派哗然,大肆讥议。诸生因恐旧派进攻,须随时注意防御或反击,造成一种新旧斗争之激烈情绪。迨戊戌夏历四月二十三日,诏定国是,实行新政,旧派稍稍敛迹。诸生在此后三阅月之安定期间,加倍努力,学业有辉煌之进步。八月政变,新政中断,旧派势力仍复嚣张,诸生遂缄口结舌,不论国事,或改习实业,或出国游学,冀可保全自己实力,为他日共济时艰之准备。

戊戌夏历七月,吾省考选学生赴日留学,时务学堂学生几乎全部投考。被取录者约七十人,正整装待发,忽传八月六日政变发生,取录诸生各自星散,考选留学事亦无形取消。彼时中英文教习与留校诸生纷纷他往。某日,同学数十人设宴于长沙左文襄祠为师生话别,熊、欧、唐、韩、叶诸先生各有演说,对于同学勖勉备至,师生依依不舍,有感愤泣下者。至是年十二月举行甄别一次,学生留校者益复寥寥。明年,改为求实书院,迁往落星田求贤馆旧址,另招新生开学。"时务"二字遂成为历史名词,供人回忆。

唐才常先生与谭嗣同为刎颈交。戊戌政变,谭公被戮,先生极为悲愤。庚子(1900 年)夏历七月十五日,先生决意在武汉起义救国,倾复[覆]清政。部署既定,而海外接应不至,屡次改期,以至失败。此次与先生同时殉国,死事最烈者,有林锡珪、李炳寰、田邦璿、蔡钟浩四君,皆时务学堂学生也。乙卯,袁贼不顾民意,悍然称帝。蔡锷在云南首举义旗,反对帝制。蔡君亦时务学堂学生也。湘阴范源濂己亥(1899 年)留学日本,尝主持速成师范班组织事宜,并担任通译(前清光绪二十九年癸卯,公元 1903 年,湘抚选派士绅十人同赴日本,学习速成师范,胡元倓、俞诰庆、陈润霖、刘佐楫、俞蕃同等与焉,是为湘省遣派学生出国之第一次。此班学员毕业回湘,湘省公私立学堂乃次第兴起)。常德蔡钟沅自庚子武汉自立军起义失败,以年少得免穷治,后来出游日本,学习工科,毕业回湘,创办乙种工业、甲种工业各校,造就工业人才甚众,此在教育界卓著成绩者。范源濂、蔡钟沅二君亦皆时务学堂学生也。时务学堂自成立至解散,不过九月,名义存在亦只一年左右,而政治思想深入人心,对于后来学术革命与政治革命,实有相当推动作用。

因受戊戌政变之影响,时务学堂被迫解散,原址改为泰豫旅馆。民元之际,梁启超先生曾一度再至长沙,手书"时务学堂旧址"六字悬于该旅馆厅上。后来旅馆停业,不知此字迹落于何人之手矣。

中国人民政治协商会议湖南省委员会编《湖南文史资料》第 2 辑(1961 年 12 月),第 55 ~ 58

11 月 1 日(十月初七日)　山东曹州巨野县天主堂德国传教士二人被杀,中德交涉起,是为"巨野教案"。

11 月 10 日(十月十六日)　以山东曹州杀毙洋人,饬山东巡抚李秉衡速派司道大员驰往该处根究起衅情形,务将凶盗拿获惩办。

《德宗景皇帝实录(六)》:

谕军机大臣等:电寄李秉衡。曹州杀毙洋人一案,前据德使及许景澄先后电报,今始据李秉衡电复,已属迟延;且盗匪在逃,岂悬赏通缉所能了事。著速派司道大员,驰往该处,根究起衅情形,务将凶盗拏获惩办。阳谷教堂事,一并查明勒缉。李秉衡身任地方,总须办理此案完结,方准交卸。现在德方图借海口,此等事适足为藉口之资,恐生他衅。福建古田案办理得法,著总理衙门择要抄寄。

《清实录》第 57 册,中华书局 1987 年版,第 366 ~ 367 页

11月13日(十月十九日)　德国海军少将岱特利菲率军舰三艘突入胶州湾,夺取青岛炮台。随后强占胶州、即墨等城,并设立邮电设施。各国纷纷效尤,帝国主义列强从此掀起瓜分中国狂潮。

袁荣叜《胶澳志》:

适于一千八百九十七年十一月一日,曹州巨野县发生教案,德国教士二人被杀。德国乃藉此口实占据胶澳。十一月十三日,德国舰队司令棣利士率军舰三艘开抵胶澳,初犹欺我守将章高元,谓系上岸试操。翌日,未晓登陆,则径行占据市内险要,列炮对章高元之大营(俗呼老衙门),要以三时间以内退至沧口,嗣又逼其退出李村。一方则续派其亨利亲王组织第二舰队迅驶来东。

袁荣叜《胶澳志》,青岛华昌印刷局1928年印,第6页

《光绪朝东华录》:

乙亥　德国海军少将岱特利菲率军舰三艘突入胶州湾,遂夺炮台,据之。

朱寿朋:《光绪朝东华录》第4册,中华书局1958年版,总4002页

奥古斯特·舍尔《来自胶州湾的报道》(1898,柏林):

青岛,1898年3月14日。……在海军部队的水兵们登陆进攻之后(译者注:此处指1897年11月14日),就马上设立了符合当时条件的邮局和电报局。在电报局方面存在着特殊的困难,因为线路属于一家丹麦与中国合营的公司。但是,无论如何这家公司的代表,一个中国人,派遣了一名电报员用来收发德国的特别电报。

邮政助理波平佳(Popinga)先生乘坐达姆施塔特号蒸汽船来到了青岛,紧随他之后的是此前一直呆在上海的邮政助理帕珀(Pape)先生,他在波平佳先生开展电报和电话线铺设工作时接管了巨大的邮政事业的领导工作。

在这两位先生的辛勤工作下,在短短的几周时间里,衙门里的那个小房间里的邮局就变成了一座完全符合德国标准的邮政局。另外还铺设了一条通向四十八公里之外的即墨的电话线,已经铺好的几座军营之间以及它们与衙门之间的的电话线也得到了改善。通往胶州城的电报也建好了。军舰与陆地之间的命令通过手旗信号和灯光讯号进行传递。海军战地邮局的办公室是德国第一个以这种形式设立的邮局,现在它位于衙门的一座附属建筑里,也就是所谓的官厅,就是以前章(高元)将军的会客室。它的服务包括信件收寄、邮政汇款、订报和邮政包裹服务,军事邮件以优惠资费邮寄(一封六十克以内的信件邮资二十芬尼),其他老百姓的邮件则使用普通的万国邮联的收费标准。与在家乡德国的邮局一样,营业柜台设在前厅,那里可以满足买邮票的需求,付费使用德国货币,也可以使用墨西哥鹰洋。这里同样也可以寄挂号信,一位从海军步兵营里派过来的邮政学徒保证说,挂号是不必要的,因为邮件即使不挂号也是很安全的。邮局的领导帕珀先生确认了这一点并且补充道,很快就会有一艘邮船有规律的每周一次往返于上海和青岛之间,运送邮件。这是很让人期待的,因为到目前为止,邮件的收寄还是相当不规律的。在各军营里总是在捎带邮件的轮船抵达和开出之前几个小时才打电话通知,邮件在抵达十五分钟后就会被分发给各位收件人。这对于许多人来说绝对是一个真正的欢乐的节日!还有件事不能不提一下,在几周之前,(青岛)与即墨和胶州城的邮路就通了,每周两次,运行得非常好。

在电话网扩建方面,立即铺设一条通往即墨的线路是很有必要的,波平佳先生在非常困难的情况下在只有短短的两周的时间里就完成了这项任务。他几乎都还没有与分给他干活的一百名苦力出发,前面几封信里所提到的中国工人的罢工就爆发了。但是,波平佳先生善

于发动他所仅拥有的几个人进行不间断的工作。现在,为了以后完全不使用翻译就可以与当地人交流,他以及帕珀先生正在一刻不停的学习中文。

编者按:本文原题《德国胶州湾客邮在青岛的开端(译文)——在青岛的第一位德国记者的纪录》,录自青岛新闻网:http://club.qingdaonews.com/show Announce_57_3807007_1_0.htm。

12 月 15 日(十一月二十二日)　沙俄借口协助中国对抗德国,派舰队进占旅顺。

△ 经元善等发起成立女学堂于上海高昌庙桂墅里,得到梁启超、汪康年等支持与参与。

《上海新设女学堂章程》:

此学堂现为经联珊太守总其成,已于十月二十六日在沪之高昌庙桂墅里鸠工,订期明年三月落成,首夏开馆。董助其事者,为施子英、严小舫、郑陶斋三观察、陈敬如军门,暨汪穰卿进士、康幼博通守、梁卓如孝廉也。又得康长素水部、张季直殿撰、曾重伯太史允为局外竭力匡赞。

《时务报》第 47 册,第 10 页

《女学堂章程》重要内容:

第一条云:学堂之设,悉遵吾儒圣教,堂中亦供奉至圣先师神位。办理宗旨欲复三代妇学宏规,为大开民智张本,必使妇人各得其自有之权,然后风气可开,名实相副。第十一条云:立学之意义主平等,虽不必严分流品,然此堂之设,为风气之先,为他日师范所自出,故必择良家闺秀,始足仪型海内。凡奴婢、娼妓,一切不收。二十二条云:沪滨郑卫之风向盛,而租界中桑濮秽迹,尤彰明较著。今创女学,各得自有之权,不先从根本上讲究起,恐流弊较男学外孔内杨者更烈。公议凡真正节妇之女,即非醴泉芝草,亦宜破格栽培,勖以专创师范一门,秉贞母之赋,俾先觉觉后觉,或冀能形端表正,防微杜渐云云。

汪诒年《汪穰卿先生传记》第 6 卷,1938 年杭州汪氏铸版,第 6 页

梁启超《倡设女学堂启》(1897 年 11 月 15 日):

上可相夫,下可教子,近可宜家,远可善种,妇道既昌,千室良善,岂不然哉,岂不然哉!是以三百五篇之训,勤勤于母仪;七十后学之记,睠睠于胎教。宫中宗室,古经厘其规纲;德言容工,昏义程其课目;必待傅姆,阳秋之贤伯姬;言告师氏,周南之歌淑女。圣人之教,男女平等,施教劝学,匪有歧矣。去圣弥远,古义浸坠,勿道学问,惟议酒食。等此同类之体,智男而愚妇;犹是天伦之爱,戚子而膜女。悠悠千年,芸芸亿室,曾不一事生人之业,一被古圣之教。宁惟不业不教而已,且又戕其支体,蔀其耳目,黜其聪慧,绝其学业,闺闼禁锢,例俗束缚,惰为游民,顽若土番。乌乎!聚二万万之游民土番,国几何而不弊也。泰西女学,骈阗都鄙,业医课蒙,专于女师。虽在绝域之俗,邈若先王之遗,女学之功,盛于时矣。彼士来游,悯吾窘溺,倡建义学,求我童蒙,教会所至,女塾接轨。夫他人方拯我之窘溺,而吾人乃自加其梏压。譬犹有子弗鞠,乃仰哺于邻室,有田弗芸,乃假手于比耦,匪惟先民之恫,抑亦中国之羞也!甲午受创,渐知兴学,学校之议,腾于朝庑,学堂之址,踵于都会。然中朝大议,弗及庶媛;衿缨良规,靡逮巾帼。非曰力有不逮,未遑暇此琐屑之事邪,无亦守扶阳抑阴之旧习,昧育才善种之远图耶?同志之士,悼心斯弊,纠众程课,共襄美举,建堂海上,为天下倡。区区一学,万不裨一,独掌堙河,吾亦知其难矣。然振二千年之颓风,拯二兆人之吁命,力虽孤微,乌可以已!夫男女平权,美国斯盛;女学布濩,日本以强。兴国智民,靡不始此。三代女学之盛,宁必逊于美日哉?遗制绵绵,流风未沫,复前代之遗规,采泰西之美制,仪先圣之明训,急

保种之远谋。海内魁杰,岂无恫游民、土番之害者欤?傀傀窘溺,宁忍张目坐视而不一援手欤?仁而种族,私而孙子,其亦仁人之所乐为有事者也。天下兴亡,匹夫有责,昌而明之,推而广之,乌乎,是在吾党也矣!

梁启超《饮冰室合集·文集之二》,中华书局1988年版,第19~20页

△ 横滨华侨邝汝磐、冯镜如等创办华侨子弟学校,孙中山介绍梁启超为校长,梁因办《时务报》,乃荐徐勤自代。

冯自由《中华民国开国前革命史》:

横滨两派之盛衰　兴中会在海外分会,除檀岛外,即以日本横滨为首屈一指。中山及陈少白、杨衢云于乙未失败后,常逗留横滨,假该处为第二次活动之策源地。时横滨会员百数十人,多属著名侨商。丙申冬,邝汝盘、冯镜如等有组织学校以教育华侨子弟之议,欲由祖国延聘新学之士为教员,以此就商于中山。中山乃荐梁启超充任,并代定名曰"中西学校"。盖兴中会员从事于教育界者绝少,而康有为则讲学廿年,徒侣广众,中山既与康同任国事,则办学延师,自不能不假助于康也。邝持中山介绍函赴上海,谒康于旅次,康以梁启超方任时务报记者,荐徐勤为代,并助以陈默庵、陈荫农、汤觉顿。且谓"中西"二字不雅,更为易名"大同",亲书"大同学校"四字门额为赠。徐勤既抵日本,初与孙、陈时相过从,引为同志。然徐握教育权,与侨商朝夕酬酢,友谊日深,且有同学教员为辅,交际渐广。而在兴中会方面,则中山奔走各埠,无暇专注横滨,仅有陈少白杨衢云一二人来往东京横滨间,从事接洽,自不免有相形见绌之势。故徐勤在日本年余,而横滨之孙、康两党渐成反客为主之局。

冯自由《中华民国开国前革命史》上编,上海书店1990年版,第41页

编者按:横滨华侨学校之议起于丁酉(1897年)夏秋间,成立于是年冬,此处谓丙申冬有组织学校之议不确。也没有孙中山推荐梁启超任校长事。后冯自由在《华侨革命开国史》和《任公先生事略》中有所更正。

冯自由《华侨革命开国史》:

先是丁酉(民国前十五年)秋间,侨商邝汝磐、冯镜如等大集会于中华会馆,建议设立学校,以教育华侨子弟,公请兴中会推荐校长。陈少白特推荐上海《时务报》主笔梁启超任之。其后康有为以启超有事不能兼顾,改荐徐勤承乏,并代改名曰大同学校。徐勤既至横滨,日为康党培植势力,所聘教员皆属康门徒侣,大都出身科举,长于文学,其交际手段远在革命党之上。故自大同学校成立之后,兴中会势力渐衰退。会员中能宗旨一贯历久不变者,寥寥十数而已。

中国社会科学院近代史研究所近代史资料编辑组编《华侨与辛亥革命》,中国社会科学出版社1981年版,第32页

冯自由《任公先生事略》:

丁酉冬,横滨侨商邝汝磐、冯镜如等发起中西学校。中山荐任公为校长。时中山尚未与任公相识,特与任公之友相识而已。查中山与任公订交,实在戊戌政变以后,由日人宫崎、平山介绍。

丁文江、赵丰田编《梁启超年谱长编》,上海人民出版社1983年版,第73页

梁启超《日本横滨中国大同学校缘起》:

带中州二万里灵淑之气,演四万万神明之胄,材质之慧敏,种类之繁殷,大地万国,岂有比哉?徒以民贼自私,愚其黔首,遂使聪明锢蔽,人才衰落,黄农之胤续,将为皂隶;洙泗之教化,日就陵夷,越在商旅,罔能保护。揽印度奴隶之由,非洲牛马之故,可不愤哉?方今万国交通,新学大启,欧米条法,日益详明。于是中原志士,咸发愤而言变政,报馆学会,缤纷并起,北肇强学于京师,南开圣学于桂海,湖湘陕右,角出条奏,云雾既拨,风气大开。疆吏以开

中西学为急务,总署亦拟遣人出洋学习为要图,神州不沉,或此是赖。夫日本三岛之地,千里之国耳。近以步武泰西,维新政治,国势之强,与欧西等。推原其由,皆在遍译西书,广历学官之故。泰西各学,若生物、心、哲、化、光、电、重、农、工、商、矿,莫不兼备,且能出新。其文与中土本同,其地隔渤海一带,吾中人商旅其地,人凡数千,童子之秀,亦复数百,而学堂未设,教化无闻,材艺不开,人灵坐锢,不其惜乎。泰西通商之地,皆有拜堂以崇其教主,有书院以训其童蒙,而中人数百万,未有一院,此亦可为大愧恧者也。乡人远慕中朝志士发愤之诚,近采泰西、日本教育之法,立学横滨,号以大同,庶几孔子选贤与能,讲信修睦之治,萌芽于兹。以孔子之学为本原,以西文、日文为通学,以中学、小学章程为课则,延中土通才,及日本大学校教授为教习,并于文部省立案。凡由此学满业之生,准入其高等学校,及大学校,或海陆军学校,以通其专门之学。夫日本大学,与欧美已并驾齐驱,吾中人欲游学欧美,而苦于资斧者,东游足矣。天子失官,太庙纳乐,斯学之设,非徒教旅日后来之秀,亦以备西学东道之供。夫日本维新之治,赖伊藤数人之西游,则中土拨乱之才,安知不出于东土之学校,以保我种族,保我国家。其关系岂小补哉?所望远识之士,同志之人,各竭其才,共宏斯义。虞仲翔之舍宅,鲁子敬之指囷,庶几杜陵广厦,忽突兀于东瀛,徐福童男,还栋梁于汉室。回沧海之横流,救生民于涂炭,凡我神明之胄,岂无意乎?

梁启超《饮冰室合集·文集之四》,中华书局1988年版,第79页

冯自由《横滨大同学校》:

丙申,余年十五,余父遣余偕谭赓(谭发之弟)同肄业于东京晓星学校。校为法国天主教会所立,以法文为主,英、日文副之,生徒约二百人,旅横滨欧美儿童占三分之二,余为日人,华人则余二人而已。西童因吾国人少,以为可欺,恒歌中国人污秽 Chinesepeople, toomuchdirty. 一语,以示侮辱,且于运动场中屡向余等寻衅殴击,余不能堪,为自卫计,尝以爪伤西童,致为校长惩罚。因是西童多呼余为猫,对余等益恣狂殴。余二人不得已每于休息期间,匿于厕所附近之小院避之。西童凶者求余不得,乃扬言华人多患腹泻。余在此校四月,卒以不堪西童帝国主义之压迫,退学归横滨。余父乃托陈少白力劝余回校,余有苦难言,但云不愿习法文而已。丁酉冬,大同学校成立,余遵父命入学,徐勤(号君勉)任校长,专以救国勉励学生,每演讲时事时,恒慷慨激昂,闻者莫不感动。教室上黑板及课本书面皆大书标语曰"国耻未雪,民生多艰,每饭不忘,勖哉小子"十六字,师徒每日罢课时必大呼此十六字口号始散。又编短歌曰:"亡国际,如何计;愿难成,功莫济。静言思之,能无恧愧! 勖哉小子,万千奋励!"使学生逐日诵之。事为日本报纸所知,乃将大同学校标语揭载报端,谓支那人觉悟国耻,即于日本不利,唤起彼国人注意。时学生受此兴奋教育之熏陶,咸具救国思想。余为校中高材生,每试均列前茅,因而志大言大,有扶危定倾舍我其谁之概。尝榜一联于书室左右曰"大同大器十七岁,中国中兴第一人",为余父所见,斥余为大言不惭。余有和同学方庆周诗云:"漫天阴雨夕阳沉,一片弦歌万木森。七十门人闻大道,三千诸佛听梵音。众生普渡师尊志,社稷匡扶弟子心。同学少年多努力,我言时事泪沾襟。"徐勤于讲学之暇复承康有为命,以振兴孔教为务,每星期日,生徒须对孔子像前行三跪九叩礼。有基督教学生赵子彬因拒绝拜跪,被教员陈荫农迫令退学,因此与华侨基督教徒大生恶感。徐闻帝国大学文学院长根本通明博士为日本孔教徒领袖,乃盘辫发于顶,易西服,赴东京访之,使学生方庆周任译事。根本为日本第一流汉学家,素蓄长发,效汉代装束,见徐易西服而来,大异,肃然曰:"贵国崇奉孔圣人者,亦效夷狄之服乎?"徐赧然不能对,遂于此协商中、日共同阐扬儒道之法,横滨侨商亦多和之。遂于戊戌年(一八九八)孔子诞日,假中华会馆大举庆祝,日本名士莅会者

数十人。会场孔子像旁悬一联曰:"同种同文复能同教相联未许西欧逞虎视;大清大日从此大成并合遥看东亚庆麟游。"自兹而后,康徒在横滨之势力益根深蒂固矣。是年夏间,清帝下令变法,康、梁俱特受知遇,言新学者咸以为中国中兴在此一举。大同学校教师亦沾沾自喜,所出课题,均属歌颂圣君、誉扬新政之作。余早列名兴中会籍,居家复饱聆总理、少白、衢云诸人革命排满论调,至是乃于论文中痛言非我种类,其心必异之理。略谓清主愈英明有为,则汉族愈不利,彼之厉行新政,实一种愚民政策,吾人有志救国,应从根本设想云云。徐勤读余文,深滋不悦,乃传余大加申斥,并再三诫余勿为邪说所惑。无何,清帝变法顿挫,康、梁同亡命日本,校中更采用戊戌政变记、康梁诗集为教材。己亥(一八九九年)春,康有为将赴加拿大,徐勤以余略语英语,爰商诸余父,欲使余随行。余知康为人专制怪僻,故谢绝之。是年夏,梁启超拟向横滨侨商集款创设高等大同学校于东京,特于大同学校选优级生数人,至其小石川寓所讲学,余与冯斯栾、曾广勷、郑云汉预焉。时章炳麟初至东京,亦下榻梁宅,余之识章自此始。九月高等大同学校成立,余遂转学该校。横滨大同学校自是永为康党根据地。直至民国十二年遭遇大地震之厄,始无形解散。

冯自由《革命逸史》初集,中华书局1981年版,第50~53页

梁启超《大同同学录题辞四十韵》:

大道久陵夷,礼阙求诸野。司成失其职,学统斯在下。丽泽盍朋簪,卷风辟帷舍。往往私闲中,间出千里马。况自海禁开,域外梯航跨。学军不自张,万古将长夜。蓬莱水清浅,彼岸构广厦。其名曰大同,孔法通邮借。肇始丁戊间,作人拟免置。其时学途湮,举国若聋哑。故见严自封,新知骇相诧。岂闻乘輶劝,动遭按剑骂。海外一灵光,幸被斤斧赦。岿然十稔余,匹俦邈焉寡。前后所养士,来去相衔射。千金宝骅骝,百年树梧槚。骏足已绝尘,驽者亦十驾。小草犹远志,大器渐拱把。文或摹退之,诗或蹑白也。商或慕程倮,工或颛弓冶。师拟申伏伦,政矢管萧亚。从军志裹革,骋辩思炙輠。或航西海西,而养连城价。或与彼都士,竞此牛耳霸。或旋父母邦,观礼预宾蜡。或留作都讲,广我时雨化。更有女婵媛,含淑以扬雅。德容托弦佩,慧质发兰麝。织文鲛幅抽,摛藻银云泻。济济既多才,翩翩方来御。信能葆厥美,亮足光诸夏。吾闻士求学,有若农力稼。越以惧起衰,齐以矜失伯。德欲进无疆,功在锲不舍。所以古哲人,罔敢或自暇。缉熙日光明,才竭敢云罢。盈科达沧溟,覆篑作泰华。兴亡匹夫与,斯责畴能谢。尼父畏后生,魏后思来者。三复老生谈,敢以告司社。

《饮冰室合集·文集之四十五(下)》,中华书局1988年版,第22页